Björn Alpermann

Le Xinjiang

Björn Alpermann

Le Xinjiang

La Chine et les Ouïghours

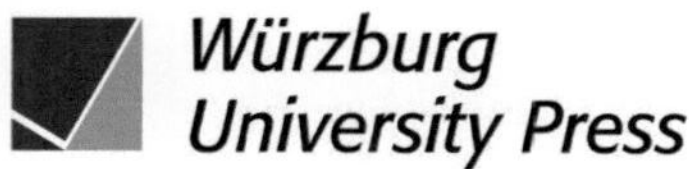

Impressum

Julius-Maximilians-Universität Würzburg
Würzburg University Press
Universitätsbibliothek Würzburg
Am Hubland
D-97074 Würzburg
www.wup.uni-wuerzburg.de

Print on Demand

Coverbild: Olga Jurkewitsch

ISBN 978-3-95826-190-7 (print)
ISBN 978-3-95826-191-4 (online)
DOI 10.25972/WUP-978-3-95826-190-7
URN urn:nbn:de:bvb:20-opus-283044

Aus dem Deutschen übersetzt von Rose-Marie Eisenkolb
Originalausgabe
Xinjiang - China und die Uiguren. - Würzburg University Press, 2021.
ISBN 978-3-95826-162-4
DOI 10.25972/WUP-978-3-95826-163-1

Sommaire

Liste des cartes et figures

Liste des abréviations

APL	Armée populaire de libération
ASPI	Australian Strategic Policy Institute – Institut australien de stratégie politique
BRI	Belt and Road Initiative – Nouvelle route de la soie
CGTN	China Global Television Network
CMO	Congrès mondial ouïghour
CPI	Cour pénale internationale
CSIS	Center for Strategic and International Studies
DIU	Dispositif intra-utérin
EI	État islamique (ou Daech)
ETGIE	East Turkistan Government-in-Exile – Gouvernement en exil du Turkestan oriental
ETIM	East Turkistan Islamic Movement – Mouvement islamique du Turkestan oriental (MITO)
ETIP	East Turkistan Islamic Party – Parti islamique du Turkestan oriental
ETR	East Turkestan Republic – République du Turkestan oriental (RTO)
GMD	Guomindang (Parti nationaliste)
IJOP	Integrated Joint Operations Platform
OCS	Organisation de coopération de Shanghai
ONU	Organisation des Nations Unies
PCC	Parti communiste chinois
PCUS	Parti communiste de l'Union soviétique
PIB	Produit intérieur brut
PIT	Parti islamique du Turkestan
ROC	Republic of China – République de Chine
RPC	République populaire de Chine
TAR	Tibet Autonomous Region – Région autonome du Tibet

XPCC	Xinjiang Production and Construction Corps – Société de production et de construction du Xinjiang (Bingtuan)
XUAR	Xinjiang Uyghur Autonomous Region – Région autonome ouïghoure du Xinjiang
ZES	Zone économique spéciale

Préface de l'édition française

Si environ un an après la parution de l'édition originale en allemand mon livre est aussi publié en français, c'est pour deux raisons majeures : premièrement, le conflit du Xinjiang n'est toujours pas résolu et la situation des Ouïghours reste oppressante. Les atteintes aux droits humains par le gouvernement chinois dans la Région autonome des Ouïghours, le Xinjiang, sont attestées par un nombre croissant de publications récentes, parmi lesquelles des fuites en provenance de l'appareil d'État comme les *Xinjiang Papers* (Zenz 2021c) et leur documentation désormais encore plus fournie, les *Xinjiang Police Files* (Zenz 2022) ou bien des rapports récents de témoins oculaires (Cavelius et Sauytbay 2021 ; Haitiwaji et Morgan 2021 ; Tursun et Hoffmann 2022). Entre-temps a aussi été publiée toute une série d'ouvrages de littérature secondaire se proposant d'analyser, de classifier et d'évaluer différents aspects de la situation actuelle. Les monographies de l'anthropologue Darren Byler (2022a ; 2022b) en font partie au même titre que d'importants recueils de textes réunissant les contributions d'éminents spécialistes du Xinjiang (Byler, Franceschini et Loubere 2022 ; Clarke 2022). Face à cette multitude de nouvelles publications, on pourrait se demander s'il est nécessaire d'en ajouter une autre. La réponse réside dans la deuxième raison : comme en allemand, il ne semble pas y avoir d'étude actuelle en français examinant le conflit du Xinjiang dans une perspective historique. Les travaux foisonnants qui existent en anglais sur le Xinjiang ne sont sans doute perçus dans l'espace francophone que par un tout petit nombre de spécialistes. Pour le grand public en revanche, il ne reste que les médias : leur couverture de l'actualité poursuit d'autres objectifs, si bien qu'ils ne peuvent fournir des informations aussi exhaustives qu'une monographie. Je me suis donc décidé à faire traduire mon livre en français en espérant, comme pour l'édition allemande, contribuer à un débat éclairé et objectif en Europe. Mon expérience depuis la publication de l'édition originale est à cet égard tout à fait positive : elle m'a certes aussi valu des objections attendues, venues de différents côtés, mais elle a surtout suscité un grand intérêt.

Je remercie vivement Rose-Marie Eisenkolb, qui a effectué dans un délai étonnamment court une traduction compétente et très précise.

Préface

Mon intérêt pour le Xinjiang remonte à mes études : au milieu des années 1990, au terme d'un séjour linguistique d'un an à l'université de Nankai, sise dans la métropole de Tianjin dans l'Est de la Chine, j'ai effectué un voyage dans la région. Un deuxième voyage au Xinjiang, prévu pour 2009, a dû être annulé à cause des troubles interethniques qui ont éclaté en juillet de la même année. Sur le plan scientifique, je me penche depuis des années dans mon enseignement sur le Xinjiang, les Ouïghours et d'autres thématiques se rapportant à la politique des minorités en Chine, même si cette analyse se fait surtout sur la base de sources secondaires et non sur une enquête de terrain que j'aurais moi-même effectuée. Consacrer une monographie au Xinjiang n'était au contraire pas prévu de longue date, mais uniquement dû à la situation actuelle des droits humains dans la région. Il s'agit en effet d'informer le public intéressé en Allemagne et de lui expliquer un arrière-plan difficile à saisir, que les médias relatant l'actualité ne peuvent présenter en détail. Je me conforme en cela à la devise de l'université de Wurtzbourg (Julius-Maximilians-Universität) « La science au service de la société ». Pour m'adresser à un public le plus large possible, j'ai opté pour une publication en libre accès. Ce n'est toutefois pas un ouvrage de vulgarisation, même si j'ai veillé à m'exprimer de manière compréhensible et à éviter le jargon universitaire. Quand on travaille sur un sujet aussi controversé, il faut à mon avis insister tout particulièrement sur cette exigence : fournir un travail scientifique. En font partie l'analyse critique de toutes les sources disponibles, l'examen d'une situation sous différents angles ainsi que la comparaison de ces points de vue sine ira et studio. Telle est la norme à laquelle ce travail s'efforce de satisfaire.

Cette monographie repose sur un cours magistral que j'ai donné au semestre d'hiver 2020/2021 à l'université de Wurtzbourg. Je remercie ici tous les participants et toutes les participantes pour leurs questions et commentaires, qui ont contribué à améliorer le manuscrit. Je tiens aussi à remercier vivement mon assistant Michael Malzer, qui a suivi de près l'élaboration de ce livre et dont la relecture a beaucoup contribué à préciser certains passages. Enfin, j'aimerais remercier Birgit Herrmann et Philipp Immel, qui ont corrigé avec une grande rigueur les différentes versions du manuscrit.

Ce livre est dédié à mes parents.

1 Introduction

Depuis 2017, date à laquelle une incarcération massive de Ouïghours et d'autres groupes ethniques majoritairement musulmans a été relatée dans la presse internationale, le Xinjiang est devenu un symbole de la situation problématique des droits humains en Chine (HRW 2017). Alors que le sujet n'était auparavant connu que des spécialistes, de nombreux médias s'y intéressent aujourd'hui de près, en élucident le contexte et présentent les mesures prises par le gouvernement de la République populaire de Chine (RPC) à l'encontre de la population locale pour, selon elle, réagir à une vague d'attentats terroristes et en prévenir d'autres. Il ne fait aucun doute que des débordements violents, des attaques à l'arme blanche et même à la voiture piégée ou avec des explosifs artisanaux ont eu lieu surtout entre 2009 et 2016. Mais la question de savoir si ces événements doivent vraiment être tous imputés à des forces « extrémistes » ou « séparatistes », comme l'affirme le gouvernement chinois, ou même s'il s'agit de « terrorisme » ou bien peut-être d'une résistance (justifiée ?) suffit déjà à diviser les esprits. Et les observateurs occidentaux qui reconnaissent que les protestations violentes représentent un problème devant être pris au sérieux par le gouvernement chinois, y voient, eux aussi, une réaction à l'échec de la politique de Beijing (Pékin) plutôt que les machinations de réseaux internationaux du terrorisme islamique. Sont critiquées les conséquences sociales de la politique économique qui ont conduit aux inégalités et à la discrimination des Ouïghours sur le marché du travail même dans leur région d'origine, la politique religieuse qui fait peser un soupçon d'extrémisme même sur les musulmans modérés et la politique éducative qui vise à une assimilation au courant dominant han, etc.

Le gouvernement chinois évoque en revanche les nombreux investissements dans l'infrastructure de la région, les efforts entrepris pour éradiquer la misère extrême, les offres en matière d'enseignement (certes toujours basées sur l'apprentissage du mandarin) et la menace constante d'attentats justifiant aussi des mesures drastiques. D'ailleurs, les « écoles professionnelles » ne servent pour lui qu'à améliorer la formation des personnes influencées par l'extrémisme islamiste et à les déradicaliser. Cette explication est rejetée par les observateurs des pays occidentaux, qui considèrent les « camps de rééducation » (que certains qualifient même de « camps de concentration ») comme une méthode disproportionnée. Ainsi, les arguments tournent en rond.

Ce livre vise à élucider les zones d'ombre d'une problématique que les médias ont dessinée dans ses grandes lignes. Alors que la situation au Tibet était durant des décennies au cœur de l'attention, c'est depuis quelques années le Xinjiang, une autre région chinoise où vit une forte minorité ethnique, qui attire l'attention. Je constate néanmoins, du moins dans l'espace germanophone, un manque d'informations. Même si la situation actuelle bénéficie d'une couverture médiatique importante et parfois assez détaillée (compte tenu des difficultés qu'il y a à la saisir et à la décrire, preuves à l'appui), les analyses plus approfondies qui éclairent le contexte sous des angles différents font défaut. Je ne veux ici en aucun cas nier l'objectivité des travaux journalistiques, que les représentants du gouvernement et des médias chinois aiment critiquer en bloc. Mais il est indéniable qu'une proximité existe entre les médias occidentaux et les activistes des droits humains qui leur fournissent la plupart des informations sur le Xinjiang. Celles-ci sont généralement très difficiles à vérifier, qu'elles soient diffusées par le camp chinois officiel ou par des activistes étrangers. Il est toutefois possible de tenir compte de davantage de points de vue que cela n'est habituellement le cas dans les médias occidentaux. Je pense ici surtout aux médias allemands, britanniques et américains dont je suis très attentivement les reportages sur le Xinjiang. Ils ont pour une part tendance à reprendre sans vraiment les remettre en question la version des militants des droits humains et des ONG, alors qu'ils sont plus rarement disposés à écouter les arguments officiels chinois. Il convient donc à mon avis de proposer une approche scientifique du sujet en soumettant toutes les parties à un examen critique.

En fait, l'espace germanophone n'affiche presque aucune démarche de ce type à propos du Xinjiang. Il n'existe tout simplement aucun ouvrage scientifique en allemand consacré à la situation actuelle au Xinjiang qui ne disparaisse pas sous une épaisse couche de poussière accumulée pendant deux décennies. Quand dans les années 1990, il est question des premiers troubles et attentats au Xinjiang, qu'en même temps le contexte géopolitique change radicalement (avec l'effondrement de l'Union soviétique) et que le Xinjiang est désormais vu comme une plaque tournante potentielle du commerce intra-asiatique et non plus comme une ligne de front du conflit sino-soviétique, cela suscite toute une série de publications pouvant être lues avec profit jusqu'à aujourd'hui. Citons à titre d'exemples l'analyse politique de Gudrun Wacker (1995), l'étude ethnologique de Thomas Hoppe (1998) ainsi que l'enquête de Bohnet, Giese et Gang (1998) à propos de l'économie de la région. Depuis, plus aucune étude consacrée à la situation actuelle au Xinjiang n'a paru en allemand. Quelques livres ont certes été publiés, mais ils poursuivent un tout autre objectif. Je ne citerai ici, toujours à titre d'exemples, que la biographie de la leader ouïghoure Rebiya Kadeer, qui vit aujourd'hui en exil (Kadeer et Cavelius 2007), et le livre de lecture *Uigurische Geschichten* (Widiarto 2018). La biographie mentionnée, intitulée *Die Himmelsstürmerin : Chinas Staatsfeindin Nr. 1 erzählt aus ihrem Leben*, est par endroits franchement hagiographique. Le livre de Widiarto relate en revanche des histoires du quotidien « [basées] sur des faits réels » (Widiarto 2018 : 224). Il aborde effectivement toutes les critiques et tous les problèmes signalés par les groupes ouïghours en exil, sans toutefois en indiquer clairement la part de fictionnalisation.

Dans ce contexte, le moment est donc venu de proposer sur le sujet une analyse scientifique exhaustive, axée sur la situation actuelle et la question de savoir comment on en est arrivé là, tout en tenant compte de l'arrière-plan historique. Je peux m'appuyer pour ce faire sur une multitude de publications en anglais, qui ne seront pas présentées en détail ici. Il suffit d'indiquer, en anticipant sur les chapitres à venir, que tant dans le domaine de la recherche historique sur le Xinjiang que dans celui des sciences sociales, en particulier à propos de la situation actuelle des droits humains, il existe une vaste gamme de publications en anglais et en revanche un manque flagrant d'ouvrages spécialisés actuels en allemand. Je me référerai en outre à des sources en chinois, notamment à des statistiques officielles, que certains auteurs évitent malheureusement de citer[1]. Ce livre est donc plus qu'un simple résumé de la littérature secondaire, il offre une contribution nouvelle à la compréhension de la région du Xinjiang.

1 Pour certaines sources Internet citées dans la bibliographie, les liens ne mènent aujourd'hui nulle part, car les documents en question ont été supprimés. Mais ils ont été sauvegardés hors ligne et peuvent être mis à disposition sur demande.

Grandes lignes des chapitres suivants

Ce livre comprend trois grandes parties. La première présentera les fondements historiques de la situation actuelle, très importants pour comprendre le conflit actuel au Xinjiang, même si tous les détails n'ont certainement pas la même valeur. L'aperçu historique n'a pas pour objectif d'étudier l'histoire du Xinjiang dans tous ses détails, mais de donner une orientation. Beaucoup des questions qui sont aujourd'hui au centre de la discussion forment depuis longtemps déjà le cœur de la problématique concernant le Xinjiang. Au lieu d'être négligée, cette dimension historique profonde doit figurer dans les explications des conflits actuels. Il apparaît alors que les lectures trop simples proposées par les deux antipodes du conflit ne résistent pas à l'examen.

La deuxième partie traite plus en détail l'évolution de l'économie et de la société du Xinjiang au XXIe siècle. Les questions d'identité ethnique et la manière dont elle se manifeste et se transforme dans différents domaines constituent un axe essentiel de l'analyse. On comprend ainsi quelles sont les causes du conflit actuel au Xinjiang : les inégalités socio-économiques, une oppression croissante de la langue et de l'identité ouïghoures de même que de l'islam.

La troisième partie se consacre ensuite en détail à la genèse et à l'aggravation du conflit lui-même. L'expression ‹ conflit du Xinjiang › est employée ici dans une acception neutre afin de ne pas désigner d'emblée des coupables ou opter pour l'une ou l'autre partie. Comme c'est expliqué dans les chapitres correspondants, les origines de la spirale de la violence au Xinjiang sont très complexes et controversées. Indépendamment de cela, il est évident que depuis 2016 les contre-mesures prises par l'État ont atteint des dimensions qui vont clairement à l'encontre des principes de l'État de droit et de celui de proportionnalité. Les accusations d'organisations de défense des droits humains et d'activistes sont analysées en détail et comparées à la version du gouvernement. En raison de l'escalade en cours au moment de la rédaction finale (juin 2021), il est seulement possible de donner un coup de projecteur sur la dimension internationale du conflit, de même que la conclusion se doit d'être prudente.

Les derniers paragraphes de l'introduction présentent les fondements géographiques et historiques de la région du Xinjiang et ouvrent sur le volet historique du livre, où seront traitées plus en détail priorité les périodes les plus importantes pour comprendre la situation actuelle.

Géographie de la région

L'une des représentations habituelles, que ce soit en Chine ou dans les pays occidentaux, est que le Xinjiang est une région désertique. L'image qui vient à l'esprit du plus grand nombre quand il est question des conditions géographiques au Xinjiang est probablement celle d'une caravane de chameaux cheminant sur la légendaire route de la soie en plein désert de sable. Cette image n'est pas tout à fait inexacte puisque la sécheresse et le manque d'eau sont des paramètres essentiels pour la région (Toops 2004a). Mais elle n'en est pas moins trompeuse, car le Xinjiang se compose du fait de sa géographie de sous-régions très différentes, qu'il convient de connaître pour mieux comprendre son évolution.

En premier lieu, il faut se représenter la taille de la région : sa superficie de 1,66 million de km^2 pourrait couvrir la Grande-Bretagne, la France, l'Allemagne et encore plus (Millward 2007 : 4). Cela suffit à montrer la diversité des sous-régions. Le second aspect concerne la topographie : la région du Xinjiang comprend aussi bien la deuxième plus haute montagne de la planète (le « K2 », Qiaogeli, 8611 m d'altitude) que le deuxième point le plus bas (dépression de Tourfan, 154 m en dessous du niveau de la mer) (Millward 2007 : 5). Ces contrastes caractérisent les paysages du Xinjiang, qui se composent de deux grands bassins et d'autres plus petits, entourés de hautes chaînes de montagnes.

Dans le Sud se trouve le bassin du Tarim avec au centre le désert du Taklamakan. Au sud-ouest, le Xinjiang est bordé par le massif du Pamir avec des sommets culminant à 6000 m, et au sud et à l'est par la cordillère du Kunlun, dont les sommets peuvent atteindre 7000 m d'altitude. La partie nord de la région est coupée de la partie sud par les montagnes du Tianshan avec des sommets allant jusqu'à 5000 m (Toops 2004a : 265). Un plus petit massif montagneux, la chaîne du Quruq-Tagh, sépare à l'est le bassin du Tarim de la dépression de Tourfan déjà citée (Millward 2007 : 6). De même que le Hami situé plus à l'est, l'oasis de Tourfan est reliée par le corridor du Gansu avec le centre de la Chine ; de toutes les sous-régions, c'est celle qui est le mieux reliée au reste du pays.

Au nord du Tianshan qui, tel une barrière naturelle, sépare les deux parties du Xinjiang actuel, se situe le bassin dzoungar. Cette sous-région appelée aussi Dzoungarie se distingue du sud par une alimentation en eau relativement bonne (Toops 2004a: 266s.). La vallée de la rivière Ili (ou Yili) qui coule en direction du Kazakhstan se prête assez bien à l'agriculture, mais au cours des siècles passés, les éleveurs nomades y ont aussi trouvé des pâturages en suffisamment grande quantité. Côté est, la partie nord du Xinjiang est séparée de la Mongolie intérieure par le désert de Gobi. Son prolongement dans le Nord du Xinjiang est la région de Karamay, connue pour ses champs pétrolifères (d'autres gisements ont été découverts dans le bassin du Tarim). Si le Xinjiang est souvent qualifié dans les textes d' « Asie centrale de la Chine », il y a de bonnes raisons à cela : sur le plan géographique, la région doit être distinguée de l'Est de la Chine. En effet, elle se trouve à deux fuseaux horaires de Beijing (Pékin), ce que l'administration chinoise ne reconnaît d'ailleurs pas. L' « heure de Beijing » s'étend officiellement jusqu'à Kachgar (chin. Kashi) à l'extrême ouest de la République populaire, même si la population locale préfère régler ses horloges autrement.

Ces conditions naturelles uniques ont marqué le peuplement, les activités économiques et finalement aussi l'histoire de la région. Dans le Sud, avec le désert du Taklamakan au centre du bassin du Tarim, l'agriculture n'est possible que dans les oasis et à la lisière des montagnes. Mais l'exploitation des terres agricoles n'a été rentable durant des siècles que parce que la population locale amenait, par le biais de canaux souterrains de plusieurs kilomètres ou *karez*, les précipitations et l'eau de fonte des montagnes jusqu'aux champs situés dans les oasis ourlant le désert (Toops 2004a : 266). Les principales localités de la région sont Kachgar, Hotan, Yarkand, Aksou, Kucha, Ush et Yengisar. On les appelle aussi Altishahr, les « Six Villes », même si les sources ne sont pas d'accord pour dire desquelles il s'agit. D'autres noms sont ou ont été en usage : Kachgarie, Huibu, Nanbu, Petite Bukharie, Sud-Xinjiang et bien sûr Turkestan oriental, nom de prédilection des organisations ouïghoures en exil, mais honni par Beijing (Millward 2007 : XIV ; Shichor 2018a). Pour toute la « région Est », c'est le terme *xiyu* (西域) qui a été le plus longtemps utilisé dans l'histoire de la Chine. Et même si cela peut paraître un anachronisme, je suivrai ici les conventions et emploierai le nom actuel Xinjiang. Il signifie littéralement « nouvelle frontière » ou « nouvelle région frontalière », indiquant ainsi que c'est une nouvelle acquisition territoriale. Afin de dissiper cette impression, le gouvernement chinois traduit parfois le nom par « land newly returned » (SCIO 2019b). En usage depuis la fin du XVIIIe siècle, le Xinjiang est le nom officiel de la région depuis 1884, date à laquelle elle devient une province (Millward 2007).

Sur le plan historique, c'est donc surtout le Sud qui offrait les conditions les plus propices à l'agriculture et au peuplement urbain. Le Nord au contraire a été habité durant des siècles par des peuples nomades d'Asie centrale. À partir d'une analyse historique sur le long terme, Millward et Perdue (2004 : 33) définissent les grandes lignes de l'ordre politique régnant dans le Xinjiang d'aujourd'hui : tandis que les peuples nomades vivant au nord du Tianshan pouvaient lever de puissantes armées de cavaliers du fait de leur mode de vie et de production, les paysans habitant l'Altishahr ne pouvaient pas se mesurer à eux. Ils ont donc constamment été dominés par le Nord ou bien victimes de pillages. Jusqu'à l'époque actuelle, il est possible de relever des différences notables entre les trois sous-régions que sont le Sud, le Nord et l'Est du Xinjiang pour ce qui est du développement économique, de la démographie et de l'influence chinoise, ainsi que le montreront les prochains chapitres. De la même façon, la répartition des principaux groupes ethniques diffère jusqu'à aujourd'hui (cf. fig. 1.1 – fig. 1.3).

Fig. 1.1 : Carte du Xinjiang, répartition de la population ouïghoure.

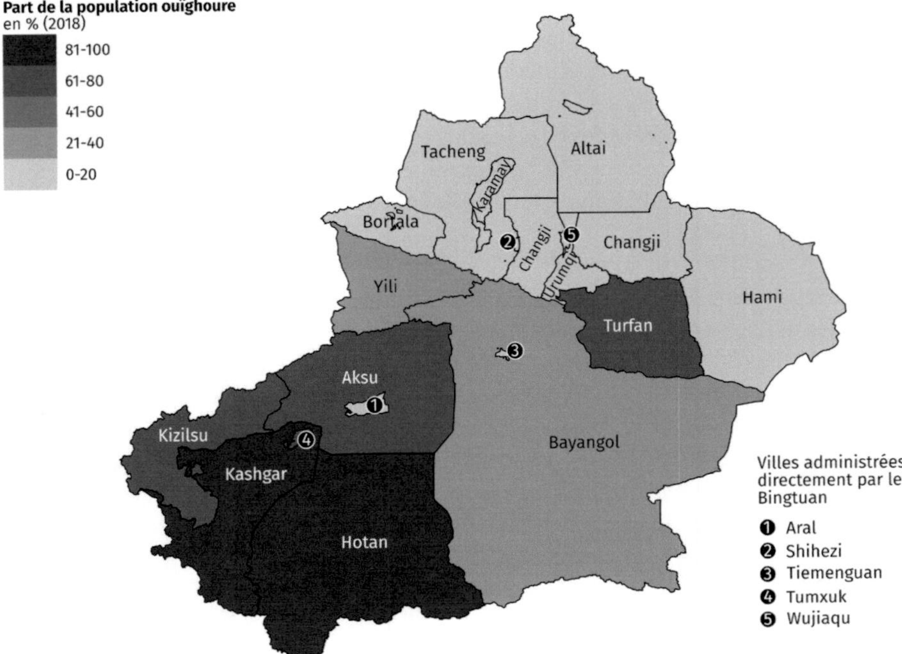

Fig. 1.2 : Carte du Xinjiang, répartition de la population han.

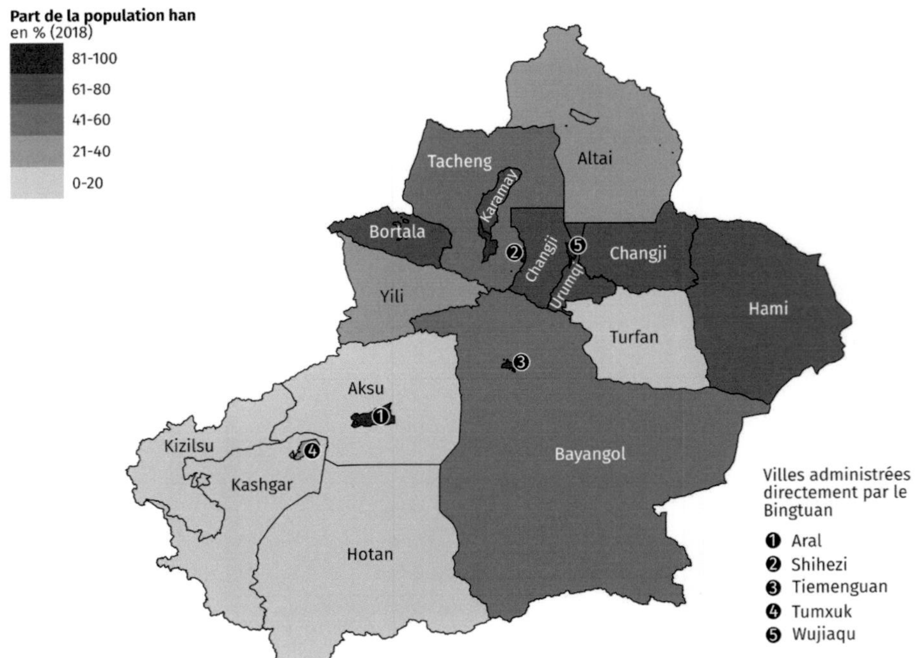

Fig. 1.3 : Carte du Xinjiang, répartition de la population kazakhe.

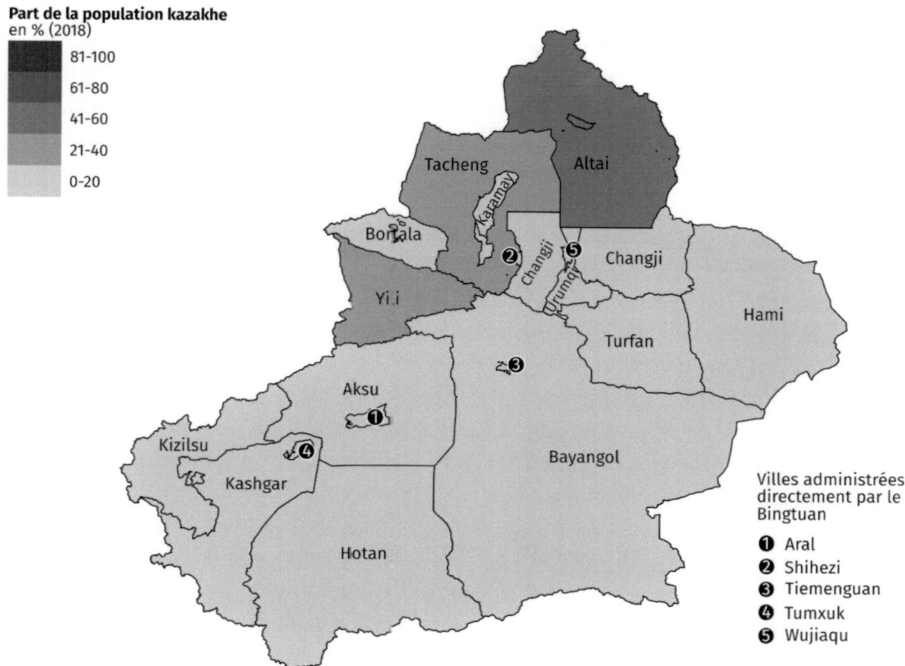

Sources fig. 1.1 - 1.3 : XJTJNJ (2019), tableau 3-7; openstreetmap.org (CC BY-SA 2.0)
© Contributeurs OpenStreetMap

L'Époque ancienne

Il n'est nullement exagéré de qualifier le Xinjiang de plaque tournante historique des échanges culturels. Dans la monographie de Millward publiée en 2007 et intitulée de manière significative *Eurasian Crossroads : A History of Xinjiang*, les peuples les plus divers semblent se succéder à une vitesse fulgurante. Ceci est bien sûr dû à la présentation en accéléré, même dans cet ouvrage historique, des souverains, religions et groupes ethniques qui se sont succédé à la tête du Xinjiang. La présentation que nous nous proposons de faire, encore plus succincte, risque donc de troubler le lecteur. Il est néanmoins important de rendre compte de l'histoire de la région avec toutes ses facettes pour comprendre les tensions actuelles. Dans la lecture officielle donnée par la Chine, que nous traiterons plus en détail, cette multiculturalité, multireligiosité et multiethnicité joue en effet un rôle décisif. Les textes publiés par les Ouïghours en exil soulignent toujours que les Ouïghours constituaient la population autochtone du Xinjiang et qu'ils bénéficiaient donc d'un « droit du peuple autochtone ». Dans les Livres blancs correspondants, le gouvernement de Beijing insiste au contraire sur la multiculturalité et la multiethnicité de la région, déniant donc aux Ouïghours un statut particulier et s'accaparant par là tous les habitants du Xinjiang depuis les origines comme faisant partie intégrante de la grande « civilisation chinoise » (SCIO 2019b ; cf. Bovingdon 2010 : 30s.). Les deux lectures ne résistent pas à une analyse plus précise.

Des découvertes archéologiques anciennes attestent un peuplement remontant à l'âge de pierre (c'est-à-dire il y a 15 000 à 20 000 ans) (pour un aperçu Millward et Perdue 2004 ; plus en détail Millward 2007). On suppose que l'âge du Bronze (1er millénaire av. J.-C.) a vu affluer par vagues différents peuples, dont les Scythes (cavaliers nomades), aussi connus sous le nom de Saka (Saizhong en chinois). Au cours du deuxième siècle avant notre ère, les sources chinoises évoquent comme premiers habitants du Xinjiang les Yuezhi, bientôt chassés ou vaincus par les Xiongnu. D'après Millward (2007 : 15), ce sont les Yuezhi qui imposent en premier une gouvernance nomade contrôlant depuis le Nord de la région la population sédentaire du Sud. Les Xiongnu constituent pour leur part le premier cas de puissance nomade montante d'Asie centrale entrée en conflit avec une entité politique en Chine centrale (les « plaines centrales »). Il s'agit de la dynastie Han occidentale/antérieure (207 av. J.-C. – 6/9 apr. J.-C. ; Han orientaux/postérieurs 23/25 – 220 apr. J.-C.).

Sous le règne de l'empereur Wudi, les tensions s'exacerbent pour aboutir à une expansion vers l'ouest de la dynastie Han aux dépens des Xiongnu. À partir de 120 av. J.-C., les Han progressent jusque dans l'Est du Xinjiang. Après environ soixante ans de conflits militaires incessants autour du bassin du Tarim, la dynastie investit encore plus dans la région à partir de 60 apr. J.-C. et commence à implanter des colonies agricoles ou *tuntian* (屯田), afin d'approvisionner l'armée. Ainsi que nous le verrons plus tard, ce n'est pas seulement un système qui se met en place et persiste dans ce cas jusqu'à aujourd'hui ; c'est l'argument avancé par les sources chinoises pour attester que le Xinjiang faisait partie intégrante de la Chine depuis la dynastie Han (SCIO 2002; 2009a) – sans tenir compte du fait qu'à cette époque il n'existait pas d'entité nommée « Xinjiang » ni d'unité « chinoise » au sens où nous l'entendons aujourd'hui. Les fouilles archéologiques en cours sont utilisées pour corroborer la thèse politique selon laquelle les ethnies du Xinjiang se seraient très tôt « mélangées » (Sheng et al. 2020). Les succès de la dynastie Han sont cependant de courte durée, parce que d'une part la plupart des colonies *tuntian* sont bientôt abandonnées et que de l'autre le trône Han est entre-temps usurpé par Wang Mang. Les Han postérieurs revendiquent de nouveau des parties de la région Sud pour leur dynastie, y lancent des offensives dans les années 70–90 apr. J.-C. et y implantent de nouvelles colonies agricoles, avant d'être de nouveau repoussés par les descendants des Yuezhi (Kunshan). Il est intéressant de regarder combien de temps les Han ont contrôlé le Xinjiang, bien que les chiffres n'aient qu'une valeur probante limitée. Millward (2007 : 24) calcule qu'ils n'ont exercé un contrôle sur le bassin du Tarim que pendant environ 25 ans ; pour les Xiongnu, il arrive à un résultat d'à peu près 70 ans. Les Xiongnu ont contrôlé non seulement tout le Nord du Xinjiang, où la dynastie Han n'a jamais pu étendre son pouvoir, mais ils ont aussi entretenu une présence militaire permanente dans le Sud. Il ne peut donc être question d'une intégration complète du Xinjiang – dans ses frontières actuelles – dans un État « chinois » pendant ou depuis la dynastie Han, même si des sources proches de la RPC ne cessent d'affirmer le contraire. Cependant, cette époque joue un rôle important non seulement pour la rhétorique politique, mais aussi pour l'idée d'une relation commerciale millénaire entre l'Est et l'Ouest, appelée généralement « route de la soie ».

L'Époque moyenne

À la chute de la dynastie Han succèdent environ trois siècles où les États basés en Chine jouent un rôle insignifiant au Xinjiang. Le commerce pratiqué en Asie centrale amène dans la région une nouvelle religion, le bouddhisme, qui s'implante et prospère surtout dans les cités-États de Kucha (chin. Kuche) et Hotan (chin. Hetian). Ce n'est cette fois pas une puissance venue de Chine centrale qui exerce sa souveraineté sur la région, mais les Rouran (ou Ruanruan), une autre alliance nomade comme les Xiongnu et plus tard les Mongols. Ils s'établissent dans les mêmes zones que les Xiongnu, contrôlant la Dzoungarie et de là le bassin du Tarim. Mais ils sont chassés autour de 560 par une autre alliance de peuples nomades venus de Mongolie, les Göktürks (chin. *tujue*), qui fondent leur propre khaganat. La dynastie Sui, qui ne dure que quelques années (581–618), finit par réaliser l'unification de l'empire et intervient aussi activement au Xinjiang. Mais la dynastie suivante, la dynastie Tang (618–906), y exerce une influence bien plus importante. Elle parvient à s'implanter dans l'Est du Xinjiang (Hami ; ouïg. Kumul) et contrôle des parties du bassin du Tarim dans le Sud, mais indirectement. Elle fonde un protectorat « pour pacifier l'Ouest » (*anxi* 安西), dont le siège sera plus tard transféré de Tourfan (aussi Turpan ; chin. Tulufan) à Kucha. Mais elle se contente d'un contrôle indirect des souverains locaux (Millward 2007 : 32s.). Millward et Perdue (2004 : 37) expliquent le succès militaire de la dynastie Tang face aux Göktürks par le fait qu'elle-même avait, de par ses coutumes martiales, des similitudes avec un peuple de cavaliers. Elle absorbe la partie Est de l'espace occupé par les peuples turciques et encourage la « turcisation » du Xinjiang en y stationnant des troupes Tang (Millward et Perdue 2004 : 38). En 657, elle soumet aussi les Göktürks occidentaux en menant une campagne militaire au-delà du Pamir. Mais le zénith de l'extension territoriale est vite dépassé.

Entre 670 et 690/700, la dynastie Tang est soumise à la pression du royaume du Tibet, lui en pleine expansion (Millward 2007 : 33ss. ; van Shaik 2011: chap. 1). Elle perd ainsi temporairement le contrôle des principaux comptoirs commerciaux d'Asie centrale. La suprématie Tang sur certaines zones du Xinjiang prend fin avec la révolte d'An Lushan (755–763), écrasée avec l'aide notable de troupes ouïghoures. Le Tibet, momentanément repoussé par les Tang, intervient à nouveau dans le contrôle du Sud. Pendant le millénaire qui suit, aucune puissance basée en Chine ne s'étend plus jusqu'au Xinjiang. Mais le bilan de la dynastie Tang est assez impressionnant : elle exerce son pouvoir sur les cités-États du Sud pendant environ un siècle malgré une interruption due à l'avancée du Tibet. En revanche, elle joue un rôle prédominant en Dzoungarie, même si elle n'arrive jamais à s'y établir (Millward 2007 : 37). Là, elle n'agit qu'indirectement, en s'appuyant sur des souverains locaux qui reconnaissent sa suprématie, mais dirigent l'administration.

Du IXe au XVIIe siècle

C'est là que nous rencontrons pour la première fois plus longuement un groupe ethnique nommé Ouïghours (chin. *Huihe* 回纥 ou *Huihu* 回鹘). S'agit-il réellement des ancêtres des Ouïghours actuels (chin. *Weiwu'erzu* 维吾尔族) ? Difficile de le dire avec certitude. D'après Millward (2007 ; Millward et Perdue 2004 : 40), ils représentent *une* de leurs origines, mais certainement pas la seule. Ces « anciens Ouïghours » sont un peuple turcique qui mène une vie nomade en Mongolie. Au VIIe siècle, ils s'organisent selon un schéma désormais connu, forment une alliance et, en 744, destituent les Göktürks pour fonder leur propre khanat. À la même époque, ils viennent en aide à la dynastie Tang pour mater la révolte d'An Lushan. Le khanat ouïghour est à son tour détruit près de cent ans après sa fondation (840) par les Kirghizes, un peuple de cavaliers. Les Ouïghours émigrent par vagues, les uns s'installent dans le bassin du Tarim, y compris la région où se situent aujourd'hui Ürümqi (chin. Wulumuqi) et Tourfan. Mais au cours des siècles, les groupes ethniques s'y mélangent, notamment avec les Göktürks (He et Guo 2008 : 128ss. ; Millward 2007 : 42).

Ces « anciens Ouïghours » se distinguent à différents égards du groupe ethnique que nous connaissons aujourd'hui sous ce nom : ils n'étaient pas musulmans. Leur khan se convertit même au manichéisme, une doctrine religieuse venue de Perse, et lui accorde le statut de religion d'État en 763. Dans le royaume de Tourfan, les Ouïghours adoptent plus tard le bouddhisme (Millward et Perdue 2004 : 40). L'islamisation du Xinjiang et de ses peuples turciques ne commence qu'au Xe siècle (voir plus loin). À l'époque du khanat ouïghour, il s'agit d'ailleurs surtout de nomades et non de paysans sédentaires. Cela évolue avec leur implantation dans le bassin du Tarim. Enfin, le mélange avec les peuples turciques s'accompagne de changements linguistiques.

Les « anciens Ouïghours » connaissent une deuxième fois la prospérité à l'époque du royaume de Qocho (env. 866–1370 ; chin. Gaochang). Celui-ci s'étendait sur de vastes contrées du bassin de Tourfan (Est du Xinjiang) et comprenait la région des villes actuelles de Hami, Tourfan et Ürümqi et même Kucha. Les ruines de la capitale ont été englouties par le sable ; on peut actuellement de nouveau les visiter. C'est là que le bouddhisme atteint son apogée au Xinjiang. Se maintenant en place du IXe au XIIIe siècle, le royaume de Qocho est l'une des formations politiques les plus longtemps en place au Xinjiang. Mais dans les années 1130, il doit se soumettre à la dynastie des Liao occidentaux (ou Kara-Khitans) d'Asie centrale. En 1209, comprenant qu'il lui faudra se soumettre à un empire mongol en plein ascension, le royaume de Qocho et le fait volontairement, ce qui lui permet de conserver une administration autonome jusque dans les années 1370 ; il est alors intégré dans l'empire mongol (Milward 2007 : 58ss.).

Le deuxième axe de développement important à l'époque est la naissance en Asie centrale, plus précisément en Transoxiane, d'une nouvelle dynastie, les Qarakhanides (ou Karakhanides). Ce nom désigne la partie ouest de l'Asie centrale correspondant aujourd'hui à l'Ouzbékistan, au Kirghizistan et au Kazakhstan, pays voisins du Xinjiang à l'ouest. Leurs souverains interviennent constamment dans l'histoire du Xinjiang, ce qui vaut à cette région l'appellation « Eurasian Crossroads ». Du IXe au XIIe siècle, les Qarakhanides contrôlent l'Ouest du bassin du Tarim (y compris Hotan à partir de l'an mil environ). Ce sont eux qui introduisent l'islam au Xinjiang. L'ironie veut qu'avec la diffusion de l'islam au Xinjiang, l'ethnonyme « Ouïghours » « disparaisse » (Gladney 2004 : 194 ; Hoppe 1998 : 56ss. ; plus en détail dans la 2e partie du livre). À cause du mélange ultérieur entre « anciens Ouïghours » et Qarakhanides, ces peuples peuvent tous deux être considérés comme les ancêtres généalogiques du peuple turcique que nous connaissons aujourd'hui sous le nom de Ouïghours. Tandis que les organisations de Ouïghours en exil évoquent fièrement le royaume ouïghour de Qocho avec sa longue tradition de contrôle de l'Est du Xinjiang, elles omettent de signaler qu'il s'agissait d'un royaume bouddhiste. À l'inverse, les sources provenant de République populaire de Chine ne cessent d'insister sur ce point (Millward et Perdue 2004 : 42 ; SCIO 2019a).

L'islamisation de la région s'est produite en plusieurs étapes et en partie par la violence. Ce conflit entre les deux ancêtres des Ouïghours est aujourd'hui volontiers négligé par les nationalistes ouïghours alors que les sources officielles chinoises le mettent particulièrement en avant (SCIO 2015 ; 2019b). Millward (2007 : 55s.) le montre en citant l'exemple de la cité-État bouddhiste d'Hotan (ou Khotan) qui, alors indépendante, est soumise au milieu du Xe siècle. La prise de la ville en 1006 scelle le contrôle des Qarakhanides sur la parte ouest du Xinjiang. Mais à partir de 1142, ils doivent eux aussi reconnaître la suprématie des Kara-Khitans, dont le pouvoir s'étend désormais sur toute l'Asie centrale (Xinjiang actuel, Kirghizistan, Ouzbékistan, Tadjikistan et Sud du Kazakhstan).

Quand au début du XIIIe siècle un nouveau souverain des Kara-Khitans rompt avec un traitement jusque-là libéral des religions et encourage des pogroms contre les musulmans au Xinjiang, la population se révolte et se range aux côtés des Mongols, accueillis tels des libérateurs (Millward 2007 : 59ss.). Le Xinjiang devient ainsi une partie de l'empire mongol, qui après la mort de Gengis Khan (1227) est partagé entre ses fils. Mais cet arrangement provoque des conflits incessants et des guerres entre ses successeurs. Le Sud du Xinjiang reste toutefois jusqu'au début du XIVe siècle sous le contrôle du Grand Khan installé à Beijing, Hotan même jusqu'en 1375 (Millward 2007 : 61). Mais les tentatives entreprises sous Kubilai (reg. 1260–1294), le fondateur de la dynastie mongole Yuan (1279–1368), pour étendre son contrôle jusque sur la Dzoungarie échouent. La dynastie Yuan, qui règne sur l'Est de la Chine à cette époque et a son siège à Dadu, le Beijing d'aujourd'hui, ne parvient pas à intégrer le Xinjiang dans l'empire (Millward 2007 : 63s.). Une grande partie du Xinjiang tombe sous la coupe du royaume mongol occidental, le khanat de Djagataï (appelé aussi Mogholistan ; XIIIe-XVIe s.). Les souverains de ce royaume qui s'étend sur de vastes zones d'Asie centrale, se convertissent à l'islam, si bien que le Xinjiang se tourne vers l'ouest aussi bien au niveau politique qu'au niveau culturel et religieux. Fuller et Lipman (2004 : 327) indiquent très justement que Kachgar est moins loin de Bagdad que de Beijing.

C'est ainsi que l'islam, sous une variante fortement influencée par le soufisme, s'impose de plus en plus au Xinjiang, finalement aussi dans la région de Tourfan, où le bouddhisme se maintient le plus longtemps (Millward 2007 : 69). Le soufisme est considéré comme la variante mystique de l'islam ; en Asie centrale, la pratique religieuse se distingue d'autres courants par exemple par le rôle important accordé à la vénération de tombeaux de saints (*mazar*) et de châsses (Millward 2007 : 80ss.). L'incursion de l'islam au Xinjiang du Xe au XVe siècle, d'un islam venu de l'Ouest de l'Asie centrale, signe l'implantation de l'ordre soufi naqshbandi avec deux branches concurrentes : l'Ishaqiyya (du nom d'Ishaq Khoja, mort en 1599) et l'Afaqiyya (du nom d'Afaq Khoja, mort en 1694) (Papas 2017). Ces ordres pour lesquels l'initiation est assurée par un maître (*khoja*, *kwaja* ou *hodja*) se développent jusqu'à acquérir un pouvoir politique fort au Xinjiang, leurs représentants s'attirant le soutien de souverains occidentaux ou gouvernant eux-mêmes. La concurrence des deux ordres mène à des conflits armés, ce qui, pour les sources officielles chinoises d'aujourd'hui, prouve que l'islam déstabilise la société (SCIO 2016). Hormis le fait que « l'islam » peut difficilement être tenu pour responsable de ces conflits, il convient d'ajouter que c'est déformer l'histoire que de ne souligner que ces différends alors que d'autres, pour certains beaucoup plus graves (voir ci-dessous), sont négligés tout en ayant profondément marqué le Xinjiang.

La dynastie Ming (1368–1644), qui succède à la dynastie Yuan, ne parvient pas à étendre son influence sur le Xinjiang et n'y aspire d'ailleurs pas, du moins après le règne de l'empereur Yongle (reg. 1402–1424). Elle est au contraire plutôt connue pour son repli sur elle-même (Grande Muraille) (Perdue 2005 : 56–61). Hormis une brève tentative pour contrôler Tourfan dans les années 1460, ses relations se limitent au commerce. Celui-ci est très important pour la dynastie Ming, car elle est tributaire sur le plan militaire des chevaux d'Asie centrale, qui ne peuvent être élevés avec ce niveau de qualité dans les plaines intérieures de la Chine (Millward 2007: 74 ; Perdue 2005 : 68–74). Au début du XVIIe siècle, alors que la dynastie Ming est déjà sur le déclin, se forme un nouvel État, conduit cette fois par les Oïrats, une fédération de tribus mongoles occidentales. Elles s'unissent en 1640 et finissent en 1678 par former un nouveau khanat dirigé par Galdan, à qui le dalaï-lama confère le titre de Bochugtu Khan (Perdue 2005 : 104). Il appartient à la tribu des Dzoungars, qui exerce désormais sa domination sur l'alliance oïrate. Aussi le régime naissant est-il nommé khanat dzoungar (parmi une multitude de dénominations, les Kalmouks étant encore la plus connue aujourd'hui ; Millward 2007 : 88s.). Les Oïrats avaient adopté le bouddhisme tibétain de l'école gelugpa, à la tête duquel se trouve le dalaï-lama. C'est justement ce lien qui les fait entrer en conflit avec les visées du royaume de Mandchourie à l'est, qui fondera plus tard la dynastie Qing. Comme ce conflit mènera finalement à la conquête et à l'annexion du Xinjiang, il sera traité plus en détail dans le chapitre suivant.

***

Pour résumer, on retiendra que l'histoire du Xinjiang est extrêmement complexe et que les versions « lissées » défendues par les deux camps impliqués dans le conflit du Xinjiang ne résistent pas à une analyse plus approfondie. Le gouvernement chinois affirme que « la Chine » a exercé sa juridiction sur toutes les dynasties depuis l'époque Han et que les entités politiques régionales étaient toutes des « régimes locaux au sein du territoire chinois » (SCIO 2019b). Il est permis d'en douter, de même qu'est problématique cette affirmation publiée sur le site Internet du Congrès Mondial Ouïghour : « Les écrits montrent que les Ouïghours ont plus de 4000 ans d'histoire au Turkestan oriental » (WKU 2009). Chaque partie souligne arbitrairement des aspects soigneusement choisis d'une évolution très dynamique et très complexe, afin d'en donner une certaine image : ou bien le Xinjiang a toujours fait partie de la Chine ou bien il a toujours été le pays des « Ouïghours » (Bovingdon et Tursun 2004 ; Tursun 2008). Ces présentations simplifiées de l'histoire seront problématisées dans le chapitre historique qui suit.

I : Histoire du Xinjiang : un aperçu

Ce volet du livre commence à aborder les causes du conflit actuel au Xinjiang. La première partie, consacrée aux fondements historiques, va de la moitié du XVIIe siècle jusqu'à la fin du XXe siècle. La deuxième partie analysera le contexte économique et social ainsi que les évolutions qui marquent le XXIe siècle.

2 La dynastie Qing : 1644–1911

La conquête : 1644–1759

Dans sa monographie *China Marches West : The Qing Conquest of Central Eurasia*, Peter Perdue (2005 : chap. 2 et 3) décrit de façon détaillée comment en Asie au début du XVIIe siècle trois puissances montantes étendent leur zone d'influence jusqu'à ce qu'un affrontement paraisse inévitable. À l'extrême ouest du continent, en Mandchourie, ce sont les Mandchous, au nord-ouest la Grande Russie et au sud-ouest les Dzoungars mongols.

Les Mandchous commencent à développer un proto-État à partir d'une alliance informelle, selon le schéma présenté au chapitre 1. En 1616, ils s'autoproclament « dynastie des Jin postérieurs », mais optent en 1636 pour le nom de Qing (Spence 1990 : 31). Dès ses débuts, la dynastie Qing est un projet multiethnique et multiculturel sous tutelle mandchoue (Zhao 2006). Les Mandchous s'allient aussi bien avec des tribus de l'Est de la Mongolie qu'avec des fédérations de Chinois han, intégrées dans leur armée par le système des « Huit Bannières » (Perdue 2005 : 110). Des fonctionnaires chinois se rallient même à la cause mandchoue et contribuent très tôt à la création de l'État (Spence 1990 : 28ss.). En 1644, alors que la dynastie Ming menace de s'effondrer sous le coup d'une rébellion, les Qing profitent de l'occasion : venant du nord, ils franchissent la Grande Muraille à la hauteur de la passe de Shanhai, occupent Beijing et poursuivent de là leur conquête du centre de la Chine en avançant vers le sud. Une fois leur pouvoir consolidé malgré quelques résistances, ils affrontent les Dzoungars.

Aux confins ouest du Xinjiang, une nouvelle puissance, la Grande Russie, s'étend de plus en plus jusqu'à devenir une voisine directe des Qing. En 1689 est signé entre la Russie et la dynastie Qing le traité de Nertchinsk, qui fixe le tracé de la frontière entre les deux pays dans l'Est de la Sibérie (Perdue 2005 : 88). Pour les Dzoungars, cet accord entre ses voisins de l'ouest et de l'est, est potentiellement dangereux, car les Qing ont désormais les mains libres pour contrer l'expansionnisme dzoungar sans devoir craindre une alliance entre les Dzoungars et les Russes. Ils veulent aussi empêcher une alliance entre les Dzoungars et le Tibet. Sous le règne de Galdan (reg. 1677–1697), le khanat dzoungar avait en effet poursuivi ses conquêtes. Entre 1678 et 1680, les troupes de Galdan avaient pris le contrôle de la plupart des villes-oasis du Sud et de l'Est du Xinjiang, avec l'approbation du dalaï-lama (Millward 2007 : 90 ; Perdue 2005 : 139s.). Mais d'après Millward, elles gouvernaient moins cette région qu'elles n'en exploitaient financièrement les peuples turciques qui l'habitent. Les habitants du Sud, qui vivaient de l'agriculture et du commerce, sont aussi en partie déplacés vers le Nord du Xinjiang afin de participer au développement du cœur historique du khanat. Leur présence est attestée sous le nom de *taranchi* (paysan en mongol), lequel va devenir un ethnonyme (Millward 2007 : 92s. ; cf. Brophy 2016). Les Qing poursuivent cette pratique du transfert de population du Sud vers le Nord après leur conquête du Xinjiang (Perdue 2005 : 345).

Les relations entre les Dzoungars sous le règne de Galdan et les Qing sous celui de l'empereur Kangxi (reg. 1661–1722) restent pacifiques et comprennent même du commerce, des échanges de titres, etc. jusqu'à ce qu'une scission parmi les Mongols orientaux (Khalkha) n'entraîne les deux parties dans un conflit. Kangxi prétexte l'invasion de la Mongolie extérieure par Galdan et le fait que les Khalkha vaincus aient rejoint les Qing pour intervenir massivement contre Galdan. Dans une série de quatre campagnes militaires qu'il mène pour une grande part en personne, il pourchasse Galdan et n'a de cesse de voir ses troupes vaincues et Galdan lui-même anéanti (Perdue 2005 : 152–208).

Mais ceci ne signe pas la fin du khanat dzoungar, car pendant que Galdan fait la guerre à l'est, son neveu Tsewang Rabdan (reg. 1697–1727) prend le pouvoir. Celui-ci se contente d'abord d'exercer un contrôle plus direct sur le Sud du Xinjiang et de s'attaquer aux Cosaques, ce qui lui vaut en 1715 un affrontement avec la Russie (Millward 2007 : 92; Perdue 2005 : 211). Pendant le demi-siècle qui suit la mort de Galdan, les relations entre les Dzoungars et les Qing sont marquées par une alternance de combats et de compromis (Millward 2007 : 94). Les périodes plus calmes voient le commerce repartir, financièrement souvent au détriment des Qing, qui parviennent cependant à stabiliser leur frontière de cette manière. Mais lorsqu'en 1716, Tsewang Rabdan intervient dans les luttes pour la succession du 5e dalaï-lama et pénètre avec ses troupes dans Lhassa, Kangxi envoie une armée qui, en 1720, chasse de nouveau les Dzoungars de la ville (Perdue 2005 : 227–240). C'est la première fois qu'une dynastie installée en Chine historique étend son pouvoir militaire sur le Tibet (van Schaik 2011 : chap. 6). Suivront deux autres invasions de Lhassa sous le successeur de Kangxi, l'empereur Yongzheng (reg. 1723–1735). Leur but est de stabiliser la politique tibétaine; le Tibet devient alors un protectorat Qing. Mais les opérations militaires entreprises par Yongzheng à l'encontre des Dzoungars en 1730 se soldent par un échec (Perdue 2005 : 240–255).

C'est donc à l'empereur Qianlong (reg. 1735–1796) que revient la tâche de battre définitivement les Dzoungars et de surpasser en cela son grand-père Kangxi. Au début, il mise encore sur les relations commerciales avec les Dzoungars pour parvenir à un changement, mais quand dans les années 1750 un nouveau conflit déchire l'élite pour des questions de succession, il entrevoit la chance que pourrait lui offrir une solution militaire. Amoursana (Amarsanaa), l'un des membres de cette élite, passe dans le camp des Qing et est soutenu par Qianlong, qui lui envoie ses armées en renfort. Mais après ce succès militaire sur les adversaires d'Amoursana en 1755, Qianlong n'a aucunement l'intention d'élever ce dernier au rang de Khan, car cela vaudrait à son empire les mêmes problèmes et les mêmes menaces. Amoursana se rebelle donc contre Qianlong. Celui-ci réagit avec la plus grande sévérité et, au cours de l'hiver 1756-1757, il ordonne que tous les hommes dzoungars en âge de combattre soient tués, y compris les prisonniers de guerre (Perdue 2005 : 282s.). Les hommes plus âgés, les femmes et les enfants doivent être réduits en esclavage et répartis entre les Mongols et les alliés des Mandchous afin de les priver de leur identité de clan. On peut reprendre ici des concepts modernes et parler de génocide planifié et exécuté avec soin. Perdue (2005 : 285) n'hésite pas ici à employer le terme de « solution finale » et à une autre endroit celui d'« ethnocide » (Millward et Perdue 2004 : 54).

Après ce coup fatal porté au khanat dzoungar, les armées de Qianlong ne s'arrêtent pas là, mais progressent plus avant dans le bassin du Tarim, où elles sont aussitôt happées par les différends politiques et religieux complexes auxquels les Dzoungars avaient aussi été confrontés. Les troupes de Qianlong pactisent d'abord avec deux Khojas de l'Afaqiyya qu'ils avaient libérés de prison. Mais ceux-ci ne tardent pas à fomenter une rébellion, écrasée à son tour (Millward 2007 : 96). Perdue (2005 : 291) insiste toutefois sur le fait qu'il n'y a pas de résistance « ouïghoure » unifiée contre l'invasion Qing, mais que des pans de la population du Xinjiang saluent l'arrivée des Qing et se joignent même à eux, tandis que d'autres sont plus enclins à résister. Une nouvelle rébellion de la ville d'Ush Turfan en 1765 est écrasée avant que le calme ne revienne au Xinjiang et que les Qing entreprennent de réorganiser la région (Perdue 2005 : 291s.). Ceci va de pair avec la réécriture de l'histoire : Qianlong impose une version selon laquelle les frontières extérieures de l'empire Qing qui découlent d'une intervention militaire correspondent à son extension naturelle et historique, si bien que tous les peuples y ayant vécu sont déclarés a posteriori sujets Qing (Perdue 2005 : 296 ; Zhao 2006). Projeter dans le passé les frontières actuelles de sa propre zone d'influence procède donc d'une technique qui n'a pas attendu le XXe siècle et le Parti communiste chinois (PCC) pour asseoir une domination.

Le Xinjiang sous administration Qing : 1759–1820/1830

La période pendant laquelle les Qing administrent le Xinjiang peut en gros être divisée en trois phases. Tout d'abord une phase de calme relatif et d'administration indirecte, allant de la conquête en 1759 jusqu'au début des grandes rébellions et invasions musulmanes. Celles-ci commencent dans les années 1820, culminent avec le régime islamique de Yaqub Beg à Kachgar (reg. 1864–1877) et se terminent avec la reconquête par le général chinois Han Zuo Zongtang. La troisième phase comprend la reconstruction et la transformation du Xinjiang élevé au rang de province en 1884, statut qui lui confère une relation plus étroite avec la Chine historique. Pour résumer, on peut dire qu'avant la période des rébellions, le Xinjiang n'était qu'*associé* à l'empire Qing et qu'il y a ensuite été *intégré*.

La dynastie se comprend comme étant à la tête d'un empire multiethnique, multiculturel et multireligieux composé de différents peuples, dont l'empereur lui-même assure finalement la cohésion. Les « cinq nations » – les Mandchous, les Chinois, les Mongols, les Tibétains et les Musulmans – sont égales en droits comme cultures (Millward 1998 : 196s.). L'empereur s'adresse à ces peuples différemment, en fonction des traditions culturelles et religieuses de chacun. Le « visage musulman » des souverains Qing reste toutefois très flou (Schluessel 2020 : 7). Il est donc logique que la Cour de Beijing n'administre la nouvelle région conquise à l'ouest qu'indirectement et par le biais d'institutions très diverses. Certes, les Qing se basent en partie sur les expériences réalisées par leurs prédécesseurs, mais s'en écartent ou inventent de nouvelles institutions dès que cela leur paraît utile. L'une des principales innovations à la Cour est le *Lifan Yuan* (理藩院), un office chargé tout particulièrement de la gestion des affaires mongoles, musulmanes, tibétaines et de celles concernant les autres non-Mandchous et non-Chinois. Ils ne sont pas moins créatifs pour ce qui est de l'administration locale de la région ouest. Le Nord du Xinjiang est soumis à l'autorité du gouverneur militaire d'Ili. Là, en Dzoungarie, sont stationnés un grand nombre de militaires (16 000 à 20 000 hommes) ; de plus, c'est là que durant les décennies suivantes s'installent de nombreux nouveaux habitants. Dans la région Ouest, on compte autour de 1780 environ 20 000 soldats. Le Sud, c'est-à-dire le bassin du Tarim et l'Altishahr, n'est administré qu'indirectement, les élites musulmanes étant intégrées au système administratif Qing. Leurs membres reçoivent leurs titres (*beg* ; le titre le plus élevé étant *hakim beg*) de la Cour, qui les rémunère ; ils sont donc soumis à Beijing. Mais dans le cas normal, ils continuent de facto à régler les affaires intramusulmanes. Des troupes sont certes aussi stationnées dans l'Altishahr, mais avec des effectifs nettement moins élevés que dans le Nord, pourtant moins densément peuplé (6000 à 7000 troupes) (Clarke 2007 : 265s. ; Kowalski 2017 : 48). Cette répartition des armées montre que les Qing eux aussi agissent selon le principe qui veut que « le Sud soit contrôlé par le Nord » (*yi bei zhi nan* 以北治南), principe adopté par la plupart des anciens souverains du Xinjiang.

Les oasis de l'Est, Tourfan et Hami bénéficient pour leur part d'un autre statut, car leurs souverains s'étaient très tôt rangés aux côtés des Qing afin de se débarrasser de la domination dzoungare. Les souverains héréditaires (*jasak*) peuvent, après confirmation par le trône, continuer à exercer leurs fonctions et léguer leurs titres, tout en gardant une partie de leur pouvoir local (Brophy 2008). Ce système est également appliqué par les Mongols des tribus Thorgut (Torgut) et Khochut (Qoshot) nouvellement installés dans la région (Millward 1998 : 100). Enfin, il existe en Dzoungarie des territoires placés sous la tutelle d'unités chinoises régulières : des districts et des préfectures avec des magistrats (système *junxian* 郡县制). Plus les colons arrivant de Chine historique au Xinjiang sont nombreux, plus cette forme d'administration devient courante (Millward 1998 : 101). En d'autres termes, les Qing utilisent toute une série d'instruments pour assurer une suprématie (indirecte) sur le Xinjiang.

Les objectifs poursuivis par le régime Qing sont aussi bien stratégiques que financiers (Perdue 2005 : 336). Qianlong avait dû, comme avant lui Kangxi, surmonter les grandes réticences de ses fonctionnaires et de ses généraux afin de justifier les offensives militaires contre les Dzoungars. À leurs yeux, les dépenses élevées devant être engagées ne seraient pas contrebalancées par un surcroît de sécurité. Après la victoire sur les Dzoungars, ces forces auraient préféré voir les troupes Qing revenir dans leur périmètre antérieur et abandonner le Xinjiang à lui-même. Mais Qianlong voit là une chance unique de mettre fin aux menaces récurrentes que les peuples nomades des steppes représentent pour les États basés dans les plaines intérieures de la Chine. Pour cela, il lui faut garder son emprise sur la région. Mais il n'aspire pas à une véritable intégration dans l'empire, c'est-à-dire à l'instauration des systèmes d'administration typiquement chinois. Il répond à ceux qui lui reprochent le coût trop élevé de l'occupation qu'elle sera assurée par les mêmes troupes que celles qui étaient auparavant stationnées dans la province du Gansu, à la frontière Est du Xinjiang et qu'elles ne coûteront donc pas plus cher. Les Qing pourraient y gagner en retour la création d'une zone sécurisée leur permettant d'empêcher l'émergence d'une puissance concurrente dans la région (Millward 1998 : 44). Mais le calcul ne fonctionnera jamais vraiment, ainsi que Millward (1998) le montre dans sa monographie *Beyond the Pass : Economy, Ethnicity, and Empire in Qing Central Asia, 1759–1864.*

Mais revenons-en aux succès des Qing : en remettant en vigueur le système *tuntian*, ils parviennent jusqu'à la fin du règne de Qianlong à assurer l'autosubsistance des troupes stationnées au Xinjiang. Une partie des soldats est donc basée dans ces colonies agricoles, mais de la main-d'œuvre supplémentaire est recrutée dans les provinces intérieures, le Sud musulman, etc. On relève aussi la présence de colonies pénitentiaires et de colonies pour les compagnies des Bannières, ces dernières étant nomades pour les troupes mongoles, conformément au mode de vie traditionnel de ce peuple (Kowalski 2017 : 50; Millward 1998 : 50ss.). Le régime encourage aussi l'installation de marchands de l'intérieur du pays afin d'assurer l'approvisionnement des troupes. Il s'agit surtout de Chinois han et de musulmans chinois. Mais les dénominations de cette époque sont très différentes de celles d'aujourd'hui. Les Han (*Hanzu* 汉族, qui selon la répartition actuelle constituent plus de 50 % de la population chinoise) sont généralement appelés tout simplement « peuple » (*min* 民), et les musulmans sinophones *Huimin* (回民) ou *Huizi* (回子). Pour les distinguer des musulmans locaux de langue turcique, les musulmans du Xinjiang parlant le chinois sont dénommés « musulmans de Chine intérieure » (*neidi Huimin* 内地回民) ou Dounganes (*Donggan* 东干), une désignation qui s'est maintenue jusqu'à aujourd'hui en Asie centrale pour une petite minorité descendant de ce groupe. Mais pour les peuples turciques autochtones, c'est le terme un peu péjoratif de « musulmans portant le turban » (*chantouhui* 缠头回) qui s'impose surtout à la fin du XIXe siècle pour les distinguer des Dounganes (Millward 1998 : 153s.).

Pendant la première phase de la domination Qing au Xinjiang, la Cour attache une grande importance à ce que ces groupes ne se mélangent pas. Aussi la politique de création de colonies se concentre-t-elle surtout sur le Nord, où de vraies villes sous commandement militaire émergent (Kowalski 2017 : 52ss.) et où Qianlong voit le potentiel qui peut se dégager du déplacement de Chinois habitant dans les régions surpeuplées de l'intérieur (Millward 1998 : 115). En revanche, dans l'Altishahr, les seules colonies fondées sont militaires. Les troupes sont même remplacées régulièrement au bout de quelques années afin ne pas pouvoir s'enraciner dans la région. D'ailleurs, la fondation de colonies dans le Sud du Xinjiang est alors complètement interdite, les mariages entre Han ou Hui et la population locale formellement défendus, de même que le fait de venir avec sa famille. Le gouvernement Qing s'efforce donc de réduire les frictions en pratiquant une ségrégation ethnique stricte, en gardant le contrôle sur chacun des groupes et en limitant ainsi les coûts administratifs (Millward 1998 : 125, 138).

Le calcul de Qianlong s'avère toutefois trop optimiste. Durant sa période de relations étroites avec l'empire Qing, le Xinjiang ne peut pas être contrôlé sans causer des coûts importants (et cela se poursuivra comme le montreront les chapitres ultérieurs). Des sommes considérables en argent doivent constamment être envoyées pour payer les militaires et les fonctionnaires (Millward 1998 : 58ss.). À cela s'ajoutent des livraisons supplémentaires de thé. Mais ces problèmes financiers et ces difficultés d'approvisionnement n'ont pas que des inconvénients, explique Millward. Car la nécessité fait que la Cour va jusqu'à approuver et encourager des innovations proposées par des fonctionnaires locaux, qui expérimentent le commerce frontalier avec les voisins occidentaux. Les Cosaques achètent de la soie et des cotonnades et fournissent du bétail pour nourrir les troupes. Cela stimule aussi bien la production de coton et d'étoffes dans l'Altishahr que les manufactures de soie à Hangzhou. Avec le khanat de Kokand, un autre voisin occidental (aujourd'hui en Ouzbékistan), on négocie surtout du thé, ce qui donne également un élan à l'économie locale. Le seul produit du Xinjiang qui suscite un intérêt particulier auprès de la Cour impériale est le jade, exploité à grande échelle (Millward 1998 : 180ss.). Les fonctionnaires du Xinjiang se lancent en outre dans des projets économiques en matière d'infrastructure et de commerce afin d'améliorer leurs recettes fiscales et de se créer des revenus propres alors que cela était encore interdit à leurs homologues de l'intérieur du pays. La politique monétaire témoigne de la même créativité, avec une manipulation de la monnaie de cuivre locale (Millward 1998 : 71–75), procédé qui fera plus tard aussi école en Chine intérieure (*neidi* 内地). De nouvelles formes d'imposition (un péage interne) ouvrent la voie à un droit de douane interne qui gagnera en importance (*lijin* 厘金). Millward dresse un tableau où des fonctionnaires locaux – avec l'accord tacite de la Cour – font preuve de créativité et où le Xinjiang devient une sorte de laboratoire de pratique administrative fournissant des enseignements pour les provinces de l'intérieur. En un certain sens, cela correspond aux rapports actuels portant sur l'État policier et sécuritaire instauré par le Parti communiste au Xinjiang et vus comme un mauvais présage pour des changements ultérieurs dans toute la Chine. Mais il est important de souligner que malgré tous les efforts entrepris pour minimiser les coûts, le Xinjiang est finalement resté une unité administrative onéreuse, devant être financée par le pouvoir central. Cette situation ne fait qu'empirer avec la recrudescence de troubles politiques dans les années 1820 et les décennies suivantes.

Le Xinjiang et les soulèvements musulmans : 1820–1877

La deuxième phase de la domination Qing au Xinjiang est marquée par une série de soulèvements et d'invasions. Les altercations entre les ordres soufis Afaqiyya et Ishaqiyya jouent ici un rôle important, d'autant que le Kokand s'en mêle. Les premiers troubles qui éclatent dans les années 1820 et 1830 sont réprimés relativement vite, même si les coûts sont énormes. Ce sont justement ces dépenses considérables qui incitent la Cour à retirer rapidement ses troupes, ce qui provoque un nouvel embrasement de la région. À partir du milieu du XIXe siècle, la dynastie rencontre des difficultés croissantes. D'une part, les puissances coloniales européennes infligent aux Qing une défaite après l'autre dans les guerres de l'opium et la forcent à signer des « traités inégaux ». De l'autre, la révolte des Taiping (1851–1864), qui retire à Beijing son contrôle sur le Sud de la Chine, représente une menace vitale pour la dynastie, car il s'agit du territoire le plus puissant de l'empire sur le plan économique. Différents soulèvements se succèdent ou se chevauchent : ceux des Nian dans le Nord de la Chine (1851–1868) et des musulmans du Nord-Ouest de la Chine historique (1855–1873), ces derniers ayant des répercussions directes sur le Xinjiang (Spence 1990 : chap. 7-8).

Quelques décennies auparavant, la mainmise des Qing sur le Xinjiang s'était déjà confrontée à de nouveaux défis. Les Khojas de l'Afaqiyya qui, après la conquête de l'Altishahr par les Qing, s'étaient enfuis à l'ouest, au Kokand, appellent dans les années 1820 à la « guerre sainte » (*djihad*) contre les Qing et essaient à plusieurs reprises d'envahir la région de Kachgar (1822, 1826). Une armée Qing de 20 000 hommes est levée en 1827 pour repousser l'invasion ; de vastes réformes de l'administration locale sont lancées afin de calmer le mécontentement de la population turcique (Kim 2004 : 24–27). Mais les mesures prises à l'encontre du Kokand, qui avait soutenu l'invasion, en particulier l'embargo commercial, se retournent contre les Qing et ne peuvent donc pas être maintenues (Millward 1998 : 93ss.). Le stationnement de troupes Qing relativement nombreuses à Kachgar en 1826 (Millward 1998 : 93) n'empêche pas une nouvelle invasion par le Kokand en 1830 ; de nouveau, une armée doit être levée à la va-vite pour reconquérir la région. Afin de mettre fin à cette situation instable et coûteuse, les Qing acceptent de signer un traité commercial avec le Kokand, qui concède au khanat des droits spéciaux de si grande portée en Kachgarie qu'il est parfois qualifié de « premier traité inégal de la Chine » (Kim 2004 : 27–29 ; cité par Fletcher). Souhaitant parvenir à une plus grande stabilité, la dynastie Qing autorise à partir des années 1830 l'installation durable de Han et de Dounganes dans le Sud du Xinjiang, ce qui constitue une rupture avec les politiques de ségrégation ethnique pratiquées jusqu'alors dans la région. Les migrants sont désormais autorisés à épouser des femmes du Xinjiang ou à venir avec leur propre famille (Millward 1998 : 138). Sous le règne de l'empereur Daoguang (reg. 1782–1850), les colons han de l'Altishahr se sédentarisent pour la plupart, ce qui permet au régime de garder le contrôle sur la région (Millward 1998 : 226–231). Ceci correspond étrangement à la manière de procéder du Parti communiste chinois dans les années 2010, ainsi que nous le verrons plus tard. Malgré ces efforts, la région reste instable et les invasions opérées par des troupes venues de Kachgarie et conduites par des Khojas se poursuivent dans les années 1850, cette fois sans le soutien du Kokand (Kim 2004 : 31). En d'autres termes, la dynastie Qing avait déjà perdu une partie de son pouvoir dans les régions les plus à l'ouest quand en 1862 des soulèvements musulmans éclatent au Shaanxi et au Gansu, deux provinces du Nord-Ouest.

Ces groupes rebelles se composent de Chinois musulmans appelés aujourd'hui Hui et connus à l'époque au Xinjiang sous le nom de Dounganes. De réels massacres de rebelles au Shaanxi et au Gansu ainsi que des rumeurs de massacres que les Qing s'apprêteraient à commettre préventivement sur des Dounganes du Xinjiang afin d'empêcher qu'ils ne se soulèvent provoquent en juin 1864 une rébellion à Kucha sur la bordure nord du bassin du Tarim. Cette initiative était donc partie de Dounganes et non de la population turcique. Cependant, elle devient bientôt un mouvement musulman et les Dounganes sont à maints endroits chassés du pouvoir ou remplacés par exemple par des chefs religieux (souvent des Khojas) (Kim 2004 : chap. 1). D'autres villes comme Ürümqi (Dihua à l'époque), Yarkand, Kachgar, Hotan et Ili se soulèvent à leur tour ; des conflits opposent bientôt les groupes et les villes rebelles. Kim qui, dans son ouvrage *Holy War in China* (2004), fournit une analyse détaillée de cette période de l'histoire du Xinjiang voit toutefois dans ce soulèvement une « guerre sainte » où, pour la première fois, les différents groupes musulmans s'unissent pour lutter contre les « incroyants ». Il refuse d'autres interprétations comme celle d'un « soulèvement paysan » ou d'un conflit entre « Ouïghours et Han » en avançant les arguments suivants (Kim 2004 : 66ss.). Pour la première, la participation de groupes urbains était trop importante. Pour la deuxième, il manque les catégories ethniques : les habitants de l'Altishahr ne se voyaient pas à l'époque comme ouïghours de même que leurs opposants n'étaient pas des Han. L'administration était aux mains de Mandchous, de Mongols et de fonctionnaires locaux musulmans (*begs*) issus de la population turcique. Du point de vue de Kim, le facteur décisif concernait les identités religieuses et non les appartenances ethniques.

La suite du soulèvement montre que les catégories ethniques dans leur acception actuelle ne sont pas très pertinentes. À partir de 1864, un chef militaire dénommé Yaqub Beg et venu du Kokand s'impose militairement contre les rebelles tout d'abord à Kachgar, puis dans tout l'Altishahr. En raison de son habileté tactique et de son manque de scrupules, Ürümqi tombe en 1870. De nombreux autres musulmans sont victimes de la répression, ce qui ne nuit toutefois pas à l'image idéalisée de « soldat de la guerre sainte » qu'il a aujourd'hui (Kim 2004 : 75). Il conquiert par la ruse la ville d'Hotan et élimine entre autres les Khojas de Kucha, qui avaient étendu leur zone d'influence vers l'est (Tourfan, Hami) et le sud-ouest (Yarkand) (Kim 2004 : 89ss.).

L'État instauré par Yaqub Beg est considéré comme musulman, car il impose les lois (*charia*) et les préceptes islamiques (voile pour les femmes et turban pour les hommes, prières régulières, interdiction de l'alcool, etc.), avec beaucoup plus de sévérité que la population turcique locale n'en avait l'habitude (Kim 2004 : 129ss.). Il s'agit d'une gouvernance personnalisée, où Yaqub Beg détient les rênes du pouvoir. Son Khan ayant entre-temps été victime d'un putsch, Yaqub Beg parvient à se débarrasser de l'influence du Kokand. Mais c'est néanmoins sur les troupes du Kokand qu'il assoit son pouvoir, même s'il augmente les effectifs de son armée qui compte finalement 40 000 hommes, car il souhaite être en mesure de riposter à une attaque prévisible des Qing (Kim 2004 : 108–120). Faute d'alternatives, c'est la population locale qui paie le prix de cette mobilisation ; elle ne tarde pas à regretter les conditions économiques dont elle jouissait sous les Qing – ou pour citer Millward (2007 : 121) : « Indeed, Yakub Beg's was for the most part an occupation regime. »

L'aspect le plus intéressant de cette période est que les événements du Xinjiang se répercutent sur les relations internationales (Share 2015 : 1106ss.). À partir des années 1830, la Grande-Bretagne s'inquiète de plus en plus du risque d'une invasion russe de l'Inde par le nord, menace qui s'avèrera injustifiée. Le Xinjiang passait pour un lieu de passage possible, si l'on faisait abstraction de l'inaccessibilité du massif du Pamir (Kim 2004 : 138s.). La Russie, de son côté, voit ses positions en Asie centrale menacées par Yaqub Beg ; en juin 1871, elle occupe préventivement la vallée de l'Ili dans le Nord du Xinjiang (Kim 2004 : 141). Les tensions entre la Russie et Kachgar s'apaisent grâce à un accord commercial conclu en 1872. Yaqub Beg essaie en outre de nouer des relations avec la Grande-Bretagne, ses efforts aboutissent en 1874 à un autre accord commercial, puis à de véritables relations diplomatiques officielles (Kim 2004 : 145), ce qui, avec l'occupation d'Ili par la Russie, signifie un mépris total pour la souveraineté Qing sur le Xinjiang. En même temps, Yaqub Beg enregistre un succès important en obtenant le soutien de l'empire ottoman. Sa série de victoires militaires lui vaut une réputation solide dans le monde musulman, si bien que le sultan d'Istanbul accepte de recevoir son envoyé. Fin 1873, Yaqub Beg reconnaît le sultan comme son souverain et obtient en retour des titres, des armes, des munitions et des conseillers militaires pour son armée. Mais tout cela n'est pas suffisant pour que son territoire échappe à une reconquête par les Qing. Cet épisode nourrit jusqu'à aujourd'hui les fortes craintes des gouvernements chinois de voir une alliance panturque conduire à une scission du Xinjiang (Shichor 2018a).

Les Qing auraient-ils été en mesure et désireux de fournir un effort militaire de cette envergure ? Il semble difficile de répondre par l'affirmative à cette question, d'autant que des fonctionnaires de la Cour Qing avaient plus d'une fois douté de la pertinence d'une occupation durable du Xinjiang. Mais d'autres n'étaient pas de cet avis. Le plus influent d'entre eux était le savant Gong Zizhen (1792–1841) qui, dès 1820, plaide dans un essai qui passe alors inaperçu pour une intégration plus forte du Xinjiang dans l'empire. Pour lui, la région doit être transformée en une province régulière et des investissements effectués dans l'économie, afin d'assurer à long terme une administration et une défense efficaces. Il aspire en outre à une « hanisation » de la région. Même si le texte de Gong ne rencontre qu'un écho très limité à l'époque, il offre un fondement idéologique et organisationnel à une reconquête (Millward 1998 : 241ss.). Celle-ci fait l'objet à la Cour d'un grand « débat politique » dont les deux protagonistes sont les héros de la répression de la révolte des Taiping. Li Hongzhang (1823–1901), souvent qualifié de ministre chinois des affaires étrangères avant la lettre, se range aux côtés des opposants à la reconquête. Pour lui, le problème principal au niveau de la défense se situe sur la côte, où la Chine a plusieurs fois était vaincue par des puissances européennes au cours des décennies précédentes. Zuo Zongtang (1812–1885) au contraire, qui après la révolte des Taiping, réprime celles des Nian et des musulmans du Nord de la Chine, invoque une sorte de « théorie des dominos » : sans le Xinjiang, la Mongolie est menacée et après la Mongolie c'est le tour de Beijing (Kim 2004 : 162s.). C'est cet argument qui finit par s'imposer. Kim (2004 : 163) récuse l'objection de l'historien Immanuel Hsü, pour qui le choix d'une défense tournée vers l'ouest à un moment où les marins européens avaient des visées colonialistes naissait d'une « pensée obsolète », et rappelle que c'est précisément à ce point de vue dépassé que la Chine doit un sixième de sa superficie. Outre cet argument stratégique, il en existe un autre qui s'appuie sur Confucius : pour Zuo, ce serait enfreindre le précepte de la piété filiale (*xiao* 孝) que d'abandonner inconsidérément le territoire conquis par les ancêtres (Schluessel 2020 : 47).

Quel que soit l'argument qui l'ait emporté, ce n'est pas seulement Yaqub Beg, mais aussi les Européens (surtout les Britanniques et les Russes) qui sont surpris par la soudaine détermination des Qing à lui arracher de nouveau le Xinjiang. Yaqub Beg espère sans doute encore une solution négociée à Londres entre son représentant et l'ambassadeur Qing lorsque les troupes impériales menées par Zuo et son général Liu Jintang commencent leur progression. Toujours est-il qu'il donne à son armée cet ordre habituellement incompréhensible de ne pas se retrouver mêlée à des opérations de combat et de se replier. Après que la Dzoungarie et les premières villes au sud du Tian Shan sont tombées aux mains des Qing, Yaqub Beg meurt subitement fin mai 1877, probablement d'un accident vasculaire cérébral, sur quoi son régime implose du fait de la désunion de ses successeurs potentiels et du mécontentement grandissant de la population (Kim 2004 : 164–178).

Cette fin abrupte et inattendue et le succès remporté par les Qing donnent à la dynastie l'énergie nécessaire pour exiger de la Russie qu'elle lui rende la vallée de l'Ili, ce que le gouvernement russe lui avait promis au moment de l'occupation au cas où les Qing parviendraient à reconquérir le Sud. Mais les négociations s'avèrent difficiles et après la signature du traité de Saint-Pétersbourg (1881) les Qing paient cher la récupération de « leur pays » : neuf millions de roubles, le déplacement vers la Russie de 50 000 Dounganes et Taranchis qui voulaient soi-disant rester des sujets du tsar, ainsi des accords commerciaux très favorables à la Russie. Comme la Chine considère ce traité comme un « traité inégal », le tracé de la frontière n'a été véritablement reconnu jusqu'après le démembrement de l'Union soviétique (Millward 2007 : 135s.).

Le Xinjiang, une province Qing : 1884–1911

Malgré ces coûts élevés, la récupération de la vallée de l'Ili et donc la réunification du Xinjiang et son intégration à l'empire Qing marquent le début de la troisième et dernière phase de la domination impériale sur la région. Elle se distinguera fortement des précédentes. Zuo Zongtang, qui passe désormais pour le sauveur de la dynastie, s'emploie à transformer le Xinjiang en une province conformément aux propositions de Gong Zizhen et d'autres. Li Hongzhang, qui avait dit du Xinjiang qu'il était « inutile » (Millward et Tursun 2004 : 65), adopte une nouvelle fois la position inverse, mais défend en même temps la transformation de Taïwan en province (Millward 2007 : 137). À la fin, la Cour se range à l'avis de Zuo. En 1884, le Xinjiang devient donc une province autonome officiellement appelée Xinjiang (littéralement « nouvelle frontière »). Ce nom était déjà en usage depuis la fin du XVIIIe siècle, alors sans statut officiel, mais le territoire n'est plus tout à fait « nouveau ». Ce changement administratif est cependant parfois interprété comme une incorporation du Xinjiang dans l'empire Qing qui n'aurait eu lieu qu'en 1884 – interprétation réfutée avec force par Millward (2007 : 137s.). La perspective historique à long terme qui est la sienne montre clairement que le Xinjiang faisait déjà partie de l'empire Qing depuis 1759, au même niveau que d'autres régions frontalières (Mandchourie, Mongolie). Millward argue que les Qing ont réorganisé seulement plus tard (1907) la Mandchourie sous forme de provinces, mais qu'elle n'en faisait pas moins partie de l'empire. Schluessel (2020) fait toutefois remarquer qu'avec l'armée de Zuo Zongtang c'est une nouvelle phase de la colonisation du Xinjiang qui commence, laquelle repose sur la pensée des savants *jingshi* de sa région d'origine, le Hunan. *Jingshi* (经世) se traduit généralement par « gouvernance » et constitue un courant du confucianisme orienté vers la pratique, dans lequel on peut aussi ranger Gong Zizhen, évoqué plus haut, et son essai sur le Xinjiang. Il semble donc adéquat de dire qu'avant les soulèvements le Xinjiang était déjà *associé*, mais qu'il devait désormais être *incorporé*.

Le changement de statut du Xinjiang devenant une province s'accompagne d'un transfert du pouvoir administratif : la nouvelle capitale est Dihua (auj. Ürümqi). La présence militaire dans son ensemble est réduite (de 50 000 à 40 000 hommes), mais davantage de troupes sont stationnées durablement dans l'Altishahr (Millward 2007 : 141). L'administration est plus « hanisée » (Millward 1998 : 251), une tendance remarquée partout à la fin de la période Qing. Au Xinjiang, cela signifie d'une part que les Mandchous et les Mongols sont écartés des plus hautes fonctions de l'État : la plupart des gouverneurs de la province du Xinjiang jusqu'à la fin de la dynastie sont des Han (sept sur neuf). Le premier gouverneur de la province du Xinjiang est un général institué par Zao, Liu Jintang, qui ins-talle d'autres officiers du Hunan à des postes importants (Kowalsksi 2017 : 57ss.). Schluessel (2020 : 57ss.)

montre comment l'influence de ce groupe se maintient sur plus de trois générations. Sur les 381 fonctionnaires locaux du Xinjiang dont nous connaissons l'origine, 58 % viennent du Hunan (Schluessel 2020 : 59). Par le biais de mariages ciblés se constitue une puissante élite originaire du Hunan, qu'il compare à une « aristocratie rurale secrète ou une mafia » (Schluessel 2020 : 73). Les réformes administratives entraînent en outre un déclassement des *begs* locaux. Pour reprendre les mots de Zuo cités par Millward (2007 : 141) : « they are official servants, not officials ». Le système reposant sur une gouvernance indirecte est donc restructuré et non aboli, car cela aurait nécessité un effort encore plus important.

Mais les réformes concernent aussi l'élite locale en ce sens qu'elles essaient de réorganiser sa formation. Sont créées des écoles confucianistes, qui visent à une acculturation radicale des futures élites. Citons à nouveau Zuo :

> If we wish to change their peculiar customs and assimilate them to our Chinese ways (*huafeng*), we must found free schools (*yishu*) and make the Muslim children read [Chinese] books, recognize characters and understand spoken language. (cité par Millward 2007: 142)

Même s'il s'agit aujourd'hui bien entendu d'autres contenus, cette citation semble anticiper les objectifs de l' « éducation bilingue » prônée par le PCC, sur laquelle nous reviendrons plus tard. La « transformation par l'éducation » (*jiaohua* 教化) à laquelle Zuo aspirait conformément à l'idéologie *jingshi* (Schluessel 2020 : 42) est aussi très proche de la terminologie actuelle. D'après Schluessel (2020 : chap. 1), Zuo, Liu et leurs successeurs réalisent un projet civilisationnel semblable à celui d'autres puissances coloniales. Mais il précise : « [it] was an attempt not to turn ‹ Uyghurs into Chinese ›, but rather to effect a change of creed : ‹ Muslims into Confucians › » (Schluessel 2020 : 36). Une place centrale est donc attribuée aux rites confucianistes (*li* 礼) dans l'approche pratiquée par les fonctionnaires du Hunan (Schluessel 2020 : 27ss.). Leur diffusion est largement encouragée. Schluessel compare ici les rites confucianistes avec la *charia* islamique dans la mesure où tous deux représentent des principes moraux transformés en système juridique. Mais les fonctionnaires *jing shi* ne se basent pas seulement sur la force d'arguments moraux, ils classent avec l'aval de la Cour impériale le Xinjiang comme « zone à juridiction exceptionnelle » : comme dans les territoires concernés par les soulèvements, la direction de la province se voit octroyer le droit d'autoriser des exécutions au niveau local, sans attendre une vérification préalable par Beijing. Ainsi que l'explique Schluessel (2020 : 62ss.), cette réglementation exceptionnelle est d'emblée une technique radicale employée systématiquement au Xinjiang après sa reconquête. Elle ne se justifie pas par un nombre de crimes particulièrement élevé, mais par une suspicion généralisée à l'égard de la population locale : « Where in China proper this technique was legitimized by claims about roving men, in Xinjiang those same concerns were projected instead onto Muslims » (Schluessel 2020 : 67). On relèvera ici une similitude avec le discours sur le terrorisme qui sera analysé au chapitre 9 (Roberts 2020 ; Tobin, 2020). Le nouveau gouvernement de la province n'hésite donc pas à employer les grands moyens pour réorganiser le Xinjiang.

Mais il ne reste que peu de temps à la dynastie Qing pour faire avancer son projet, car les réformes entreprises au début du XXe siècle, alors que l'empire est déjà sur le déclin, ne portent guère leurs fruits. Par exemple, le remplacement des écoles confucianistes par des écoles « modernes », à partir de 1907 aussi au Xinjiang. Les écoles islamiques (*madrasa*) restent les établissements d'enseignement les plus importants (Millward 2007 : 143ss.). En même temps, la Cour Qing met fin à l'influence des fonctionnaires originaires du Hunan, qui s'étaient montrés peu efficaces et de plus en plus corrompus (Schluessel 2020 : 73ss.). La métamorphose souhaitée des musulmans en confucianistes n'aboutit donc pas.

Il y a un autre domaine où les réformes ne sont que partiellement couronnées de succès. Afin de nourrir l'armée tout en promouvant la transformation démographique et culturelle du Xinjiang, Zuo et ses partisans mettent tout d'abord l'accent sur la conquête de nouvelles terres cultivables. Cette politique de « priorité donnée à l'agriculture » (*zhongnong* 重农) sur les pâturages des nomades du Nord du Xinjiang en particulier se fonde sur des arguments aussi bien économiques que culturels :

> From the position of governance, this effort was part of a long-standing "emphasize agriculture" (*zhongnong*) policy rooted in a Sinitic belief in the moral superiority of ordered, plowed fields and a dark mistrust of unplowed, unbounded grassland. (Kinzley 2018: 28)

Sa base financière faible reste le problème fondamental du Xinjiang, lequel s'aggrave encore vers la fin de la dynastie à cause des charges croissantes pesant sur la Cour, qui doit payer des réparations aux puissances impérialistes. Cela mène au début du XXe siècle à une nouvelle hausse des impôts pour les paysans qui y sont soumis (Millward 2007 : 149s.). Un premier succès quant à l'installation de paysans han au Xinjiang et la « conquête de jachères » ne peut se confirmer (Kinzley 2018 : 28ss.). En revanche, le nombre de musulmans turciques émigrant du Sud vers le Nord de la province pour y pratiquer l'agriculture ne cesse de grandir. La conséquence involontaire de ce mouvement de population est une place plus grande de cette ethnie dans toute la région (Millward 2007 : 151s.). Il est intéressant de remarquer avec Millward et Tursun (2004 : 67) que les fonctionnaires Qing trouvent les paysans musulmans turciques plus travailleurs que les Chinois han, ce qui réfute autrefois comme aujourd'hui les stéréotypes en usage au sujet des deux ethnies, les Han et les Ouïghours (cf. chap. 7). La politique poursuivie par les fonctionnaires *jingshi*, à savoir l'installation de Chinois han au Xinjiang, s'accompagne de déplacements et de mariages contraints entre migrants et femmes musulmanes – avec quelquefois un trafic de femmes, du reste entre les mains de musulmans de langue chinoise (Dounganes ou Hui). Il s'ensuit le renforcement du sentiment d'unité des musulmans de langue turcique, qui se défendent de voir « leurs femmes » « volées » par des musulmans généralement plus aisés (Schluessel 2020 : chap. 4). Au XXIe siècle, nous retrouverons un conflit similaire, analysé au chapitre 8.

L'intégration dans le marché intérieur chinois souffre d'un manque d'infrastructures et de douanes intérieures, alors que le traité de Saint-Pétersbourg offre de belles opportunités à la Russie au Xinjiang et que les marchands russes peuvent y pratiquer un commerce hors taxes Cela augmente la dépendance de la région vis-à-vis de l'Asie intérieure et de la Russie (Millward 2007 : 156s.). Dans une étude détaillée sur l'exploitation des ressources naturelles au Xinjiang, Kinzley (2018) remarque que le fait que le manque d'argent des fonctionnaires de la province les ait poussés à la fin du XIXe siècle à se tourner vers les investisseurs et les bailleurs de fonds russes explique les déséquilibres structurels d'époques ultérieures. Les premières explorations géologiques systématiques sont réalisées dans le Nord du Xinjiang avec le soutien de la Russie, en particulier le long de la frontière sino-russe. Les connaissances acquises sur les gisements trouvés là font que plus tard c'est toujours au même endroit qu'on continue à chercher et à investir, avec des conséquences à long terme sur le développement économique des différentes régions, marqué par de grandes inégalités. Le secteur des matières premières reste géographiquement axé sur le Nord, malgré des échecs économiques récurrents, surtout dans le domaine de l'extraction de l'or (massif de l'Altaï) et du pétrole (Dushanzi en Dzoungarie) à la fin de l'époque Qing (Kinzley 2018 : 55ss.).

Millward (2007 : 157s.) dresse un bilan mitigé de cette troisième phase. Les objectifs ambitieux des partisans d'une réorganisation comme province n'ont pas pu être atteints, ce qui est toutefois dû en grande partie à des évolutions extérieures au Xinjiang. La vie de la plupart des habitants du Tarim au cours des dernières décennies de la dynastie Qing n'a guère changé et il ne peut être question d'une assimilation à la culture chinoise, comme celle visée par Zuo (Bellér-Hann 2008). Une citation de 1909 de Liankui, le gouverneur général mandchou en charge du Gansu et du Xinjiang, montre que les fonctionnaires Qing continuent à considérer le Xinjiang comme une sorte de corps étranger et non comme faisant « partie intégrante » de l'empire :

In governing their territories both Eastern and Western states employ special methods. The British in India and the French in Vietnam, for example, both maintain an autocratic form of government. (cité par Jacobs 2016 : 18)

Se basant sur une comparaison très éclairante, Liankui rejette l'idée que le Xinjiang pourrait être prêt pour des élections instaurant une administration autonome à l'instar des autres provinces. Il montre en même temps que du moins pour lui, le Xinjiang a sous les Qing un statut comparable à une colonie asiatique sous domination européenne. Ainsi, cent cinquante ans après sa première conquête par les Qing, le Xinjiang a toujours un statut particulier. Wang Shu'nan, le plus haut fonctionnaire en charge des finances sous Liankui, est du même avis ; il passe pour être le premier à avoir explicitement appliqué au Xinjiang le concept chinois pour une colonie (*zhimindi* 殖民地). Contrairement à son homologue chargé de l'éducation, Wang est d'avis que les différences entre Chinois et musulmans locaux ne pourront pas être surmontées par l'éducation. Sa position est clairement raciste : il compare par exemple les musulmans avec les populations indigènes des colonies européennes en Afrique et en Indochine, et les Chinois du Xinjiang aux « Blancs » (*bairen* 白人) desdites colonies (Schluessel 2020 : 75ss.). En d'autres termes, c'est un nouveau discours colonialiste qui se fait jour à la fin de la dynastie à côté du discours civilisationnel d'inspiration confucianiste tenu par les fonctionnaires *jingshi*.

***

La dynastie Qing réussit ce qu'aucune autre dynastie n'était parvenue à faire avant elle: écarter le danger d'une alliance des peuples d'Asie centrale en soumettant les territoires de la Mongolie et du Xinjiang à la domination des plaines centrales de la Chine. Pour cela, elle se sert d'instruments de domination diversifiés et indirects et elle évite de mettre le Xinjiang sur le même plan que les autres provinces. La région est plutôt rangée aux côtés d'autres territoires aux confins de l'empire. L'ambivalence de cette affiliation fait débat jusqu'à aujourd'hui et pose la question de savoir si le Xinjiang faisait effectivement « partie intégrante » de l'État Qing. En même temps, la dynastie Qing doit s'entendre comme un empire qui ne peut être aisément identifié à la « Chine ». Cependant, le régime Qing définit le plan d'action non seulement géographique, mais aussi idéologique pour l'extension des États chinois suivants en Asie centrale (Zhao 2006).

Les conflits non réglés avec les Khojas Afaqiyya chassés et le khanat de Kokand aboutissent par moments à des invasions et des pertes de contrôle, mais les Qing réussissent à reprendre la main, parfois au prix d'efforts importants. Les pires revers sont le soulèvement musulman de treize ans (1864–1877), avec la prise de pouvoir de Yaqub Beg surtout dans le Sud de la région, et l'occupation de la vallée de l'Ili par la Russie (1871–1881). La cour impériale réagit à ces menaces séparatistes et impérialistes par un changement de politique. En tant que province (à partir de 1884), le Xinjiang doit désormais être plus étroitement intégré à l'empire et soumis à une administration directe. On relève même des velléités de politique d'assimilation même si elles n'obtiennent pas l'effet escompté. Cette manière de procéder correspond aux réformes entreprises dans d'autres territoires périphériques à la fin de l'époque impériale : Taïwan devient une province en 1885, la Mandchourie transformée en trois provinces en 1907 et le Xikang (« Kham occidental » ou Tibet oriental) est créé en 1905 comme région administrative spéciale. Il convient toutefois de souligner que cette démarche ne fait pas l'unanimité à la cour. Ce sont d'une part les coûts élevés occasionnés par le contrôle et l'administration militaires du Xinjiang alors que les résultats obtenus en termes de sécurité restent bien minces qui sont sans cesse avancés comme argument contre une intégration durable. D'autre part, l'étrangeté culturelle de la région et de ses habitants – surtout du point de vue des fonctionnaires han – joue un rôle important dans ces considérations. Même si au cours de la phase de reconquête du Xinjiang à la fin du XIXe siècle les fonctionnaires originaires du Hunan avaient nourri de grands espoirs quant à une transformation culturelle de la population locale, ils sont déçus, si bien que vers la fin de la dynastie l'étrangeté culturelle donne lieu à un nouveau discours colonial.

3 La République : 1912–1949

L'époque de la République de Chine (1912–1949) est marquée par des querelles internes, des famines, la guerre civile, l'influence impérialiste ainsi que par des invasions et la Deuxième Guerre mondiale. Elle l'est toutefois aussi par un renouveau culturel, une mobilisation politique et sociale de larges tranches de la population, un sentiment national accru et les débuts d'une économie industrielle moderne. Cette brève caractérisation des évolutions au niveau du pays tout entier vaut également pour le Xinjiang. Mais du fait de son éloignement de la Chine intérieure et de ses liens plus étroits avec la Russie qui vivait à la même époque un bouleversement révolutionnaire, la province est encore en proie à des dynamiques politiques particulières, auxquelles s'ajoutent les facteurs évoqués plus haut.

C'est le soulèvement de Wuchang qui, le 10 octobre 1911, sonne la fin de la dynastie Qing (Wuchang est aujourd'hui un quartier de la métropole de Wuhan dans le centre de la Chine). Il existe aussi dans la « nouvelle armée » du Xinjiang (c'est-à-dire formée selon les méthodes européennes) des tendances révolutionnaires qui finissent par conduire à une mutinerie ouverte contre le pouvoir mandchou. Mais certains Ouïghours se battent aux côtés des loyalistes Qing. Dans la tourmente, c'est finalement l'ancien fonctionnaire Qing Yang Zengxin (reg. 1912–1928) qui finit par s'imposer à Ürümqi et amène les dirigeants régionaux à participer à un gouvernement commun de la province. Pour cela, il utilise un procédé auquel il restera fidèle : attirer ses adversaires avec des postes, puis les emprisonner et les exécuter les uns après les autres (Millward 2007 : 164–169). Ce manque de scrupules allié à une intuition tactique lui permet de se maintenir au pouvoir en qualité de gouverneur du Xinjiang jusqu'à sa mort brutale en 1928. D'une durée de seize ans, la suprématie de Yang représente la phase la plus longue et la plus stable pour le Xinjiang sous la République. Suivront Jin Shuren (reg. 1928–1933), Sheng Shicai (reg. 1933–1943), Wu Zhongxin (reg. 1944–1946) et Zhang Zhizhong (1946–1947). Mais leur pouvoir ne s'étend généralement pas sur tout le Xinjiang. De plus, l'influence russe puis soviétique s'accroît durant cette période, qui voit aussi la fondation de deux États qui, sous le nom de « République du Turkestan oriental », aspirent à l'autonomie (1933–1934 à Kachgar et 1944–1949 dans le Nord du Xinjiang). Mais cette succession à première vue déroutante de régimes politiques – en particulier les deux RTO (Républiques du Turkestan oriental ; angl. ETR) – reste jusqu'à aujourd'hui importante pour une compréhension plus approfondie de l'histoire de la région.

Le gouvernement de Yang Zengxin, 1912–1928

Yang Zengxin, qui à l'origine venait du Yunnan, avait servi comme fonctionnaire impérial au Gansu et au Ningxia avant d'être muté au Xinjiang en 1907. Cette expérience dans les provinces du Nord-Ouest de la Chine qui comptaient une part non négligeable de population non-han, marque son type de gouvernance. Il considère la transformation en 1884 du Xinjiang en province comme une erreur, car elle supprime les fondements d'une différenciation institutionnalisée entre les ethnies locales dans leur administration. Pour lui, le Xinjiang est si profondément différent des provinces de Chine intérieure qu'il est indispensable de s'appuyer sur une application parallèle de « répertoires de gouvernance » différents (Jacobs 2016 : 25). Il veut ainsi revenir à une situation où la suprématie (maintenant) chinoise se sert de l'autorité des élites locales comme « médiateurs dépendants » (Jacobs 2016 : 26). Son but est d'inverser la tendance « ethno-élitiste » de la dernière phase du règne Qing, où ces intermédiaires avaient été privés de pouvoir et remplacés par des fonctionnaires de l'administration chinoise. Il souhaite aussi tenir le Xinjiang à l'écart des influences négatives des guerres civiles qui agitent les provinces de Chine intérieure. C'est pourquoi il est opposé à une poursuite de la migration de Chinois han vers le Xinjiang. Il regarde aussi avec méfiance les paysans chinois installés à la fin de la dynastie, qu'il soupçonne de représenter un danger pour la stabilité sociale. En 1914, il se laisse aller à cette critique : « Over the last several decades Xinjiang has become the colony [*zhimindi*] of the inner provinces » (cité par Jacobs 2016 : 40). Quand en 1916 le premier président de la République de Chine se déclare empereur et veut ressusciter la monarchie, il reçoit aussitôt le soutien de Yang (Millward 2007 : 181). Il s'ensuit une conspiration des officiers partisans de la république, Yang l'apprend par son réseau d'espions et la réprime avec brutalité. Il invite les comploteurs à un banquet et les fait assassiner (Millward et Tursun 2004 : 69).

Nous avons donc affaire ici à un homme politique conservateur, presque réactionnaire, qui comprend en même temps les différences de mode de vie entre les ethnies du Xinjiang et essaie habilement de les manipuler. Son pouvoir militaire s'appuie sur les Dounganes (dénomination actuelle Hui, chin. *Huizu* 回族, musulmans sinophones), qui font preuve de loyauté à son égard et, après la révolution d'octobre, sur les troupes de l'Armée blanche (les opposants aux bolcheviks pendant la guerre civile de 1918–1922) réfugiées au Xinjiang. Mais l'accès des Ouïghours et des Cosaques à l'armée est interdit sous Yang, tant sa méfiance à leur égard est grande. Les Hui musulmans, qui avaient eu des relations difficiles avec les Ouïghours dans le passé, assurent les opérations sanguinaires commandées par Yang. Ses troupes chinoises han sont surtout chargées de faire face aux menaces extérieures (Jacobs 2016 : 38ss.).

Yang n'est toutefois pas un représentant ordinaire des seigneurs de guerre (*warlords*) qui donnent le ton durant cette période de la ROC, mais plutôt un personnage important de la transition entre l'empire et l'ère des seigneurs de guerre. Il se met en scène comme administrateur intègre à la manière d'un fonctionnaire érudit, élève de Confucius, bien qu'il détourne de grosses sommes d'argent à son profit. Il reconnaît sur le papier la suprématie de la République de Chine, mais gouverne avec les plus grandes libertés administratives, qu'il défend face au reste de la Chine par le biais d'une politique isolationniste (Millward 2007 : 180–185). Il lui est moins facile de prôner l'isolement vis-à-vis de la Russie et de l'Asie centrale. Sur le plan économique, il est tributaire du soutien de la Russie afin d'exploiter les ressources minières présumées du Nord de la région. Il considère le développement de l'extraction des matières premières comme « an essential factor in colonization » (Kinzley 2018 : 62) et, à l'instar de ses prédécesseurs de la fin de l'empire Qing, poursuit en même temps des objectifs fiscaux et stratégiques. Mais en raison des troubles politiques en Russie, la coopération avec ce pays ne progresse pas et finit par s'effondrer totalement à la chute du régime tsariste en 1917 (Kinzley 2018 : 64). Dès 1916, le Xinjiang est indirectement touché par un soulèvement qui entraîne la fuite de dizaines de milliers de Cosaques russes vers le Xinjiang. C'est le début d'un mouvement qui se répètera pendant la collectivisation dans les républiques soviétiques d'Asie centrale. Durant la guerre civile en Russie, 30 000 à 40 000 soldats de l'Armée blanche passent au Xinjiang, provoquant une énorme instabilité (Millward 2007 : 185s. ; Share 2010). Afin de conjurer ce danger, Yang recourt à une doctrine ancienne : « combattre le poison par le poison » (cité par Jacobs 2016 : 61). Il arrête lui-même le général Annenkov et le livre plus tard à l'Union soviétique (URSS), tout en laissant l'Armée rouge combattre les troupes restantes de l'Armée blanche sur le sol du Xinjiang (Jacobs 2016 : 61ss. ; Millward 2007 : 185s.).

Cependant, l'Union soviétique nouvellement créée et son idéologie représentent un défi pour son pouvoir. Afin d'empêcher la diffusion de la pensée communiste et nationaliste au Xinjiang, Yang a besoin en Asie centrale d'une base qui contrôle l'accès à sa sphère d'influence. Il y parvient effectivement en signant avec l'Union soviétique entre 1920 et 1924 des traités qui non seulement mettent fin aux privilèges injustes dont bénéficient les marchands depuis le traité de Saint-Pétersbourg en 1881, mais lui permettent d'ouvrir ses propres consulats à Alma-Ata, Tachkent, Semipalatinsk, Andijan et Zaïssan. Il les gère sans intervention du gouvernement central de la ROC à Nanjing (Jacobs 2016 : 71–74 ; Millward 2007 : 186). L'autonomie de fait du Xinjiang se renforce encore durant cette phase en raison de la déclaration d'indépendance de la Mongolie extérieure en 1922, qui coupe la principale voie de communication entre la Chine intérieure et le Xinjiang (Kinzley 2018 : 74). En revanche, le commerce si important du Xinjiang avec ses voisins occidentaux, qui s'était interrompu pendant la guerre civile russe avec des conséquences économiques désastreuses, reprend. Ceci s'accompagne d'un resserrement des liens économiques avec l'Union soviétique, qui s'accroît encore avec l'achèvement en 1929 de la construction de la ligne de chemin de fer Sibérie-Turkestan, laquelle va presque jusqu'à la frontière avec le Xinjiang (Kinzley 2018 : 79ss. ; Millward 2007 : 186).

Mais le bolchévisme n'est le seul danger idéologique que Yang voit arriver de l'Ouest de l'Asie centrale. Auparavant déjà, il sentait sa province multiethnique plus directement menacée par la montée de mouvements islamiques réformistes qui se combinent avec une conscience nationale ethnique. David Brophy analyse ces mouvements avec une grande précision dans sa monographie de 2016 *Uyghur Nation: Reform and Revolution on the Russia–China Frontier*. Il y réfute des interprétations antérieures selon lesquelles l'appellation de l'ethnie comme « Ouïghours » remonterait uniquement à une conférence de Tachkent où des émigrés du Sud du Xinjiang auraient choisi cet ethnonyme commun. Selon cette interprétation, la catégorie ethnique Ouïghours aurait été introduite au Xinjiang dans les années 1930 par des conseillers soviétiques (Gladney 2004 : 207). Laura Newby (2007) objecte à cela que l'absence de label ethnique commun n'exclut pas une identité commune et en apporte des preuves historiques. Van Ess (2017 : 264) franchit encore un pas de plus en contredisant expressément Gladney :

> Il suffit de jeter un coup d'œil aux sources pour conclure que l'affirmation communément répandue qui veut qu'après 1400 les Ouïghours aient disparu pendant cinq cents ans est tout simplement fantaisiste. Aussi bien les textes tchaghataï que les textes chinois et mandchous présentent aux XVIIe et XVIIIe siècles un grand nombre d'indications sur la présence d'un peuple du nom de Ouïghours et, au moins du côté chinois, pour la région de l'Est du Xinjiang autour de Tourfan et Hami.

Ceci ne dit certes encore rien au sujet des auto-désignations ou de la force d'une « identité ouïghoure ». Van Ess constate lui-même que le nom de « Ouïghours » est nettement moins utilisé après la victoire Qing sur les Dzoungars (van Ess 2017 : 265s.). Schluessel (2020 : 2s.) argue que le projet civilisationnel des fonctionnaires du Hunan à la fin de l'empire, projet décrit plus haut et visant à une assimilation, a mené paradoxalement à la formation d'une conscience ethnique face au pouvoir chinois. Brophy s'attache pour sa part à analyser le début du XXe siècle. Il montre que le jadidisme, un courant de l'islam réformiste se basant sur des contacts avec l'empire ottoman finissant, puis avec le nouvel État national de Turquie, commence à se répandre au Xinjiang (Brophy 2016 ; voir aussi Bellér-Hann 2008 : 333–338 ; Millward 2007 : 175ss.). Les représentations d'un islam ouvert à la modernité et d'une union panturque et panislamique se retrouvent dans ces écoles réformistes. Ces visions oscillent entre nationalisme et transnationalisme, ce qui est toutefois perçu comme un danger à la fois par Yang Zengxin et par ses vis-à-vis tsaristes par-delà la frontière (Brophy 2016). Les écoles jadidistes sont donc fermées, mais le mouvement perdure ; la migration de travailleurs saisonniers Kachgaris et Taranchis stimule les échanges par-delà la frontière entre la Russie/l'Union soviétique et la Chine. La sympathie généralisée des dirigeants de l'URSS pour l'autodétermination des peuples turciques sous domination chinoise permet aux organisations nationalistes ouïghoures d'utiliser les républiques soviétiques d'Asie centrale comme espace de repli. (Brophy 2016). Ceci explique les efforts fournis par Yang Zengxin pour mieux contrôler ces relations et ces mouvements.

Tandis que Yang élimine les uns après les autres ses adversaires par des stratagèmes habiles et cruels, son régime devient de plus en plus impopulaire non seulement parmi les musulmans, mais aussi parmi les Han, qui finissent par l'assassiner (Bellér-Hann 2008 : 47). Bien que Yang ait déjà annoncé son retrait des affaires, reconnu le gouvernement nationaliste du Kuomintang après le succès de l'expédition du Nord et préparé la transition, il est invité à un banquet avec des sujets et tué par balles. Faisant allusion à son propre recours à ce type de méthode, Dillon (2004 : 20) juge son élimination « a fair representation of the table manners of the rulers of Xinjiang at the time ». La phase la plus calme de la ROC au Xinjiang trouve ici une fin peu glorieuse.

Jin Shuren gouverneur : 1928–1933

Le successeur de Yang n'est cependant pas l'officier responsable de son assassinat mais Jin Shuren, qui fait exécuter les comploteurs et se déclare gouverneur de la province et commandant en chef de l'armée (Millward 2007 : 188). Le gouvernement de Nanjing (Nankin) doit l'accepter par manque d'alternatives. Jin a fait jusque-là le même type de carrière que Yang (une carrière de fonctionnaire au Gansu sous la dynastie Qing). Mais il abandonne bientôt sa politique d'équilibre entre les différents groupes ethniques. En même temps, il entreprend une modernisation agressive du régime et met l'accent sur l'expansion de l'armée. Les moyens financiers que cela implique pèsent sur la population locale si bien que le mécontentement augmente. Des fonctionnaires musulmans sont en outre remplacés par des Han. Jacobs (2016 : 78) décrit ses tentatives de réforme comme « resembling a Han-led nationalization project by default, if not always by design ». Une étincelle suffit pour que la région s'embrase, ce qui ne tarde pas à arriver.

Le Khan de Hami meurt en 1930. Or, sa lignée avait été l'une des premières à reconnaître la suprématie Qing et récompensée par différents privilèges, dont celui voulant que le titre de Khan devienne héréditaire (Brophy 2008). Jin entrevoit ici une chance d'exercer une influence plus directe sur l'oasis. Sans plus attendre, il abolit le khanat et le remplace par trois districts administratifs. Une hausse très nette des impôts ainsi que l'arrivée de colons chinois han sur des terres confisquées à des paysans ouïghours constituent la goutte d'eau qui fait déborder le vase. Le soulèvement de Hami est dirigé contre la domination chinoise et vise au rétablissement du khanat (Jacobs 2016 : 83ss. ; Millward 2007 : 190ss.). Les rebelles reçoivent le soutien de troupes du général Hui Ma Zhongying, un cousin de Ma Bufang, longtemps seigneur de guerre au Qinghaï, qui avait fait allégeance au gouvernement de la République de Chine installé à Nanjing et dirigé par le Guomintang (GMD). Jin Shuren parvient cependant à retrouver le contrôle de la région, avec entre autres l'aide de soldats russes de l'ancienne Armée blanche. Ses troupes se vengent sur la population musulmane d'Hami (Millward 2007 : 193s.). Mais ce soulèvement, qui s'étend aussi à Tourfan et Kachgar ainsi que dans le Nord du Xinjiang, amorce la fin de son mandat. Dans son désespoir, il signe le

1er octobre 1931 un nouveau pacte commercial avec l'URSS, qui lui donne un accès pratiquement illimité aux ressources minières de la région. En contrepartie, il reçoit des armes qui doivent être payées en nature : laine et fourrures. Il est intéressant de constater que les seigneurs de guerre du Xinjiang étaient en fait autonomes à cette époque puisque Jin attend presque un an avant d'informer le gouvernement de la République de Chine de la signature du nouveau contrat (Kinzley 2018 : 84ss.). Tandis que le Xinjiang sombre de plus en plus dans le chaos, les sujets de Jin Shuren le chassent d'Ürümqi, là aussi avec le soutien du contingent russe, et nomment Sheng Shicai nouveau gouverneur militaire (*duban* 督办). En 1935, Jin est condamné comme « traître » par le gouvernement de Nanjing à trois ans et demi de prison. Pour Jacobs (2016 : 98–101), il s'agit ici d'un simulacre de procès ayant seulement pour objectif d'obtenir la sympathie de la population musulmane du Xinjiang.

La gouvernance de Sheng Shicai : 1933–1943

Sheng Shicai est un seigneur de guerre dont le passé est uniquement militaire et qui n'a jamais été enraciné dans l'ancien ordre Qing comme ses deux prédécesseurs. Originaire de la région de Liaoning, dans le Nord-Est de la Chine, Sheng a brièvement suivi des études à Tokyo (université Waseda) et reçu sa formation d'officier dans les académies militaires de Guangdong et du Japon. Il a travaillé aussi bien pour le seigneur de guerre mandchou Zhang Zuolin que pour Tchang Kaï-chek pendant son expédition du Nord (Millward 2007 : 195). Politiquement, il se situe à la gauche du GMD et est résolument anti-japonais.

Sheng se trouve confronté à une situation chaotique, car différents groupes armés font régner la violence sur plusieurs parties du Xinjiang. Kachgar en particulier est très disputé. Rien d'étonnant donc à ce que l'URSS propose sa protection. Économiquement et militairement, il ne reste à Sheng aucune alternative réaliste : il doit s'endetter auprès de l'URSS et donner les ressources minières du Xinjiang comme garantie (Kinzley 2018 : 86ss.). Ceci ne résout pas seulement ses problèmes militaires, mais aussi, comme le souligne Jacobs (2016 : 103), son déficit de légitimation : la ligne du Parti communiste soviétique sur la question des minorités lui offre l'occasion de reprendre un discours « ethno-populiste » qui se distingue de façon positive de la cooptation d'élites musulmanes sous Yang et Jin (« ethno-élitisme ») et dissimule sa prise du pouvoir en tant que Han, car il prétend intégrer toutes les couches de la population locale et de toutes les ethnies. Avec le soutien de trois troupes soviétiques entre 1934 et 1937, Sheng parvient tout d'abord à ramener la paix dans la province. Des conseillers soviétiques l'aident à intégrer des représentants de la population locale non-han dans son régime et, comme nous l'avons dit plus haut, à imposer l'ethnonyme « Ouïghours » (Jacobs 2016 : 105). Sheng assume de facto des fonctions de gouverneur pour l'URSS, laquelle s'assure une immense influence sur le Xinjiang tandis que l'appartenance de la province à la ROC n'existe plus que sur le papier. Kinzley (2018 : 90) considère donc le Xinjiang comme faisant partie de l' « empire informel » de l'URSS à cette époque et souligne que dans cette coopération l'accent est une fois de plus mis sur la région frontalière nord du Xinjiang, plus facilement accessible (du point de vue russe).

Un aspect de cette période mouvementée mérite d'être analysé plus avant : la Première République du Turkestan oriental. Proclamée le 12 novembre 1933, elle prend fin dès janvier 1934. Malgré sa très courte existence, cette « première RTO » envoie un signal qui inspire aujourd'hui encore les nationalistes ouïghours et inquiète l'État chinois. C'est la première fois dans l'histoire du Xinjiang que les Ouïghours fondent un État indépendant. Mais l'ambiguïté subsiste quant au caractère de cet État. D'une part, il est nommé « République islamique du Turkestan oriental » dans les premiers actes officiels, le mot « islamique » étant plus tard laissé de côté. Le nom de « République de l'Ouïghourstan » figure d'abord sur les pièces de monnaie en cuivre, puis c'est la « République du Turkestan oriental » qui s'impose là aussi, dénomination qui figure également dans la Constitution. Probablement d'autres peuples turciques vivant au Xinjiang devaient-ils se sentir impliqués (mais les Hui, bien que musulmans, exclus du peuple étatique). La Constitution présente la première RTO comme une démocratie islamique basée sur la *charia*. Mais le passé des fondateurs de l'État fait plutôt penser à une orientation modérée et même réformiste. Plusieurs d'entre eux sont des marchands aisés et des enseignants travaillant pour les écoles jadidistes (Millward 2007 : 201–207). Les présenter comme des précurseurs d'extrémistes terroristes comme la République populaire de Chine le fait dans ses livres blancs sur le Xinjiang est donc réducteur. Cependant, il y a un grain de vérité dans l'idée qu'elle a échoué du fait de l'« opposition of the people of all ethnic groups in Xinjiang » (SCIO 2002). C'est le général Hui Ma Zhongying et son armée qui prennent Kachgar en janvier 1934 au nom de la ROC ; les troupes massacrent la population civile ouïghoure (Millward 2007 : 199s.). L'ironie de l'Histoire veut donc que ce soient d'autres forces musulmanes qui signent l'arrêt de mort de la première RTO.

Soutenu par l'URSS, Sheng Shicai arrive à éliminer ses adversaires les plus dangereux. Le sort de Ma Zhongying n'est pas connu avec précision. Il quitte apparemment le Xinjiang de son plein gré et se rend en URSS, mais n'en revient jamais (Jacobs 2016 : 104). Les aides financières, la reprise du commerce transfrontalier et les projets d'infrastructures entrepris sous le gouvernement de Sheng relancent l'économie. Sur le plan politique, c'est la ligne soviétique et donc le stalinisme qui prévalent. Avec l'aide de conseillers soviétiques, Sheng met en place une police secrète puissante qu'il utilise pour faire régner la terreur parmi ses opposants politiques. Durant les dix années où il est au pouvoir, il y aurait eu de 50 000 à 100 000 exécutions (Millward et Tursun 2004 : 80); Jacobs (2016 : 114), lui, cite le chiffre de 80 000 détenus, ce qui correspondrait à 2 à 3 % de la population de la province. Les « purges » sont d'abord dirigées contre les Dounganes et les Cosaques (d'anciens alliés), condamnés entre autres comme partisans du panturquisme. Pendant cette période, Sheng entretient des relations étroites avec Moscou, s'y rend même à plusieurs reprises et devient membre du Parti communiste de l'Union soviétique (PCUS) (Millward 2007 : 210). Il reçoit en outre le soutien de communistes chinois, parmi lesquels Mao Zemin, un frère de Mao Zedong, qui devient vice-ministre des Finances et se plaint régulièrement des énormes dettes contractées auprès de l'Union soviétique (Jacobs 2016 : 113 ; Kinzley 2018 : 99ss.). Ces cadres communistes comblent les lacunes laissées par les « purges » dans l'administration de Sheng (Jacobs 2016 : 118s.), mais les problèmes économiques du Xinjiang subsistent.

Le début de la campagne de Russie de l'Allemagne nazie octroie au Xinjiang une nouvelle importance stratégique pour l'URSS, à laquelle il fournit des ressources importantes pour la guerre (Kinzley 2018 : 105ss.). Dans le contexte de soulèvements cosaques contre le pouvoir de Sheng, l'URSS s'assure en 1940 pour cinquante ans un accès aux matières premières comme l'étain et le pétrole, aux termes d'un contrat uniquement à son avantage. Du fait de sa dépendance financière, Sheng doit le signer (Jacobs 2016 : 120ss.), ce qui marque une nouvelle étape dans l'extension d'un « empire informel » soviétique au Xinjiang (Kinzley 2018 : 112ss.). Mais lorsque l'URSS lutte pour sa survie, Sheng voit là une occasion de réorienter de fond en comble sa politique et d'échapper à l'emprise soviétique. En juillet 1942, il rompt avec l'URSS, fait jeter en prison tous les communistes chinois qui avaient travaillé pour lui, avant de les faire exécuter. Le frère de Mao est finalement exécuté en septembre 1943. Sheng remplace sa coopération avec l'URSS par des relations avec le gouvernement du GMD dont le siège provisoire se trouve à Chongqing. Il offre sur un plateau d'argent la « récupération » du Xinjiang à Tchang Kaï-chek, qui ne refuse pas ce trophée. Des troupes du GMD sont alors déplacées vers la région, mais c'est tout d'abord Sheng qui conserve les rênes du pouvoir (Jacobs 2016 : 124; Millward 2007 : 210s.).

Mais cette phase est de courte durée, car dès février 1943, alors que la bataille de Stalingrad vient d'être remportée par l'Armée rouge, Sheng fait une nouvelle fois volte-face. Dans une lettre adressée à Staline, il essaie de justifier sa trahison antérieure et lui demande de l'aide. Staline fait suivre la lettre à Tchang Kaï-chek, Sheng est démasqué. En septembre 1944, il est rappelé du Xinjiang et passe apparemment la fin de la guerre à Chongqing en qualité de ministre, en échange d'un don important au GMD (Jacobs 2016 : 138s. ; Millward 2007 : 211).

Le Xinjiang sous le Guomindang : 1942–1949

Pendant tous ces hauts et ces bas, le contrôle du gouvernement d'Ürümqi sur le Xinjiang ne cesse de s'effriter. À partir de 1940, les Cosaques du Nord du Xinjiang, menés par Osman Batur, se révoltent contre les tentatives entreprises par Sheng pour les désarmer, ce qui sert les desseins de l'URSS. En mai 1943, après le retour de Sheng dans le giron moscovite, le bureau politique du Parti communiste de l'URSS décide de soutenir le mieux possible les soulèvements nationalistes au Xinjiang, l'objectif étant d'établir un gouvernement composé de non-Han qui lui soit favorable (Jacobs 2016 : 131), de se venger de Sheng, d'empêcher le stationnement de troupes américaines à la frontière de l'URSS en coopération avec la ROC et de sauvegarder son propre accès aux ressources du Nord du Xinjiang (Kinzley 2018 : 137). La confiscation par Sheng de 10 000 chevaux en mars 1943 renforce le mécontentement de la population kazakhe (Dillon 2004 : 32). Après que des espions ont effectué un travail de reconnaissance et de propagande déguisée, c'est la ville de Yining (Ghulja) qui est choisie comme cible d'une tentative de prise de pouvoir (Jacobs 2016 : 134ss.). En octobre 1944 commence dans le district de Nilka la rébellion Ili qui, dans les livres d'histoire du Parti communiste chinois, est nommée « révolution des trois districts » (*san qu geming* 三区革命) et conduit à la fondation de la Seconde « République du Turkestan oriental » (1944–1949). Le 7 novembre, les rebelles attaquent la ville de Yining, la conquièrent et massacrent des civils chinois han ainsi que des troupes du GMD. De tels événements se produisent lors d'autres offensives (Millward 2007 : 215s.). Différentes unités kazakhes prennent jusqu'en septembre le contrôle de tout le Nord de la province. Le gouverneur Wu Zhongxin du GMD suppute dès cette époque que les rebelles sont soutenus par l'URSS, qui leur fournit armes et équipements, ce qui a entre-temps pu être prouvé par Jacobs à l'aide d'archives russes (Jacobs 2016 : 142s.).

Afin d'obtenir l'appui des différents groupes ethniques du Xinjiang, Wu essaie une nouvelle fois de raviver la ligne ethno-élitiste de Yang Zengxin. Tchang Kaï-chek mise pour sa part plutôt sur les ethno-populistes Isa Yusuf Alptekin et Masud Sabri, qu'il avait déjà pris sous sa protection à Chongqing (Jacobs 2016 : 146ss.). Même la fin brutale de la Seconde Guerre mondiale au cours de l'été 1945 n'arrête pas l'offensive de la RTO dans le Sud du Xinjiang, si bien que Tchang Kaï-chek rappelle Wu et le remplace par l'éminent général nationaliste Zhang Zhizhong au poste de gouverneur. Par sa médiation, Ürümqi et la RTO parviennent à former un gouvernement de coalition. En font partie, outre Isa Alptekin et Masud Sabri, Mehmet Emin Buğra (Muhammad Emin Bughra), pour la RTO Ahmetjan Qasimi en tant que vice-gouverneur aux côtés du gouverneur Zhang. On reconnaît à Zhang une grande habileté politique et une « sensibilité multiculturelle » (Millward 2007 : 217). Dans les discours qu'il prononce au Xinjiang, il parle même de la possibilité de « décoloniser » un jour la province, tout en la comparant avec les colonies de la Grande-Bretagne (Inde) et des États-Unis (Philippines) (Bovingdon 2010 : 37). Il crée ainsi les prémisses d'une confiance de l'élite locale, ce qui favorise les négociations. Si l'avancée de l'armée de la RTO est stoppée, c'est surtout parce que Staline met brusquement fin à son soutien dès qu'il a signé un traité favorable à l'URSS avec le gouvernement d'après-guerre de la ROC dirigé par Tchang Kaï-chek. (Jacobs 2016 : 150ss. ; Millward 2007 : 216s.).

Zhang Zhizhong ne tarde pas à se retirer de l'administration directe de la province, mais en tant que commissaire en charge du Nord-Ouest, il reste la personne qui tire les ficelles (1947–1949). Masud Sabri (1947–1949) et plus tard Burhan Shahidi (Burhän Shahidi ; 1949) lui succèdent au poste de gouverneur (Jacobs 2016 : 156s.). Les tensions au sein de cette coalition divisée reprennent très vite et dès l'été 1947 elle éclate. Masud Sabri s'allie à Isa Alptekin et Mehmet Emin Buğra pour fomenter des troubles contre l'Union soviétique, mais aussi s'ériger contre une idéologie panturque (Millward 2007 : 222). Celle-ci est tolérée par le GMD pour des raisons probablement uniquement tactiques, afin de couper l'herbe sous le pied des rebelles (Jacobs 2016 : 163). Mais la RTO reste fortement influencée par l'Union soviétique jusqu'à la fin de l'ère de la ROC. Elle garde ses propres troupes et sa propre monnaie, ne prêtant allégeance à la ROC que sur le papier. Osman Batur, le chef des rebelles kazakhs, finit par passer dans le camp du GMD et, avec son appui, entame une guerre de guérilla contre l'ETR, dont il était l'un des fondateurs (Millward 2007 : 221s.).

Millward (2007 : 223s.) dresse un bilan plus positif de la politique économique de la RTO comparée à celle de la partie du Xinjiang contrôlée par le GMD. Alors que le Nord parvient à se stabiliser avec l'aide de l'Union soviétique, la liaison du Sud et de l'Est du Xinjiang avec les zones de la Chine intérieure contrôlées par les nationalistes fait que l'hyperinflation et les désordres économiques touchent à leur tour le Xinjiang. Ce n'est que sous le gouverneur Burhan Shahidi, un Tatar qui dirige la transition entre le GMD et le Parti communiste chinois dans la région, qu'un certain calme revient dans l'économie.

***

Les appréciations politiques sur cette dernière phase divergent beaucoup selon le point de vue adopté. Le Parti communiste chinois s'accapare la deuxième RTO, qu'il qualifie systématiquement de « révolution des trois districts », la distinguant ainsi de la première RTO « séparatiste », et considère qu'elle fait partie de la révolution nationale dirigée contre le GMD. Ce faisant, il passe sous silence les tendances antichinoises de beaucoup d'hommes politiques de la RTO qui aspiraient réellement à l'indépendance. D'autres se fixent sur les manœuvres soviétiques qui, dans les coulisses, visaient à contrôler indirectement le Xinjiang comme « empire informel ». À l'inverse, les Ouïghours partisans du nationalisme soulignent les ambitions indépendantistes et négligent le fait que ce sont surtout les Kazakhs qui ont marqué la politique de la première RTO (Millward 2007 : 225). De plus, comme lors de la première RTO, le rôle de l'islam n'est pas clarifié, car il est en fait ambivalent. Certes, les déclarations de l'époque citées par Millward présentent la RTO comme un État fondamentalement islamique, mais indiquent aussi une approche laïque et moderniste. Cette ambiguïté s'explique par les divisions parmi les dirigeants de la RTO quant au rôle que doit jouer l'islam (Millward 2007 : 226). Il est intéressant de constater que ce sont les représentants des ethnies musulmanes au sein du gouvernement GMD de la province qui sont plus panturcs dans l'esprit que les dirigeants de la RTO, que Millward (2007 : 229s.) qualifie plutôt de nationalistes turciques. Jacobs (2016) partage ce jugement. On relèvera qu'à la chute de la RTO, ses dirigeants se sont pour une part rangés aux côtés du PCC, pour une autre aux côtés du GMD, ce qui montre à quel point ils étaient divisés et hétérogènes (Millward 2007 : 230). À y regarder de plus près, le rôle de l'Union soviétique s'avère lui aussi fluctuant. D'après l'analyse de Millward (2007 : 227ss.), ce n'est pas elle qui a provoqué la rébellion Ili, mais son importance est fondamentale pour son succès. Au cours de l'été 1946, après avoir atteint ses objectifs politiques et économiques, l'URSS retire ses conseillers ainsi que beaucoup d'armes, et n'exerce plus une influence décisive sur la conduite des dirigeants de la RTO. Cependant, son existence dépend de la garantie au moins implicite de sa sécurité, laquelle est assurée par l'URSS. Comme nous le verrons plus tard, sa fin est scellée lorsque l'URSS s'entend à Beijing avec la nouvelle direction du Parti communiste chinois sur le sort du Xinjiang. Au cours de cette phase et quels que soient les gouvernements chinois en place, l'URSS défend avec intransigeance ses intérêts économiques et s'assure l'exploitation des gisements de matières premières au Xinjiang. (Kinzley 2018 : 140ss.).

L'héritage de la gouvernance de la ROC au Xinjiang est donc mitigé. Bien que le Xinjiang ait essayé de se tenir à l'écart des troubles politiques dans l'Est de la Chine, sur le papier la province reste toujours une composante de la nouvelle république de Chine. C'est une différence notable avec le Tibet qui, de la fin de la dynastie Qing à l'intervention de l'Armée populaire de libération en 1950, peut se prévaloir d'avoir un gouvernement indépendant et réclame aussi formellement son indépendance (Goldstein 1989). Cet arrière-plan facilite l'intégration du Xinjiang dans la nouvelle République populaire. Des voix isolées comme celle de Zhang Zhizhong, qui parlaient d'une « décolonisation » possible du Xinjiang ne tardent à être recouvertes par d'autres (Bovingdon 2010 : 37s.). Les premières rappellent la réflexion programmatique des fonctionnaires de la dynastie Qing pour qui le coût et les efforts nécessaires pour le contrôle du Xinjiang n'en valaient pas la peine. Les opposants à la « décolonisation » ont eux aussi toujours recours à la même argumentation. Comme le

Mandchou Liankui, Wu Qiyu, un homme politique du GMD chargé des relations extérieures, avance l'argument colonialiste selon lequel la population locale ne serait pas « qualifiée » et devrait être éduquée avant qu'on puisse envisager l'indépendance de la province (Bovingdon 2010 : 38; Jacobs 2016 : 18). Il est remarquable qu'aux deux époques, celle de la dynastie Qing et celle de la ROC, le Xinjiang soit qualifié de « colonie » par des hommes politiques importants, même si à la fin la ligne coloniale n'arrive pas à s'imposer contre la politique d'intégration. Cette classification comme « colonie » qu'il faudrait ou bien garder ou bien laisser accéder à l'indépendance est opposée à l'affirmation sans cesse réitérée par le Parti communiste chinois qui veut que le Xinjiang ait toujours fait « partie intégrante » de la Chine. En même temps, les deux RTO nourrissent dans la mémoire collective l'idée d'un début d'indépendance des ethnies musulmanes à laquelle on se réfère aujourd'hui encore. Le fait que pendant la gouvernance de Sheng Shicai ce soit la ligne ethno-populiste qui se soit imposée reste lui aussi important (Jacobs 2016). De plus, le concept d'une ethnie ouïghoure comprenant à la fois des Kachgaris et des Taranchis émerge avec la participation d'intellectuels et d'activistes du Xinjiang et le soutien de l'URSS (Brophy 2016). Comme le montreront les chapitres 7 et 8, c'est le point de départ d'une politique identitaire ultérieure basée sur l'identité ethnique. Enfin, on voit à quel point il faut comprendre le Xinjiang comme une part de l'Asie centrale et pas seulement du point de vue de ses relations avec l'État chinois et d'autres acteurs chinois. Les influences occidentales (voisins d'Asie centrale, Union soviétique, Turquie) sont très importantes pour son évolution.

4 L'ère de Mao : 1949–1978

Depuis la création de la République populaire de Chine (RPC), le Xinjiang est intégré de plus en plus fortement à l'État chinois. Ce chapitre propose une vue d'ensemble allant de la période qui commence avec cette création et l'incorporation du Xinjiang jusqu'au début de l'ère des réformes dans les années 1970, en d'autres termes l'ère de Mao Zedong. L'analyse de l'ère des réformes sous Deng Xiaoping figurera dans le chapitre suivant.

L'histoire du Xinjiang pendant l'ère de Mao et son rattachement direct à la Chine est soumise aux fluctuations de la situation générale. Chaque réorientation politique, chaque nouvelle campagne lancée par Beijing y laisse des traces. Ceux et celles qui connaissent l'histoire de la RPC peuvent situer celle du Xinjiang dans un contexte plus général. Mais il n'est pas possible de comprendre les évolutions au Xinjiang uniquement à partir de la situation politique au niveau national. Car les interactions se manifestent au Xinjiang de façon particulière et doivent être analysées dans le cadre des conditions politiques, sociales et ethniques propres à la région.

L'incorporation du Xinjiang à la RPC

L'incorporation du Xinjiang à la RPC est volontiers qualifiée de « libération pacifique » par le PCC. En effet, la résistance du Parti nationaliste à la fin de la guerre civile chinoise (1946–1949) s'effondre tandis qu'un grand nombre de troupes cherchent leur salut dans un changement de camp – une autre manière de présenter les événements au Xinjiang. Une menace militaire très nette émane des provinces voisines du Gansu et du Qinghai, où le général Peng Dehuai rassemble ses unités de l'Armée populaire de libération (APL). Peng est un puissant chef militaire du PCC, il deviendra plus tard maréchal et ministre de la défense. L'ancien général du GMD Zhang Zhizhong, qui avait déjà changé de camp, presse alors Tao Zhiyue, le commandant des forces nationalistes au Xinjiang, de faire de même. Au terme de négociations, Tao passe lui aussi du côté du PCC. Là-dessus, l'APL commandée par le général Wang Zhen pénètre au Xinjiang et prend le contrôle sur le Sud jusqu'à la mi-octobre 1949. Wang Zhen restera aussi l'un des principaux experts du Xinjiang dans le gouvernement central et occupera dans les années 1950 le poste de ministre des fermes d'État et de la conquête de terres arables et de 1988 à 1993 de vice-président de la RPC (Karrar 2018 : 191). Le Tatar Burhan Shahidi reste à la tête de l'administration civile à Ürümqi, tandis que les Ouïghours Isa Alptekin et Mehmet Emin Buğra se réfugient à l'étranger. Ils partiront plus tard pour la Turquie, où ils constitueront pendant plusieurs décennies l'ossature politique des Ouïghours en exil (Dillon 2004 : 34 ; Millward 2007 : 231s. ; Millward et Tursun 2004 : 85s. ; à propos des exilés Jacobs 2016 : chap. 6). Il apparaît déjà que des hommes politiques non-han sont intégrés dans l'administration du Xinjiang, mais que les Ouïghours se voient systématiquement attribuer moins de postes qu'ils n'auraient dû en avoir puisqu'ils représentent environ 75 % de la population (Toops 2004b : 245 ; plus en détail Bovingdon 2004).

Dans le Nord du Xinjiang, le territoire de la Seconde République du Turkestan oriental (RTO), la situation s'avère nettement plus complexe, ainsi que Deng Liqun, envoyé par les dirigeants du PCC à Ili, ne tarde pas à le constater (Jacobs 2016 : 169). Deng Liqun deviendra l'un des cadres du PCC et un adversaire politique important de Deng Xiaoping dans les années 1990 ; il interviendra encore plus tard dans la politique du Xinjiang (Huang 2014). À Ili, il est confronté à l'attente de la population, qui souhaite que le PCC nouvellement créé suive l'exemple de l'URSS et accorde aux minorités ethniques un droit de sécession (Bovingdon 2004 : 5s.). Le PCC y avait effectivement consenti dans d'anciens communiqués au sujet de la politique des minorités, mais souhaite s'en démarquer. Zhou Enlai, le premier ministre-président de la RPC, parvient avec force rhétorique à justifier ce changement de cap : d'une part, l'heure n'est pas à la sécession, car les impérialistes cherchent à diviser la Chine ; de l'autre, la RPC n'a pas besoin comme les impérialistes occidentaux d'accorder le droit à l'autodétermination à un peuple en guise de réparation pour des injustices commises autrefois. Elle-même victime de l'impérialisme, la Chine est incapable de commettre des injustices impérialistes vis-à-vis d'autres peuples (Jacobs 2016 : 171, 178). Cette logique victimaire est encore utilisée aujourd'hui chaque fois qu'il s'agit de se défendre contre une accusation d'impérialisme ou de colonialisme, même si elle n'est pas convaincante (Anand 2019).

Sur le plan pratique, les revendications de la RTO, qui est encore en place, se règlent de la façon suivante : d'après les rapports de Deng Liqun, Mao Zedong invite tous les cadres dirigeants de la RTO à se rendre à Beijing afin de participer en août 1949 à la Conférence consultative du peuple chinois. Ils montent ensemble dans un avion qui n'atterrira jamais à Beijing. En décembre, on annonce qu'il a eu un accident et qu'il n'y a aucun survivant. La délégation prévue à l'origine est très vite remplacée par une autre, dirigée par Seypidin Ezizi (Saifuddin Azizi). Au lieu de négocier l'autonomie de la RTO, ce que la première délégation avait l'intention de faire, la seconde ne vise qu'à obtenir des postes intéressants. Seypidin, qui avait lui-même vécu en Union soviétique et fait des études à Tachkent, était devenu membre du Parti communiste (PCUS). Il rejoint alors les rangs du PCC et ouvre la voie à une intégration de l'armée de la RTO dans l'APL (Clarke 2011 : 45). Ses troupes sont démobilisées et les soldats affectés en tant qu'agriculteurs dans des fermes placées sous le contrôle direct du PCC (Bovingdon 2004 : 15). De la création de la région autonome ouïghoure du Xinjiang (XUAR) en 1955 jusqu'en 1978, Seypidin exerce les fonctions de président, sauf de 1972 à 1976 pendant la Révolution culturelle (Dillon 2004 : 79). Jusqu'à aujourd'hui, il n'a pas été possible d'élucider les causes de la disparition de la direction de la RTO : a-t-elle été liquidée sur l'ordre de Mao ou de Staline ou s'agit-il vraiment d'un accident ? (Millward 2007 : 234). Il est toutefois certain que cet événement arrangeait bien les affaires du PCC. Il peut placer des unités de l'APL partout dans le Xinjiang, dissoudre la RTO, insérer son histoire comme « révolution des trois districts » dans le discours sur de la révolution chinoise et peut parler aujourd'hui encore d'une « libération pacifique ». La résistance, par exemple celle organisée par Osman Batur (exécuté en 1951) et d'autres Kazakhs, est dénigrée comme étant le « fait de bandits » dont il convient de se débarrasser, ce qui est fait jusqu'en 1954 (Millward 2007 : 237s.). Le général Xi Zhongxun, un futur vice-président de la RPC et père de Xi Jinping, l'actuel Secrétaire général du PCC et chef de l'État, participe à ces opérations militaires. Mais on se gardera bien d'établir un parallèle entre le père et le fils, car dès les années 1950, Xi Zhongxun défend une ligne plus clémente avec les groupes ethniques du Xinjiang que ses collègues du PCC Wang Zhen et Deng Liqun, des Chinois han eux aussi (Torigian 2019). En qualifiant les résistants de « bandits », on suggère que les groupes ethniques vivant au Xinjiang ont accueilli les « libérateurs » avec enthousiasme et qu'ils se sont laissé coopter. Mais comme Jacobs (2016 : 173s.) le souligne, la politique du PCC est sur le plan rhétorique certes plus ouverte vis-à-vis des ethnies du Xinjiang, mais dans la pratique elle est nettement moins libérale que celle du GMD. L'espoir d'une véritable autonomie, sans parler d'une « république de l'Ouïghouristan » telle qu'elle avait encore été revendiquée par des hommes politiques locaux en 1951 à une conférence à Ghulja (chin. Yining), est vite réduit à néant par le PCC (Bovingdon 2004 : 12). Le résultat est une autonomie régionale respectant les droits des minorités, mais celle-ci n'existe que sur le papier et se réduit à l'attribution de postes auxiliaires à des non-Han (Jacobs 2016 : 188ss.).

La rapide disparition de la RTO et sa dissolution au profit d'une intégration dans la RPC sont aussi rendues possibles par la signature d'un accord entre l'Union soviétique et le PCC (27 mars 1950), lequel continue de garantir à l'URSS l'accès aux principales matières premières de la région. Son intérêt se porte surtout sur les métaux non-ferreux et des métaux rares importants pour l'industrie comme le béryllium, le lithium, le niobium et le tantale, ainsi que sur le pétrole. Cet accord repose sur un projet de traité déjà négocié entre le GMD et l'URSS, mais jamais signé. Les dirigeants du PCC doivent accepter, comme les anciens gouvernants du Xinjiang, qu'une exploitation rentable des ressources du Xinjiang est plus simple avec le soutien du voisin occidental, même si le mécontentement suscité par les structures colonialistes au sein du PCC à propos de l'accord sino-soviétique est perceptible (Kinzley 2018 : 142ss.).

Les années 1950 et 1960

Au cours de la première décennie, le PCC se présente encore vis-à-vis de la population locale du Xinjiang sous son meilleur jour, tout en consolidant progressivement son pouvoir, des instances les plus élevées jusqu'à la base de la société. L'autonomie décrétée est habilement utilisée pour asseoir le pouvoir. Afin que les 13 ethnies qui composent le Xinjiang soient traitées « équitablement », les plus petites se voient aussi attribuer leur propre préfecture ou leur propre district dans le cadre de la région autonome ouïghoure du Xinjiang créée officiellement en octobre 1955. Dans la plupart des cas (15 sur 27), l'ethnie qui donne son nom à l'unité administrative est elle-même minoritaire – parfois même très nettement minoritaire (Bovingdon 2004 : 13). L'influence des Ouïghours sur l'administration locale diminue donc malgré leur supériorité en nombre. Bovingdon en conclut (2004 : 13) : « The division of Xinjiang into a number of smaller autonomies was a stroke of administrative genius. »

Dans le gouvernement même de la région autonome du Xinjiang, Burhan Shahidi est remplacé par Seypidin, le pouvoir véritable étant aux mains de de deux généraux de l'APL, des Chinois han : d'une part Wang Zhen, le premier commandant du district militaire du Xinjiang, de l'autre son protégé Wang Enmao qui, en 1952, devient secrétaire du PCC au Xinjiang et, avec une interruption pendant la Révolution culturelle, restera très puissant jusque dans les années 1980 (Dillon 2004 : 77s. ; Neddermann 2010 : 49s.). La part des non-Han dans l'administration passe de 74 % en 1951 à 55 % quatre ans plus tard (Clarke 2011 : 50). L'APL même est au cœur du pouvoir politique du PCC qui, en 1949, ne compte qu'environ 3000 membres pour tout le Xinjiang, même si ce chiffre croît très rapidement (Neddermann 2010 : 35s.). Les anciens bureaucrates de la RTO sont d'abord repris dans la nouvelle administration, mais en raison de troubles politiques comme la campagne des trois-anti, beaucoup sont victimes de « purges » ou soumis à une rééducation (Millward 2007 : 238s.). Environ 30 000 opposants au pouvoir du PCC sont ainsi mis hors circuit jusqu'en 1954 (Neddermann 2010 : 51). Comme dans d'autres parties de la Chine, la réforme agraire prive de leur pouvoir les anciennes élites sociales et religieuses. Ceci signifie que les grands propriétaires fonciers, pour une part aussi les institutions religieuses, sont dépossédés de leurs biens, qui sont distribués au gros de la population (Millward 2007 : 249). D'après Neddermann (2010 : 38), 80 % de la population rurale en profitent. Mais la réforme agraire provoque aussi résistance et désintérêt, surtout de la part des Kazakhs qui mènent une vie nomade dans le Nord (Millward 2007 : 240ss.). Dillon (2004 : 52ss.) parle aussi d'un premier soulèvement contre le pouvoir communiste à Hotan dans le Sud du Xinjiang, visant à instaurer une république islamique, soulèvement toutefois vite réprimé.

Pour consolider la gouvernance du PCC, les transfuges les moins fiables du GMD et de la RTO sont progressivement démobilisés dès les années 1950 et intégrés dans le Corps de production et de construction du Xinjiang (*Xinjiang shengchan jianshe bingtuan* 新疆生产建设兵团, en abrégé XPCC ou *Bingtuan*) au sein de l'APL. Ce Corps se fonde sur des expériences réalisées antérieurement lors de la guerre de résistance contre le Japon et sur des débuts d'organisation en 1951 au Xinjiang (Neddermann 2010 : chap. III, IV). Tout cela aboutit à un corps organisé de manière nettement plus stricte, qui poursuit plusieurs objectifs simultanément : comme sous l'empire avec le *tuntian*, l'armée d'occupation doit assurer elle-même sa subsistance. En même temps, elle doit participer à la construction de nouvelles infrastructures qui permettront à leur tour le développement de l'économie. Sur le plan politique et idéologique, elle a une fonction de modèle pour le reste du Xinjiang et surtout la population locale. Enfin, elle doit accomplir des tâches militaires pour sauvegarder la sécurité de la région, mais celles-ci passent plutôt à l'arrière-plan en comparaison avec les aspects civils de sa mission (Neddermann 2010 : 93). Le Bingtuan est certes volontiers qualifié d'« organisation paramilitaire » même par le gouvernement chinois lui-même (SCIO 2014), mais la véritable dimension de son importance militaire, sécuritaire et politique n'est pas claire (voir plus loin chap. 6).

Ce qui ne fait aucun doute, c'est que le Bingtuan joue un rôle énorme quant à l'installation de colons han dans la région. Comptant 175 000 personnes lors de sa création, il se compose pour près de 96 % de Chinois han, qui sont pour une grande part des soldats démobilisés, auxquels s'ajoute une petite proportion de prisonniers (politiques) (Neddermann 2010 : 99s.). En 1957, les membres du Bingtuan sont déjà au nombre de 311 000, ce qui est dû à une immigration massive (Neddermann 2010 : 115). D'autres anciens soldats de l'APL, démobilisés à la fin de la guerre de Corée, comptent parmi ces nouveaux habitants, de même des jeunes de régions plus développées comme Shanghai ; Wang Zhen, le ministre de l'aménagement du territoire, joue ici un rôle central. Ces jeunes sont envoyés au Xinjiang pour toutes sortes de raisons, entre autres pour lutter contre le chômage urbain (White 1979 ; Xu 2021 : 6ss.). Mais la présence de groupes de population politiquement loyaux, à savoir de Chinois han, est aussi censée stabiliser le contrôle sur le Xinjiang. Comme il règne dans le Bingtuan un éclatant manque de femmes, des jeunes femmes célibataires sont recrutées de 1952 à 1954 en qualité de « jeunes pour la défense de la frontière » (*zhibian qingnian* 支边青年) afin qu'elles épousent les cadres de l'organisation (*fengei lingdao* 分给领导) (Sha 2017 : 66, 88s.). Comme à l'époque de la dynastie Qing (cf. chap. 2), des dispositions publiques et des intermédiaires influent donc sur les mariages, afin de rendre par le biais de changements démographiques le Xinjiang gouvernable. Nous retrouverons une nouvelle fois cette approche un peu plus loin (cf. chap. 8). Une grande partie des colons s'installent, comme à l'époque de la stratégie *tuntian* des Qing, dans le Nord du Xinjiang (Neddermann 2010 : 113), surtout dans les territoires jusque-là occupés en premier lieu par des nomades et autrefois classés comme « jachères » incultes par les économistes communistes ; à force de travail et avec des moyens extrêmement rudimentaires, les membres du Bingtuan réussissent à conquérir de nouvelles terres arables. Jusqu'en 1957, la superficie des terres agricoles du Bingtuan passe à 3,3 millions de *mu*, soit 220 000 ha (Neddermann 2010 : 104s. ; 15 *mu* correspondent à un hectare). Le Bingtuan construit aussi des canaux d'irrigation et d'autres infrastructures, en portant gravement atteinte à l'environnement (Neddermann 2010 : 105ss.). Néanmoins, cette période qui précède le Grand Bond en avant (1958–1961) peut, somme toute, être considérée comme une réussite.

Kinzley (2018 : 160ss.) objecte que ces travaux de développement, surtout dans le Nord de la région, sont à tort mis uniquement au crédit du Bingtuan et attire l'attention sur les industries minières et surtout sur l'exploitation du pétrole dans le secteur de Karamay-Dushanzi en Dzoungarie. Tandis que dans le Dushanzi on extrait du pétrole depuis le début du XXe siècle, dans les champs pétrolifères de Karamay il faut attendre le milieu de l'année 1955 (Kinzley 2018 : 153). Dans le Nord du Xinjiang, ce sont d'abord des coentreprises sino-soviétiques, mais à partir de 1955 uniquement des entreprises publiques propriétés de la

Chine. Sous leur tutelle émergent des villes importantes : Karamay (chin. Kelamayi) et Shihezi. En mai 1958, ces secteurs riches en matières premières sont réunis pour former une unité administrative dans la nouvelle ville-préfecture de Karamay. Bien que le champ de pétrole du Dushanzi ne touche pas les autres secteurs, il est aussi rattaché administrativement à cette préfecture (Kinzley 2018: 162ss. ; cf. fig. 1.1 à fig. 1.3). La tendance à un morcellement administratif du Xinjiang se renforce donc. Dans une certaine mesure, c'est ici aussi le modèle de systèmes de gouvernance différents pour les différentes sous-régions du Xinjiang déjà pratiqué par la dynastie Qing qui se poursuit (cf. chap. 2). Et finalement, la priorité des économistes va durant cette phase aussi au Nord du Xinjiang, qui bénéficie de la majeure partie des investissements et de l'arrivée du plus grand nombre de migrants han, si bien que les déséquilibres intrarégionaux ne font que s'accentuer et subsistent jusqu'à aujourd'hui. (Kinzley 2018 : 152ss.).

Le tableau politique s'assombrit au Xinjiang avec la priorité donnée à des positions plus radicales après l'échec de la campagne des Cent Fleurs de Mao et la campagne anti-droitière de 1957 qui suit. Tandis que la première incite à des discussions ouvertes, la deuxième provoque une réaction brutale quand, du point de vue du PCC et de Mao, les critiques semblent prendre le dessus (Bovingdon 2004 : 18s. ; Clarke 2011 : 54–58). Au Xinjiang et dans d'autres régions « autonomes » où vivent des minorités, les plaintes se concentrent sur le fait que cette autonomie n'est qu'une promesse creuse. Les non-Han se sentent politiquement et économiquement marginalisés. Une voix critique considère le système d'auto-gouvernance régionale comme vidé de son contenu et le qualifie d' « autonomie de coquille d'œuf » (Jacobs 2016 : 191s.). Certains établissent même des comparaisons peu flatteuses pour la Chine avec les républiques soviétiques d'Asie centrale et, dans le cas extrême, revendiquent l'indépendance du « Turkestan oriental » (Clarke 2011 : 55). Étant donné la détérioration évidente des relations sino-soviétiques, le PCC est d'avis que la ligne rouge a été franchie. La campagne anti-droitière vise donc à détecter les signes d'un « nationalisme local », c'est-à-dire d'une critique de la domination han. Ceci induit un changement de cap radical de la politique de la RPC en matière de minorités : fini le respect et la reconnaissance des spécificités d'autres groupes ethniques, en avant pour leur assimilation. La « question des nationalités » est réduite à la lutte des classes (Clarke 2011 : 59s.). Jusqu'au début des réformes lancées par Deng Xiaoping vingt ans plus tard, toutes les revendications allant dans le sens d'une plus grande autonomie se voient opposer une fin de non-recevoir.

En même temps, les poursuites politiques jettent les bases du Grand Bond en avant. La campagne économique menée par Mao se solde au Xinjiang comme dans le reste de la Chine par un échec retentissant, qui conduit à une grande famine (Neddermann 2010 : 117–131). Elle s'accompagne de mesures encore plus strictes contre les dissidents supposés parmi les cadres non-han. L'ethnicité elle-même est de facto condamnée en tant qu' « obstacle au progrès » (Bovingdon 2004 : 19). Dans une campagne de rectification qui vise les cadres et les intellectuels des minorités ethniques au Xinjiang, plus de 1600 personnes sont stigmatisées en tant que « nationalistes locaux » et de mai 1958 à mars 1959, 700 sont condamnées (Mao 2018 : 170). Le nombre de membres du Bingtuan continue d'augmenter rapidement, passant de 500 000 à 600 000 en 1966 (Millward 2007 : 253). D'une part, l'organisation recrute des jeunes Chinois (et Chinoises ! voir plus haut) pour qu'ils s'installent au Xinjiang et dans d'autres régions présentant des minorités importantes et participent à leur essor. Leur installation est vue par les dirigeants politiques comme une contribution au développement desdites régions, les ethnies minoritaires étant « arriérées », mais elle nourrit de forts ressentiments (Clarke 2011 : 60). De l'autre, des Chinois han fuyant la famine qui sévit dans d'autres contrées jouent aussi un grand rôle dans cette colonisation (Neddermann 2010 : 128), ce qui accentue encore les problèmes d'approvisionnement au Xinjiang. Cette arrivée massive de population est favorisée par le raccordement d'Hami (1960), puis d'Ürümqi (1962) au réseau ferroviaire chinois (Millward 2007 : 263). C'est seulement avec la politique de consolidation qui débute en 1961 que la situation économique devient plus stable. Parallèlement, le discours prônant une assimilation des minorités ethniques à la culture han se fait moins vindicatif (Millward 2007 : 265).

Au cours du Grand Bond en avant, les dissensions déjà perceptibles depuis longtemps entre la RPC et l'URSS s'exacerbent et en juillet 1960 tous les conseillers soviétiques sont brusquement retirés de Chine (Chen 2001 : 82). Cette rupture sino-soviétique augmente encore les tensions politiques au Xinjiang, ses conséquences sont dramatiques. C'est ainsi qu'en avril et mai 1962 entre 60 000 et 70 000 Kasazhs et Ouïghours vivant dans le Nord du Xinjiang franchissent la frontière pour se rendre en URSS (incident de Yita, ainsi nommé d'après les deux régions frontalières d'Ili ou Yili et Tacheng. Le nombre plus élevé de 100 000 à 200 000 réfugiés cité par Toops (2004b : 246) semble exagéré et n'est pas corroboré par d'autres sources. Mais l'intervention de l'URSS n'explique qu'en partie cet exode surprenant pour le PCC. Les problèmes d'approvisionnement, les déficits de la politique d'autonomie ainsi que l'arrivée massive de Chinois han jouent aussi un rôle (Mao 2018). Bien que les dirigeants du PCC aient pris conscience des causes de l'exode, ils en rejettent sciemment la responsabilité sur l'URSS et sur elle seule, afin de détourner l'attention de leur propre échec (Kraus 2019). La RPC réagit donc aussitôt en fermant la frontière. La milice du Bingtuan est envoyée sur place pour réprimer les troubles, n'hésitant pas à tirer sur les manifestants. Plus tard, toute la zone frontalière désertée sera repeuplée avec des pionniers du Bingtuan dignes de confiance (Millward 2007 : 264 ; Shichor 2004 : 138). Ceci amène même Sheng Mao (2018 : 177) à arguer que ce n'est qu'avec l'incident de Yita que la « suzeraineté fragile » des communistes chinois sur les trois sous-régions du Nord du Xinjiang devient une « souveraineté totale ». Malgré un doublement des troupes soviétiques le long de la frontière sino-chinoise au cours des années 1960, l'APL augmente à peine ses effectifs au Xinjiang (Shichor 2004 : 133). Shichor interprète cette constatation de la façon suivante : dans l'hypothèse extrême d'une invasion soviétique, la région n'aurait pas été défendue, mais utilisée comme zone-tampon afin d'allonger les lignes d'approvisionnement de l'armée d'invasion et de la rendre ainsi plus vulnérable. Mais en un certain sens le Xinjiang a une véritable importance stratégique pour la RPC : à proximité du lac salé de Lop Nor dans le Sud-Ouest du Xinjiang est installé en 1959 un site de tests nucléaires où, en octobre 1964, explose la première bombe atomique chinoise. 22 tests atmosphériques d'armes nucléaires et autant d'essais souterrains ont lieu jusqu'en 1996. Les conséquences de cet « impérialisme nucléaire » sur la santé de la population locale font aujourd'hui encore l'objet d'un débat (Alexis-Martin 2019 : 157s.). Toujours est-il que le Xinjiang ne sert pas seulement de zone-tampon et qu'on y effectue des essais à des fins stratégiques. La situation militaire entre les deux grandes puissances socialistes rivales reste tendue et aboutit surtout en 1969 à de nombreux heurts le long de la frontière (Shichor 2004 : 139). Lors du plus important combat en août 1969, c'est toute une brigade chinoise qui est anéantie (Chen 2001 : 248). Le conflit sino-soviétique fait ressurgir la crainte de voir comme par le passé l'Union soviétique inciter les ethnies musulmanes du Xinjiang à fomenter des soulèvements séparatistes.

La Révolution culturelle : 1966–1976

L'escalade décrite ci-dessus a lieu pendant la Révolution culturelle (1966–1976), qu'on doit qualifier de période de chaos. Sans vouloir analyser les origines et le déroulement de la Révolution culturelle de manière détaillée, il ne fait aucun doute que les régions à forte minorité ethnique ont été particulièrement touchées par les attaques contre les « quatre vieilleries » (*sijiu* 四旧), à savoir les vieilles pensées, cultures, coutumes et mœurs. Comme les groupes ethniques autres que les Han sont censés se trouver à un niveau de développement moindre, leurs coutumes, etc. sont automatiquement « encore plus arriérées » que celles du gros de la société. Aussi sont-ils une cible de choix pour les jeunes fanatiques organisés en « gardes rouges ». Mais leurs attaques sont aussi dirigées contre les « gouvernants au sein du parti qui ont choisi la voie du capitalisme » : au Xinjiang, ce sont surtout deux cadres de longue date, Wang Enmao en tant que « dirigeant local » et Tao Zhiyue en tant que « réactionnaire » (Clarke 2011 : 66s.). Ils mettent en œuvre tout ce qui est en leur pouvoir pour contenir les gardes rouges qui affluent par milliers des provinces de l'intérieur de la Chine vers le Xinjiang afin d'y propager la Révolution culturelle. Cependant, cette politique radicale prônée par Mao en personne développe surtout ses effets au sein du Bingtuan. Il convient de signaler ici que le mouvement d'envoi de centaines de milliers de jeunes urbains à la campagne (*xiafang* 下放) pendant les années 1960 avait fondamentalement changé le profil démographique du Corps. Au lieu de se composer comme autrefois surtout de soldats démobilisés, il compte maintenant dans ses rangs beaucoup de jeunes déplacés dans la région à la fois par la contrainte et du fait de leur enthousiasme révolutionnaire (Clarke 2011 : 64 ; White 1979). Ainsi se forme un groupe radical de gardes rouges qui se livre à de nombreuses luttes sanglantes avec les milices du Bingtuan par exemple. Millward (2007 : 268) recense environ 600 altercations violentes en 1967 et 700 l'année suivante, 2000 exécutions de membres du Bingtuan, tandis que 7000 sont stigmatisés en tant que réactionnaires et envoyés dans des camps de travail. Neddermann (2010 : 152) cite une source chinoise selon laquelle la Révolution culturelle se serait soldée rien que pour le Bingtuan par « des centaines de morts et de blessés dans des combats ainsi que par au moins 2 800 exécutions de délinquants (soupçonnés pour la plupart de crimes ‹ politiques › ». Par la suite, le Bingtuan perd une grande part de l'autonomie dont il bénéficiait jusque-là, il est même un temps dissous (de 1975 à 1981), bien qu'il participe à l'époque pour près de 30 % au produit intérieur brut (PIB) (Neddermann 2010 : 152s. ; Wiemer 2004 : 169).

Wang Enmao parvient malgré tout à se maintenir au pouvoir, à un niveau inférieur de la hiérarchie toutefois. Il existe des rapports selon lesquels Wang aurait menacé au plus fort du chaos d'occuper le site d'essais d'armes nucléaires de Lop Nor sur la bordure ouest du désert du Taklamakan si la gauche radicale devait continuer de l'attaquer (Clarke 2011 : 68).

Au sein du comité révolutionnaire qui, en 1968, remplace le comité du parti communiste, Wang est seulement le deuxième homme derrière Long Shujin, un protégé de Lin Biao, le ministre de la défense, désigné pendant la Révolution culturelle comme successeur de Mao. Wang doit aussi céder son poste de commandant de la région militaire du Xinjiang à Long. Mais après la chute de Lin Biao en 1971 justifiée par une prétendue tentative de putsch contre Mao, Long est victime de la « purge » qui s'ensuit. C'est Seypidin qui prend la tête des instances de la région avec le général de l'APL Yang Yong (Millward 2007 : 269s.).

Outre ces répercussions sur la politique étrangère et celle concernant les élites, la Révolution culturelle a des conséquences drastiques pour les groupes ethniques non-han. Leur culture est attaquée de toutes parts et considérée comme « arriérée ». Millward (2007 : 274ss.) cite l'interdiction des fêtes religieuses, des coutumes ouïghoures, de la musique et de la danse ainsi que l'enfreinte ciblée de tabous islamiques comme la transformation de mosquées en porcheries. Il n'est donc pas étonnant que cette politique d'assimilation forcée provoque de nouvelles résistances. À partir de 1968, le « Parti populaire du Turkestan oriental » est très actif à Yining, Aksou et Ürümqi en tant que force pro-soviétique, tandis que la propagande soviétique au sujet d'une lutte armée imminente par le biais d'un « mouvement Turkestan libre », un mouvement kazakh soutenu par l'URSS, rend la situation encore plus explosive. Le PCC et les organes de sécurité réagissent brutalement et éloignent tous les cadres soupçonnés d'avoir des relations avec la RTO et l'URSS (Clarke 2011 : 68ss. ; Dillon 2004 : 57ss.). La représentation des non-Han dans l'administration du Xinjiang passe de 111 500 cadres en 1962 à 80 000 en 1975 (Millward 2007 : 271s.). Hormis quelques escarmouches à la frontière, l'URSS se limite à des actions de propagande. En revanche, la CIA forme dans les années 1950 des guérilleros tibétains et les infiltre au Tibet pour déstabiliser la RPC (Shakya 2000 : 170ss.). Il faut tenir compte de ces expériences de menace extrême et de collaboration avec des groupes ethniques en Chine quand il s'agit de porter un jugement sur les affirmations chinoises actuelles selon lesquelles le pays serait victime d'une ingérence étrangère et d'une incitation à des troubles ethniques. Elles reposent sur un schéma d'interprétation habituel, remontant aux expériences humiliantes de la fin de l'empire et confirmées au milieu du XXe siècle. Jusqu'à aujourd'hui, la direction du PCC n'est pas disposée ou apte à s'écarter de ce modèle d'interprétation favorable pour elle et à rechercher les causes de ces mouvements de résistance dans sa propre politique.

***

Les Ouïghours et d'autres groupes ethniques du Xinjiang tirent des enseignements différents des trois premières décennies de gouvernance de la RPC. Le PCC avait promis l'autonomie de l'administration et le respect de la culture locale, mais dès les années 1950 ces promesses s'avèrent nulles et non avenues. À l'exception d'une courte phase plus tolérante vis-à-vis des minorités entre le Grand Bond en avant et la Révolution culturelle, c'est une politique d'assimilation qui prévaut ; elle culmine tristement pendant la Révolution culturelle. Ce n'est qu'à la mort de Mao en 1976 et avec le retour progressif de Deng Xiaoping au pouvoir que les conditions de vie de la population du Xinjiang s'améliorent. Cette période laisse pourtant de profondes cicatrices, perceptibles jusqu'à aujourd'hui. On peut même émettre cette hypothèse : les expériences traumatisantes de cette époque ont contribué à renforcer l'identité ouïghoure ou du moins à la servir (cf. Schluessel 2020 : chap. 5).

5 Une période de réformes et d'ouverture : les années 1980 et 1990

Après la politique en partie dévastatrice de l'ère Mao avec ses changements de cap fréquents, il n'est guère étonnant que la légitimité du pouvoir du PCC en Chine se soit détériorée, surtout dans les régions à fortes minorités, où le chaos politique et économique de cette époque s'ajoute à des attaques visant la culture et la religion des groupes ethniques locaux. Après que Deng Xiaoping et avec lui une ligne réformatrice se sont imposés au sein de la direction du parti, commence une phase réparatrice, visant à redonner une légitimité au régime.

En ce qui concerne la société majoritaire, cela comprend un programme dit « Réforme et Ouverture » (*gaige kaifang* 改革开放), visant aux « Quatre modernisations » dans l'agriculture, l'industrie, la défense et la science. Pour les régions habitées par d'importantes minorités, cette vision d'une modernité socialiste est loin d'être suffisante pour faire oublier la répression subie et l'obligation d'assimilation. La direction du PCC à Beijing de même que les gouvernements locaux poursuivent donc dans les années 1980 une politique fondamentalement plus libérale en ce qui concerne l'identité des minorités et des religions. Il s'ensuit au début un nouvel essor des cultures ethniques et de la vie religieuse.

À la fin de la première décennie de réformes, de nouvelles tensions apparaissent dans les provinces du cœur de la Chine et à leur périphérie. Ce sont en partie des conséquences directes des réformes et des mesures de libéralisation. Le mouvement démocratique qui s'empare de Beijing et d'autres grandes villes en 1989 (Baum 1994), mais aussi les troubles qui agitent le Tibet en 1989 et le Xinjiang en 1990 sont révélateurs de ces tensions. Ceci conduit à un nouveau durcissement de la politique en matière de minorités et de religions, lequel se poursuit après la reprise du programme de réformes et d'ouverture à partir de 1992.

Les années 1990 sont tout autres, et ce pas seulement pour des raisons de politique intérieure et sociale. Le paysage géopolitique est bouleversé par la chute du socialisme en Europe centrale et en Europe de l'Est ainsi que par la dislocation de l'Union soviétique. Cette évolution modifie directement et fondamentalement la position du Xinjiang au sein de la Chine et de l'Asie centrale.

Même au-delà des années 1990, le gouvernement chinois essaie de gérer ces changements, de limiter leurs répercussions sur la société du Xinjiang et de les exploiter comme un facteur positif pour le développement de la région. Ceci ressemble à un exercice d'équilibre. Des facteurs internes et externes sont bientôt réunis pour qu'à la fin des années 1990 la situation s'envenime de nouveau au Xinjiang. Les essais entrepris pour garder le contrôle politique conduisent à des protestations en partie violentes et vite réprimées. On assiste donc depuis les années 1990 à l'émergence d'une spirale de la violence qui se poursuit et s'accélère au XXIe siècle.

Sur le plan économique, la région se développe étonnamment vite au cours des deux décennies de réformes : tandis que le PIB de toute la Chine augmente en moyenne de 9,5 % par an, la hausse atteint 10,3 % par an au Xinjiang. Le niveau de départ ne doit bien sûr pas être négligé. Mais pour le PIB par habitant en 2000, le Xinjiang occupe le 12e rang sur les 31 provinces, un classement remarquable (Wiemer 2004 : 164). Si on associe néanmoins, et à juste titre, le Xinjiang à une pauvreté absolue et très répandue, les macrodonnées ne permettent pas de l'expliquer. Il convient d'analyser de près les fortes différences ethniques, régionales et sectorielles qui affectent la répartition des revenus. Un passage du chapitre 6 sera spécialement consacré à ces questions. Ici, nous poursuivons d'abord notre aperçu historique.

Les débuts de la phase de réformes : 1978–1989

Un nouveau départ problématique

Sous Deng Xiaoping, les dirigeants rétablissent de nombreuses structures détruites par la ligne radicale de la Révolution culturelle. En font partie la Commission des affaires ethniques d'État (refondée en 1978) et la Société islamique du Xinjiang (1980). Des documents internes mentionnent un retour à la promotion de cadres issus des minorités ethniques (Millward 2007 : 277). Ce changement de cap coïncide avec une visite du secrétaire général du PCC Hu Yaobang au Tibet en 1980, durant laquelle il peut constater les effets dévastateurs de la Révolution culturelle sur les minorités ethniques (Shakya 2000 : 380ss.).

Sur le plan économique, le secrétaire général du Parti communiste au Xinjiang Wang Feng lance les premières réformes agricoles. La décollectivisation rend aux paysans des droits limités sur les terres, mais elle ne va pas jusqu'à leur en rendre la propriété (Clarke 2011 : 74). Deng est néanmoins d'avis que ces réformes ne vont pas assez loin, le malaise gagne aussi la société locale (Karrar 2018 : 188ss.). En avril 1980, le mécontentement général conduit à Kachgar à des heurts entre civils (aussi bien han que ouïghours) et les soldats. Dillon parle de troubles qui font un millier de victimes (Dillon 2004 : 59).

En 1981, Deng Xiaoping se rend personnellement en visite au Xinjiang 1981 et remplace Wang Feng par Wang Enmao, anciennement premier chef du Parti communiste dans la région, afin que la situation s'apaise (Rudelson 1997: 103). Celui-ci assouplit aussitôt la politique à l'égard des minorités et signale la fin de la stratégie d'assimilation (Karrar 2018 : 193). À la place, il parle d'une « fusion des nationalités » qui prendra encore beaucoup de temps (Beijing Rundschau 1984 ; Millward 2007 : 277 ; Tobin 2020 : 43s.). Des mosquées peuvent par conséquent être reconstruites ou rouvertes, même si la direction régionale sous Wang Enmao tient en même temps à rappeler que cet essor des pratiques religieuses ne peut se faire que dans les limites strictes du cadre légal fixé par l'État-parti (Clarke 2011 : 80s.). De la même façon, la loi de 1984 sur l'autonomie régionale consolide d'une part le statut particulier du Xinjiang en matière de législation, d'éducation, etc. mais d'autre part aussi l'appartenance irrévocable de toutes les « régions autonomes » à la RPC (Law of the PRC on Regional National Autonomy 1984 ; Tobin 2020 : 45).

Le mouvement de protestation de Kachgar que nous avons déjà évoqué est en lien avec un autre héritage problématique de la politique de Mao, les centaines de milliers de jeunes de l'Est de la Chine envoyés s'installer à la campagne (*xiafang*) au Xinjiang, et ce durant deux décennies. Ces jeunes *xiafang* (dont beaucoup ne sont plus très jeunes !) avaient déjà protesté par milliers en 1979 à Aksou et occupé pendant cinquante jours le siège de l'administration locale, ce qui représente de loin la plus grande et plus importante protestation de masse au Xinjiang à cette époque (Côté 2011 : 1863 ; Millward 2007 : 280). Il est mis fin à ce mouvement de Chinois han souhaitant retourner dans leur région d'origine par un mélange de carotte et de bâton. Tandis que les meneurs sont jetés en prison, un plan négocié permet à certains de regagner la région de Shanghai dont ils sont issus (Millward 2007 : 280s.). D'autres le font illégalement, sont obligés de travailler dans des fermes d'État du Jiangsu ou restent au moins jusqu'à la retraite au Xinjiang. Même si les expériences de ces groupes très différents de migrants venus de Shanghai sont loin d'être semblables, le discours officiel du parti les réunit dans l'éloge de leur contribution à la « construction de la frontière ». Dans leurs pétitions et protestations, ils peuvent se référer à ce jugement de valeur afin de légitimer leurs revendications (Xu B. 2021).

Quand il s'agit des protestations d'autres groupes ethniques, les forces de sécurité sont moins enclines au compromis. D'après Dillon (2004 : 60), de grands débordements se produisent de nouveau à Kachgar en octobre 1981. Et au milieu des années 1980, ce sont des étudiants qui manifestent à Ürümqi en raison de mauvaises conditions de vie, mais aussi pour des motifs politiques comme la critique des essais nucléaires de Lop Nor et la migration de Chinois han vers le Xinjiang (Alexis-Martin 2019 : 159s. ; Baranovitch 2019 : 518s. ; Millward 2007 : 281). Au fil des années 1980, ces protestations prennent pour les Ouïghours un tour plus religieux et plus nationaliste. En 1987 par exemple, c'est une exposition d'artistes han qui déclenche une vague de manifestations à Ürümqi, les Ouïghours hommes et femmes étant pour la population locale représentés de manière hypersexualisée et obscène. En mai 1989, des manifestations de musulmans (Hui et Ouïghours) ont lieu à Beijing contre le livre de Salman Rushdie *Les Versets sataniques* et à Ürümqi contre celui d'un écrivain han intitulé *Pratiques sexuelles* (Gladney 2004 : 78s., 231ss. ; Rudelson 1997 : 131). Wu'er Kaixi (Urkesh Daolet), un étudiant ouïghour, joue un rôle de premier plan lors des manifestations de la place Tian'anmen à Beijing ; même dans les années 1990, les Ouïghours continuent en secret de lui vouer une grande admiration (Rudelson 1997 : 72, 132). Millward (2007 : 281) souligne toutefois que tous ces mouvements protestataires portés par des étudiants ne peuvent en aucun cas être assimilés au djihad.

Mouvements migratoires et relations interethniques

La question de la migration de Chinois han soulève quelques aspects intéressants pour les années 1980. D'une part, il apparaît au regard du mouvement de retour que beaucoup de Han ne sont pas restés de leur propre gré au Xinjiang (Hoppe 1998 : 327ss.). Ceux qui souhaitent rentrer en Chine orientale n'y sont pas tous autorisés. Un exemple : au milieu de l'année 1982, le Corps de production et de construction du Xinjiang ou Bingtuan, officiellement dissous en 1982, est réinstallé pour contrecarrer cet exode et la menace d'une perte de contrôle qui l'accompagne aux yeux du gouvernement central (Clarke 2011 : 81s.). Wang Zhen, qui avait déjà servi au Xinjiang dans les années 1950 en tant que commandant aurait eu une influence considérable sur cette décision (Bohnet, Giese et Gang 1998 : 126). Pendant l'ère des réformes, ce vétéran à la réputation de faucon occupe de hautes fonctions en tant que vice-président de la Commission consultative du PCC (1982–1985) et vice-président du pays ; il peut ainsi insuffler ses idées dans la politique au Xinjiang (Karrar 2018 : 191s.).

La réinstauration du Bingtuan n'obtient pas immédiatement l'effet escompté. Il compte 2,14 millions de membres en 1990 contre 2,2 millions en 1980 (XJTJNJ 2019 : tableau 3-12; les chiffres de 1980 se rapportent probablement aux anciennes unités du Bingtuan, celui-ci n'existant pas encore en tant qu'organisation unifiée à cette époque). Sa part dans le produit intérieur brut (PIB) de la région baisse aussi légèrement, passant de 22,6 % en 1980 à 19,9 % en 1990, alors que les résultats économiques de la région font plus que doubler pendant la même période (Wiemer 2004 : 169). Le léger recul du PIB n'est donc pas le signe de la faiblesse du Bingtuan, il indique seulement que d'autres secteurs économiques de la région connaissent une croissance encore plus forte. Le Bingtuan, qui se concentre traditionnellement sur l'agriculture et la conquête de terres arables, s'occupe désormais davantage de l'expansion de l'industrie et du commerce (Bohnet, Giese et Gang 1998 : 127).

Malgré un nombre de départs limité, la part des Han dans la population totale du Xinjiang est d'après le recensement de 1982 de 40 %, celle des Ouïghours de 46 %, des Kazakhs de 7 %, des Hui de 4 % et des Kirghizes de 1 %. Cela montre les importants changements démographiques opérés depuis la création de la RPC. Car le recensement de 1953 indiquait une part d'environ 75 % pour les Ouïghours contre 6 % pour les Han. D'après le recensement de 1990, le taux de Han recule un peu au cours des années 1980, passant à 38 %, contre 47 % pour les Ouïghours, mais le nombre absolu de Han vivant au Xinjiang augmente d'environ 400 000 (Toops 2004b : 245–247). L'émigration nette est donc stoppée et même inversée pendant cette décennie, mais les autres groupes augmentent davantage si bien que le pourcentage de Han diminue. Les années 1980 connaissent bien une migration han vers le Xinjiang, mais cela n'a rien d'un phénomène de masse comme lors de phases ultérieures.

En outre, les caractéristiques de la migration commencent à changer. Si l'on fait abstraction des réfugiés du début des années 1960 qui fuyaient la famine, l'immigration reposait surtout sur un programme étatique organisé. Mais dans les années 1980 viennent de plus en plus de « personnes auto-organisées » (*ziliu* 自流, littéralement « qui coulent d'elles-mêmes »). Pendant l'enquête de terrain qu'il réalise vers la fin des années 1980 dans l'oasis de Tourfan située dans l'Est du Xinjiang, Rudelson fait une observation intéressante : les migrants han à la recherche d'un travail acceptent de plus en plus d' « emplois 3D » (*dirty, dangerous, demeaning* – sales, dangereux et dévalorisants). Ils sont aussi embauchés comme travailleurs journaliers par des Ouïghours, par exemple pour nettoyer les canaux d'irrigation souterrains (*karez*). Ces migrants indépendants changent l'image que les Ouïghours se font des Han. Traditionnellement, les relations entre Ouïghours et Han étaient à Tourfan moins tendues que par exemple à Kachgar. Pendant les trois premières décennies de la RPC, les Han étaient perçus comme les oppresseurs, car ils occupaient les postes hiérarchiquement supérieurs. Or, cette hiérarchie ethnique est maintenant remise en question par les travailleurs journaliers et les éboueurs issus des provinces de Chine centrale. Un riche paysan et entrepreneur ouïghour va même jusqu'à employer trois cents Han comme travailleurs journaliers (Rudelson 1997 : 66–69, 110). Il est cependant difficile de calquer cette observation faite à Tourfan sur d'autres régions du Xinjiang. Hoppe (1998 : 144ss.) parle en tout cas d'un grand nombre de préjugés réciproques et de stéréotypes négatifs entre Ouïghours et Han, ce qui indique que leurs relations sont généralement tendues (cf. chap. 7).

Le contexte international

Pendant la première décennie de l'ère des réformes, la situation du Xinjiang change aussi sur le plan géopolitique. L'invasion de l'Afghanistan par l'Union soviétique en 1979 amène de nouveau les relations sino-soviétiques au bord de la confrontation directe. En même temps, elle accélère le rapprochement de la RPC avec les États-Unis. Xinjiang accueille dans les années 1980 deux bases de renseignement permettant à la CIA de capter des signaux en provenance de l'URSS. Il existe en même temps des rapports selon lesquels jusqu'au milieu des années 1980 des résistants musulmans sont formés au combat armé contre l'URSS dans des camps situés le long de la frontière pakistanaise, près de Kachgar et Hotan. Les sources divergent sur la question de savoir si ces moudjahidines sont uniquement des combattants étrangers ou s'ils se recrutent en partie parmi les minorités musulmanes du Xinjiang (Clarke 2011 : 76 ; Shichor 2004 : 148s., 158). Mais la dernière hypothèse ne semble pas réaliste étant donné que les protestations anti-chinoises de l'époque au Xinjiang laissent supposer la menace d'une résistance panislamique à la RPC. À partir du milieu des années 1980, Deng Xiaoping opte pour une politique d'équidistance vis-à-vis des superpuissances, c'est-à-dire qu'il tente un nouveau rapprochement avec l'URSS. Ceci pourrait expliquer pourquoi les actes de provocation s'arrêtent à ce moment-là.

Le réchauffement des relations sino-soviétiques permet aussi une nouvelle stratégie de développement économique du Xinjiang sous Song Hanliang qui, en 1985, succède à Enmao en tant que Secrétaire du PCC (Clarke 2011 : 84). Le commerce frontalier et le tourisme sont de nouveau autorisés, bien que limités. En tant qu'ancien centre du bouddhisme, Tourfan par exemple reçoit de plus en plus de touristes japonais tandis que Kachgar voit ses relations commerciales avec le Pakistan prospérer (Rudelson 1997 : 59ss.). En 1986, la route du Karakorum, une liaison directe permettant de franchir le massif du Pamir, est ouverte au public (Rippa 2020 : 179ss. ; Wacker 1995 : 19). Les contacts entre Ouïghours et Kazakhs de part et d'autre de la frontière sino-soviétique, interrompus depuis 1962, reprennent également (Roberts 2004 : 218ss. ; Rudelson 1997 : 57s.).

Les conséquences économiques de cette ouverture restent limitées jusqu'à la dislocation de l'URSS (Wiemer 2004 : 171). Mais les contacts religieux en particulier avec le Pakistan ont une influence dès la fin des années 1980. À cette époque du moins, les marchands pakistanais et les écoliers ouïghours formés dans les écoles religieuses pakistanaises (*madrasa*) et de retour au pays semblent avoir un effet vivifiant sur le nouvel essor d'un islam conservateur à Kachgar. Les marchands voient vite leur bonne réputation auprès de la population de Kachgar entachée par leur comportement non-islamique (vis-à-vis des femmes et de l'interdiction de la consommation d'alcool). À cela s'ajoute qu'à partir de 1997 le gouvernement chinois prend des mesures contre la migration de musulmans allant se former au Pakistan (Roberts 2004 : 226s.).

Les années 1990

L'année 1990 est considérée comme un tournant par beaucoup d'observateurs. D'une part, parce que c'est là qu'a lieu avec l' « incident de Baren » la première grande protestation violente qui ouvre une série d'événements similaires (Hierman 2007 : 49s.). Ce soulèvement porte le nom d'une commune du district de Kachgar. D'autre part, parce qu'avec la fin du bloc soviétique et la dislocation de l'URSS commence la réorientation politique dont il a été question plus haut.

L'incident de Baren

L'incident de Baren n'est pas encore complètement élucidé pour ce qui est de son déroulement exact, des acteurs concernés et de la dimension de la violence. Il convient de signaler que pour cette altercation comme pour tous les mouvements de protestation ultérieurs il existe des interprétations opposées, dépendant des sources et de leurs intérêts particuliers, ces derniers pouvant changer au fil du temps. D'après Dillon (2004 : 62ss.), c'est une déclaration enflammée dans une mosquée le 5 avril 1990 qui déclenche le soulèvement. Les protestations deviennent vite violentes et une centaine de policiers ne peuvent y mettre fin. Les forces de sécurité se font même voler leurs armes. Les débordements se poursuivent le lendemain, des explosifs sont utilisés contre les bâtiments gouvernementaux. Finalement, un contingent d'un millier de soldats parvient à rétablir l'ordre.

Comme le montre Dillon, les sources chinoises affirment qu'une organisation extrémiste, à savoir le « Parti islamique du Turkestan oriental » (ETIP) fondé par Zäydin Yüsüp (Zeydin Yusup) se cache derrière ce rassemblement soi-disant spontané. Il aurait même reçu le soutien de forces étrangères – concrètement d'Afghanistan – et viserait à l'instauration d'une « République du Turkestan oriental » (Clarke 2018b : 24). L'explosion de la violence en avril aurait été planifiée et préparée de longue date.

Les chiffres officiels pour le nombre de morts sont de 7 du côté gouvernemental et de 15 du côté des insurgés (Dillon 2004 : 62). Bohnet, Giese et Gang (1998 : 68) avancent pour leur part un chiffre de « plusieurs centaines », Rudelson et Jankowiak (2004 : 316) celui de 3000 victimes du côté des manifestants ouïghours sans toutefois donner de preuves concrètes d'un tel massacre. Holdstock (2015 : 49ss.) indique au contraire que les groupes ouïghours en exil ont fortement intérêt à exagérer la brutalité des forces de sécurité chinoises et à minimiser la violence issue des manifestants.

Indépendamment du nombre réel de victimes, cet incident est pour le gouvernement chinois le signe qu'il lui faut adopter sur-le-champ une position plus ferme dans sa lutte contre les activités religieuses et séparatistes « illégales », alors encore qualifiées de « double mal » (plus tard, avec le terrorisme, il sera question d'un « triple mal », cf. chap. 9). Lors de cette campagne de répression, ce sont d'après les chiffres officiels 7900 personnes qui seront traduites devant les tribunaux tandis que les mosquées construites sans autorisation et les écoles coraniques seront fermées (Clarke 2011 : 104 ; Dillon 2004 : 65).

Les changements géopolitiques

L'effondrement étonnamment rapide de l'Union soviétique en août 1991 s'accompagne d'une transformation fondamentale de la situation géopolitique du Xinjiang. D'une part, le conflit sino-soviétique, qui s'était nettement apaisé à partir de 1989, disparaît d'un seul coup, ouvrant au Xinjiang la perspective d'une relance des contacts historiquement si importants avec l'Asie centrale, ce qui peut être très positif pour l'économie de la région. Dans le contexte de relations encore difficiles avec les pays occidentaux après la répression de la place Tian'anmen, une ouverture vers l'Asie centrale semble constituer une option attrayante pour Beijing (Clarke 2011 : 101).

D'autre part, quatre nouveaux États indépendants se créent d'un seul coup en Asie centrale, chacun porte le nom d'une ethnie aussi représentée au Xinjiang. Ce sont des voisins directs, le Kazakhstan, le Kirghizistan, le Tadjikistan et, sans frontière commune avec le Xinjiang, l'Ouzbékistan. Rien que le fait de pouvoir observer par-delà la frontière l'indépendance des peuples turciques d'Asie centrale est déjà considéré par des politologues comme Enze Han (2013 : 11ss.) comme un facteur déstabilisant. On est enclin à penser que le gouvernement chinois voit les choses de la même façon.

Au Kazakhstan, où vivent environ la moitié des Ouïghours de l'ancienne Union soviétique, l' « Organisation ouïghoure de libération » devient un parti politique dès avril 1991. D'autres organisations suivent cet exemple au Kirghizistan, dont certaines expriment la volonté de mener des opérations de guérilla pour obtenir l'indépendance du Xinjiang (Dillon 2004 : 66s.). Il n'est donc pas étonnant que le gouvernement chinois reste en alerte. Des déclarations officielles mentionnent une « infiltration » ainsi que le danger d'une coopération entre « séparatistes nationalistes » externes et internes (Clarke 2011 : 105).

Les dirigeants politiques optent pour une double stratégie afin de contenir ces forces d'opposition. Début 1991, devenu entre-temps conseiller du comité du Parti communiste pour le Xinjiang, Wang Enmao annonce que la répression de tout mouvement séparatiste doit s'accompagner d'un développement de l'économie (Clarke 2011 : 105s.). Les « branches-piliers » que sont l'agriculture et l'élevage, la pétrochimie et l'industrie des minéraux doivent être promues afin d'exploiter au mieux les ressources naturelles de la région. Le commerce frontalier avec le Kazakhstan connaît d'abord une hausse rapide, même si le Xinjiang importe nettement plus de marchandises qu'il n'en exporte. Le bilan commercial avec le Kirghizistan est plus équilibré, encore que bien moins dynamique. Mais les chiffres officiels laissent de côté les problèmes réels qui touchent les pays d'Asie centrale et qui entravent bientôt sérieusement le commerce comme la bureaucratie, la corruption et l'inflation galopante (Wiemer 2004 : 171s.).

On remarquera que dans ce contexte il est déjà question de la construction d'un « Pont continental eurasien » ou d'une « Nouvelle route de la soie » (Clarke 2011 : 112). D'après Wacker (1995 : 17s.), celle-ci se réfère aussi expressément à la ligne ferroviaire avec le Kazakhstan, complétée côté chinois entre 1985 et 1990 et devant relier Lianyungang sur la côte Est de la Chine à Rotterdam ; elle entre en service en 1992. On verra plus tard qu'il s'agit de la pièce maîtresse de la « Nouvelle route de la soie » (« Belt and Road Initiative », BRI), annoncée par le président Xi Jinping en 2013, mais qui n'était manifestement pas si nouvelle.

Le gouvernement central essaie de compenser cette ouverture du Xinjiang en matière d'économie extérieure par une stratégie complémentaire comprenant une intégration économique plus forte dans l'économie intérieure de la Chine. Il s'ensuit une politique de « double ouverture » extérieure et intérieure (Clarke 2011 : 106). Les investissements dans l'infrastructure, c'est-à-dire surtout de meilleures liaisons pour le transport des marchandises vers l'intérieur du pays, jouent ici un rôle important. C'est ainsi que ces investissements passent de 7,3 milliards de RMB en 1991 à 16,5 milliards en 1994 (Becquelin 2000 : 67). En même temps, la région profite d'avantages fiscaux, mais elle perd une part de son pouvoir de décision sur ses dépenses au profit du gouvernement central (Becquelin 2000 : 74).

La politique économique régionale

Pour l'économie intérieure, ce sont la production de pétrole et de de coton (*yi hei, yi bai* 一黑一白, « un noir, un blanc ») qui sont déclarées branches-clés. La superficie dédiée à la culture du coton double entre 1990 et 1997, la production passe de 55 000 tonnes en 1978 à 1,5 million de tonnes en l'espace de deux décennies (Millward 2007 : 299). À la fin de la période considérée, le Xinjiang est de loin le plus grand producteur de coton au niveau régional puisqu'il assure un quart à un tiers de la récolte du pays. (Alpermann 2010 : 170). 40 % des revenus du coton au Xinjiang reviennent au Bingtuan.

Sur le plan écologique, une culture de plein champ nécessitant beaucoup d'eau est très discutable dans une région aussi aride que le Xinjiang. Et sur le plan économique aussi, les inconvénients ne sont pas négligeables pour les petits producteurs (ouïghours) que l'État oblige à pratiquer la culture du coton. Becquelin (2000 : 80–83) voit donc le but ultime de cette stratégie dans une accélération de la colonisation de la région par des Chinois han amenés là par le Bingtuan afin de mieux contrôler la région. Cependant, il néglige le fait qu'à la fin des années 1990 les responsables de la planification agricole du gouvernement central sont très inquiets des mauvaises récoltes dans les zones de production habituelles (Alpermann 2010 : 34ss.). Au cours de ma propre recherche de terrain dans le Hebei en 1997, j'ai pu constater la mise en œuvre de mesures de promotion de la culture du coton très similaires à celles de Bellér-Hann (2015 : chap. 1) pour le Xinjiang (Alpermann 2001 : 129ss.). Je suis donc d'avis que la migration de Han n'est pas la seule cause de cette stratégie agricole.

Quoi qu'il en soit, le Bingtuan gagne dans les années 1990 énormément en importance et devient un « État dans l'État ». En mars 1990, il se voit conférer le statut d'une unité à part entière dans le plan économique national (*jihua danlie* 计划单列). Le Bingtuan obtient ainsi la confirmation d'une importance administrative qui historiquement dépasse de loin ses prédécesseurs *tuntian* de l'empire (Zhu et Blachford 2016 : 32s.). Il est au même niveau économique que des provinces dont la région autonome ouïghoure du Xinjiang et des villes très puissantes comme la zone économique spéciale de Shenzhen. De cette façon, il doit être mis fin à des difficultés économiques, mais aussi à des querelles de compétence entre les administrations concernées (Bohnet, Giese et Gang 1998 : 127s.). Même si les différends en matière de compétences n'ont jamais pu être entièrement réglés, l'ascension du Bingtuan affiche une nouvelle dimension. Sa part dans le PIB de la région baisse certes encore légèrement au cours des années 1990 (passant de 19,9 % en 1990 à 16,6 % en 2000), mais la performance économique de la région double durant la même période (Wiemer 2004 : 169), si bien qu'on peut affirmer que le Bingtuan connaît une forte expansion. Cette évolution repose toutefois sur un paradoxe : bien qu'il opère vers l'extérieur en tant qu'entreprise (*Xinjiang xinjian jituan gongsi* 新疆新建集团公司, Xinjiang New Construction Group), le

Bingtuan reste non-rentable et continue de dépendre de très grosses subventions du gouvernement central, qui n'en publie toutefois pas le montant (Becquelin 2000 : 79s.).

Ses effectifs augmentent dans les années 1990 d'environ 300 000 personnes pour atteindre 2,43 millions (XJTJNJ 2019 : tableau 3-12). Le Bingtuan contribue donc effectivement à l'augmentation du taux de Han dans la population, lequel s'élève d'après le recensement de 2000 à 40,6 % (7,45 millions) (Toops 2004b : 248). Comme la population Han du Xinjiang affiche une croissance absolue de 1,7 million entre les recensements de 1990 et de 2000, la contribution du Bingtuan, qui est de 17 %, n'est pas le facteur décisif. Les travailleurs saisonniers qui affluent par milliers pour récolter le coton ne figurent cependant pas dans ces chiffres. Holdstock (2015 : 90) estime que leur nombre peut aller jusqu'à 600 000 (voir chap. 6).

L'exploitation du gaz naturel et du pétrole constitue le deuxième pilier de la stratégie de développement. Ici, le gouvernement chinois mise aussi sur des investissements directs en provenance de l'étranger afin de de pouvoir commencer à exploiter des gisements surtout dans le bassin du Tarim (Clarke 2011 : 108). Bien que leur existence soit connue depuis longtemps et aussi prouvée pendant le Grand Bond en avant de la fin des années 1950, l'exploitation du pétrole avait continué à se concentrer sur le Nord du Xinjiang du fait d'inégalités structurelles (Kinzley 2018 : 170).

Dans le Sud émergent de nouveaux centres de colonisation pour les Han ; Holdstock (2015 : 90) évoque le chiffre de 20 000 travailleurs dans le secteur pétrolier. Les grandes entreprises publiques dudit secteur, toutes aux mains de Han, emploient très peu de Ouïghours (Cliff 2016). Mais dans la région de Karamay au nord de la chaîne du Tianshan, on découvre à la fin des années 1990 de nouveaux gisements, si bien que la priorité continue d'aller au Nord (Dillon 2004 : 40 ; Kinzley 2018 : 179s.). La Chine s'étant transformée au début des années 1990 d'exportateur net de produits gaziers et pétroliers en importateur net, son intérêt ne tarde pas à se tourner vers l'Asie centrale avec ses énormes réserves de gaz et de pétrole. En ce sens, de meilleures relations avec les nouveaux États voisins s'imposent tant sur le plan politique que sur le plan économique.

La coopération internationale

D'un point de vue économique, la Chine souhaite importer davantage de matières premières énergétiques, à savoir du gaz naturel du Turkménistan et du pétrole du Kazakhstan (Clarke 2011 : 112s.). Mais des années passent avant que les pipelines correspondants soient construits. Au niveau géopolitique, la Chine s'efforce dès l'effondrement de l'URSS de se rapprocher des nouveaux États d'Asie centrale, d'autant plus qu'elle est isolée, les pays occidentaux la condamnant pour la répression des manifestations de la place Tian'anmen en 1989. Commencent des négociations sur la réduction des troupes, l'instauration de mesures de confiance et le tracé des frontières, négociations auxquelles participe aussi la Russie. Elles aboutissent fin 1993 à un accord sino-russe qui réduit nettement l'effectif des troupes stationnées à la frontière. Les négociations au sujet du tracé de la frontière avec quatre pays voisins portent sur une longueur totale de 2700 km. La Chine parvient dès 1996 à mettre plus ou moins fin à ces dissensions, en renonçant parfois avec générosité à d'anciennes revendications territoriales (du reste controversées). L'accord obtenu prévoit ici aussi des réductions de troupes et une promesse de non-agression.

Ce format de négociation réunissant la Chine, la Russie, le Kazakhstan, le Kirghizistan et le Tadjikistan est institutionnalisé en avril 1996 sous le nom de « Groupe de Shanghai » (Shanghai Five). Début 2001, avec l'adhésion de l'Ouzbékistan, il est remplacé par une nouvelle organisation, l'Organisation de coopération de Shanghai (Shanghai Cooperation Organisation, SCO). Par un autre accord conclu en 1996, les relations sino-soviétiques sont même élevées au rang de « partenariat stratégique », ce qui à l'époque était plutôt rare (Clarke 2011 : 127ss. ; Shichor 2004 : 153ss.).

Du côté chinois, ce rapprochement présente un autre avantage en termes de politique de sécurité à cause de l'existence d'importantes communautés ouïghoures dans ces pays. En échange de certaines concessions dans d'autres domaines, la Chine exige que les pays d'Asie centrale, le Kazakhstan et le Kirghizistan en particulier, luttent contre les agissements de ces organisations. Autre point controversé : les tests nucléaires réalisés par la Chine dans l'Est du Xinjiang, dans la région de Lop Nor, et contre lesquels des manifestations ont lieu au Kazakhstan (Clarke 2011 : 113).

Les demandes de la Chine bénéficient du fait que les États centrasiatiques, déstabilisés par la guerre civile qui sévit au Tadjikistan jusqu'en 1996 et les incessants troubles islamistes en Ouzbékistan et dans la vallée de Ferghana, souhaitent eux aussi et pour leur propre sécurité agir contre ces groupes islamistes. C'est ainsi que le Kazakhstan et le Kirghizistan concluent en 1998 avec la Chine des accords prévoyant qu'ils luttent dans leur propre pays contre les séparatistes ouïghours ; bientôt s'ensuivent les premières expulsions vers la Chine (Clarke 2011 : 144 ; Shichor 2004 : 155). Cette stratégie antiséparatiste de la Chine, coordonnée au plan international, se développe dans un contexte d'attentats meurtriers et de mouvements de protestation souvent brutalement réprimés. Un livre blanc publié par le gouvernement chinois en 2002 avance pour la période allant de 1990 à 2001 un chiffre total d'au moins deux cents incidents de ce type, qui se seraient soldés par 162 morts de différentes ethnies et 440 blessés (SCIO 2002). On relève des explosions et des assassinats (par exemple de cadres ouïghours et d'imams ayant coopéré avec l'État), mais aussi des attaques contre des bâtiments de la police et du gouvernement, des incendies volontaires et des tentatives d'empoisonnement. Au moins pour les derniers exemples, on est en droit de se demander s'il s'agit de « terrorisme » comme les canaux chinois officiels l'affirment ou plutôt de manifestations comme il y en a dans d'autres régions du pays. Cette question sera analysée de plus près au chapitre 9.

Toujours est-il que la violence augmente nettement au cours des années 1996 et 1997 et que l'État-parti combat avec intransigeance la résistance par le biais de ses campagnes « Frapper fort » (*yanda* 严打) (Hierman 2007 : 56). La question de savoir si ces mesures de répression sont à la source de nouvelles protestations reste néanmoins discutable. Aussi aimerais-je aborder plus en détail le soi-disant « incident de Yining » (« massacre de Guldja »).

L'incident de Yining et les campagnes « Frapper fort »

Le contexte se caractérise par un durcissement de la situation à partir de 1995–1996 (Millward 2007 : 328ss.). En mars 1996, le Comité permanent du Bureau politique, l'organe de décision le plus élevé dans l'organigramme du PCC, débat de la situation au Xinjiang et adopte une résolution (« Document n° 7 ») qui prévoit d'intensifier la lutte contre le séparatisme dans la région (Holdstock 2015 : 106s.). Comme pour confirmer l'existence de périls imminents, une succession d'attentats qu'on présume commis par des séparatistes, se produit d'avril à juin 1996. Les forces de sécurité du Xinjiang répondent à cette montée de la violence par une campagne « Frapper fort », au cours de laquelle probablement des centaines, sinon des milliers de manifestants sont arrêtés (Dillon 2004 : 86ss.). Bovingdon (2010 : 92) évoque un autre facteur pouvant expliquer la multiplication des affrontements, qui se font de plus en plus violents. Il fait remarquer que des rumeurs se répandent début 1997 au Xinjiang, selon lesquelles la Grande-Bretagne refuserait comme convenu de rendre Hongkong, colonie de la Couronne, à la RPC. Les groupes de résistants ouïghours clandestins auraient voulu profiter du désordre qui s'ensuivrait pour fomenter une rébellion armée au Xinjiang et obtenir son indépendance. Cette thèse fort répandue appelée « théorie de Hongkong » est aussi défendue par Smith (2000 : 211s.). Le troisième aspect important pour saisir le contexte concerne la hausse de la consommation d'alcool et de drogue au Xinjiang pendant l'ère des réformes. Les observateurs y voient une manière de fuir une triste réalité avec de mauvaises perspectives socio-économiques pour la jeunesse ouïghoure (Holdstock 2015 : 101). Dautcher (2004 : 283ss.) décrit comment la communauté ouïghoure de Yining (Gulja) dans le Nord du Xinjiang réagit : elle remet au goût du jour les rassemblements traditionnels de jeunes hommes du même âge (*mäshräp* ou meshrep ou *mäxräp*). A cette occasion, les lois sociales entre jeunes issus du même milieu sont valorisées et renforcées, y compris l'interdiction de l'alcool pour les musulmans.

Bien que cette approche visant à régler un problème social en prenant soi-même les choses en main soit prometteuse, elle embarrasse l'administration. En 1995, les rassemblements sont interdits, mais se poursuivent clandestinement. En février 1997, quand les forces de sécurité interdisent un tournoi de foot organisé par des activistes de la communauté ouïghoure, la situation s'envenime. Les protestations enflent, deviennent violentes, des voitures sont incendiées. Les forces de sécurité, qui ont reçu des renforts (y compris des contingents du Bingtuan) mettent deux jours à réprimer la rébellion. Ici aussi, les chiffres concernant le nombre de victimes divergent considérablement, puisqu'ils vont de 103 à « au moins 300 ». Une fois le calme revenu, il s'ensuit une vague d'arrestations, des dizaines de manifestants sont condamnés à mort et exécutés (Dautcher 2004 : 287 ; Dillon 2004 : 94 ; Holdstock 2015 : 112). Tandis que ces événements sont qualifiés à l'époque d' « émeutes séparatistes », le gouvernement chinois change plus tard de lecture et parle depuis 2002 d'un « acte terroriste » orchestré par un groupement politique appelé « Parti islamiste d'Allah au Turkestan oriental ».

La présentation de Dautcher montre de manière exemplaire comment même des formes apolitiques d'auto-organisation ouïghoure sont vite criminalisées, ce qui conduit à une nouvelle escalade de la spirale de la violence. C'est ainsi qu'à peine trois semaines après l'incident de Yining trois bombes explosent dans des bus à Ürümqi, pour deux autres l'allumage est défaillant. Le moment choisi pour les commettre souligne la signification politique de ces attentats, car en même temps ont lieu à Beijing les obsèques du chef du parti Deng Xiaoping, qui vient de mourir (Dillon 2004 : 99 ; Millward 2007 : 333). Des Ouïghours en exil revendiquent un autre attentat à la bombe commis début mars dans un bus à Beijing (Dillon

2004 : 100). La réaction de l'État ne se fait pas attendre: il procède à des arrestations massives, des jugements expéditifs, tandis que des écoles coraniques sont fermées, la construction de mosquées arrêtée et même certaines mosquées détruites (Holdstock 2015 : 116s.).

Holdstock mentionne également que la répression impitoyable provoque pour une part le contraire de l'effet souhaité. Un grand nombre de ses connaissances à Yining, qui, selon leurs propres dires, étaient avant 1997 encore de « mauvais musulmans », se mettent à changer sciemment de style de vie afin de mieux se conformer aux préceptes de leur foi. Ceci recoupe les observations faites par d'autres chercheurs à la même époque (Smith 2000). Nous reviendrons au chapitre 8 sur cette « re-islamisation » et ses conséquences. Mais il est un autre domaine où la stratégie adoptée ne semble pas avoir eu un effet immédiat. Becquelin (2000 : 87) évoque des documents internes du parti faisant état rien que pour 1998 de 70 « incidents sérieux » et de plus de 380 victimes (probablement blessés et morts confondus). Pour le premier trimestre 1999, on enregistre 27 incidents et plus d'une centaine de victimes. Les campagnes « Frapper fort » se sont donc poursuivies avec la même intensité ces deux années-là. Du moins ont-elles réussi à réprimer à court terme le mouvement de protestation (Hierman 2007 : 57). Le fait qu'après 1997 la « théorie de Hongkong » se soit avérée infondée a pu aussi jouer un rôle.

***

Les deux premières décennies de l'ère des réformes ont donc valu au Xinjiang une évolution très ambivalente. D'un côté, à une phase de répression pendant la Révolution culturelle succède une libéralisation de l'économie et de la politique culturelle. Les relations interethniques se font moins conflictuelles, comme Rudelson (1997) le montre pour Tourfan. De l'autre, de vieilles tensions se réveillent et sont probablement encore renforcées par de nouvelles inégalités socio-économiques. Quand éclatent des protestations, on en revient à une politique restrictive vis-à-vis des minorités et de leur religion. Cela donne lieu à une constante escalade, qui dure jusqu'à aujourd'hui.

Sur le plan macro-économique, les deux décennies connaissent certes une croissance, mais la répartition de cette nouvelle prospérité est très inégalitaire, si bien que les tensions déjà citées augmentent encore. Le lien entre ces phénomènes sera analysé plus en détail dans les chapitres à venir. Sur le plan géopolitique, la plus grande césure est l'effondrement de l'Union soviétique, qui entraîne pour le Xinjiang et son rôle en Asie centrale aussi bien des opportunités que des risques. Les contacts plus étroits et les nouveaux échanges avec les pays voisins et les ethnies apparentées favorisent le développement économique et valent à certains une plus grande aisance. En même temps, l'existence d'États indépendants s'appuyant sur des peuples turciques constitue à elle seule un défi pour le gouvernement central chinois, qui essaie de le relever avec une « double ouverture », donc un meilleur rattachement du Xinjiang à l'Asie centrale et à la Chine intérieure. Cette stratégie est au niveau de la politique de sécurité garantie par le « Groupe de Shanghai », un nouveau format multilatéral. La plupart de ces tendances se poursuivent au début du XXIe siècle. Mais le bouleversement de la situation politique internationale après les attentats terroristes du 11 septembre 2001 fait qu'il convient de traiter cette période à part.

II : Économie et société au XXIe siècle

La deuxième partie du livre traite du présent et analyse dans trois chapitres thématiques les évolutions socio-économiques au Xinjiang ainsi que des questions portant sur l'identité ethnique en tant qu'elles influent la langue et l'éducation, la religion et la musique. Cette partie constitue l'arrière-plan indispensable à la compréhension de la résistance et des protestations dans la région. Ces évolutions qui vont jusqu'à une violence terroriste ainsi que les récentes contre-mesures et mesures préventives du gouvernement, lesquelles sont particulièrement draconiennes et très controversées, seront abordées dans la troisième partie.

Comme la décennie précédente, les années 2000 commencent par un profond bouleversement de la situation géopolitique en Asie centrale, qui a des répercussions directes sur la politique chinoise au Xinjiang. Après les attentats de l'organisation terroriste islamiste Al-Qaïda à New York et Washington le 11 septembre 2001 (« 9/11 »), le gouvernement américain sous la présidence Bush se concentre sur l'Afghanistan, où les talibans, partisans d'un islam radical, ont donné refuge aux commanditaires des attentats. La chute des talibans est soutenue militairement par les États-Unis. Avec des membres de l'OTAN et d'autres alliés, les États-Unis y entretiennent une présence militaire afin d'assurer une protection du gouvernement civil contre un retour des talibans, jusqu'au retrait des troupes en 2021. Les États-Unis s'impliquent ainsi directement en tant qu'acteur de la politique de sécurité en Asie centrale, ce qui déplace du moins temporairement les lignes au détriment de la Chine (et de la Russie). Cependant, « la guerre mondiale contre le terrorisme » déclarée par les États-Unis offre à la RPC l'occasion d'apposer un nouveau label à son propre combat contre les « séparatistes ». La Chine espère obtenir de cette manière une meilleure légitimité pour sa répression très dure des mouvements islamistes et séparatistes (Clarke 2011 : 148s.). Cet espoir de la direction politique à Beijing est partiellement exaucé, comme nous le verrons dans les prochains chapitres.

Au début du XXIe siècle, des facteurs internes ont un impact de grande envergure et changent aussi la situation au Xinjiang. Les deux décennies précédentes, marquées par les réformes de Deng, étaient placées sous la devise « laisser certaines personnes s'enrichir d'abord, le reste suivra ». Elle sert à justifier la promotion des régions côtières et en attend un « effet de ruissellement » (*trickle-down effect*) sur d'autres parties du pays. Mais à la fin du XXe siècle, les voix se multiplient parmi les sociologues et les économistes pour réclamer un changement de stratégie parce que les différences entre les régions se creusent de plus en plus. Elles sont pour eux l'une des causes des troubles ethniques de la fin des années 1990. La réorientation demandée a lieu à partir de 2000 avec le programme de « développement du Grand Ouest » (DGO, *Xibu da kaifa* 西部大开发). Le principe fondamental de cette stratégie qui est, par des investissements massifs dans l'infrastructure, aussi bien de relancer la croissance économique que de rattacher davantage les régions frontalières au gouvernement central, n'est pas nouveau, mais il s'agit ici d'investissements nettement plus élevés (Becquelin 2004 : 363 ; Chaudhuri 2005 : 8s. ; Clarke 2011 : 150ss.). Comme nous le verrons, cela ne conduit pas à une amélioration sensible des relations interethniques malgré une réelle croissance absolue. Au contraire, les effets secondaires de cette campagne, surtout un rebond de la migration de Chinois Han vers le Xinjiang et des inégalités sociales croissantes, sont vus comme les principales causes de conflits ultérieurs (Chaudhuri 2010).

Comme réaction aux troubles d'Ürümqi en 2009, le gouvernement central organise en 2010 un premier Forum de travail au Xinjiang. Il réaffirme la priorité donnée à la croissance économique, mais comporte aussi de nouveaux éléments, par exemple un programme de partenariat entre les régions de l'Est de la Chine, plus développées économiquement, et des villes ou préfectures du Xinjiang (*duikou yuan Jiang* 对口援疆), afin que celles-ci rattrapent leur retard de développement (*kuayueshi fazhan* 跨越式发展) (Klimeš 2018 : 415). En même temps, cette intégration économique renforce la pression sur la population musulmane du Xinjiang pour qu'elle s'assimile. (Roberts 2020 : 149ss.).

Le bilan économique de cette nouvelle stratégie est lui aussi ambivalent (cf. fig. 6.1). Pour le produit intérieur brut (PIB) par habitant, le Xinjiang se situe en 2000 à 93 % de la moyenne nationale, un résultat remarquable dû à la grande part de l'industrie lourde et de l'industrie minière. Mais la différence s'accroît nettement au cours des années suivantes malgré la croissance économique, le dynamisme du Xinjiang étant inférieur à celui des régions de l'Est. En 2010, le PIB par habitant n'est plus que de 81 % de la moyenne nationale et d'à peine 77 % pour 2019 (NBS diff. années). Donc même si la force économique du Xinjiang augmente en chiffres absolus, le décalage avec la moyenne nationale augmente de manière significative. Le revenu moyen affiche la même tendance. Pour les ménages urbains, la moyenne au Xinjiang est en 2000 de près de 90 % de la moyenne nationale, en 2010 elle est tout juste un peu supérieure à 71 %, avant de remonter à 83 % en 2018. On peut donc dire qu'ici aussi, malgré des améliorations absolues, le niveau de vie n'a pas rejoint la moyenne nationale. Pour la population rurale, les résultats sont un peu plus positifs. L'indicateur affiche pour le Xinjiang en 2000 72 % de la moyenne nationale. Ce taux passe à 78 % en 2010 et 82 % en 2018 (NBS diff. années). Mais là aussi, il continue d'y avoir de grosses inégalités entre les régions, même si on se base pour le calcul sur les statistiques officielles. Les différences internes au Xinjiang ne sont ici pas encore prises en compte, elles seront analysées à part un peu plus loin. Dans un livre blanc paru en 2017, le gouvernement se prévaut d'avoir fait baisser le taux de pauvreté absolue (pour la population rurale) du Xinjiang à moins de 10 % en 2016 (SCIO 2017). Pour la fin de l'année 2019, le taux de pauvreté indiqué n'est plus que de 1,24 %, le but étant de supprimer cette forme de pauvreté dans toute la Chine d'ici fin 2010 (XUAR 2020)

Il convient toutefois de retenir qu'au Xinjiang un sentiment de dénuement relatif est tout à fait justifié. Ceci est encore plus pertinent quand on quitte le domaine des macrodonnées agrégées et qu'on considère les différences entre les sous-régions du Xinjiang et les groupes ethniques (Cappelletti 2016 ; Szadziewski 2014 : 74s.). Dans ce contexte, il est plus facile de comprendre l'explosion de la violence à Ürümqi en juillet 2009. Après des années de calme (et de tensions) du fait de la fermeté de la riposte à toute critique, une frustration exacerbée par les discriminations ressenties dans la vie sociale et économique s'est accumulée et cherche manifestement un exutoire. Au chapitre 9, nous nous pencherons sur le déroulement exact de ces émeutes. Pour la vue d'ensemble, il est important de signaler que commence là une nouvelle phase du conflit entre l'État-parti et la société au Xinjiang,

Fig. 6.1 : Pourcentage de l'économie du Xinjiang par rapport à la moyenne nationale.

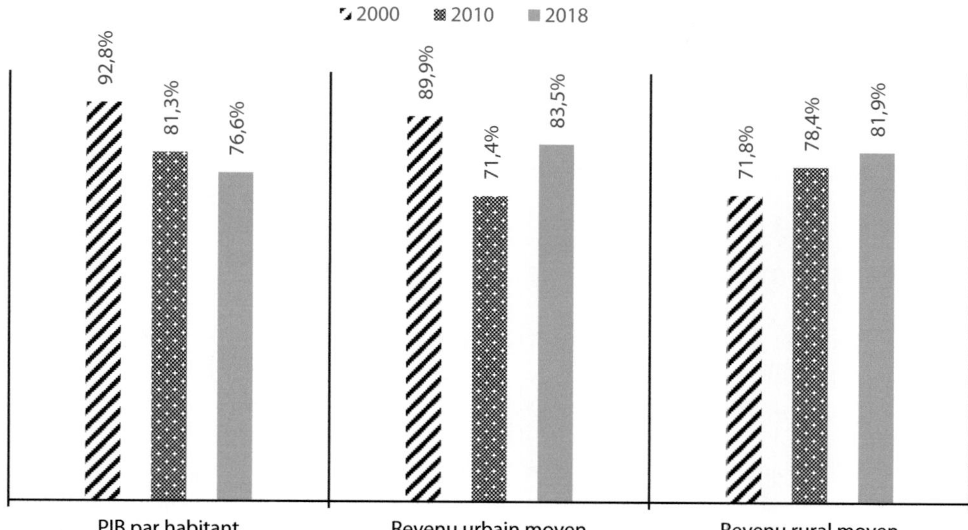

Source : NBS diff. années.

marquée par une augmentation de la violence dans les deux camps. Cette escalade qui semblait au moins interrompue au début du XXIe siècle reprend.

Il s'ensuit une série d'attentats horribles, auxquels répond un renforcement de l'équipement en armes des forces de sécurité au Xinjiang. C'est surtout après l'entrée en fonctions de Xi Jinping en qualité de secrétaire général du parti (novembre 2012), puis de président de la RPC (mars 2013) et sa visite au Xinjiang en mai 2014, accompagnée d'un attentat à la bombe, que l'État-parti durcit encore sa position (Famularo 2018 : 54). Un deuxième Forum de travail sur le Xinjiang organisé par le gouvernement central en 2014 aboutit à une accentuation encore plus forte de la politique de sécurité, qui doit même passer après le développement économique. L'assimilation de la population musulmane du Xinjiang devient encore plus nettement un objectif de la politique (Roberts 2020 : 174ss.). Cette « sécurisation » de la région fera elle aussi l'objet d'un approfondissement au chapitre 9. Il s'agit de mesures coercitives comme une surveillance constante par la police d'État, la répression des activités religieuses et des identités ethniques et même la rééducation dans des camps, mesures qui valent au gouvernement chinois depuis 2018 une critique acerbe des organisations internationales de défense des droits humains et des pays occidentaux.

Le renforcement des mesures de contrôle et de coercition doit non seulement être considéré au vu de l'augmentation des protestations violentes mais aussi dans le contexte du projet de Xi Jinping destiné à rehausser le prestige la Chine, l'initiative appelée « Nouvelle route de la soie » (Belt and Road Initiative, BRI). Depuis son annonce fin 2013, elle domine la politique de la Chine en matière de commerce extérieur, le Xinjiang se voyant octroyer un rôle particulier comme région de transit. Il ne s'agit pas non plus d'une approche tout à fait différente, mais d'une implication de la Chine dans cette région d'Asie centrale et d'échanges économiques revêtant une nouvelle dimension. Mais cela signifie que la pacification du Xinjiang est à la fois un objectif de la BRI et la condition de son succès (Hayes 2020). Xinjiang prend une importance nouvelle, cruciale pour l'ascension de la Chine en tant que grande puissance en Asie, ce qui du point de vue de Beijing implique de tuer dans l'œuf tout germe de contestation et même d'empêcher toute velléité de résistance.

6 Évolutions socio-économiques

Le développement du Grand Ouest

La stratégie de développement du Grand Ouest (DGO) ne peut pas être traitée de manière exhaustive ici (Holbig 2004). Il s'agit d'une macropolitique à grande échelle mais amorphe, comparable à d'autres stratégies de développement régional comme le programme de « construction d'un nouveau pays socialiste » à partir de 2006 (Ahlers et Schubert 2009) ou de la Nouvelle route de la soie (Ploberger 2020 : chap. 3 ; voir ci-dessous). Beaucoup de projets prévus ou déjà en cours de réalisation sont réunis sous le même slogan si bien qu'il est difficile de cerner cette stratégie dans le temps. Mais le lancement officiel de la campagne remonte à mars 2000, date à laquelle le Premier ministre Zhu Rongji présente ses objectifs principaux à l'Assemblée nationale populaire (Becquelin 2004 : 363 ; Grewal et Ahmed 2011 : 162). À cette époque, la situation économique du Xinjiang n'est dans l'ensemble pas si mauvaise, nous l'avons dit. Mais la région a un profil économique inhabituel au niveau structurel. En l'an 2000, la part du secteur primaire (agriculture et industrie minière), qui s'élève à 21 %, est nettement supérieure à la moyenne nationale, qui est de 16 %. Ceci s'explique surtout par l'exploitation des ressources naturelles : le Xinjiang produit 11 % du pétrole chinois et 13 % du gaz naturel. Le secteur secondaire ne participe qu'à hauteur de 43 % au PIB régional, un chiffre donc beaucoup moins élevé que la moyenne de 51 % pour l'industrie manufacturière (Wiemer 2004 : 175). En 2010, la part des trois secteurs économiques est marquée un léger changement (cf. fig. 6.2). Mais en comparaison avec la part des trois secteurs dans le PIB national, le point fort de la région reste le secteur primaire, avec un taux supérieur à la moyenne nationale.

Pour 2019, les données affichent pour le Xinjiang une croissance sensible du secteur tertiaire, qui dépasse maintenant l'industrie manufacturière. Le secteur secondaire est désormais un peu inférieur à la moyenne nationale. En revanche, la part du secteur primaire

Fig. 6.2 : Répartition du PIB par secteur: primaire, secondaire, tertiaire, 2000–2019.

	2000	2010	2019
Chine	16:51:33	15:46:39	7:39:54
Xinjiang	21:43:36	20:48:32	13:35:52

Sources : NBS 2001 : tableau 2-15 ; 2011 : tableau 2-2 ; 2020 : tableaux 3-2, 3-9.

au Xinjiang représente le double du même secteur au niveau national. Le tableau est donc ambivalent : d'un côté, la part du secteur primaire dans l'économie du Xinjiang a baissé, de l'autre l'économie régionale est plus centrée sur ce secteur qu'elle ne l'est dans le reste du pays, et cette différence s'accroît encore avec le temps. Le secteur secondaire, lui, est toujours en retard par rapport à la moyenne nationale, tandis que la branche du tourisme, dont le développement est encouragé par la politique, renforce la part du secteur tertiaire. D'après les indications officielles, le nombre de visiteurs et les revenus du tourisme ont augmenté en 2019 de plus de 40 % par rapport à l'année précédente (XUAR 2020).

Comme nous l'avons déjà évoqué, le Xinjiang n'arrive pas à maintenir son rang relativement élevé pour le PIB par habitant par rapport à la moyenne nationale. Certes, le PIB régional par habitant connaît une hausse moyenne de 8,3 % par an durant la première décennie du XXIe siècle, hausse qui est aussi plus rapide (7,2 % par an pendant la décennie précédente). Mais de 2010 à 2018, cette croissance ralentit de nouveau, passant à 7,8 % par an (XJTJNJ 2019: tableau 2-3). Par rapport au taux de croissance national du PIB par habitant, le Xinjiang baisse donc dans les années 1990 et 2000 de 1,5 % par décennie. C'est seulement au cours de la dernière période (2010–2019) que le taux du Xinjiang, qui s'élève à 7,6 % par habitant, dépasse de 0,3 % le taux national (NBS 2019 : tableau 3-4). Mais cela ne suffit pas pour réduire les disparités entre les régions en matière économique. En 2010, le Xinjiang n'occupait déjà plus que le 20e rang parmi les 31 provinces, une position restée inchangée jusqu'en 2019 (NBS diff. années). En comparaison avec sa place de 12e en 2000 (Wiemer 2004 : 164), année du lancement du programme de développement de l'Ouest de la Chine, le Xinjiang a donc plutôt reculé. Il pourrait bien sûr se faire que sans le fort accroissement des investissements du gouvernement central dans la région, il soit encore davantage distancé. L'analyse de Grewal et Ahmed (2011 : 171) au sujet des résultats de la campagne DGO montre que l'ensemble de la région Ouest subventionne implicitement le reste de l'économie par le biais du prix peu élevé des matières premières et de l'énergie fixé par l'État. Le secteur des matières premières et de l'énergie étant particulièrement fort au Xinjiang, ce facteur doit absolument être pris en compte pour la région. En 2019, la part du Xinjiang dans la production de pétrole en Chine était de 14,4 %, celle de gaz naturel de 19,4 %, il occupait respectivement le 4e et le 3e rang parmi les provinces (XJTJNJ 2020 : tableau 21-1). Le sentiment d'être exploité par le gouvernement central, déjà répandu dans la population pendant les années 1990 (Smith 2000 : 211), en a sans doute encore été renforcé. Dans son ethnographie de la ville pétrolière de Korla dans le bassin du Tarim, Cliff (2016 : 174) se range à l'avis de Victor Shihs, selon lequel la campagne DGO est un programme de grande envergure destiné à répartir différemment des revenus injustifiés.

Fig. 6.3 : Répartition des actifs par secteur: primaire, secondaire, tertiaire, 2000–2019.

	2000	2010	2019
Chine	50:23:27	37:29:35	25:28:47
Xinjiang	58:14:28	51:14:35	36:14:50

Sources : NBS 2001 : tableau 5-3 ; 2011 : tableau 4-4 ; 2020: tableau 4-1 ; XJTJNJ 2020 : tableau 3-5. Chiffres arrondis, donc un peu imprécis.

La position particulière du Xinjiang parmi les provinces apparaît également dans la répartition des actifs dans les trois secteurs économiques (cf. fig. 6.3). En 2000, le secteur secondaire était déjà nettement sous-représenté au Xinjiang. Au cours de la décennie suivante, il reste stable, tandis que la part des actifs du secteur secondaire augmente au niveau national. C'est ainsi que le Xinjiang n'affiche plus en 2010 que la moitié du taux national. Au cours des dernières années en revanche, on peut relever au Xinjiang une forte tertiarisation alors que le secteur primaire régresse. Cette tendance à la diminution du nombre d'emplois dans le secteur primaire se remarque beaucoup plus tôt et beaucoup plus nettement dans le reste de la Chine et même au sein de la région Ouest (Fischer 2014 : 41). Pour résumer, on peut donc constater que les dix premières années du programme DGO n'ont pas encore eu d'impact radical sur la structure de l'emploi par secteur au Xinjiang. En revanche, des changements rapides et importants allant vers une tertiarisation sont perceptibles pour la 2e décade du XXIe siècle. Ceci correspond à une promotion du tourisme et d'autres services, mais peut aussi s'expliquer par un fort développement de l'appareil d'État (Fischer 2014 : 37). Mais même les statistiques officielles qu'il faut ici considérer avec la plus grande prudence présentent encore un autre problème pour lequel aucun progrès notable n'a été enregistré : en 2000, le chômage officiel dans les villes touchait 110 000 personnes (taux de chômage : 3,8 %). Les chiffres absolus présentent de légères fluctuations selon les années, mais leur niveau reste à peu près contant (ce qui nourrit un soupçon de manipulation des données). En 2018, on compte 130 000 habitants des villes enregistrés officiellement comme chômeurs, soit un taux de 3,3 %, lequel passe en 2019 à 3,14 % (XJTJNJ 2019 : tableau 3-14 ; 2020 : tableau 3-7). En d'autres termes, même si cela ne représente que la partie émergée de l'iceberg, personne ne va jusqu'à affirmer qu'il s'agit d'une amélioration notable, même pas le gouvernement régional. En réalité, il y a beaucoup plus de chercheurs d'emploi que ne l'indiquent les statistiques, car la collecte des données est très restrictive ; de plus, il apparaît clairement que les Ouïghours sont davantage touchés par le chômage que la moyenne (Szadziewski 2014 : 75 ; voir plus bas pour davantage de détails). Ce chômage des jeunes est mis en rapport avec les problèmes de consommation d'alcool et de drogues dans la région (Ryono et Galway 2015 : 246).

À côté des conséquences purement économiques de la campagne DGO, il faut aussi tenir compte de ses répercussions politiques et sociales. Comme Barabantseva (2009) l'a très bien montré, les groupes ethniques de la région Ouest se voient octroyer dans le discours DGO une certaine identité localisable : ils sont considérés comme les habitants d'une région arriérée. Le discours officiel leur attribue donc un rôle secondaire dans la politique de modernisation de la Chine. Dans ce contexte, on ne doit pas entendre la « région Ouest » comme une catégorie géographique, car le programme s'applique à des territoires allant de l'extrême Ouest (Xinjiang) au Nord-Est (préfecture autonome coréenne de Yanbian, à la frontière avec la Corée du Nord) et à la côte Sud-Est (région autonome Zhuang du Guangxi) (Holbig 2004 : 350ss.). Le dénominateur commun de ces régions très différentes est qu'elles comptent d'importantes minorités ethniques. La « région Ouest » constitue donc une catégorie ethnique. D'après l'analyse de Barabantseva, la répartition effective des minorités sur le territoire national ne correspond pas à l'idée que les « zones à fortes minorités » et un « Ouest sous-développé » seraient une seule et même chose. Pourtant, c'est ce qu'affirme le discours DGO, si bien que les minorités sont intrinsèquement perçues comme arriérées, tandis que les Han et eux seuls sont présentés comme porteurs de la modernité de la Chine. Ceci recoupe les observations d'Emily Yeh (2013), qui dans son étude sur le Tibet, constate que pour le gouvernement central le développement des « régions arriérées » serait un « cadeau » pour lequel il attend et exige de la gratitude.

Les études ethnographiques se rapportant concrètement au Xinjiang arrivent à des résultats similaires. Dans ses recherches sur le massif de l'Altaï (Nord du Xinjiang), à forte proportion de Kazakhs, Zukovsky (2012) parvient lui aussi à la conclusion que les discours officiels intégrés au programme DGO qui citent la question de la « qualité » (*suzhi* 素质) de la population et de la pauvreté, présentent la culture des minorités comme une entrave à la modernisation et au développement. Il est intéressant de constater que la population locale pratiquant l'élevage est critiquée comme arriérée parce qu'elle privilégie sa subsistance et néglige l'économie de marché (Zukovsky 2012 : 242). Mais d'autres groupes minoritaires musulmans comme les Hui se voient, eux, souvent reprocher leurs visées commerciales, qualifiées là d'arriérées (Yi 2007 : 944s.). Dans les deux cas, le jugement négatif porté sur ces groupes ethniques repose sur l'idée qu'ils ne correspondent pas aux idéaux en matière d'éducation de la majorité han de la population, ou du moins de la classe moyenne. Barabantseva (2009 : 229) nomme cette dernière « China's ‹ desirable citizens › ». Cliff (2016 : 174) montre comment le « discours sur l'arriération » est entretenu même dans les villes du Xinjiang à dominante han, comme Korla, le centre de l'exploitation pétrolière. Rien d'étonnant à ce que des pans de la population minoritaire, en particulier les élites plus fortement assimilées à la culture han, reprennent du moins en partie les préjugés condescendants à l'égard de leur propre ethnie. Ce sont surtout les intellectuels ouïghours qui adoptent une attitude critique sinon méprisante vis-à-vis de ce qu'ils considèrent (selon les critères des Chinois han) comme arriéré chez les autres Ouïghours, moins instruits et souvent ruraux. Les chercheurs étrangers sont d'avis que cette attitude est typique d'une situation coloniale, où les élites reprennent partiellement les jugements négatifs de l'ethnie dominante (Bellér-Hann 2015 : 192 ; Rudelson 1997 : 124 ; Smith 2000 : 206). Les deux chapitres suivants, qui traitent de l'identité ethnique des Ouïghours, aborderont cette question. Mais il convient de retenir que ces conflits qui n'épargnent pas la communauté ouïghoure ne concernent pas seulement le système éducatif et la politique religieuse, mais aussi le développement économique.

La migration de Chinois de l'ethnie han et le rôle du Bingtuan

Évolution démographique

La question de la migration de Han vers le Xinjiang est étroitement liée à la campagne de développement du Grand Ouest (DGO). Les grands travaux d'infrastructure comme l'extension de la liaison routière entre Ürümqi et Hotan ainsi que la construction du tronçon de la ligne ferroviaire jusqu'à Kachgar, achevés entre 1995 et 1999, facilitent le mouvement migratoire. Celui-ci prend son essor avec le programme DGO et maintenant affecte aussi davantage le Sud de la région. Roberts (2020 : 135ss.) voit là la transition d'une politique qui considère le Xinjiang comme une simple « colonie frontalière » à une autre qui considère la région comme une « colonie de peuplement » pour les Han. D'après Becquelin (2004), c'était même un effet souhaité par ce programme que de marginaliser les Ouïghours dans leur propre pays, le Bingtuan étant le « moteur principal » de la colonisation han dans le Xinjiang (Becquelin 2004 : 360).

Mais si l'on regarde de plus près les chiffres officiels fournis par le Bingtuan à propos de la population, la situation n'est pas aussi nette. Au début du programme DGO, les effectifs totaux du Bingtuan étaient de 2,43 millions, en 2010 de 2,6 millions (XJTJNJ 2019 : tableau 3-12). Les 170 000 membres supplémentaires du Bingtuan représentent une différence non négligeable, mais seulement une petite partie de l'ensemble de l'immigration han. Le nombre de Han vivant au Xinjiang passe de 7,49 millions d'après le recensement de 2000, soit 40,6 % de la population, à 8,83 millions en 2010, soit 40,5 % (XJTJNJ 2019 : tableau 3-3). Une différence de définition quant à la collecte des données fait que les résultats des recensements ne sont pas directement comparables. Les changements relevés lors du recensement le plus récent expliquent sans doute que le nombre de Han recensés est plus important que par le passé. Si par souci de simplification on fait donc abstraction de la comparabilité, on peut constater que le nombre absolu de Han vivant au Xinjiang est de 1,34 million, soit une augmentation de 18 % par rapport à 2000. A ce chiffre, il faut opposer le fait que le Bingtuan n'enregistre pour la même période qu'une croissance de 7 % de ses membres, laquelle est donc inférieure au nombre total de Han. Par conséquent, il n'est pas très convaincant de reprendre l'étude de Becquelin, réalisée au début de la mise en place du programme DGO, sans en vérifier les résultats comme le fait Roberts (2020 : 136s.), et de considérer le Bingtuan comme l'instrument principal de la transformation du Xinjiang en une colonie de peuplement. Soit dit en passant, le nombre d'habitants d'ethnies minoritaires au Xinjiang augmente pour la même période de plus de deux millions (+ 18 %).

Fig. 6.4 : Population totale du Bingtuan, 2000–2019.

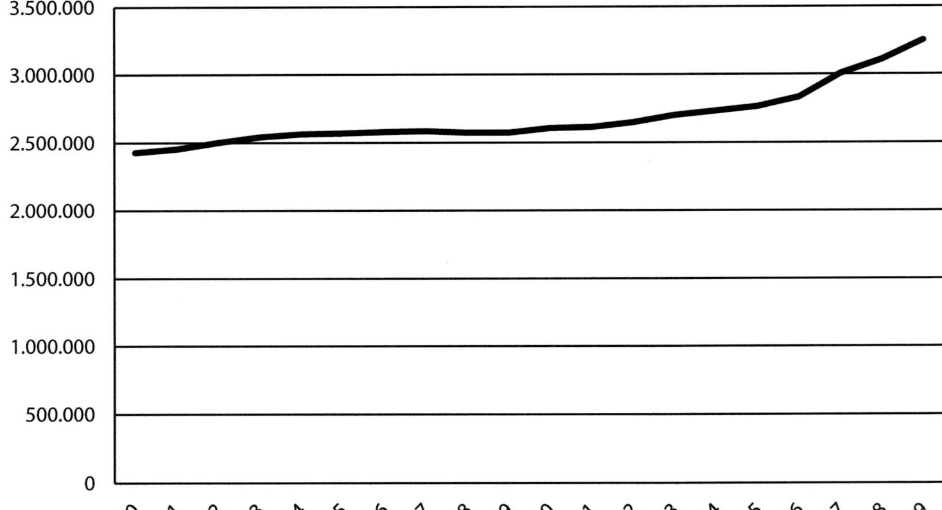

Source : XJTJNJ 2019 : tableau 3-12 ; Bureau des statistiques du Bingtuan et Bureau national des statistiques 2020.

Pour se faire une idée plus précise des mouvements réels de population au sein du Bingtuan, il faut retirer les facteurs naturels, naissances et les décès, des chiffres absolus. Le graphique 6.5 représente donc seulement l'évolution de la population au Bingtuan qui s'explique par l'immigration et l'émigration. On peut en conclure que le bilan a toujours été positif, sauf pour les années 2008 et 2009. C'est intéressant dans la mesure où le déclenchement des troubles d'Ürümqi est souvent avancé pour expliquer le départ de Han de la région. Au moins pour les membres du Bingtuan, cela semble toutefois n'avoir joué qu'un rôle secondaire. Le graphique montre en outre que la hausse des effectifs du Bingtuan a vite surcompensé cette hémorragie. Les plus fortes augmentations nettes concernent la période 2016-2018, où le Bingtuan passe de 2,6 millions de membres en 2010 à 3,25 millions en 2019 (Bureau des statistiques du Bingtuan et Bureau national des statistiques 2020). Ceci représente une hausse de 24,6 % ou 640 000 personnes, donc presque quatre fois plus que pendant la décennie précédente. Les données du septième recensement national réalisé fin 2020 par la RPC montreront si les chiffres cités plus haut se démarquent du taux de croissance de l'ensemble de la population han au Xinjiang. Mais on est en droit de supposer qu'au cours de cette décennie les effectifs du Bingtuan ont augmenté plus vite que la moyenne (voir ci-dessous).

Les données de l'annuaire statistique du Xinjiang permettent d'indiquer plus précisément où l'augmentation de la population du Bingtuan a été particulièrement forte (XJTJNJ 2016 : tableau 3-11 ; 2018 : tableau 3-13 ; 2019 : tableau 3-12). Dans la plus récente édition de l'annuaire de la province en revanche, il manque là comme ailleurs des données détaillées

Fig. 6.5 : Variation nette de la population du Bingtuan, 2000–2018.

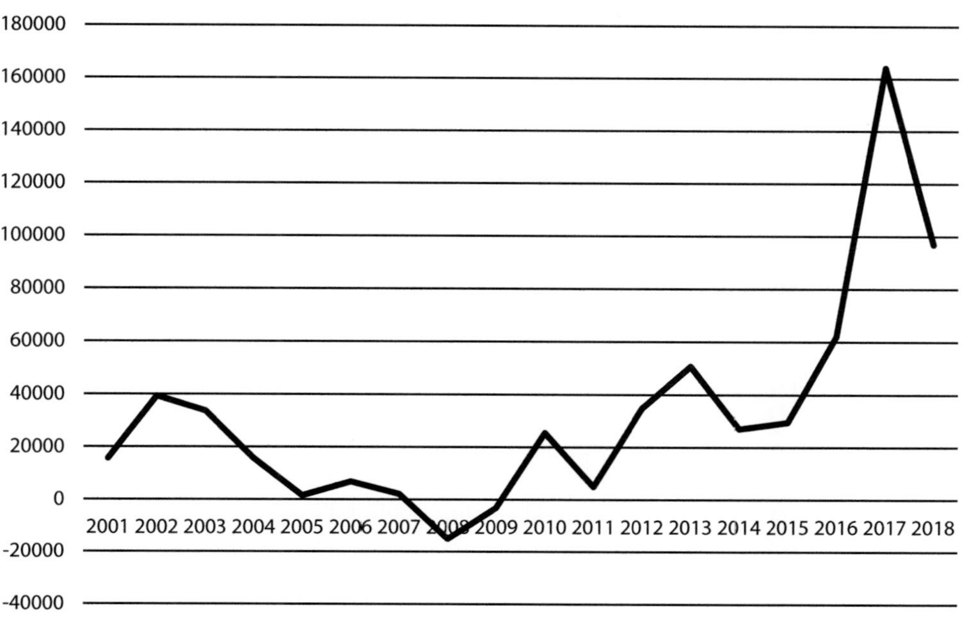

Source : XJTJNJ 2019: tableau 3-12.

pouvant être politiquement sensibles. On peut toutefois comparer les chiffres de 2015 et 2018. Au cours de cette période, où l'on remarque une augmentation particulièrement forte, la hausse totale du nombre de membres du Bingtuan est de 17,7 %. C'est à Ürümqi qu'elle est particulièrement forte (+ 70 %), les Chinois han y constituant déjà la majorité de la population. Suivent de loin Aksou, Ili et Hami avec respectivement + 27 %, + 25 % et + 24 %. Ces trois villes ont depuis un certain temps vu s'implanter un grand nombre de Chinois han. Ce qui est frappant, c'est leur augmentation relativement élevée dans la préfecture d'Hotan, le Kashgar Administrative Office et la préfecture de Kizilsu, laquelle est respectivement de + 28 %, + 21 % et + 20 %. Toutes trois sont situées dans l'extrême Ouest du bassin du Tarim et passent pour être le cœur du pays ouïghour. En 2019 aussi, cette tendance à la hausse du nombre de membres du Bingtuan se poursuit, même si les données disponibles ne sont plus aussi détaillées : l'augmentation y est de 69 900 personnes, soit 7,6 % (Bureau des statistiques du Bingtuan et Bureau national des statistiques 2020). Le fait que le Bingtuan augmente ici autant sa présence peut être vu comme un changement critique de la structure de la population. Sur la base des données actuelles, il est impossible de dire si cette tendance s'est poursuivie en 2020. Car dans son édition de mars 2021 le bulletin annuel du Bingtuan ne comporte plus de données au sujet de ses membres. Mais on relève que 39 000 nouveaux employés venant de l'intérieur du pays ont été accueillis au sein du Bingtuan en 2020 (Bureau des statistiques du Bingtuan et Bureau national des statistiques 2021), ce chiffre ne comprenant pas les membres de la famille des employés (des enfants surtout). L'émigration vers le Xinjiang se poursuit donc, même si nous ne savons pas à combien elle s'élève en chiffres nets, car la situation démographique continue d'être modifiée en fonction des desiderata du gouvernement central. La portée de cette intervention ne pourra être jugée qu'au vu de l'attitude concrète du Bingtuan et de ses membres.

Mais avant d'approfondir la question, il nous faut tenir compte d'un autre facteur venant compliquer la situation démographique au Xinjiang. D'après les données officielles, la population han baisse au Xinjiang entre 2016 et 2018, c'est-à-dire très exactement à l'époque où les effectifs du Bingtuan augmentent sensiblement. Passant d'un record historique de 8,61 millions de personnes en 2015, le nombre de Han vivant au Xinjiang chute à 7,86 millions en 2018 (XJTJNJ 2019 : tableau 3-8), soit un recul de 9 % par rapport à 2015 et de 6 % par rapport à 2010. Comme toujours, aussi bien les migrants de courte durée que les membres de l'APL ne sont pas comptabilisés dans ces chiffres. On est en droit de supposer qu'il existe un lien avec le durcissement de la stratégie en matière de sécurité et les mesures de répression du pouvoir d'État (Lau 2019a).

En nous basant sur ces chiffres, nous arrivons pour les deux premières décennies du XXIe siècle au tableau suivant : pendant la première décennie, où le programme DGO est mis en place, le Xinjiang connaît une forte augmentation de la population han, mais seule une petite partie est le fait du Bingtuan. En revanche, la population han diminue au cours de la deuxième décennie tandis que les chiffres du Bingtuan augmentent nettement. Ces tendances contraires se manifestent très clairement depuis 2016, c'est-à-dire au moment où les mesures coercitives à l'égard de la population musulmane du Xinjiang se durcissent considérablement. La plus forte implantation du Bingtuan dans le Sud du Xinjiang mérite d'être soulignée, mais il convient de signaler que c'est la capitale Ürümqi qui affiche la plus forte croissance.

Objectifs et conséquences de la politique de peuplement

Que recouvre donc la hausse du nombre de membres du Bingtuan ? D'un côté, il ne fait aucun doute que tant le gouvernement central que celui de la province considèrent l'implantation de Chinois han comme une contribution à l'amélioration de la stabilité sociale (Li 2017). Dans le discours chinois, c'est le concept de « sécurité de la population » (*renkou anquan* 人口安全) qui s'est imposé pour exprimer cette idée (Mu 2020 : 20). Afin de garantir cette sécurité, il convient d' « optimiser les ressources de la population » (*youhua renkou ziyuan* 优化人口资源) (Li et Wang 2020). Cliff (2016 : chap. 7) parle ici d'un « partenariat de stabilité ». Le retour des Han en Chine intérieure a aussi été vu comme un problème dans les années 2000 comme cela avait déjà été le cas au début de l'ère des réformes, parce qu'il mettait en danger l'équilibre entre les ethnies. L'éminent démographe Mu Guangzong, qui enseigne à la célèbre université de Pékin, est un de ceux qui se sont exprimés en ce sens. Sa contribution s'appuie sur divers paradigmes pour montrer que ce n'est pas la migration han qui pose problème, mais au contraire la part plus faible de cette ethnie dans la population. En sont responsables pour lui non seulement leur départ, mais aussi le contrôle des naissances par l'État, qui jusqu'en 2016 touche davantage les Han que les ethnies musulmanes du Xinjiang. En s'appuyant sur ces différentes évolutions, il dessine un scénario dangereux à ses yeux selon lequel la « population transformée religieusement (*zongjiaohua renkou* 宗教化人口) [pourrait même constituer] une majorité » (Mu et Wang 2017 : 131). Religion et ethnie sont ici considérées comme équivalentes et sources de problèmes, tandis qu'il est suggéré, comme si cela allait de soi, que même dans une « région autonome » une ethnie non-han ne peut pas représenter la majorité de la population. Ce « déséquilibre entre les ethnies » est qualifié de « non-rationnel » (*bu heli* 不合理), c'est un danger pour la « sécurité de la population » (Liang 2019 : 59). Li Xiaoxia de l'Académie des sciences sociales du Xinjiang propose une argumentation similaire. Elle avance une autre explication pour le taux de natalité élevé parmi les Ouïghours : les divorces et remariages plus fréquents (Li 2017 : 72), vus quasiment comme une « faille » dans la réglementation en vigueur. Un auteur de la People's Public Security University of China conseille entre autres d'assouplir les limites à la migration vers le Sud du Xinjiang et de les supprimer complètement dans les districts situés à la frontière (Liang 2019 : 62). Li Weichao et Wang Lijuan (2020 : 123ss.), deux auteurs travaillant pour une école locale du Bingtuan, adhèrent à l'idée d'encourager la natalité chez les membres du Bingtuan. Ils proposent également de faire venir au Xinjiang des diplômés de l'université et des colons, mais aussi de manière ciblée des paysans pauvres issus du centre du pays devant être déplacés pour lutter contre la pauvreté.

La politique et les élites universitaires en Chine tirent des conclusions diamétralement opposées à celles des Ouïghours et de leurs soutiens quand il s'agit d'interpréter le rapport entre la composition ethnique de la région et sa stabilité sociale. Pour Mu et Wang (2017), il est évident que la colonisation du Sud à domination ouïghoure par un nombre accru de Han doit être encouragée par l'État afin d'éviter un « déséquilibre » ethnique. Ils réclament en outre une politique nataliste pour les Han. En fait, l'histoire se répète. Car comme cela a été exposé au chapitre 2, le gouvernement Qing avait supprimé l'interdiction de l'installation de Han et de Hui dans le Sud du Xinjiang en tant que réaction aux soulèvements des Khojas. Mais c'est exactement le contraire qui s'est produit, à savoir la perte totale de contrôle pendant les révoltes musulmanes après 1862. Après la reconquête de la fin du XIXe siècle, les fonctionnaires de la nouvelle province du Xinjiang originaires du Hunan ont suivi, eux aussi, la ligne qui veut qu'une installation de migrants han ait un effet positif sur la stabilité. Pour ces fonctionnaires confucianistes, il allait de soi que les hommes célibataires épousent des femmes locales, donc musulmanes, afin qu'ils puissent se « civiliser » mutuellement (Schluessel 2020 : 124). Car paradoxalement, c'est justement ce groupe de migrants célibataires et incultes qui passait et passe encore en général pour particulièrement dangereux pour l'ordre public en Chine. Mais comme nous l'avons dit, ce projet civilisationnel n'en est resté qu'à ses débuts.

Ne tenant pas compte de ces expériences historiques, le gouvernement central actuel voit dans le Bingtuan une possibilité de gérer l'évolution démographique du Xinjiang. C'est ainsi que le Bingtuan a le droit de mener sa propre politique de colonisation indépendamment du gouvernement de la province, en se servant du système de contrôle du lieu de résidence (*hukou*户口) (Zhu et Blachford 2016 : 33). Les colonies du Bingtuan, qui ont essaimé dans toute la région et pris la forme de territoires autonomes contribuent sciemment à une fragmentation des administrations locales et des zones de peuplement des ethnies minoritaires (Zhu et Blachford 2016 : 36s.). Cet effet est comparable à celui des territoires palestiniens occupés par Israël, que Mbembe (2003 : 28s.) appelle « splintering colonial occupation ». Ici comme là, les colonies sont reliées par leur propre réseau routier, que seuls les colons ont le droit d'emprunter. Le réseau routier du Bingtuan s'étend fin 2019 sur près de 36 000 km (Bureau des statistiques du Bingtuan et Bureau national des statistiques 2020).

La plupart des nouveaux colons des dernières années sont des paysans pauvres des provinces de Henan, Shaanxi et Gansu, attirés par des avantages financiers. On met à leur disposition une terre agricole qu'ils cultivent en qualité de paysans contractuels (Bao 2020 : 164, 166). En règle générale, ils gagnent plus que les paysans locaux. Mais leurs revenus qui restent faibles par rapport à l'Est de la Chine sont l'une des raisons qui font que beaucoup d'entre eux aimeraient repartir (Bao 2020 : 168). Des études récentes comparent les différentes générations de membres du Bingtuan et constatent que l'image très répandue selon laquelle ils constitueraient une couche supérieure privilégiée dans son ensemble n'est pas convaincante (Cliff 2020 ; Joniak-Lüthi 2013 ; 2016). Car nombre d'entre eux sont venus autrefois au Xinjiang à la fois par la contrainte et de leur propre gré, appâtés par de fausses promesses, surtout des femmes amenées là dans les années 1950 et 1960 pour épouser des soldats démobilisés. D'autres agissent en partie par ferveur révolutionnaire, en partie pour obéir à des dispositions officielles, comme par exemple les jeunes envoyés à la campagne dans les années 1960 et 1970. Ceci recoupe les biographies rassemblées par Heila Sha dans son ethnographie d'une petite ville du Bingtuan dans le Nord du Xinjiang (Sha 2017 : 88ss.). Elle aussi décrit de manière très précise quelles distinctions doivent être faites en fonction de la génération et du sexe afin de rendre compte de l'hétérogénéité des membres du Bingtuan. La discrimination dont les femmes attirées au Xinjiang pour y être parfois mariées de force se poursuit, dans la mesure où leur statut à l'embauche par le Bingtuan est inférieur et où elles touchent même jusqu'à aujourd'hui une retraite moindre. Tous les membres de ces générations antérieures du Bingtuan ont beau être actuellement idéalisés en tant que « constructeurs » (*jianshezhe* 建设者) de cette région frontalière, il reste des différences très nettes au niveau des retraites, en général supérieures à la moyenne. Les différences de statut, qui sont très anciennes, sont reproduites (Cliff 2020 ; Sha 2017 ; voir aussi Neddermann 2010 :

chap. 6). Cliff (2020) remarque que la main-d'œuvre que le Bingtuan va chercher dans l'Est de la Chine est attirée au Xinjiang comme par le passé par de fausses promesses, et que des impératifs stricts en matière de rendement agricole, de logement, etc. font que ces nouveaux arrivants sont très vite contraints de contracter des dettes auprès du Bingtuan, ce qui rend leur départ difficile. Leur transfert de domicile (*hukou*) au Xinjiang doit les empêcher de retourner dans l'Est. Ils forment ainsi une « classe inférieure du Bingtuan », dont l'exploitation est extrêmement importante pour la survie de l'organisation (Cliff 2020 : 17ss.). Par opposition à ces migrants « orientés profit », les membres de longue date du Bingtuan et leurs descendants se voient comme les vrais « habitants du Xinjiang » (*Xinjiangren* 新疆人). Joniak-Lüthi (2016) va jusqu'à forger le concept de « Han ouïghourisés » pour le sous-groupe acculturé composé des résidents installés depuis longtemps au Xinjiang. Les sous-groupes han dans la région ne présentent pas seulement de grandes différences socio-économiques, mais éprouvent aussi des réticences mutuelles.

Le vieillissement des membres du Bingtuan est un autre aspect central de l'étude de Sha. Li et Wang (2020 : 120) indiquent que ce phénomène se dessinait déjà dans les années 1980. En 2010, la part des plus de 60 ans était de 14,6 % et celle des plus de 65 ans de 11,3 %, si bien que les critères couramment utilisés au plan international pour une « société vieillissante » sont remplis depuis longtemps. Il n'y a pas de chiffres actuels à ce sujet. Mais une source officielle montre que le vieillissement prend actuellement une dimension dramatique. Car en 2019, 700 000 membres du Bingtuan reçoivent la subvention prévue pour les plus de 80 ans. Si on met en relation ce chiffre en relation avec le nombre total de membres du Bingtuan cité par la même source, le taux des plus de 80 ans serait de 21,5 % (Bureau des statistiques du Bingtuan et Bureau national des statistiques 2020). Sur cet arrière-plan, on ne peut pas, comme Hayes le fait (2012 : note 9), regrouper tous les membres du Bingtuan sous le terme de « troupes » et suggérer qu'il s'agit d'une force de combat active. Si au contraire on tient compte du facteur âge, il est compréhensible que l'arrivée de colons plus jeunes soit considérée comme un objectif prioritaire afin de garder au Bingtuan sa force économique.

Ces distinctions internes au sein du Bingtuan en fonction de l'histoire des migrations, de l'âge, du sexe et du statut socio-économique laissent de côté les études qui sont publiées par les organisations ouïghoures en exil et ont beaucoup d'influence sur la politique, en particulier aux États-Unis. À titre d'exemple, on citera ici le rapport du Uyghur Human Rights Project intitulé *The bingtuan : China's Paramilitary Colonizing Force in East Turkestan* (UHRP 2018). Il se fonde entre autres sur une évaluation des informations et des analyses fournies par le site Internet *Uighur Online* (*Uighurbiz*) de l'éminent économiste ouïghour Ilham Tohti.[2] Il met en évidence la perception ouïghoure du Bingtuan en tant que bloc monolithique et instrument d'une colonisation dirigée par le gouvernement central. Ce jugement est d'autant plus compréhensible que le Bingtuan se compose toujours à hauteur de 86 % de Han, malgré une hausse de l'emploi de personnes issues d'autres groupes

[2] Ilham Tohti est arrêté en janvier 2014 et condamné en septembre de la même année à la prison à perpétuité pour « séparatisme ». Depuis cette date, il a reçu plusieurs distinctions de pays occidentaux, dont le prix Sakharov et le prix Vaclav-Havel des droits de l'Homme en 2019. Dans son livre autobiographique *A Uyghur's Fight to Free Her Father* (Ilham 2015), sa fille offre un point de vue très personnel sur son combat pour les droits humains et son engagement en faveur de sa libération.

ethniques. Au lieu d'augmenter la part des minorités, le rapport mentionne que le Bingtuan réserve explicitement la majeure partie de ses offres d'emploi aux Han (UHRP 2018 : 22ss. ; voir aussi UHRP 2017a). Outre une discrimination à l'emploi, le Bingtuan se voit reprocher une forte dégradation des systèmes écologiques fragiles du Xinjiang, liées entre autres à la priorité donnée à l'urbanisation et à la culture du coton (voir ci-dessous) (Baranovitch 2019 : 511 ; Joniak-Lüthi 2020 ; Salimjan 2021 ; UHRP 2018 : 26ss.). Elles accentuent la pénurie d'eau dans la région. Ces reproches sont manifestement suffisamment pris au sérieux par le gouvernement chinois pour qu'il essaie de les réfuter au moins au niveau de la représentation extérieure et de la propagande. C'est ainsi que le bureau d'information du Conseil des affaires d'État a publié une réponse sous la forme d'un livre blanc afin de répondre aux accusations portées dans le rapport (SCIO 2014). Mais au lieu de les prendre de front, il souligne le rôle positif du Bingtuan non seulement dans l'économie régionale, mais aussi dans la lutte contre la désertification. Même si cela devait être le cas, des études indépendantes montre que la focalisation sur la culture du coton est écologiquement hautement problématique surtout dans le Sud, encore plus sec (Li et al. 2020 ; Thevs et al. 2015).

Pauvreté et inégalités économiques

La population du Xinjiang est à bien des égards victime d'inégalités économiques, dont on est en droit de penser qu'elles se sont encore accentuées au cours des deux dernières décennies. Ces inégalités existent au niveau ethnique, régional, sectoriel et institutionnel et se recoupent en grande partie. Toutes ces formes d'inégalités ne sont pas corroborées par des données fiables et probantes, mais le tableau général est cohérent. Kinzley (2018 : 181) cite une étude selon laquelle dès les années 1990 les différences de revenus ont sensiblement augmenté dans le Sud de la région tandis que la pauvreté s'y consolidait. Hann (2014 : 188) qualifie la situation dans cette région rurale de « low-level equilibrium trap » : c'est en quelque sorte un cercle vicieux où les augmentations de revenus sont contrebalancées par l'augmentation de la population, si bien que le niveau de vie stagne. Contrairement à la population rurale pauvre d'origine han, les Ouïghours, victimes de discriminations sur le marché du travail, n'ont que peu de chances d'échapper à la pauvreté en optant pour une migration de travail.

Le fait que les investissements effectués dans le cadre du programme DGO soient surtout allés au Nord de la région n'a fait qu'accentuer cette fracture (Kinzley 2018 : 179), puisque le dynamisme économique du Nord en a été renforcé tandis que le Sud restait à la traîne. L'indice de Gini est un instrument fréquemment utilisé pour mesurer les inégalités de revenus : il va de 0 (égalité parfaite) à 1 (inégalité absolue). Si on le calcule à partir du PIB par habitant en 2019, on obtient le chiffre élevé de 0,423 (indice de Gini normalisé au niveau des districts ; calcul fait par nous d'après XJTJNJ 2020 : tableau 2-6). Les différences villes–campagnes pour les revenus moyens sont les mêmes pour le Xinjiang que pour l'ensemble de la Chine. En 2018, le revenu moyen dans les villes était 2,7 fois plus élevé que dans les campagnes (NBS 2019 : tableaux 6-23, 6-29). Fischer (2014 : 57) ajoute toutefois que dans le cas du Xinjiang il faut aussi tenir compte d'assez grandes différences interethniques au

Fig. 6.6 : Comparaison des revenus Bingtuan - Xinjiang, 2019–2020 (RMB par an et par habitant).

	2019	**2020**
Total Bingtuan	33 403	34 435
Total Xinjiang (Pourcentage de la valeur du Bingtuan)	23 103 (69 %)	23 845 (69 %)
Population urbaine du Bingtuan	40 724	40 931
Population urbaine du Xinjiang (Pourcentage de la valeur du Bingtuan)	34 664 (85 %)	34 838 (85 %)
Population rurale du Bingtuan	21 982	24 516
Population rurale du Xinjiang (Pourcentage de la valeur du Bingtuan)	13 122 (60 %)	14 056 (57 %)

Sources : Bureau des statistiques du Bingtuan et Bureau national des statistiques 2020 ; 2021 ; XUAR 2020 ; 2021.

sein de l'espace rural. Pour les revenus moyens, les données n'existent qu'agrégées au niveau des préfectures, si bien que les véritables inégalités sont plutôt dissimulées. Mais là aussi il y a des différences notables entre le Sud et le Nord du Xinjiang. Le revenu moyen par habitant des espaces ruraux des préfectures présentant les niveaux les plus faibles, à savoir Kizilsu, Hotan et Kachgar est de 2,3 à 2,7 fois moins élevé que celui d'Ürümqi, en tête du classement. Pour les revenus urbains, le chiffre le plus élevé (Karamay) est d'environ une fois et demie celui des quatre préfectures en fin de classement (Kachgar, Kizilsu, Tacheng, Hotan), dont trois se situent dans le Sud du Xinjiang (XJTJNJ 2020 : tableau 10-2). En d'autres termes, on retrouve là l'écart de développement constaté au début entre les chiffres moyens au Xinjiang et la moyenne nationale ; il est reproduit au sein du Bingtuan entre les villes et les campagnes ainsi qu'entre le Nord et le Sud.

Ceci est en même temps une preuve indirecte des inégalités interethniques, car les préfectures qui se situent en bas du classement sont celles dont la population locale présente le plus fort taux de Ouïghours tandis que les collectivités territoriales les plus fortes économiquement sont celles où les Han sont largement majoritaires (Fischer 2014 : 57 ; Harlan 2009 : 409ss. ; cf. fig. 1.1 à 1.3). Le rôle particulier joué par le Bingtuan constitue un autre aspect structurel des inégalités propres au Xinjiang. Il est possible de le représenter au moyen des revenus disponibles par habitant (*renjun kezhipei shouru* 人均可支配收入) (cf. fig. 6.6). Quelles que soient les catégories de revenus que l'on compare, on constate de fortes disparités en faveur des membres du Bingtuan par rapport à la population générale du Xinjiang. Au sein d'une même unité administrative, elles sont les moins élevées pour les habitants des villes, les plus élevées pour les habitants des campagnes. Les données les plus récentes montrent que ces disparités s'accroissent encore, car en 2020 le revenu moyen par habitant d'une région rurale du Xinjiang ne s'élevait plus qu'à 57 % du revenu correspondant relevé pour le Xinjiang. Ceci confirme la thèse de Fischer évoquée plus haut : il existe de grandes différences au sein de l'espace rural, lesquelles peuvent aussi être interprétées comme des disparités interethniques, puisque le Bingtuan se compose pour 86 % de Chinois han. Rien d'étonnant donc à ce que cela donne lieu à des tensions.

Une série d'études reposant pour la plupart sur des enquêtes statistiques locales fournissent un aperçu plus précis des dynamiques en matière d'emplois et de revenus.[3] Se basant sur une enquête de 2005 réalisée par sondage dans la capitale régionale d'Ürümqi, Zang (2010) montre par exemple que les Ouïghours sont systématiquement discriminés à l'embauche dans les entreprises publiques par rapport aux Han, alors qu'ils devraient en fait bénéficier d'une préférence à l'emploi dans le secteur public (Wu et He 2018). L'impact de facteurs sociodémographiques comme le niveau de formation, l'âge, le sexe, etc. est soumis à des contrôles si bien que seule l'appartenance ethnique semble avoir un effet. Cependant, Zang précise que cette discrimination ne s'applique pas aux organismes publics du secteur non marchand comme les écoles, les administrations, etc. Là, les Ouïghours (et d'autres minorités ethniques) n'étaient pas désavantagés à l'époque de l'enquête.

Dans le cadre d'un projet de recherche complémentaire, Howell se concentre sur les migrants et le secteur privé : en 2008, il réalise une enquête à Ürümqi. Les données qu'il recueille montrent que les migrants ouïghours ne sont pas systématiquement désavantagés par rapport aux migrants han. Ceci s'explique par le fait qu'ils sont composés de deux sous-groupes : il y a d'une part les Ouïghours relativement instruits qui se sont installés à Ürümqi non seulement à cause de revenus potentiels plus élevés, mais aussi pour la meilleure formation offerte à leurs enfants, de l'autre les Ouïghours moins instruits (analphabètes compris), venus principalement de Kachgar et d'autres parties plus pauvres du Xinjiang. Selon le secteur, les migrants ouïghours bénéficient de revenus plus élevés que leurs homologues han (pour des emplois de bureau) ou bien ils sont nettement désavantagés (dans les services) (Howell et Fan 2011). Mais dans une analyse séparée, Howell en arrive à cette conclusion : dans l'ensemble, une hiérarchie très nette a émergé au niveau des revenus. Tout en haut se trouvent les Chinois han domiciliés au Xinjiang, puis viennent les Han ayant migré à l'intérieur de la région ou venus d'autres régions. Tout en bas, on trouve les migrants ouïghours et les Ouïghours déjà installés sur place (Howell 2013 : 21).

Analysant la situation de l'emploi par secteur, Hasmath (2019) constate qu'un marché de l'emploi segmenté a vu le jour au Xinjiang. Les Ouïghours sont surreprésentés dans les emplois moins bien considérés de par leur statut socio-économique, en particulier l'agriculture. Si l'on regarde de près seulement les activités non-agricoles, les Ouïghours semblent surreprésentés dans le commerce et la gastronomie du secteur privé (Harlan 2009). Ceci peut également indiquer une segmentation de la structure de l'emploi. Les chefs d'entreprise ouïghours dirigent généralement des entreprises relativement jeunes, surtout dans des branches où ils ont un avantage du fait de leur appartenance ethnique ou moins de concur-

[3] Les études citées ci-après reposent toutes sur des enquêtes effectuées avant les troubles de 2009. Pendant les années qui ont suivi, de telles enquêtes n'étaient plus possibles, si bien que les chercheurs ont dû s'appuyer sur les statistiques officielles déjà publiées. La base empirique n'est certes plus actuelle, mais elle montre l'arrière-plan socio-économique des troubles de 2009.

rents han (Harlan et Webber 2012). Par ailleurs, il existe aussi des coopérations entre des entreprises dirigées par des Han et d'autres aux mains de Ouïghours (Harlan 2016 : 186ss.).

À partir des données du microrecensement de 2005, Wu et Song (2014) calculent pour le secteur non-agricole que les différences de revenus entre les Ouïghours et les Han officiellement domiciliés au Xinjiang dépendent des secteurs d'activités. Pour les migrants han comparés aux Han domiciliés dans la région, les inégalités reposent au contraire sur des différences intersectorielles. Dans l'ensemble, les études citées ici confirment en gros les reproches formulés par les organisations ouïghoures en exil vis-à-vis des discriminations quotidiennes dans le secteur économique (UHRP 2017a). Se basant sur une autre enquête par sondage réalisée à Ürümqi en 2007, Zang (2012a ; 2016) montre en outre que les disparités socio-économiques et la conscience ethnique des sondés sont désormais étroitement liées. La conscience individuelle d'une appartenance ethnique a un impact négatif sur le sentiment d'appartenance à une couche socio-économique précise. En d'autres termes, même chez les Ouïghours instruits et gagnant bien leur vie, le sentiment prédominant est que c'est à cause de leur ethnie qu'ils ne font pas partie de la classe moyenne bien considérée dans la société.

Des études qualitatives offrent un aperçu plus large des facteurs influençant les tendances économiques décrites ci-dessus. Harlan (2016) montre comment un petit nombre de chefs d'entreprise ouïghours d'Ürümqi ayant réussi dans leur branche échappent aux enclaves ethniques de l'économie locale et s'implantent dans les branches dominantes du secteur privé. Ces hommes d'affaires se considèrent comme les moteurs d'une modernisation qui conditionne certes une intégration dans l'État-nation chinois, mais associe en même temps des pratiques commerciales locales et des particularités ethniques avec des pratiques économiques mondiales. Harlan fait cependant remarquer que cette évolution positive se heurte à des limites et signifie l'acceptation de compromis. S'ils veulent par exemple entretenir de bonnes relations avec l'administration locale, les entrepreneurs sont supposés participer à des banquets où l'on consomme régulièrement de l'alcool, ce que leur religion leur interdit (Harlan 2016 : 191). Dans ses études sur les marchands ouïghours pratiquant le commerce avec le Kirghizistan ou l'ayant fait jusqu'en 2016, surtout ceux d'Artux (chin. Atushi, près de Kachgar), Steenberg (2018 ; 2020) explique comment leurs pratiques commerciales sont aussi influencées par l'islam. Ceci concerne une optique autre que le seul profit ainsi que l'entretien de leurs réseaux interethniques. Ceci va à l'encontre d'un pur *homo oeconomicus* et correspond à une logique inhérente à leur groupe. Ils se conforment ainsi à des règles sociales informelles mais strictes, qui leur permettent de réussir, du moins dans un cadre bien délimité. Ce commerce à petite échelle est toutefois devenu de moins en moins rentable avec le temps, tandis que de plus grandes entreprises d'import-export, généralement dirigées par des Han, prenaient la place des marchands ouïghours. D'autres auteurs observent le même phénomène en ce qui concerne le commerce avec le Pakistan et le Kazakhstan – sans oublier que le récent durcissement du contrôle de la mobilité internationale au Xinjiang a un effet négatif sur cette forme d'échange transnational (Grant 2020 ; Laruelle et Peyrouse 2009 ; Rippa 2020 : chap. 5 ; Roberts 2004). Byler (2020) argue que les toutes nouvelles limites imposées aux transactions financières criminalisent les formes traditionnelles de réseaux de soutien ouïghours. D'habitude fréquents, les crédits mutuels deviennent impossibles. Même les créneaux pour marchands ouïghours ont donc tendance à se rétrécir.

Urbanisation

Dans le Xinjiang comme dans le reste de la Chine, les deux premières décennies du XXIe siècle sont marquées par une urbanisation rapide. D'après les indications officielles, le taux d'urbanisation s'élève fin 2020 à 52 % de la population enregistrée, c'est-à-dire sans migrants de courte durée (XUAR 2021). Le Bingtuan joue ici aussi un rôle particulièrement actif, en particulier en ce qui concerne l'expulsion de ruraux ouïghours dans le processus d'urbanisation (UHRP 2016 : 54ss.). Après les troubles d'Ürümqi en 2009, le Bingtuan se voit confier la fondation de cinq villes nouvelles, dont trois dans le Nord (Beitun, Tiemenguan, Shuanghe), deux dans le Sud du Xinjiang (Kokdala et Kunyu, respectivement près de Korla et d'Hotan). Un plan d'urbanisation à plus long terme (2014–2030) prévoit la construction de 20 autres villes du Bingtuan (Bao 2020 : 170s.). Le Bingtuan se consacre en outre depuis 2010 à la construction de petites villes pour sa propre population rurale, villes où doivent s'installer beaucoup de membres âgés de l'organisation qui ne peuvent plus travailler activement dans l'agriculture. D'après l'analyse de Sha (2017 : chap. 5), le boom de la construction conduit entre autres à une différenciation des statuts sociaux au sein du Bingtuan. Tant que ces projets d'urbanisation ont lieu dans des territoires déjà administrés par lui, les conflits possibles sont sans doute limités. Mais là où ce n'est pas le cas, justement dans le Sud du Xinjiang, ils provoquent de nouvelles altercations avec la population ouïghoure. Dans les préfectures d'Hotan et de Kachgar, les Ouïghours représentaient encore en 2012 plus de 90 % de la population dans 15 des 18 districts (Leibold et Deng 2016). Le bulletin statistique actuel du Bingtuan annonce la création de 19 nouvelles « petites villes organiques » (*jianzhizhen* 建制镇), toutes situées dans le Sud. Six sont administrées par la ville d'Aral, sept par celle de Tiemenguan et quatre par celle de Tumxuk (Bureau des statistiques du Bingtuan et Bureau national des statistiques 2021). Les villes citées sont toutes des enclaves du Bingtuan au sein des districts administratifs d'Aksou, Korla et Kachgar, à population ouïghoure. Le même rapport mentionne qu'en 2020 les investissements du Bingtuan dans l'infrastructure du Sud du Xinjiang ont augmenté de 35 % par rapport à l'année précédente. Ceci montre que l'extension du Bingtuan dans ces espaces traditionnellement peuplés par une majorité de Ouïghours se poursuit toujours.

Mais la population urbaine elle aussi est affectée par le « changement disruptif » (Cliff 2016 : 40) entraîné par l'urbanisation. Ainsi que Cliff (2016) l'explique en prenant appui sur le réaménagement urbain et l'expansion de Korla, ce sont surtout les Ouïghours qui perdent leur habitat traditionnel. Des immeubles sont érigés dans le même style que celui qui est la norme dans les provinces de l'Est de la Chine. Comme dans d'autres régions, l'urbanisation, vue comme un acte civilisateur, tient peu compte de la population de longue date (Alpermann 2020). Mais alors que dans les zones purement han cette transformation spatiale et sociale des villes traduit surtout une fracture sociale, dans le Xinjiang vient s'ajouter une dimension ethnique (voir aussi Yeh 2013 pour le Tibet). Les ethnies han et ouïghoure ont chacune leurs propres quartiers et même dans les zones conçues pour la mixité (*xiaoqu* 小

区), elles habitent parfois des immeubles différents (Kobi 2016). Leibold et Deng (2016 : 139) calculent que la ségrégation physique des Ouïghours dépasse de loin celle de la population noire aux États-Unis. Ils prévoient une montée des tensions et des conflits en raison des interventions de l'État qui désire promouvoir une plus grande mixité des habitations han et ouïghoures et réaliser l'objectif fixé en 2014 d'une « mixité interethnique » (*minzu jiaorong* 民族交融) (Leibold et Deng 2016 : 143). Les auteurs du Uyghur Human Rights Project arguent qu'on peut constater une forme d' « éviction sur le terrain » (*in situ displacement*) même si les habitants ouïghours ne sont pas expulsés physiquement, c'est-à-dire que l'afflux de Chinois han marginalise les Ouïghours même s'ils ne doivent pas céder leur habitat ni leurs terres (UHRP 2017b : 23s.). Kobi (2016 : 75) souligne en revanche les possibilités offertes au moins aux Ouïghours les mieux lotis d'exprimer leur identité ethnique par le choix de leur domicile : « In Aksu, while socio-economic status determines the kind of housing one can afford, ethnicity tends to affect the choice of location. »

Les transformations de l'espace urbain sont perçues différemment par les Ouïghours et les Han et ont des répercussions directes sur le mode d'utilisation de l'espace propre à chaque ethnie (Joniak-Lüthi 2016). Les villes sont de plus en plus régies par les Han nouvellement arrivés et les services proposés correspondent aux habitudes et aux besoins des Han (Joniak-Lüthi 2013 : 171). Les nouveaux emblèmes sont souvent mais pas toujours d'inspiration han. À titre d'exemple, on citera le Khorgos International Cultural Exchange Center à la frontière entre la Chine et le Kazakhstan, qui est en réalité une galerie marchande transnationale de style chinois (Grant 2020 : 5). À l'inverse, Ross (2012) montre en se référant certes à une époque plus ancienne que le grand bazar international d'Ürümqi, un projet comparativement réussi, était autant apprécié des Ouïghours que des Han. Il explique ce succès par le fait que des éléments de style et de construction typiquement ouïghours (matériaux compris) ont été sérieusement pris en compte et que des architectes et conseillers ouïghours ont été associés. Mais même ce projet réussi sur le plan de la conception, auquel la population ouïghoure pouvait s'identifier, a abouti à une exclusion sociale des (petits) marchands ouïghours. Après les troubles de 2009, Ürümqi a augmenté la vitesse à laquelle les quartiers ouïghours déclarés inesthétiques étaient démolis et reconstruits, les nouveaux bâtiments ne tenant pas compte des modes de construction anciens (Ross 2012: 16). Se basant sur une étude de terrain réalisée à Aksou entre 2011 et 2015, Kobi (2018) fait toutefois remarquer qu'on ne peut pas affirmer que l'aspect extérieur imposé détermine entièrement la façon dont les Ouïghours jugent le fait d'habiter dans des logements neufs. Elle insiste plutôt sur l'aménagement intérieur desdits logements, pour lequel les Ouïghours s'inspirent sciemment des styles turc et intra-asiatique, mettant ainsi leur identité ethnique en avant.

> Despite the new urban residential apartment houses not being classified as Uyghur architecture, middle-class Uyghur residents live in them not unwillingly as many associate this sort of housing with a modern urban lifestyle and enjoy the amenities offered. On the inside, however, they make Uyghur spaces out of the Chinese-shaped apartments by adding material elements that create linkages to the traditional courtyard houses and align with Turkish and Islamic cosmopolitan architectural styles. (Kobi 2018 : 224)

L'urbanisation ressemble souvent à une « destruction créative », ce qui est attesté dans de nombreuses villes du Xinjiang (et de Chine). À propos d'Hami (Kumul), il existe par exemple une étude faite par Bellér-Hann (2014), qui met l'accent sur les nombreuses contradictions et les résultats paradoxaux de cette modernisation forcée. Elle indique la cooptation d'élites ouïghoures, pour une part religieuses, dans ce processus. La population locale peut, du moins partiellement, investir les monuments historiques « non authentiques » d'une signification propre en les intégrant à leurs pratiques religieuses. Mais la reconfiguration des villes mène en fin de compte à une marginalisation de la population locale ouïghoure qui, d'après Bellér-Hann, perçoit l'État comme un « État-bulldozer ». Avec le programme de partenariat de 2010, cette transformation des villes du Xinjiang s'accélère encore. C'est le réaménagement de la vieille ville de Kachgar qui est la plus controversée (UHRP 2012). Cette ville située dans une oasis est considérée par les Ouïghours comme le cœur de la culture et de la religiosité traditionnelles. La vieille ville avec ses maisons imbriquées les unes dans les autres, en terre battue et en briques d'argile, ainsi que ses nombreuses petites mosquées de voisinage était considérée comme un témoignage particulièrement précieux de la civilisation ouïghoure musulmane. L'administration a toutefois annoncé en 2009 que cinq des huit kilomètres-carrés de la vieille ville devaient être démolis. Selon une estimation, cette mesure concernait 220 000 habitants, soit 42 % de la population totale de Kachgar (Hayes 2020 : 39). Ils ont pour la plupart été relogés à la périphérie, les structures sociales, famille et voisinage (*mahalla*), étant brisées ou du moins fortement transformées (Pawan et Niyazi 2016). Fin 2011, les deux tiers de la vieille ville étaient déjà démolis (UHRP 2017b : 26s.). Celle-ci est reconstruite en tant qu'attraction touristique dans un style imitant l'ancien, avec des murs en béton recouverts à la fin d'une couche d'argile côté rue pour rappeler une construction « traditionnelle » (Kobi 2018 : 224). Des projets similaires pour lesquels on construit des quartiers d'habitations et d'affaires historicisants pour touristes se retrouvent aussi dans les métropoles de l'Est de la Chine. À cause de l'absence de composante ethnique, ils ne suscitent là presque aucune résistance, mais plutôt une impression de cosmopolitisme (Ren 2011 : chap. 4). Outre son rôle d'attraction touristique, le gouvernement central voit dans Kachgar une tête de pont de l'ouverture du Xinjiang vers l'Asie centrale. À la suite du premier Forum de travail en 2010, la ville a été déclarée zone économique spéciale (ZES). Par conséquent, Kachgar a été associée au programme de partenariat de Shenzhen, la ZES la plus prospère de toute la Chine. La métropole côtière a ensuite effectué d'importants investissements dans des parcs industriels et de nouveaux quartiers d'habitations de Kachgar.

Steenberg et Rippa (2019) montrent comment au cours de la phase qui va de 2010 à 2014 de nouvelles opportunités se sont présentées pour les hommes d'affaires ouïghours et une classe moyenne montante. Ceux qui pouvaient se permettre d'ouvrir un magasin dans la « vieille ville démolie puis reconstruite » ont vu leurs revenus augmenter grâce à l'essor du tourisme encouragé par l'État. En même temps, ils expliquent comment les Ouïghours moins bien lotis ont été exclus socialement par la transformation de la ville et les relations sociales qui soudaient traditionnellement le voisinage. À partir de 2014, le passage à une « guerre populaire contre le terrorisme » (cf. chap. 9 et 10) coupe court, chez les plus aisés des sondés, à leurs nouvelles perspectives de développement. Leur insertion dans l'économie formelle s'avère de plus en plus être une impasse et les grands projets urbanistiques comme la « Shenzhen New City » évoluent vers une « infrastructure fantôme ».

Liu et Yuan (2019) interprètent la destruction de la vieille ville de Kachgar du point de vue des textes traitant de la *securitization*. Les urbanistes de l'État voyaient dans la vieille ville des risques liés à la construction (des risques d'écroulement en cas de séisme) de même que des dangers politiques : les rues tortueuses, les passages cachés, les tunnels souterrains, les angles morts et les impasses représentaient de grands défis à relever pour les services de sécurité dans un contexte où le terrorisme constituait un danger de plus en plus présent et nourrissait un sentiment d'insécurité chez les acteurs publics. Mais les deux argumentations peuvent être contestées. D'une part, les constructions traditionnelles avaient survécu jusqu'alors à tous les tremblements de terre, de l'autre il n'y a aucune preuve d'activités terroristes dans la vieille ville de Kachgar (Liu et Yuan 2019 : 36 ; UHRP 2012 : 38). La manière de procéder à Kachgar présente certains parallèles avec l'*urbicide* qu'on reproche à Israël dans les territoires occupés (Mbembe 2003 : 29). Mais tandis que Mbembe considère la « guerre infrastructurelle » par le *bulldozing* surtout comme une destruction de l'infrastructure, à Kachgar et ailleurs, l'infrastructure n'a pas seulement été détruite, mais reconstruite sous un nouveau jour, plus moderne. Les voix critiques le reconnaissent tout en objectant que cette amélioration de l'infrastructure ne profite pas en premier lieu aux Ouïghours (UHRP 2017 : 29). Le réaménagement de la vieille ville de Kachgar comprend un nouveau tracé pour les rues qui, autrefois tortueuses, sont ordonnées selon un plan en damier, avec la création de nouvelles places et un élargissement des rues. Le tracé urbain devient plus clair, ce qui est plus facile à exploiter par le tourisme et correspond en outre aux idéaux des Han en matière d'urbanisme. Les éléments architecturaux ouïghours n'apparaissent plus que comme fragments : « Uyghur architecture has therefore been relegated to a decorative rather than space-shaping role and is only viable within the sinicized urban grid » (Kobi 2018 : 224).[4] Rippa (2020 : chap. 4) développe, à l'aide de l'exemple de la rénovation de la vieille ville de Kachgar, l'idée que l'État intervient à la manière d'un « conservateur de musée » . Premièrement, il s'agit de transformer les Ouïghours en sujets maîtrisables, ensuite de sélectionner des aspects culturels dignes d'être conservés et d'en faire disparaître d'autres. Enfin, la culture ouïghoure ainsi « guérie » doit être exposée pour la rendre consommable par les touristes (han).

Liu et Yuan (2019 : 37ss.) indiquent par ailleurs qu'à une phase de destruction et de reconstruction massive (*da chai da jian* 大拆大建) a succédé une approche plus mesurée quand il s'est agi de rénover la vieille ville de Kachgar. La population ouïghoure a pu s'impliquer davantage, même si dans cette phase aussi le contrôle de l'État s'est toujours fait sentir, la construction d'un toit au-dessus d'une cour intérieure ou d'une cave étant interdite. La démolition des « maisons-passerelles », ces constructions qui surplombent les ruelles pour relier des maisons qui se font face, peut être vue sous l'angle de la « souveraineté verticale » que Mbembe (2003 : 28) discute en se référant à Weizman. Tandis que pour Weizman et Mbembe il y va, dans le cas des territoires occupés par Israël, de l'extension

4 Salimjan (2021) montre que de tels projets de développement en vue d'une meilleure promotion du tourisme auprès des Han en particulier ne concernent pas seulement les villes, mais aussi les paysages naturels. Son étude de cas portant sur le lac Sayram, préfecture de Bortala, dans le Nord du Xinjiang, explique comment le développement se fait aux dépens de la population locale, obligée d'abandonner sa tradition de pâturage itinérant pour « prévenir le surpâturage », afin que les touristes puissent jouir de paysages « naturels » restaurés à grands frais.

verticale du contrôle colonial sur les passages souterrains et les passerelles, on peut ici appliquer ce concept à la prise en compte du sous-sol (tunnels comblés) et à la souveraineté aérienne (surveillance des cours intérieures). Le développement des technologies de surveillance et la mobilisation de la population locale visant au contrôle mutuel complètent le tableau et permettent une surveillance totale (Leibold 2020 ; Pau Hana 2017). Comme le montrera le chapitre 10, les tentatives entreprises par l'État-parti pour régir la vie des Ouïghours et réduire leurs moyens d'expression culturelle, ne s'arrêtent plus à la porte des maisons, mais concernent aussi l'aménagement intérieur de leur habitat (Grose 2021).

Le projet de « Nouvelle route de la soie »

La Nouvelle route de la soie (BRI) est considérée comme la plus importante initiative politique lancée par Xi Jinping en matière de commerce extérieur. Comme pour le DGO, il s'agit pour la BRI aussi d'une macro-politique difficile à appréhender du fait de sa complexité et de son caractère amorphe (Griffiths 2017 ; Ploberger 2020). Les politiques intérieure et extérieure sont étroitement liées au sein de la BRI (Clarke 2020). Cette initiative concerne l'économie, la politique de développement et de sécurité, et a une dimension géostratégique, voire idéologique. Nous ne traiterons pas ces points ici, préférant nous concentrer maintenant sur le rôle du Xinjiang au sein de la BRI.

À maints égards et pour reprendre une image biblique, la BRI représente pour le Xinjiang « du vieux vin dans de nouvelles outres ». Nous avons vu que dès les années 1990 existait l'idée d'une Nouvelle route de la soie (Wacker 1995). Le projet de Xi Jinping, créer une « Silk Road Economic Belt » allant de la Chine à l'Europe occidentale en passant par l'Asie centrale, projet annoncé lors d'une visite d'État au Kazakhstan en 2013, n'était pas à l'origine quelque chose de nouveau. De nombreux projets dotés plus tard du label BRI étaient, eux aussi, prévus et lancés nettement avant. Griffiths (2019) explique exhaustivement que la Chine n'était et n'est toujours pas le seul acteur ayant des projets de ce type dans la région. Mais ce qui a changé depuis les années 1990, ce sont la situation géopolitique et le pouvoir économique de la Chine, qui accroissent considérablement les chances de réalisation de ce projet. La Nouvelle route de la soie déplace en outre l'accent de l'espace Asie-Pacifique vers l'Asie centrale comme futur cœur de la croissance économique et du commerce international. Le Xinjiang, qui passait pour se situer à la périphérie, occupe désormais une place centrale (Mayer et Zhang 2020 ; Rippa 2020 : 25). Il faut toutefois compter avec des forces contraires et ne pas prendre toutes les annonces pour argent comptant.

Du point de vue chinois, la Nouvelle route de la soie est divisée en six corridors, le Xinjiang étant d'une importance cruciale pour deux d'entre eux, à savoir le Nouveau pont terrestre eurasien et le corridor économique Chine-Pakistan. Le premier comprend entre autres une liaison ferroviaire directe entre l'Est de la Chine et l'Europe de l'Ouest, y compris la ligne Chongqing–Duisbourg. Faisant partie de ce corridor, les villes d'Alashankou et de Korgas (Khorgos), situées à la frontière avec le Kazakhstan, ont été développées pour devenir de gigantesques centres de transbordement de marchandises (*dry port*) (Griffiths 2019 : 91). Comme Kachgar, Korgas est depuis 2010 une ZES. Et même si cette ligne de chemin de fer reliant d'une traite la Chine à l'Europe occidentale excite l'imagination des auteurs écrivant sur la BRI, il convient de se rappeler qu'il ne s'agit ni d'une nouvelle ligne ni d'une ligne « chinoise ». Les principales améliorations concernant la vitesse du transport sur les tronçons existants ne sont pas dues à des activités de construction, mais à un traitement plus rapide des formalités douanières (Griffiths 2017). Une ligne de chemin de fer allant jusqu'à Torougart, au nord de Kachgar, à la frontière sino-kirghize est en projet, mais n'a pas encore été construite. De même, la ligne de chemin de fer traversant le Kirghizistan pour rejoindre l'Ouzbékistan n'a pas encore été prolongée (Griffiths 2019 : 93).

Pour les voies de communication internationales reliant le Xinjiang à l'Asie centrale par la route, un traitement plus rapide des formalités à la frontière joue un grand rôle, probablement plus important que les projets de construction. D'après Griffiths (2019 : 59), un poids lourd venant du Xinjiang mettait en 2012 encore en moyenne 51 heures pour franchir la frontière avec le Kirghizistan par le col Irkeshtam. En 2016, cette durée était passée à 22 heures. Le gouvernement chinois participe certes avec de nombreux financements internationaux à l'extension des liaisons routières en Asie centrale, mais il dépense une somme ô combien plus importante à l'intérieur des frontières de la Chine. Rien que pour la période allant de 2016 à 2020, il prévoyait d'investir 13 milliards de dollars US dans des projets routiers. Les crédits accordés au Kirghizistan et au Tadjikistan pour la construction de routes n'étaient que de 2,4 milliards (Griffiths 2019 : 71). Comme Joniak-Lüthi (2020) l'explique en prenant l'exemple d'une liaison routière d'importance stratégique vers le Sud du Xinjiang (Korla–Charkilik, chin. Ruoqiang), il ne faut pas oublier qu'étant donné les conditions naturelles extrêmement rudes qui règnent en Asie centrale, les travaux d'entretien des routes sont aussi importants et coûtent aussi cher que leur construction, sinon plus. Ce serait donc une erreur que de considérer les projets de construction de routes dans le cadre de la BRI comme un investissement unique devant garantir à la Chine un accès durable aux pays voisins et, au-delà, à l'Europe.

Les pipelines qui transportent les ressources énergétiques d'Asie centrale jusqu'en Chine doivent aussi retenir l'attention. La Chine reçoit depuis 2009 aussi bien du pétrole kazakh de la mer Caspienne via Alashankou que du gaz naturel ouzbek (via le Turkménistan et le Kazakhstan) à Korgas. La construction d'un pipeline supplémentaire a été décidée en 2013 pour le gaz naturel venant du Turkménistan, mais a été repoussée du fait de la complexité de la situation politique dans la région. Un autre oléoduc et gazoduc entre l'Ouest de la Sibérie et Ürümqi est en construction, mais ne sera pas terminé dans les délais (Griffiths 2019 : 138ss.). Grâce à ces importations et à l'augmentation de la production de pétrole au Xinjiang, la Chine assure non seulement son approvisionnement en énergie, mais prépare aussi un développement accru de la pétrochimie au Xinjiang.

Le fait que la Chine mette en place des voies alternatives d'approvisionnement énergétique afin d'atténuer le « dilemme de Malacca » a une dimension géostratégique : une grande partie des importations d'énergie chinoises en provenance du Moyen-Orient doit actuellement passer par le détroit de Malacca situé en Asie du Sud-Est, lequel serait menacé en cas de conflit, car une puissance maritime comme les États-Unis pourrait facilement le bloquer (Clarke 2020 : 345). Il en est de même pour le corridor économique Chine-Pakistan qui relie le Sud du Xinjiang au port pakistanais de Gwadar sur la mer d'Arabie. Ici aussi, on construit des oléoducs et des gazoducs devant relier le Moyen-Orient à la Chine en contournant le détroit de Malacca. De plus, des liaisons routières et ferroviaires ainsi que de nombreux projets sont prévus ou en cours afin d'assurer l'alimentation en électricité du Pakistan et promouvoir son industrialisation (Ahmed 2019 : 403ss.).

Nous ne formulerons pas ici de jugement global au sujet des éléments hétérogènes de la BRI. Il suffit de signaler que les avis sont très partagés. D'un côté, le gouvernement américain sous la présidence Trump s'est prononcé de plus en plus clairement contre la « diplomatie de la dette » ou le « piège de la dette », qualificatifs attribués à la BRI. De l'autre, la Banque mondiale arrive dans une étude détaillée à un résultat différencié, mais dans l'ensemble nettement plus positif : la BRI est susceptible de renforcer le commerce extérieur et ainsi d'augmenter sensiblement les rentrées d'argent des économies concernées si bien que des millions de personnes pourraient échapper à la pauvreté (Banque mondiale 2019).

Le rôle concret du Xinjiang au sein de la BRI a une importance plus directe. D'un côté, on peut arguer que pour ce qui est de la région la BRI représente un prolongement de la politique de développement pratiquée par le gouvernement central depuis des décennies et que cette politique ne profite guère au Xinjiang et à ses habitants non-han (Ploberger 2020 : chap. 3 ; UHRP 2017b). L'objectif qui était d'assurer la stabilité sociale par le biais de la croissance économique n'a pas été atteint. Il est même concevable que cette nouvelle série d'investissements de grande envergure lie certes de manière de plus en plus inéluctable le Xinjiang à l'économie intérieure de la Chine, mais provoque aussi une résistance encore plus forte. De l'autre côté, la stabilité du Xinjiang revêt une signification politique accrue, car seul un Xinjiang sûr garantit le succès de la BRI dans son ensemble. Rippa (2020: 14) doute même que les objectifs économiques soient au cœur du projet et considère la mise au pas des minorités ethniques comme un facteur déterminant : « Such infrastructure also represents a civilizing machine: something that puts people, things, and the state into new relations » (Rippa 2020 : 30). En même temps, la Chine doit s'investir davantage dans la politique de sécurité des pays limitrophes afin de sécuriser son environnement et de garantir le succès de la BRI. On relèvera ici un écho de la « théorie des dominos » de Zuo Zongtang évoquée au chapitre 2. Les dimensions internationales de la politique menée au Xinjiang seront analysées au chapitre 11.

Paradoxalement, c'est justement cette priorité renforcée donnée à la sécurité au Xinjiang qui peut saper l'influence de la Chine en Asie centrale. Grant (2020) montre comment le durcissement des contrôles à la frontière sino-kazakhe ébranle le « soft power » de la Chine au Kazakhstan. Hayes (2020 : 44) va encore plus loin:

> Beijing's treatment of its internal colony of XUAR should serve as a warning to states engaging in debt-trap diplomacy with Beijing. If those states lose partial or full sovereignty to the Chinese state they too may experience similar forms of quasi-colonial rule.

***

Grâce aux gros investissements effectués par le gouvernement central, le Xinjiang a connu au cours des dernières décennies une très forte croissance. Cependant, les problèmes structurels ont été en partie exacerbés au lieu d'être résolus. Ceux-ci concernent une priorité très nette accordée à l'exploitation des ressources tandis que le secteur manufacturier restait plutôt sous-développé. Une grande partie de la population active continue à travailler dans l'agriculture, où les revenus restent faibles, si bien que la pauvreté est très répandue. Les inégalités régionales font que le Sud du Xinjiang, à majorité ouïghoure, est très en retard par rapport au Nord. Les Ouïghours n'ont que rarement accès à des emplois officiels aussi bien dans le privé que dans le public. Les entreprises dirigées par des Ouïghours ont du mal à s'agrandir par manque de capitaux et de connaissances en gestion. Des mesures adéquates pour lutter contre ces déficits structurels ont déjà été proposées par différents auteurs. Le secteur secondaire pourrait être renforcé par des implantations et des créations d'entreprises industrielles tandis que de nouveaux emplois non-agricoles seraient créés, s'accompagnant de meilleures rémunérations. En feraient partie des investissements dans le capital humain, c'est-à-dire une meilleure formation de la population locale, afin que les nouveaux emplois n'aillent pas de nouveau à des migrants han (UHRP 2017a : 14). Un accès équitable aux emplois officiels supprimerait l'une des causes principales du mécontentement ouïghour (Hasmath 2019 : 56). Des programmes de formation et des crédits accordés aux jeunes créateurs d'entreprise ouïghours pourraient contribuer à développer le secteur privé (Harlan et Webber 2012 : 189).

Dans certains de ces domaines, le gouvernement chinois a effectivement pris des mesures au cours des dernières années. Mais comme nous le verrons au chapitre 10, elles sont en étroite relation avec la lutte contre ce que le gouvernement appelle extrémisme et séparatisme. Ces mesures ont donc un caractère plutôt coercitif, ceux qui les critiquent les voyant comme une transformation forcée de la société ouïghoure. À l'occasion du troisième Forum de travail qui s'est tenu en septembre 2020, Xi Jinping a mis en avant les succès de cette politique lancée en 2014 : une hausse annuelle du PIB de la région s'élevant à 7,2 % entre 2014 et 2019 ; un recul du taux de pauvreté de 19,4 % pour l'ensemble du Xinjiang et de 29,1 % pour le Sud de la région, la pauvreté touchant désormais respectivement 1,2 et 2,2 % de la population. Cette évolution repose par ailleurs sur une augmentation des flux financiers. C'est ainsi que les aides du gouvernement central pour la région et le Bingtuan se sont accrues de 263,69 milliards de RMB en 2014 pour passer à 422,48 milliards en 2019 (soit une hausse moyenne de 10,4 % par an). Le chiffre donné pour les aides destinées au partenariat (Bingtuan compris) est de 96,4 milliards de RMB, pour les investissements effectués par des entreprises publiques centrales à 700 milliards (Xi 2020). Les deux dernières années ont sans nul doute profondément changé la situation du Xinjiang et encore renforcé le rôle de l'État et du Bingtuan dans l'économie régionale. Comme pour l'approche *big push* de la politique économique régionale considérée plus haut, ceci ne suscite pas forcément un jugement positif auprès de la population ouïghoure et d'autres minorités. Le lien manifeste entre élimination de la pauvreté, politique de l'emploi et travail forcé sera analysé au chapitre 10.

La BRI contribue plutôt à un durcissement de la situation, car elle induit une interaction entre stabilité sociale et développement économique : d'un côté, la croissance économique doit niveler les conditions de vie, de l'autre l'absence de risques politiques est vue comme la condition sine qua non d'un développement économique réussi, si bien que les mesures de sécurité sont renforcées à titre préventif. Par ailleurs, la sécurité et le développement du Xinjiang sont mis en relation étroite avec l'Asie centrale. La plus forte interaction transnationale constitue dans l'optique de Pékin un facteur supplémentaire considéré comme une mise en danger potentielle de la sécurité intérieure, laquelle exige des mesures préventives. A l'inverse, la sécurité et le développement des États limitrophes conditionnent la réussite du « rêve chinois » (*Zhongguomeng* 中国梦) de Nouvelle route de la soie (Hayes 2020). La Chine se voit ainsi davantage impliquée dans les affaires intérieures desdits États.

7 Identité ethnique, langue et politique éducative

Les questions portant sur l'identité ethnique comptent parmi les thématiques les plus complexes et les plus souvent analysées parmi les études consacrées au Xinjiang. Les deux chapitres qui suivent considèrent ces thématiques sous différents angles, tout en effectuant forcément un choix et en procédant à une pondération. Après une introduction générale consacrée aux questions d'identité ethnique et à la situation des minorités en Chine, la discussion abordera les principaux marqueurs d'identité, dans le cas des Ouïghours la langue et la religion (Zang 2015). La langue et la politique éducative qui y est liée seront au cœur de ce chapitre qui, au-delà, traitera du rôle de la littérature, d'Internet et de la diaspora. Le chapitre 8 sera dédié à la religion et la mettra en relation avec une discussion au sujet de la musique comme marqueur ethnique supplémentaire. Tous ces domaines connaissent d'importants processus de négociation autour de la question des identités ouïghoures. Il ne s'agit pas ici de proposer une introduction détaillée à la culture ouïghoure et encore moins à celle des autres minorités du Xinjiang (voir à ce propos Bellér-Hann 2015 et Hoppe 1998). L'accent sera plutôt mis sur les conditions dans lesquelles l'identité ethnique des Ouïghours peut se développer dans un Xinjiang sous domination chinoise, sur les projets d' « en bas », c'est-à-dire émergeant de la société, qui concernent la création d'une identité, et sur la relation qu'elle entretient avec l'identité ethnique « officielle », octroyée d' « en haut » par l'État (cf. Tobin 2020 : 11). Cela signifie que nous nous concentrerons sur les processus de négociations qui ont lieu dans le domaine de l'identité, donc sur les processus à l'intérieur du groupe, mais aussi entre l'État et la minorité, han ou ouïghoure. D'autres relations interethniques ne pourront être étudiées pour des raisons pragmatiques. Il est important de mentionner d'emblée que ces processus ne sont pas libres, mais caractérisés par des rapports de force, et qu'ils conduisent souvent à des conflits.

L'identité comme objet de recherche

L'identité fait partie des concepts les plus intéressants et les plus multidimensionnels en sciences sociales. Dans un article de synthèse, Zirfas (2010 : 14s.) nomme sept acceptions ou perspectives différentes sur lesquelles se fonde l'analyse actuelle de l'identité dans les ouvrages scientifiques. Dans le contexte qui est le nôtre, il est important de signaler que l'identité n'est plus vue d'un point de vue essentialiste et statique, mais comme interactive, susceptible d'évoluer et soumise à un processus. Pour certains chercheurs, ce sont par exemple les normes qui sont au premier plan, et donc la question de savoir qui définit et avec quels critères ce qui fait une identité « réussie » ou « déviante ». D'autres chercheurs se concentrent sur l'identité comme compétence et se demandent quelles capacités et quelles ressources sont nécessaires pour construire et conserver une identité. Zirfas (2010 : 15) résume la problématique ainsi : « À l'époque moderne, l'identité n'est pas un cadeau, mais une tâche, un devoir. » Mais si c'est déjà valable pour l'homme moderne en général, n'est-il pas beaucoup plus difficile d'exclure cette tâche pour ceux dont l'identité fait l'objet de tentatives de formatage par l'État et de discussions animées à l'intérieur et à l'extérieur du groupe ? Dans le cas des Ouïghours, on peut observer que les exigences auxquelles une identité « réussie » doit se conformer sont très marquées politiquement et donc extrêmement problématiques. Le projet formulé par l'État d'une conformité en soi contradictoire de l'identité ouïghoure à des normes imposées d‘ « en haut » conduit à des contre-mouvements et à de nouvelles articulations de cette identité, soumise à une pression de plus en plus grande allant de l'adaptation jusqu'à la disparition complète de ses caractéristiques essentielles (Tobin 2020).

La distinction entre identités individuelles et collectives est importante. Même s'il est difficile de les séparer, les plus significatives ici seront les identités collectives. Car la façon dont une personne se définit sur le plan individuel dépend étroitement du groupe dont elle fait partie ou bien de celui dans lequel les autres la classent. Ceci a déjà été mis en évidence par George Herbert Mead qui, dans son livre *L'esprit, le soi et la société*, effectue une distinction entre le *Je* et le *Moi* comme composante du *Soi* (ou de l'identité) (Jörissen 2010 : 91s.). Plus que les points de vue individuels, ce sont les marqueurs attribués au niveau du groupe qui nous intéressent ici et qui peuvent aussi être analysés comme des phénomènes doubles. Dans sa monographie *The Art of Symbolic Resistance : Uyghur Identities and Uyghur-Han Relations in Contemporary China*, Joanne Smith Finley (2013 : 411) reprend la distinction effectuée par Sartre entre le « ‹ nous-sujet › (les expériences partagées au sein du groupe) » et le « ‹ nous-objet › (la loyauté envers le groupe d'appartenance par le biais de l'inimitié envers le groupe extérieur) ». En d'autres termes, il est possible, tant au niveau de l'individualité individuelle que de l'identité collective, de distinguer une approche interne et externe. Aux deux questions « Qui suis-je ? » et « Qui es-tu ? », qui font nécessairement partie de la définition de l'identité, s'ajoutent les questions « Comment me/nous vois-tu ? » et « Comment te/vous voyons-nous ? ».

Cette acception interactive dépasse de loin les définitions essentialistes de l'identité, qui présupposent une définition « objective » des identités en fonction de critères fixés à l'avance. Cette vision « objective » correspond plutôt au statut ethnique propagé par l'État chinois, comme nous le verrons plus loin. Pour l'acception dynamique de l'identité, il est préférable de ne pas fixer à l'avance les marqueurs d'identité, mais d'en faire des objets d'analyse. De quelle manière les membres d'un groupe essaient-ils d'exprimer leur différence par rapport à d'autres tout en définissant leurs bases communes à l'intérieur du groupe ? Ceci peut varier au fil du temps. Afin de conclure ces remarques préliminaires, il faut encore mentionner que l'identité ethnique traitée ici n'est nullement la seule catégorie pertinente pour le positionnement social. Le sexe, l'âge, le niveau de formation, la catégorie sociale, l'origine régionale, etc. constituent d'autres facteurs importants qui permettent à des personnes et des sous-groupes de se classer et de classer autrui (Alpermann 2013). Le facteur qui, dans une situation sociale donnée, joue le pôle prédominant peut changer. Les descriptions de l'identité ethnique qui suivent n'ont donc pas de valeur universelle.

Les Ouïghours comme *minzu*

L'aperçu historique a montré que l'origine des Ouïghours en tant que groupe ethnique reste floue et qu'elle peut être interprétée différemment (pour l'ethnogenèse voir Hoppe 1998 : 59–69). Cela n'a rien d'étonnant, car la plupart des ethnies actuelles n'ont qu'une idée très vague de leur origine. Le concept d'*imagined communities* (fr. imaginaire national) de Benedict Anderson (1983) s'est imposé dans ce contexte : Anderson souligne que les nations modernes doivent être comprises comme le produit d'un processus de construction sociale. Il en est de même pour les ethnies, si bien que l'origine relativement incertaine des Ouïghours n'a aucune influence sur la signification actuelle de cette catégorie. En chinois, la proximité de ces notions se manifeste dans le fait que *minzu* (民族) peut se traduire aussi bien par « nation », « nationalité » que par « groupe ethnique » ou « ethnicité ». Si on veut employer le qualificatif de « groupe ethnique », il faut, pour reprendre les termes de Max Weber (cité par Bös 2008 : 57), qu'existe une « croyance subjective à une communauté d'origine […] peu importe qu'une communauté de sang existe ou non objectivement ». Que l'ethnonyme « Ouïghours » (*Weiwu'erzu*) n'ait été largement employé qu'à partir des années 1920 et introduit officiellement dans les années 1930 par les conseillers soviétiques au Xinjiang (Brophy 2016 ; Jacobs 2016), ne joue donc pour l'identité ethnique actuelle aucun rôle. Même le groupe ethnique Han, reconnue aujourd'hui comme le groupe majoritaire de la population en Chine, n'a pas une histoire beaucoup plus longue en tant qu'ethnie au sens moderne (Elliot 2012 ; Tobin 2020 : 34).

Si nous analysons l'identité ethnique des Ouïghours, nous devons plutôt commencer par la campagne d'identification lancée au niveau national dans les années 1950. Comme le montre Mullaney (2010), les dirigeants communistes qui venaient d'accéder au pouvoir voulaient avec cette campagne de catégorisation ethnique (*minzu shibie* 民族识别) réagir au premier recensement de 1953, où les personnes interrogées avaient cité un nombre extrêmement important d'ethnonymes. L'un des objectifs principaux de la campagne réalisée par des ethnologues, linguistes, autres scientifiques et cadres du parti était une simplification de la composition ethnique officielle du nouvel État. L'idée directrice de cette opération de classification est résumée dans le concept de « pluralité dans l'unité » développé par l'éminent sociologue et ethnologue Fei Xiaotong (*duoyuan yiti* 多元一体). Ce narratif ethno-centrique conçoit la « nation chinoise » (*Zhonghua minzu* 中华民族) comme une sorte de méta-*minzu* dont les Han forment le cœur et où les « minorités » (*shaoshu minzu* 少数民族) se fondront à plus ou moins longue échéance (Tobin 2020 : 31–38). L'intégration des minorités se fait donc sous forme de hiérarchie : d' « outsiders barbares », ils sont transformés par la rhétorique en « insiders marginaux ». Ils doivent être des « Chinois », mais en même temps on leur dénie le droit d'être aussi chinois que les Han, auxquels on attribue une supériorité économique et culturelle (Tobin 2020 : 36s.). Cette intégration ambivalente et en soi contradictoire des minorités a jusqu'à aujourd'hui des répercussions importantes, même si entre assimilation et maintien de la pluralité le curseur s'est entre-temps maintes fois déplacé.

Les principaux marqueurs officiels de l'identification d'une ethnie (*minzu*) qui ont été utilisés sont les quatre critères fixés par Staline : une langue commune, un territoire commun, une vie économique et une culture communes (« quatre points communs fondamentaux »). Mais beaucoup d'autres critères, arguments linguistiques, frontières administratives, influence exercée par les cadres et les élites locales, ont joué un rôle important (Brown 2001 ; Yang 2009). Dans le cas des Ouïghours, ils ont aussi été appliqués. Les Taranchis, qui du temps de la République de Chine étaient encore considérés comme une ethnie à part entière, ont été classés officiellement parmi les Ouïghours (Brophy 2016). Mais Svanberg (1996) et Hoppe (1998 : 69ss.) ont montré que d'autres groupes plus petits, les Dolan, les Loplikhs (qui se nomment eux-mêmes Loptuq), les Abdal (Aynu ; Dwyer 2005 : 13), etc. ont soudain aussi fait partie de l'ethnie (*minzu*) ouïghoure, même si les peuples ont toujours tenu à se démarquer. Indépendamment de la vision que les groupes concernés avaient d'eux-mêmes, une appartenance à un groupe ethnique plus vaste leur a été octroyée « d'en haut ». Comme cette opération a encore renforcé la prééminence des Ouïghours qui représentaient environ les trois quarts de la population totale et donc la plus forte ethnie du Xinjiang, il est impossible d'affirmer, au moins pour cette époque, que le système *minzu* visait à un affaiblissement des Ouïghours dans leur propre région.

Par ailleurs, les efforts visant à créer une unité bien plus vaste ont échoué. À l'époque de la République de Chine, des intellectuels du groupe des musulmans sinophones (les Hui actuels, *Huizu*) se sont efforcés de créer une catégorie regroupant tous les musulmans vivant en Chine, qu'ils soient sinophones ou de langue turcique (Eroglu Sager 2020). Même si cela allait sans doute trop loin pour les musulmans de langue turcique au Xinjiang, certains de leurs leaders nationalistes défendaient l'idée de réunir au sein du Xinjiang les peuples turciques d'Union soviétique, bien sûr sans utiliser à ce moment-là le terme de panturquisme, qui serait encore allé encore plus loin (Tursun 2018). Mais ces deux idées ne pouvaient s'imposer dans la République populaire des années 1950. Le fait de distinguer dans la population du Xinjiang 13 *minzu* reconnues officiellement permettait d'affaiblir administrativement les Ouïghours dans le cadre de la prétendue autonomie régionale. Car chacune des autres ethnies se voyait attribuer, à un niveau inférieur à la province, son propre territoire autonome (préfecture ou district), où elle vit très concentrée, même s'il y a aussi une part non négligeable de la population d'origine ouïghoure (cf. chap. 4). Au moins sur le plan rhétorique, les dirigeants du PCC reconnaissaient encore les Ouïghours comme « *minzu* majoritaire » (*zhuti minzu* 主体民族) au Xinjiang (Tobin 2020 : 42), ce qui est très différent de l'affirmation actuelle de la multiethnicité de la région, ainsi que nous le montrerons plus loin.

Le gouvernement chinois se targue d'avoir établi depuis les débuts de la République officielle un système de promotion des 55 minorités ethniques reconnues officiellement. Ceci comprend l'autonomie de l'administration, une réglementation spéciale quant au planning des naissances, des mesures visant au maintien et au renforcement de leurs langues et écrits ainsi qu'un accès plus facile aux lycées et à l'enseignement supérieur, au-delà des neuf ans de scolarité obligatoire. Pour les examens ouvrant l'accès des élèves à ces établissements, les membres des minorités pouvaient bénéficier de points supplémentaires. Mais depuis deux décennies, ce traitement spécial est vivement critiqué par l'opinion publique et les universitaires que Sun (2019) qualifie d' « intégrationnistes ». Pour eux, il aurait favorisé les tendances séparatistes parmi les minorités et attisé les conflits interethniques. Ils souhaitent la mise en place d'une « deuxième génération » de politique *minzu* visant à la suppression des privilèges et à une plus forte assimilation. Cette ligne semble avoir fini par s'imposer en 2019 puisque les avantages en vigueur jusqu'alors ont été rognés jusqu'à devenir quasiment insignifiants (Lau 2019b). Cette discussion générale ne peut être exposée en détail ici, mais elle constitue l'arrière-plan des politiques de durcissement face aux Ouïghours que nous verrons plus loin (Leibold 2013 ; Ma 2007 ; Mackerras 2006 ; Sautman 2012). Un temps encore hésitante, la politique vis-à-vis des minorités a finalement penché résolument du côté d'une assimilation (forcée), comme l'atteste l'emploi de plus en plus en plus fréquent du concept d' « extinction ethnique » (*minzu xiaowang* 民族消亡) dans les textes officiels (Tobin 2020: 74ss.). En 2014, les intégrationnistes sont certes remis à leur place par Xi Jinping lors de la conférence centrale du PCC au sujet des minorités tandis que leurs opposants, que Sun appelle les « autonomistes socialistes », connaissent un « triomphe » lors du débat (Sun 2019: 131). Mais avec le recul et au regard du Xinjiang, il s'agit plutôt d'une victoire à la Pyrrhus. Tobin (2020: 77) cite du matériel pédagogique utilisé dans les écoles du Xinjiang en 2009 et portant sur la « solidarité ethnique » (*minzu tuanjie* 民族团结. Le point de vue intégrationniste y est affirmé :

> Ethnic extinction is an inevitable result of ethnic self-development and self-improvement […] It is the final result of ethnic development at its highest stage […] in this big ethnic family every ethnic group has a higher level of identification […] *Zhonghua Minzu.*

Dans cette conception, les Han ne sont pas seulement placés au cœur de la « nation chinoise », ils y sont tout simplement assimilés, devenant la norme à atteindre par tous les autres pour se développer. Les Han eux-mêmes ne sont pas considérés comme une ethnie à la manière des minorités, mais comme une « ethnie transcendante » (*chaoyue minzu* 超越民族) (Tobin 2020 : 76). Une telle construction octroyée « d'en haut » entre vite en conflit avec la conception que les minorités ont de leur propre identité.

Identités oasis et identité *minzu*

Deux thèses au sujet de l'identité ethnique des Ouïghours dominent les études antérieures consacrées autrefois au sujet. Se basant sur son étude de terrain ethnologique à Tourfan à la fin des années 1980, Rudelson (1997) postule que les « identités oasis » seraient l'élément déterminant de la vision que les Ouïghours ont d'eux-mêmes. Il explique cela par le fait qu'historiquement chaque ville oasis était tournée vers l'extérieur et qu'elle entretenait ses propres relations culturelles avec les différents espaces voisins du Xinjiang. Il sépare donc la région en plusieurs zones : Tourfan et Hami (Est du Xinjiang) connaissaient l'influence chinoise la plus forte, Ili et Altaï au nord l'influence russe, les villes oasis à la lisière nord du bassin du Tarim, à savoir Kachgar, Aksou, Kucha et Korla celle des pays d'Asie centrale, Hotan et d'autres oasis à la lisière sud plutôt une influence hindoustanie (Rudelson 1997 : 39ss.). Il va jusqu'à affirmer que dans le cas (improbable) d'une indépendance du Xinjiang ces identités oasis en seraient tellement renforcées que l'identité ouïghoure dans son ensemble se désagrègerait. D'après lui, les identités oasis sont nées du schéma habituel des mariages à l'intérieur de l'oasis (endogamie oasis), lequel contribuait à leur stabilité. Dru

Gladney (2004 : 165ss.)[5] argue pour sa part que dans le cas des Ouïghours (mais pas seulement) le label *minzu* a évolué de manière autonome : même si à l'origine cette catégorie a été octroyée, elle se serait imposée à cause de la politique de l'État comme fondement de la perception des groupes par eux-mêmes et elle aurait remplacé les identités autrefois concurrentes. Contrairement à Rudelson, Gladney défend donc l'idée que le projet d'une identité octroyée « d'en haut » a été couronné de succès, peut-être même mieux que prévu si l'on pense que la catégorie ethnique ouïghoure a servi de fondement à la résistance contre la domination Han (Gladney 2004 : chap. 10). Une série d'études est consacrée à la représentation officielle des Ouïghours en tant que groupe ethnique dans le matériel pédagogique, les médias publics ou les musées (Chen 2016 ; Feyel 2015 ; Hayes 2016 ; Zhang, Brown et O'Brien 2018). Elles montrent que d'un côté l'État produit au sujet des Ouïghours des discours très clairs qui, au moins dans certains pans de la population han, ont un impact. En cela, les conséquences sur les Ouïghours eux-mêmes de cette construction d'une identité « d'en haut » sont loin d'être improbables. Cela ne veut pas dire qu'ils la reprennent, elle pourrait même conduire à un rejet général et à des contre-narratifs.

Les deux thèses ont été maintes fois contredites, et ce pour plusieurs raisons. On a par exemple reproché à Gladney d'avoir simplifié l' « invention » de l'ethnonyme Ouïghours et d'avoir occulté l'énorme travail de construction sociale effectué par les membres de l'ethnie eux-mêmes (Brophy 2016). Il néglige effectivement le fait que le nom « Ouïghours » figurait déjà dans de nombreuses sources du XVIIIe siècle (van Ess 2017). Newby (2007) souligne en outre que même l'absence d'une dénomination commune ne signifie nullement qu'il n'existait pas de conscience communautaire dans la population du bassin du Tarim. En s'appuyant sur des sources historiques, elle montre que celle-ci avait un sentiment d'appartenance à une communauté et se démarquait du monde extérieur (articulant donc le ‹ nous-sujet › aussi bien que le ‹ nous-objet ›). Vis-à-vis des Mandchous et des Han, elle avait surtout des critères de différenciation basés sur la langue et la religion, vis-à-vis des Dounganes (Hui), musulmans mais de langue chinoise, ce n'était toutefois que la langue. Plus tard, les Ouïghours se démarquent des autres peuples turciques centrasiatiques de religion musulmane, avec lesquels ils avaient une parenté linguistique, par un mode de vie et des activités économiques différentes : les Ouïghours sont des agriculteurs sédentaires, les autres des éleveurs nomades. Même si les spécificités caractéristiques ethniques mises en avant varient, il existe donc des frontières culturelles clairement perçues avec les autres groupes. Tandis que chez Newby c'est surtout la manière dont le groupe se démarque du monde extérieur qui est au premier plan, chez Thum (2012 ; 2014) c'est sa cohésion interne. Il mentionne la signification élémentaire de pratiques historiographiques et religieuses comme des pèlerinages ou des fêtes organisées autour de sanctuaires pour l'émergence et la préservation d'une identité collective chez les habitants de l'Altishahr (Sud du Xinjiang). D'après lui, ces pratiques aident à la constitution d'une identité collective régionale, intégrant les identités oasis mises en avant par Rudelson.

Adoptant une autre perspective, Kamalov (2007) indique que l'historiographie soviétique portant sur les Ouïghours a eu une grande influence sur le développement d'une conscience nationale ouïghoure. Au moins à l'époque du conflit sino-soviétique, la recherche

[5] Bien que le livre ait été publié en 2004, il comprend de nombreuses études publiées longtemps auparavant sous forme d'articles. Il en est de même pour Bellér-Hann (2015).

soviétique défendait sciemment des positions opposées à l'interprétation officielle de son histoire par la République populaire de Chine. En ce sens, il conteste indirectement l'idée que celle-ci aurait suffi à expliquer le « succès » de la catégorisation *minzu*. Différents auteurs montrent de plus que les intellectuels ouïghours (historiens, écrivains, etc.) ont depuis les années 1980 grandement contribué à renforcer la conscience nationale ouïghoure (Bovingdon 2010 : chap. 1 ; Rudelson 1997 : chap. 6 ; Schluessel 2014). Et Bovingdon (2010 : 44) mentionne que si l'État chinois a renforcé sans le vouloir l'identité ouïghoure, il a en même temps affaibli son pouvoir d'action (*agency*), ce qui ne manque pas d'ironie.

Bien qu'il constate lui aussi une différenciation interne de l'ethnie et qu'il prévoie que « la cohésion de l'ethnie ouïghoure ne pourra être maintenue à l'avenir qu'au prix de grandes difficultés », Hoppe (1998 : 140) ne souhaite pas aller aussi loin que Rudelson et pronostiquer l'imminence d'une décomposition. Son bilan est le suivant :

> Les Ouïghours constituent certes plus que par exemple les Kazakhs ou les Mongols occidentaux un groupe ethnique « artificiel ». Mais les groupes ethniques qui se sont fondus en son sein, des groupes très différents de par leur origine, qui aujourd'hui ne sont plus que partiellement tangibles, présentent tant d'éléments culturels communs qu'on peut très bien considérer les Ouïghours comme un « peuple » avec beaucoup d'identités locales et de groupes ethnographiques. (Hoppe 1998 : 149)

Des auteurs ultérieurs prennent davantage leurs distances avec l'interprétation de Rudelson (Zang 2015 : 37s.). Dans son article de synthèse au sujet des Ouïghours en Chine, Thum (2016) affirme que la thèse du primat des « identités oasis » de Rudelson est dépassée. Bovingdon (2002 : 69) fait observer que l'éducation a réduit les anciens écarts entre les sous-groupes locaux. Smith (2000 : 217) contredit indirectement Rudelson. Alors que Rudelson notait que la pensée nationaliste n'était prédominante que chez les intellectuels, mais pas chez les paysans et les marchands de Tourfan, Smith a observé un plus vaste soutien pour cette idée dans les groupes sociaux qu'elle a rencontrés à Ürümqi, intellectuels, petits commerçants et chômeurs. Ce phénomène qui touche différentes couches de la population est également confirmé par des données statistiques collectées à Ürümqi en 2008 (Zang 2015 : 45).

Ces contradictions ne peuvent être entièrement dissipées. Il se peut bien sûr que l'analyse de Rudelson soit erronée. Je considère comme plus probable l'hypothèse selon laquelle, en se concentrant sur Tourfan en comparaison avec Kachgar, il aurait accordé une trop grande importance aux différences réelles et procédé à trop de généralisations. Car ces villes oasis sont à l'opposé l'une de l'autre pour ce qui est de leur proximité ou distance culturelle avec la Chine. Indépendamment de cela, des études plus récentes ont montré qu'une identité ethnique transversale est née chez les Ouïghours et qu'elle s'est consolidée au tournant du siècle. Enfin, au vu de la définition citée de l'identité, il est douteux qu'une forte identité régionale entraîne nécessairement un affaiblissement de l'identité ethnique transversale. Derrière l'hypothèse de Rudelson semble se cacher une conception de l'identité comme étant un jeu à somme nulle. Avec la conceptualisation de l'identité esquissée plus haut, il est au contraire plausible que les identités ethniques basées sur des oasis et les identités transversales existent parallèlement et non l'une au détriment de l'autre. L'existence d'une telle identité « pan-ouïghoure » ne signifie pas qu'il n'existe plus d'hétérogénéité interne entre les sous-groupes. Des études récentes montrent que de nouveaux sous-groupes ont émergé par-delà les oasis. Mais que signifie « être ouïghour(e) » ? Cette question prête à débat au sein des différents groupes.

Langue et politique éducative

Depuis les débuts de la République populaire de Chine, la politique linguistique est en étroite relation avec les questions d'unité nationale (Dwyer 2005 : 7). Ceci se manifeste déjà dans la graphie officielle employée pour la langue ouïghoure. Sous l'influence de l'Union soviétique, on a commencé dans les années 1950 par utiliser l'écriture cyrillique, puis après la chute des deux grandes puissances la transcription latine. C'est seulement en 1982 qu'une écriture arabe modifiée a été introduite pour le ouïghour, c'est celle qui est aujourd'hui la variante préférée des locuteurs natifs (Dwyer 2005 : 18ss.). Pour les dirigeants chinois, l'écriture arabe a cet avantage de signifier une séparation des langues turciques de part et d'autre de la frontière avec les républiques post-soviétiques d'Asie centrale (Dwyer 2005 : 22). Les influences politiques et culturelles des pays étrangers les plus proches sont rendues plus difficiles. Cette considération s'explique par la crainte du gouvernement central de voir se renforcer une forme de « panturquisme » (Shichor 2018a). Cependant, il existe des raisons pragmatiques qui justifient l'utilisation de la transcription latine sur Internet (Dwyer 2005 : 22ss.). Pour cette raison et parce que l'apprentissage de l'anglais en est facilité, une discussion sur une réforme de la graphie a ressurgi dans les années 2000 (Smith Finley 2013 : 385s.). Il est indéniable que ces changements multiples équivalent à une « dés-alphabétisation » de générations d'élèves antérieures. Ils représentent des fractures dans la transmission de la culture écrite qu'il ne faut pas sous-estimer. Car aux yeux des intellectuels ouïghours du XXe siècle, la langue et l'écriture avaient une importance déterminante pour la survie de leur ethnie (Rudelson 1997 : 127 ; Schluessel 2014 : 336).

Outre ce clivage intergénérationnel parmi ceux qui ont été confrontés pendant leur scolarité avec des systèmes graphiques différents, la langue d'enseignement utilisée est le deuxième critère de distinction. Comme dans d'autres régions chinoises où vivent des minorités, les membres de ces minorités ont depuis la création de la RPC la possibilité de choisir le chinois ou leur langue maternelle comme support de l'instruction qu'ils vont recevoir. Les diplômés sont donc divisés en *minkaohan* (民考汉 membres d'une minorité avec le chinois comme langue d'enseignement) et *minkaomin* (民考民 membres d'une minorité avec un enseignement en langue maternelle). Entre les deux groupes, il existe des différences très nettes et des animosités (Rudelson 1997 : 129ss.). C'est ainsi qu'on dénie souvent aux *minkaohan* leur authenticité ethnique (Elterish 2015 : 80). On les qualifie péjorativement de « quatorzième *minzu* » du Xinjiang, une allusion aux treize groupes ethniques fixés officiellement pour la région dans les années 1950. Beaucoup de *minkaohan* sont plus à l'aise quand ils parlent le chinois plutôt que le ouïghour et se retrouvent surtout entre eux, car les *minkaomin* les évitent. Mais ils conservent dans leur usage de la langue certaines spécificités qui correspondent aux normes culturelles. Avec leurs parents de même que dans un contexte familial au sens large, ils communiquent en général en ouïghour, car cela est considéré comme irrespectueux de leur adresser la parole en chinois (Elterish 2015 : 89 ; Smith Finley

2013 : 369). Smith Finley (2013 : chap. 7) explique en détail que malgré ces concessions, une profonde méfiance existe entre les deux groupes.

Même si les *minkaohan* en général sont plus proches des coutumes han et donc davantage acculturés (Dwyer 2005 : 38), les différences entre les groupes ne sont pas si tranchées et il existe toute une série de nuances. Certains *minkaomin* acceptent les *minkaohan* à condition qu'ils adoptent la « bonne » position ethno-politique. Smith Finley (2013 : 367) cite à ce propos un informateur qui, en 1996, lui présente son ami *minkaohan* de cette façon : « This is X. Don't worry, although he is *minkaohan*, he hates the Han as much as anyone else ! » Dans certaines familles, la décision d'envoyer son enfant dans une école chinoise est délibérément compensée par le fait que dans son environnement personnel il reçoit un enseignement en langue et culture ouïghoures. Des processus de négociations similaires portant sur ce que comprend l'authenticité ethnique et la manière dont elle peut être conservée dans un contexte de politique linguistique publique qui traite en définitive les langues des minorités avec mépris, se retrouvent aussi dans d'autres groupes ethniques en Chine, par exemple chez les Tibétains (Zenz 2013). La citation suivante de l'ancien secrétaire du Parti au Xinjiang Wang Lequan (en fonctions de 1994 à 2010) montre bien l'orientation de cette politique linguistique :

> The languages of the minority nationalities have very small capacities and do not contain many of the expressions in modern science and technology, which makes education in these concepts impossible. This is out of step with the 21st century. This is why the Chinese language is now used as the medium of instruction from the third grade in primary schools in Xinjiang, to overcome the language barrier and obstacles to development. This way, the quality of the Uyghur youth will not be poorer than that of their Han peers when they grow up. (cité par Becquelin 2004 : 376)

Schluessel (2007 : 254) rejette cette affirmation, qu'il qualifie d' « erreur linguistique ». Dwyer (2005 : 37) partage son avis : chaque langue est en mesure d'exprimer des faits complexes dans la mesure où la planification linguistique est effectuée en conséquence. Les Ouïghours se vengent parfois de ces préjugés vis-à-vis de leur langue en prétendant par exemple que les Han seraient incapables d'apprendre des langues aussi complexes que le ouïghour, ce qui prouverait la supériorité intellectuelle des Ouïghours (Smith Finley 2013 : 91). Ou bien ils comparent leur soi-disant manque de maîtrise du chinois avec la mauvaise prononciation de l'anglais qu'ils pointent chez les Han, leur suggérant d'abandonner le chinois au profit de l'anglais, langue mondiale (Qarluq et McMillen 2011 : 3). Et si Wang insinue que les langues minoritaires sont intemporelles et immuables, cela ne manque pas de sel, car c'était justement le préjugé que les Européens nourrissaient face à la Chine au XIXe siècle.

Ainsi que le montre Smith Finley (2013 : chap. 7 ; Smith 2000), les *minkaohan* se distinguent aussi par leur appartenance à une génération ou une autre. Une première génération a reçu un enseignement en chinois dès l'époque de Mao. Selon l'analyse de Smith Finley, ses membres ont intériorisé les préjugés des Han à l'encontre des Ouïghours (et d'autres minorités) : ils seraient « arriérés » et de moindre « qualité » (*suzhi*). Leur identité ethnique serait marquée par une « schizophrénie aiguë » et un « manque de sentiment d'unité » (Smith Finley et Zang 2015b : 15). La deuxième génération comprend ceux qui dans les années 1990, alors que la liberté était plus grande, ont choisi les écoles où l'enseignement était dispensé en chinois. Cette décision (des parents ou des enfants) s'expliquait par des considérations pragmatiques sur les opportunités offertes par une bonne maîtrise de la langue véhiculaire du pays : une meilleure formation et un accès plus facile au marché de l'emploi. Parmi ces familles se trouvent aussi celles que nous avons décrites plus haut et qui attachent une grande importance à la transmission de la langue et de la culture ouïghoures dans la sphère privée (cf. Tobin 2020 : 216). Smith Finley (2013 : 375ss.) relève quelques cas individuels de *minkaohan* de la troisième génération qui se sont effectivement adaptés à la culture han.

On est en droit de douter que la distinction effectuée ici entre *minkaomin* et *minkaohan* puisse subsister longtemps étant donné les tendances du système éducatif au Xinjiang. Premièrement, Smith Finley (2007) montre qu'une seule et même personne peut changer d'identité comme d'avis au sujet de l'éducation au cours de sa vie. Deuxièmement, Dwyer (2005 : 37ss.) indique que l'utilisation du chinois comme langue d'enseignement a été étendue progressivement à des niveaux inférieurs si bien que les distinctions entre les « écoles avec enseignement en langue minoritaire » et les « écoles avec enseignement en chinois » deviennent plus floues au cours des années 1990. Aussi nomme-t-elle le choix entre des écoles avec des langues d'enseignement différentes un « mythe ». Au vu des évolutions les plus récentes (voir ci-dessous), il faut lui donner raison. Troisièmement, Tobin (2015) présente un nouveau type ressortant des écoles d'Ürümqi qui, dès le début des années 1990, ont expérimenté le chinois comme langue d'enseignement. Il montre que les tentatives d'assimilation n'ont pas obtenu l'effet escompté, mais conduit au rejet de l'identité propagée par l'État comme une part de la « nation chinoise » (*Zhonghua minzu*). Les élèves de cette filière se considèrent eux-mêmes comme une catégorie entre *minkaomin* et *minkaohan*. En d'autres termes, la distinction binaire n'est utile qu'à titre indicatif et ne rend pas compte de toutes les nuances et de tous les sous-groupes de l'identité ethnique.

« Éducation bilingue » et propagation du chinois

Ce qui au début des années 1990 passait encore pour une expérience devient au début du XXIe siècle une politique générale : le chinois est introduit comme langue d'enseignement à tous les niveaux à partir de la maternelle. Cette politique est qualifiée d' « éducation bilingue » (*shuangyu jiaoyu* 双语教育), une « dénomination complètement erronée » pour Smith Finley (2013 : 375), mais sans doute volontairement trompeuse. Dwyer (2005 : 11, 35ss.) voit là une tendance au monolinguisme, en contradiction avec la Constitution nationale de 1982 et la Loi sur l'autonomie régionale de 1984 où l'article 37 stipule entre autres : « Schools where most of the students come from national minorities should, whenever possible, use textbooks in their own languages and use these languages as media of instruction » (Law of the PRC on Regional National Autonomy 1984). Mais la Constitution comprend aussi l'appel à apprendre le mandarin pour toutes les ethnies (Schluessel 2007 : 256). En 2000 a été adoptée une loi sur le chinois standard parlé et écrit (*putonghua* 普通话) afin de le diffuser encore davantage (Pan 2016). Au vu des nombreuses langues et dialectes chinois qui font que les locuteurs ne se comprennent pas toujours, il n'est guère étonnant que ce soit l'un des objectifs d'une politique éducative visant à la formation d'une nation. Cependant, on est en droit de se demander si cet objectif est réalisable dans la mesure où les langues des autres groupes ethniques sont marginalisées, comme c'est le cas pour l' « éducation bilingue » (Schluessel 2007). Depuis 2004, cette politique est progressivement mise en place dans les écoles, ce qui signifie que le ouïghour et d'autres langues minoritaires sont remplacées par le mandarin comme langue d'enseignement. Cette tendance s'est encore renforcée après les troubles d'Ürümqi en 2009 (Gupta et Veena 2016). D'après un livre blanc du gouvernement central, le taux d'élèves scolarisés dans les écoles maternelles « bilingues » est passé de 59 à 89 % entre 2010 et 2014 (SCIO 2015). Dans les territoires du Bingtuan, il est fin 2019 de 100 %, ce qui n'a rien d'étonnant (Bureau des statistiques du Bingtuan et Bureau national des statistiques 2020). Alors que de nouveaux postes de professeurs ont été créés pour les Han, on compterait selon des médias étrangers au moins mille professeurs des écoles issus d'autres groupes ethniques ayant perdu leur emploi du fait de leurs connaissances insuffisantes en mandarin (UHRP 2015a : 11).

De plus, un nombre croissant d'écoles autrefois séparées pour les Han et les minorités ont été regroupées bien que les élèves ouïghours et leurs parents préfèrent que l'enseignement, même en chinois, soit dispensé par des Ouïghours et avec des camarades de leur propre ethnie, ainsi que Hann (2014 : 199) le relève pour Hami. Cette « consolidation » des écoles est vue par Schluessel (2007 : 257) d'un œil critique, car les élèves d'autres groupes ethniques sont confrontés sans aucune préparation à une concurrence directe avec les locuteurs chinois. Une étude de terrain portant sur la mise en place de cette politique et réalisée par le sociologue Yi Lin, un expert de la formation des minorités reconnu au plan international et travaillant en RPC confirme ces craintes. Au lieu de réaliser l'objectif proclamé d'une « solidarité des ethnies » (*minzu tuanjie*), le « racisme d'État » est institutionnalisé dans ce type d'écoles ; au lieu de « la mixité interethnique » (*minzu jiaorong*) qui est l'objectif politique officiel depuis le deuxième Forum de travail du Xinjiang en 2014 (Gupta et Veena 2016 : 313), il relève une ségrégation ethnique par souci de « stabilité ». Yi (2016 : 35) écrit :

> State racism carries out a civilizing project in a colonialist view of the cultural primitiveness and inferiority of the Other against the cultural complexity and superiority of the mainstream.

Il montre très clairement comment les préjugés des enseignants et des élèves han vis-à-vis de leurs homologues ouïghours sont encore renforcés par la hiérarchie des langues ancrée dans la politique. Il atteste également la distinction des élèves ouïghours entre (anciens) *minkaohan* et *minkaomin*, les premiers ayant repris à leur compte les préjugés des Han et qualifiant les autres de « barbares » et de « pas assez civilisés » (Yi 2016 : 37). Il est compréhensible que les exclus rejettent l'enseignement qui leur est proposé et sa fonction dans l'État. Il considère par conséquent comme un échec le projet identitaire de l'État, qui octroie aux minorités un rôle de citoyen de seconde classe. Les diplômés ouïghours d'une école-pilote de langue chinoise interrogés par Tobin (2020 : 213s.) prennent aussi leurs distances avec cette tentative de « sinisation ».

La présentation faite jusqu'à présent de l' « éducation bilingue » donne l'impression qu'elle est (presque) unanimement refusée par les Ouïghours (Smith Finley et Zang 2015b : 13), même si une résistance peut bien sûr n'être exprimée que de façon dissimulée. Dans un article publié récemment, Baranovitch (2020) complète et corrige ce constat à deux égards. D'une part, il montre que très tôt, c'est-à-dire en 2002 quand l'université du Xinjiang et d'autres établissements du supérieur ont supprimé le ouïghour comme langue d'enseignement (sauf pour les cours portant sur la littérature ouïghoure), des intellectuels et des universitaires de renom ont critiqué cette mesure publiquement et n'ont pas ménagé leurs mots. Ceci est surtout vrai pour Ilham Tohti, condamné en 2014, à la prison à perpétuité. D'autre part, il montre aussi qu'un groupe de cadres et d'universitaires ouïghours ont soutenu très tôt et publiquement cette politique qui, vue sous cet angle, peut être considérée comme une initiative locale reprise ultérieurement par le gouvernement central avant d'être généralisée, ce qui correspond à un schéma classique du processus politique en Chine (Heilmann 2008). Et ce sont deux auteurs ouïghours, Niyazi et Hasimu, qui fournissent la raison pour laquelle l' « éducation bilingue » n'enfreindrait pas les normes légales citées :

> The two focus on the articles in the constitution and related laws that grant China's ethnic minorities « the freedom to use and develop their own languages and scripts » and claim that the meaning of these articles is that minorities « can enjoy this freedom, but can also give it up, » and that « we cannot regard the use of ethnic minorities' scripts and languages as an obligation ». (Baranovitch 2020 : 22)

Ici, les auteurs s'avèrent être des élèves modèles de la dialectique propre au PCC pour laquelle un droit à la liberté comprend toujours son contraire. Nous verrons au chapitre 8 que le gouvernement central argumente de la même façon pour la religion, la « véritable religion » n'existant qu'au moment où la société est « libre de toute religion ». Il a déjà été question de l'interprétation officielle pour laquelle l'évolution des ethnies équivaut à leur extinction (*minzu xiaowang*). Baranovitch (2020 : 24) ne dénie toutefois pas cette conviction aux défenseurs ouïghours de l' « éducation bilingue » : pour eux, la réforme contribue à une meilleure formation de leurs concitoyens. Il indique en outre que même un éminent précurseur de la réforme comme Azat Sultan qui, au milieu des années 1990, propageait le choix du chinois comme langue d'enseignement à l'université du Xinjiang, est devenu un spécialiste de la littérature ouïghoure malgré son parcours chinois. Cela n'a pas empêché qu'en janvier 2018 il soit envoyé dans un camp de rééducation en tant que « personne à deux visages » (*liangmianren* 两面人), c'est-à-dire traître (Baranovitch 2020 : 25s.). Cela souligne à quel point la situation est actuellement précaire pour les intellectuels ouïghours, même ceux qui comptent parmi l'establishment.

Les classes *neidiban*

Un autre programme destiné à former une élite ouïghoure façonnée et marquée par l'éducation chinoise concerne les classes pour Ouïghours dans des écoles de l'intérieur du pays (*neidiban* 内地班). Cette idée qui veut qu'on forme certains membres des minorités ethniques afin de créer en leur sein une élite loyale remonte aux années 1940. En 1952 est fondée à Beijing la Haute école des Nationalités (*Minzu Xueyuan* 民族学院 ; appelée aujourd'hui officiellement Université centrale des Minorités ou Minzu University of China *Zhongyang Minzu Daxue* 中央民族大学) (Leibold 2019 : 5). Un programme destiné aux collégiens tibétains est lancé en 1985, tout d'abord dans dix-huit métropoles de l'Est de la Chine afin d'étendre son recrutement (Postiglione, Jiao et Tsering 2009). Un programme équivalent est mis sur pied pour le Xinjiang en 2000 (*neidi Xinjiang gaozhong ban* 内地新

疆高中班) et rapidement étendu à désormais une centaine d'écoles dans 50 villes (Leibold et Grose 2019 : 18). Jusqu'en 2012, 51 000 élèves avaient déjà achevé leur scolarité au collège dans le cadre de ce programme, 85 à 95 % d'entre eux étaient ouïghours (Gupta et Veena 2016 : 316).[6] Une source chinoise mentionne jusqu'à fin 2016 le nombre cumulé de 80 200 diplômés de ces classes pour minorités à l'intérieur du pays et celui de 39 000 élèves inscrits à cette date (Yuan 2017 : 41). Une autre étude d'auteurs basés en RPC parle de près de 100 000 diplômés en 2017, dont 21 000 ont commencé à travailler au Xinjiang (Yuan et Zhu 2021 : 538).

Dans la première étude détaillée consacrée à ce groupe dans la recherche internationale sur la Chine, Chen (2008) montre qu'il existe un écart entre l'ambition et la réalité de cette mesure. Cette étude repose sur une enquête de terrain effectuée dans une école participant à ce programme alors qu'il n'en est encore qu'à ses débuts. Si le gouvernement central juge ces classes pour Ouïghours à l'intérieur du pays comme une contribution à l'unité nationale et à la stabilité politique, les gouvernements locaux et les écoles concernées dans l'Est de la Chine y voient la source de troubles potentiels. Ils limitent donc les contacts entre les élèves locaux et ceux issus du Xinjiang. Tant pour ces raisons que pour une différence de niveau linguistique et d'état des connaissances, les élèves reçoivent en règle générale leur enseignement dans des classes séparées. En dehors des cours, le contact entre les ethnies est plus souvent entravé qu'encouragé. Au lieu d'être plongés dans la culture han, les élèves ouïghours font l'expérience de la ségrégation. Mais ils sont d'avis que le programme leur offre la possibilité d'accroître leur capital culturel et social. Ils trouvent la qualité des écoles meilleure que celle de leur région d'origine, le capital social se bornant toutefois en grande partie aux contacts à l'intérieur de leur propre groupe ethnique. Chen constate finalement que les élèves acceptent le programme sur le plan structurel, tout en opposant une résistance culturelle à ses contradictions. Au cours de leur formation, certains voient se dissiper leurs sentiments et leurs jugements positifs à l'égard des Han, tandis que des perspectives plus critiques sont articulées avec plus de précision. Au lieu d'adopter l'identité idéalisée propagée par l'État qui ferait d'eux les heureux membres de la « nation chinoise » (*Zhonghua minzu*), ils continuent d'afficher, peut-être plus qu'avant, une identité ethnique ouïghoure (Chen 2015).

Dans son projet de recherche ethnographique sur les diplômés de classes réservées en Chine intérieure à des élèves du Xinjiang, Grose arrive à des résultats similaires. Contrairement à Chen, qui analysait une école et ses élèves, Grose se concentre sur les diplômés de ce type de classe dans des écoles différentes, lesquels font ensuite leurs études dans des universités de l'Est du pays (cf. aussi Chen 2019). Ses résultats montrent que le travail de Chen ne portait pas sur un cas unique. Grose (2015a) conclut que ses informateurs nourrissent de fortes réserves à l'égard de l'objectif prioritaire de la formation, à savoir en faire des instruments de l'État qui, à leur retour au pays, doivent contribuer à imposer la politique du gouvernement. Cette ambition est clairement formulée par les auteurs chinois. Xu Kaihong (2016 : 78) écrit par exemple que l'objectif est de « faire émerger parmi les minorités des talents fiables, utilisables et prêts à rester dans leur région d'origine » (*xin de guo, yong de shang, liu de zhu* 信得过，用得上，留得住). Beaucoup refusent d'être affectés à cette

6 En revanche, Grose (2015a : 159) donne pour la période 2000–2014 le chiffre de 35 000 diplômés et le même chiffre pour les élèves encore scolarisés dans ces classes.

tâche et restent dans la région Est ou essaient même d'émigrer à l'étranger. Leurs chances de succès sont meilleures que pour les Ouïghours officiellement domiciliés au Xinjiang, dont les voyages à l'étranger sont depuis quelques années strictement contrôlés. Ce traitement de seconde classe réservé aux Ouïghours dans leur région joue un rôle important dans leur décision de rester dans l'Est de la Chine ou de partir à l'étranger. Ces hésitations sont justifiées ainsi que Grose (2016) le montre dans une autre publication. Ceux qui rentrent chez eux (plutôt contraints et forcés) ont souvent des problèmes pour trouver un emploi approprié correspondant à leur attente. Les carrières qu'on leur propose dans les banques, la police ou l'enseignement ne les attirent guère. Beaucoup de jeunes femmes surtout ont des difficultés d'adaptation une fois confrontées aux rôles traditionnels dans la société ouïghoure, encore très patriarcale. Même les diplômés (masculins) de ce type de classes ne se détachent pas facilement de ces représentations. Or, c'est justement cette répartition traditionnelle des rôles qui fait que les femmes rentrent au Xinjiang par souci de leurs parents et de leur famille alors qu'on attend plutôt des hommes qu'ils restent dans l'Est pour leur carrière (Chen 2019 : 82s.). À la fin, beaucoup de ces diplômés rentrés au pays sont déçus et dirigent leur frustration contre le PCC (Grose 2016). Ils vivent leurs difficultés à trouver un emploi comme l'expression d'un système profondément injuste qui avantage ceux qui ont des contacts politiques et encouragent la corruption (Chen 2019 : 86ss.). Ce qui est peut-être encore plus dangereux du point de vue de l'État-parti, c'est que pendant leur séjour dans l'Est de la Chine, certains élèves de ces classes pour élèves issus des minorités se mettent en quête de leurs origines culturelles à cause de leurs rencontres avec des Han qui les traitent comme ethniquement différents (*othering*). Ceux qui se voyaient comme bien assimilés dans leur pays et redécouvrent leur identité ethnique et religieuse ne sont pas rares. Ils se tournent davantage vers l'islam au lieu de devenir des membres laïcs de la nation chinoise comme le souhaitait l'État (Grose 2015b). Pour les étudiants tibétains de ces mêmes filières, les observations sont similaires (Yi et Wang 2012).

Même si les identités des étudiants de ces classes particulières sont variées, il est permis de douter que l'État puisse atteindre les objectifs qu'il s'est fixés avec cette mesure. Pourtant, les programmes correspondants, loin d'être abandonnés, sont encore étendus. Yuan (2017 : 41s.) mentionne, outre la dernière classe du collège dans l'intérieur du pays, une série d'autres mesures pour les divers groupes. Ce sont d'une part des étudiants qui doivent obtenir une licence ou des diplômes spécialisés en Chine historique. Depuis le lancement de ce programme de 1990 à fin 2016, il compte 29 000 diplômés et 64 000 étudiants inscrits (10 000 nouveaux par an depuis 2016). De l'autre, on recrute depuis 2011 des élèves pour les écoles professionnelles de l'intérieur du pays (3300 par an). Jusqu'à fin 2016, 5000 avaient achevé leur formation tandis que 15 000 étaient encore en train de la suivre. C'est dans les programmes *neidiban* en particulier pour les dernières années du secondaire que Yuan relève comme Chen et Grose les plus gros problèmes : il cite de nombreux conflits internes quant à leur objectif. Il critique par exemple l' « éducation à la citoyenneté » comme trop théorique ; les élèves la perçoivent comme « fausse, vaste et creuse » (*jia, da, kong* 假、大、空). L'accès relativement facile à ces programmes contribue à leur mauvaise réputation et au peu de considération des employeurs pour ces diplômés. Pour Yuan, la ségrégation entre les élèves issus du Xinjiang et ceux de l'intérieur du pays peut certes se justifier sur le plan pédagogique, mais elle empêche que se constitue la « bonne » identité. Les grandes lignes du programme ont donc été réajustées en 2005. Alors que les classes séparées étaient autrefois autorisées, il convient désormais de « promouvoir les classes mixtes ». Après une année de préparation séparée, les trois dernières années du secondaire doivent être effectuées avec les autres élèves. Mais dans la pratique, les élèves issus des minorités ont plus de mal à assimiler le programme. Depuis 2005 également, l'obligation de retourner au Xinjiang a été durcie. D'après Yuan, cela entrave une répartition rationnelle du capital humain, limite les possibilités d'épanouissement personnel et exclut les diplômés issus des minorités au lieu de les intégrer dans la société dominante. Bien qu'il expose de manière convaincante les failles du système, l'auteur ne va pas jusqu'à le remettre en question, ce qui serait risqué sur le plan politique ; il se contente de faire quelques petites propositions pour l'améliorer.

Et en effet, les élèves *neidiban* venant du Xinjiang suivent aujourd'hui les mêmes cours que leurs homologues Han, mais ils sont généralement logés à part, par exemple dans des foyers qui leur sont réservés ou même sur un campus ségrégatif (Yuan, Qian et Zhu 2017 : 1102s.). Ils sont ainsi plus facilement surveillés tandis que pour les gouvernements locaux et les administrations scolaires cela évite les points de friction éventuels avec les Chinois han. Sur la base d'une évaluation des règlements scolaires pour *neidiban*, Leibold et Grose (2019) soulignent qu'un système étendu destiné à discipliner les élèves a été établi afin de faire émerger une « élite de compradors ethniques » adaptée à la culture han.[7] Le contrôle exercé porte sur des aspects spatiaux et temporels, mais aussi sur le comportement des élèves et leur vision du monde, il se fait par un système élaboré de sanctions et d'éloges. Cet objectif pourra-t-il être atteint ? Il est difficile de le dire, car il suscite des contre-réactions et l'émergence d'identités multiples. Toujours est-il que comme Tobin (2020) ils considèrent que l'ambivalence de l'intégration de ces identités dans le discours public en fait des identités incertaines et fondamentalement menacées par (Leibold et Grose 2019 : 30).

Yuan arrive en revanche avec ses co-auteurs à une appréciation plus positive dans une étude réalisée sur quatre ans dans une école ayant une classe avec des élèves du Xinjiang dans le Sud-Est de la Chine. Il souligne que les participants *neidiban* parviennent, malgré toutes les tentatives de contrôle, à vivre et à faire subsister en cachette leur identité ethnique, aspects religieux compris. Certains font le guet pendant que d'autres mettent leur foulard, prient ou récitent le Coran (parfois sous la couverture) (Yuan, Qian et Zhu 2017). Yuan (2016) ne se concentre pas seulement sur les élèves ouïghours qui représentent environ la moitié des classes pour minorités dans l'école en question, mais sur toutes les ethnies concernées, dont un cinquième de Han, le reste étant composé de Kazakhs, de Kirghizes, de Mongoles et de Hui. Il montre que le programme atteint son objectif de « mixité interethnique », car il existe entre ces élèves des contacts étroits et même une identité commune d' « habitants du Xinjiang » (*Xinjiangren*). Il regarde toutefois d'un œil critique le fait que la direction de l'école laisse carte blanche aux délégués des élèves pour les activités scolaires. Or, ceux-ci sont surtout ouïghours et il arrive que lors des fêtes de l'école il n'y ait par exemple que des chants et des danses ouïghours si bien que les autres ethnies se sentent exclues. De même quand il s'agit de faire observer la discipline, ce dont les représentants des élèves sont en partie responsables, il arrive selon lui que les Ouïghours soient avantagés et que leurs camarades le déplorent. Malgré les tensions interethniques latentes que cela sus-

7 Le terme de comprador était utilisé au XIXe siècle pour les intermédiaires qui écoulaient sur le marché chinois les marchandises des puissances coloniales européennes (Spence 1990 : 224).

cite, cette étude présente un tableau nettement plus optimiste des classes *neidiban*. Guo et Gu (2016 ; 2018), qui ont étudié un groupe d'étudiants ouïghours dans une université d'élite de Shanghai, concluent que leur recherche d'identité se passe dans l'ensemble de manière positive. Ils analysent la façon dont l'apprentissage de l'anglais, très important dans cette université, influe le jugement qu'ils portent sur eux-mêmes. D'un côté, les étudiants sont en moyenne plus faibles dans cette langue, car pendant leur scolarité l'accent a été mis sur l'apprentissage du mandarin, un point très souvent critiqué au Xinjiang (Rudelson 1997 : 78). De l'autre, ces étudiants parviennent à se positionner en tant que membres d'une élite universitaire et donc à élaborer une nouvelle identité, une identité convoitée. Ce faisant, ils se démarquent en partie positivement de leurs camarades han à qui ils attribuent des compétences moindres dans l'apprentissage des langues étrangères. Il apparaît donc que les membres de ces classes pour élèves issus des minorités peuvent faire des expériences très variées.

Une autre étude met en avant la transformation des membres *neidiban* issus du Xinjiang et appelés à former une élite ; ils ont peu à peu un avant-goût du changement de statut qui les attend (Yuan et Zhu 2021). Le voyage en train qui les amène en trois jours d'Ürümqi dans le Sud-Est de la Chine est ici analysé en tant que transition entre différentes phases de la vie. Les auteurs étudient d'une part les espoirs d'ascension sociale liés à la mobilité spatiale qui les rapproche des centres économiques du pays. Rien que l'éloignement de leur région d'origine suffit à leur donner une idée de l'élite qu'ils seront amenés à former. De l'autre, ils montrent aussi que les voyageurs craignent de perdre leur identité ethnique plus ils s'éloignent du Xinjiang. Enfin, ils en arrivent à un bilan optimiste, les écoliers *neidiban* sachant utiliser l'expérience du voyage pour affirmer leur identité ouïghoure. Les premières impressions visuelles du paysage qui défile devant eux quand ils découvrent le Nord-Ouest relativement pauvre de l'espace habité par les Han, corrigent les images propagées par les médias d'une culture han progressiste et renforce leur fierté de venir du Xinjiang (Yuan et Zhu 2021 : 548ss.). Bien entendu, il ne peut s'agir ici que d'un instantané qui ne doit pas faire oublier les nombreux problèmes auxquels les diplômés se voient confrontés une fois qu'ils arrivent sur le marché du travail. Chen (2019) met surtout en avant les hauts et les bas de l'identification ethnique au fil du temps, tandis que Leibold (2019 : 9) souligne la capacité d'adaptation à de nouvelles situations comme faisant partie de l'identité multiple des personnes concernées. En résumé, on peut dire que les objectifs de la transformation souhaitée par l'État avec la mise en place de ces classes particulières ne sont pas aisés à réaliser, mais qu'ils dépendent de nombreux facteurs, dont les élèves eux-mêmes, les enseignants et l'accueil des diplômés dans la société.

Les dépenses, résultats et inégalités en matière d'éducation

Même si la priorité est donnée aux questions d'identité, un aperçu du système éducatif au Xinjiang ne peut se passer de quelques données statistiques, lesquelles forment le lien avec les inégalités socio-économiques traitées au chapitre précédent. Comme le montre le graphique 7.1, les dépenses publiques en matière d'éducation (*guojia caizhengxing jiaoyu jingfei* 国家财政性教育经费) au Xinjiang ont constamment et fortement augmenté entre 2000 et

2019. Mais elles n'ont pas suivi l'évolution générale des dépenses. Leur part du budget régional est passée de près de 30 % en 2000 à seulement 16 % à la fin de la période considérée, elle a donc été divisée par deux. Il est intéressant de constater qu'en comparaison, les dépenses budgétaires allouées à la sécurité publique (*difang caizheng gonggong anquan zhichu* 地方财政公共安全支出) ont d'après les mêmes sources fortement augmenté. Pour cette indication, il est possible de remonter seulement jusqu'en 2007. Entre 2007 et 2019, les dépenses d'enseignement ont été multipliées par 5,6, celles destinées à la sécurité par 10,4. Autrement dit, les dépenses de sécurité sont passées de 7 à 11 % du budget, alors que l'enseignement a vu sa part diminuer de 19 à 16 %. L'extension de l'appareil de sécurité fera l'objet d'une analyse plus précise au chapitre 9. Ici, une brève comparaison suffit à mettre en évidence les priorités en matière de dépenses publiques.

Bien qu'au Xinjiang les dépenses d'éducation ne soient pas faibles par rapport à la moyenne nationale, la région présente un retard quant au niveau de l'enseignement dispensé. Ceci est d'ailleurs valable pour le Nord-Ouest de la Chine dans son ensemble (Li et Chang 2015 : 27). D'après les données du sixième recensement national de 2010, plus des trois quarts de la population du Xinjiang avaient au maximum un diplôme équivalent au brevet des collèges (au terme d'une scolarité de 9 ans en général) (Li et Chang 2015 : 27). En fait, cela correspond à la scolarité obligatoire en Chine, même si pour les régions habitées par les minorités celle-ci n'a pu être mise en place que progressivement. En même temps,

Fig. 7.1 : Dépenses pour l'enseignement public au Xinjiang, 2000–2019.

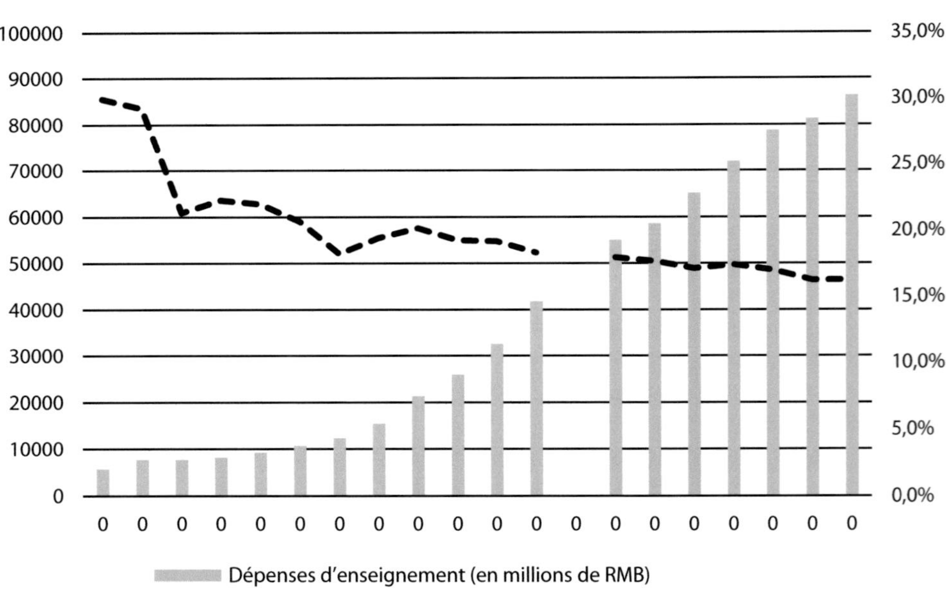

Source : National Bureau of Statistics: National Data. Données disponibles en ligne sur le site: https://data.stats.gov.cn (consulté le 29/4/2021).

Remarque : les données manquent pour 2012.

des déséquilibres se manifestent au sein du Xinjiang entre les groupes ethniques. Parmi les Han, seulement près de 25 % n'avaient fréquenté que l'école primaire et encore (*xiaoxue jiqi yixia* 小学及其以下), pour les autres groupes ethniques ce taux s'élevait à 40 %. À l'inverse, plus de 37 % des Han avaient fréquenté un lycée (*gaozhong jiqi yishang* 高中及其以上), chez les Ouïghours seulement 12,6 %, pourcentage encore inférieur à celui des Kazakhs (19,5 %) et des Hui (20,6 %). L'image qui découle de la comparaison entre les trois derniers recensements (1990, 2000 et 2010) est ambivalente : à l'intérieur de chaque groupe, le niveau d'instruction s'est beaucoup amélioré. En revanche, les écarts entre les groupes ne se sont pas réduits (Li et Chang 2015 : 27). Réalisé fin 2020, le septième recensement doit indiquer comment la situation a évolué au cours de la dernière décennie. Mais ces données n'ont pas encore été publiées et il est possible qu'étant donné le risque politique qu'elles représentent elles ne le soient jamais.

Langage courant et stéréotypes

« 80 à 90 % des Ouïghours méprisent et détestent les Han. » Dans son étude ethnographique détaillée consacrée aux ethnies du Xinjiang et à leurs relations mutuelles, Hoppe (1998 : 144) en arrive à cette conclusion sans appel. À cette introduction succèdent trois pages de stéréotypes et de jugements négatifs exprimés par des Ouïghours à propos des Han et inversement, que Hoppe a rassemblés durant son étude de terrain. Son constat « l'attitude hédoniste des Ouïghours contraste avec l'éthique de travail des Han » (Hoppe 1998 : 145) rappelle les malentendus interculturels entre les employeurs chinois et leurs employés de couleur que Lee (2018) analyse en Zambie. Ceci explique que les Chinois déplorent le manque de zèle de leurs employés et l'interprètent comme un déficit culturel alors qu'il constitue une adaptation logique aux salaires payés par les entreprises chinoises, considérés comme insuffisants. On peut imaginer qu'un mécanisme similaire est à l'œuvre ici.

Dans l'un des rares questionnaires à ce sujet datant de 2001, Yee (2005) parvient également à cette conclusion : les Ouïghours possèdent une identité ethnique et locale particulièrement prononcée et la relation entre Han et Ouïghours est compliquée. Environ 43 % des sondés ouïghours et 48 % des Han de son échantillon non-représentatif la considèrent comme « mauvaise » (Yee 2005 : 40). Il faut toutefois tenir compte du fait que la pression politique exercée pour obtenir une réponse positive à cette question est forte. Au cours de la décennie suivante, la relation interethnique tendue ne semble pas s'être apaisée, car les études de Bovingdon (2010 : chap. 3) et de Smith Finley (2013 : chap. 2) présentent avec une grande exhaustivité les préjugés mutuels et les attitudes méprisantes des deux groupes. Bovingdon analyse ces exemples d'exclusion verbale en s'appuyant sur le concept de « formes quotidiennes de résistance » élaboré par James Scott (*everyday forms of resistance*). La manière dont on se démarque d'un autre groupe commence par le qualificatif utilisé à son propos. Les Han emploient le terme neutre mais distant de *tamen* (他们 « ceux-là »), le mot *minzu* qui recouvre une catégorie (« ethnie » – comme si les Han n'en étaient pas une) ou la dénomination péjorative *chantou* (缠头 « porteurs de turban »). Les Ouïghours parlent des Han en les appelant *muslu häklär* (« ces gens-là »), avec sarcasme *bu akam* (« mon grand frère » – faisant allusion à la propagande étatique) ou *khitay* (« Chinois », autrefois une référence aux Kara-Khitans perçue comme une injure et parfois voulue ainsi) ou encore *kapir* (« mécréant ») (Bovingdon 2010 : 89). Pour Bovingdon, ces expressions du quotidien sont plus que des paroles en l'air. Il les considère comme le seul moyen possible de formuler des critiques à l'encontre des rapports de domination et de maintenir la cohésion du groupe en le démarquant des autres.

Smith Finley (2013 : chap. 2) propose une analyse encore plus détaillée des stéréotypes qu'elle met systématiquement en relation les uns avec les autres. Elle fait remarquer que chaque forme de vexation ou de condescendance dont les Ouïghours sont victimes de la part des Han ou de l'État provoque une sorte de « contre-stéréotype ». Celui-ci vise à la défense et à la confirmation de sa propre identité ethnique. Sur le plan du contenu, ces (contre-)stéréotypes vont des habitudes alimentaires à l'apparence physique, la capacité (ou l'incapacité) de se divertir avec des chants et des danses, la politesse ou le manque de tact (une « disposition des Han »), la saleté et les comportements vus comme non-civilisés chez les Han. Ce qui est particulièrement critiqué, c'est par exemple la consommation de viande de porc et d'autres mets considérés comme non-musulmans (*haram* – interdits), interprétée comme barbare, alors que pour les Han celle-ci va de soi et est au centre de leur culture culinaire. Chez les Ouïghours, la vue ou l'odeur de viande de porc suffit à provoquer des réactions de défense physique comme le dégout. Un autre aspect concerne l'hygiène, si bien que chaque communauté reproche à l'autre d'être « sale ». Les Ouïghours attachent culturellement une grande importance à la « petite toilette » (mains, avant-bras, pieds, chevilles et visage) habituelle avant la prière. Mais ils se lavent plus rarement que les Han entièrement, entre autres pour économiser l'eau. Ceci s'explique outre par des considérations pratiques dans une région sèche par le précepte musulman qui veut qu'on évite le gaspillage. En revanche, la pratique Han qui consiste à se laver les mains dans une cuvette et non à l'eau courante suscite un sentiment de répulsion chez les Ouïghours, de même que leur habitude de se secouer ensuite les mains et donc de disséminer les restes d'eau sale. Du point de vue des Ouïghours, c'est manquer de respect vis-à-vis de ses parents que de fumer ou de boire de l'alcool en leur présence, alors que les Han sont fiers de leur tradition de « piété filiale » (*xiao*), une valeur centrale du confucianisme. Remarquons toutefois que c'est seulement la consommation de tabac et d'alcool en présence de la génération plus âgée qui est problématique, non la consommation en soi, bien qu'elle contrevienne à la religion musulmane (Smith Finley 2013 : 110s. ; cf. Tobin 2020 : 214ss.).

D'autres stéréotypes relèvent moins des différences culturelles que de la situation économique et politique au Xinjiang. Ils se rapportent par exemple à ce que les Ouïghours ressentent comme un pillage de la région. Les Han sont alors qualifiés de fourmis, sauterelles ou puces (cf. aussi Bovingdon 2010 : 87 ; Hoppe 1998 : 145). Smith Finley (2013 : 124s.) signale à juste titre que ces dénominations dégradantes et déshumanisantes peuvent aboutir à ce que l'anéantissement des Han en tant qu'espèce superflue, sans visage, soit encouragée. Mais elle interprète l'escalade de la rhétorique comme une réaction au manque de sensibilité culturelle des migrants Han au Xinjiang, surtout depuis les années 1990 et à la marginalisation croissante des Ouïghours. Elle indique également que certains des stéréotypes analysés ont des racines historiques lointaines. Ceci est en soi convaincant, mais n'explique pas pourquoi certains stéréotypes négatifs très forts à l'égard d'autres ethnies du Xinjiang sont répandues parmi les Ouïghours alors qu'elles ne les oppriment pas. Gladney (2018 : 326) note que dans le cas d'une indépendance (improbable) de la région, les conflits entre les différents groupes de religion musulmane pourraient être aussi violents qu'entre Ouïghours et Han. D'après Hoppe (1998 : 147ss.), les noms « Kazakhs » et « Dounganes » (pour les Hui) sont déjà utilisés comme des injures ou avec une connotation péjorative.[8] On remarque aussi que dans la société de Hongkong le qualificatif de sauterelles est devenu courant pour désigner les Chinois du continent, sans conflits culturels séculaires ni marginalisation socio-économique comparable. Ceci ne réfute pas l'argumentation de Smith Finley, mais la fait apparaitre sous un nouveau jour. Il n'est pas impossible que cette forme de déshumanisation ait joué un rôle dans les attaques indifférenciées de manifestants ouïghours contre des civils han lors des troubles d'Ürümqi en juillet 2009. Même si ces stéréotypes visent à la protection de leur propre identité et peuvent constituer une réaction, ils recèlent le risque d'autoriser des contre-réactions agressives.

Mais dans l'autre sens aussi, il existe des convictions déshumanisantes, par exemple cette affirmation tenace chez les Han selon laquelle les musulmans ne mangeraient pas de viande de porc parce qu'ils vénéreraient les porcs comme étant leurs ancêtres (Gladney 2004 : 113 ; Tobin 2020 : 200). Ceci aussi facilite aussi la banalisation et la normalisation d'une violence pouvant aller jusqu'à la mort, violence exercée en 2009 par des civils han à l'encontre de leurs homologues ouïghours (Tobin 2020 : 202ss. ; voir chap. 9).

Littérature et médias

La parole écrite joue dans la formation d'une identité ethnique ouïghoure un rôle bien entendu important, même s'il ne peut être qu'évoqué à la marge ici (Tursun 2018). Rudelson (1997: chap. 6) expliquait déjà comment la « poésie de la résistance » du poète local Abdukhaliq (1901–1933), nom de plume « Uyghur », a été redécouverte dans le Tourfan des années 1980 et quel rôle elle avait joué dans la création d'une identité ouïghoure. Le fait que « Uyghur » ait été exécuté par le seigneur de guerre Sheng Shicai permettait de présenter ses œuvres comme politiquement inoffensives (d'abord), Sheng étant aussi le bourreau de communistes chinois importants, le frère de Mao compris. Des ouvrages historiques comme *Uyghurlar* (« Les Ouïghours », 1990) de Turghun Almas ont également joué un rôle décisif dans l'essor de la conscience ethnique du groupe (Rudelson 1997 : 157ss. ; Tobin 2020 : 106s.). Dans cette histoire fortement empreinte de nationalisme, l'auteur prétend par exemple que le peuplement du Xinjiang actuel remonte à 6000 ans, soit à une période précédant l'émergence des Han comme ethnie et longtemps avant leurs premiers contacts avec le Xinjiang. Afin de conforter cette thèse, il fait allusion aux célèbres momies de Loulan censées prouver le peuplement « européen » de la région (Millward 2007 : 15ss.). Ce révisionnisme historique pour le moins osé rappelle des tentatives similaires d'historiens de l'ethnie Yi (dans le Sichuan d'aujourd'hui) pour faire commencer leur préhistoire encore avant celle des Han (Harrell et Li 2003). Mais la différence réside dans la réaction de l'État. Alors que les affirmations des historiens Yi sont tolérées, l'administration du Xinjiang lance

8 Soit dit en passant, même dans l'autobiographie de la dissidente ouïghoure Rebiya Kadeer (par prête-plume allemande interposée), les « Dounganes » apparaissent uniquement dans des rôles négatifs, en tant que dealers, voleurs, individus violents (Kadeer et Cavelius 2007).

en 1991 une violente campagne de dénigrement à l'encontre de Turghun, assigné à résidence. Il est toutefois peu probable que cette campagne ait eu un effet (Rudelson 1997 : 159). Pour les Ouïghours, il n'en devient que plus crédible. Par ailleurs, ses idées ont été diffusées par d'autres canaux (cassettes, vidéos, pochettes de disque, posters, etc.), atteignant ainsi des couches de la population qui ne s'étaient pas spécialement intéressées à ses écrits historiques (Baranovitch 2003 : 749s.).

Ce renouveau de l'intérêt des lecteurs ouïghours pour l'histoire est alimenté à la même époque par les romans historiques de Abdurehim Ötkür. Né en 1923, Abdurehim participe personnellement à la Rébellion Ili, qui conduit à la création de la Seconde République du Turkestan oriental ; celle-ci est au centre de sa trilogie historique publiée entre 1985 et 1994 et très largement diffusée. Après avoir essayé sans succès de s'enfuir de RPC, il passe la majeure partie de la période allant de 1949 à la fin des années 1970 en prison. Par le biais de la fiction, il parvient à évoquer dans ses œuvres la répression dont sont victimes les Ouïghours sans prendre trop de risques. Mais au début des années 1990, les censeurs, inquiets de la popularité de ses écrits et en proie à une peur croissante du séparatisme, lui causent de nouveaux ennuis (Rudelson 1997 : 163ss.). De façon analogue, la trilogie de Zordun Sabir *Ana yurt* (« Patrie »), parue en 2000, fait sensation et provoque peu après une campagne de censure. Bien que l'action se passe aussi durant la Seconde République du Turkestan oriental, le texte peut être lu comme une critique acerbe de la situation actuelle. On y trouve par exemple des fonctionnaires ouïghours sans aucun pouvoir, des hôtes qui s'enrichissent aux dépens de ceux qui les reçoivent et des opposants cruellement punis pour avoir dit la vérité. Il suffit d'un brin d'imagination pour voir dans ce texte une allégorie du Xinjiang actuel et pourtant les censeurs ont d'abord autorisé sa publication (Bovingdon 2010 : 97ss.). Mais ils n'ont pas tardé à revenir sur leur décision. À partir de 2002, c'est-à-dire après les attentats de septembre 2001, qui ont conduit à d'importants changements sur la scène internationale, l'administration du Xinjiang prend des mesures de plus en plus dures contre les écrivains et les intellectuels dissidents, stigmatisés en tant que « terroristes intellectuels » (Bovingdon 2010 : 99ss.).

Nurmuhemmet Yasin, auteur d'une nouvelle très connue intitulée « Le pigeon bleu » (*Yawa Kepter*), publiée en 2004, en est l'une des premières victimes (Bovingdon 2010 : 100). L'histoire raconte comment un jeune pigeon sauvage, une allégorie de la culture ouïghoure authentique, arrive dans une région où des pigeons domestiques, engraissés pour être mangés, vivent en captivité. Les pigeons domestiques représentent les Ouïghours acculturés, exploités par les Han. Le pigeon sauvage réussit à s'échapper, mais est capturé. Il finit par se suicider en mangeant une fraise empoisonnée parce qu'il ne peut pas vivre sans être libre (Yasin 2013). Malgré son message politique très clair, il est publié, mais lorsque les censeurs comprennent son contenu, l'auteur est condamné début 2005 à dix ans de prison pour séparatisme, l'éditeur écopant de trois ans (Tobin 2020 : 109). Le doute persiste quant aux circonstances de la mort de Yasin (Baranovitch 2019 : 512). Bovingdon (2010 : 101) souligne le fait qu'ici aussi les Ouïghours et les Han sont représentés comme deux espèces différentes. Tobin (2020 : 110) interprète la nouvelle en premier lieu comme un commentaire des effets de la politique publique en matière d'éducation, qui a séparé les Ouïghours en *minkaomin* (pigeons sauvages) et *minkaohan* (pigeons domestiques). Baranovitch (2019 : 512ss.) range en même temps la nouvelle parmi toute une série de critiques littéraires de la pollution causée par les Han au Xinjiang (voir aussi Salimjan 2021 : 65). Ce fardeau écologique de plus en plus lourd est d'après lui non pas perçu comme un effet secondaire neutre du développement économique, mais il est en quelque sorte ethnicisé. La responsabilité en est entièrement imputée aux Han, tandis que les Ouïghours jouent le rôle de victimes (McMurray 2019 : 483).[9]

Ces exemples montrent que pour les Ouïghours il reste dans les années 2000 de moins en moins de possibilités de formuler des critiques si bien que celles-ci se déplacent vers d'autres domaines et d'autres formes d'expression (Smith Finley 2013). Bovingdon (2010 : 101ss.) cite ici les stations de radio étrangères pour obtenir des informations alternatives aux médias d'État chinois, très contrôlés. Outre celles installées en Asie centrale, BBC et Voice of America, la station ouïghoure de Radio Free Asia, qui existe depuis fin 1998 et est implantée aux États-Unis, joue ici un rôle important (Gladney 2004 : 242). Cependant, le gouvernement chinois essaie depuis longtemps de bloquer la réception des informations par des signaux parasites.

Pour les écrivains et les artistes ouïghours, il y avait étrangement encore un créneau leur permettant de continuer leur travail : aller s'installer à Beijing où dans les années 1950 avait déjà émergé une petite communauté ouïghoure d'intellectuels reconnus (Qarluq et McMillen 2011). Soustraits à la surveillance directe des autorités de sécurité, les artistes y disposaient de plus de liberté pour exprimer leurs critiques de la situation dans la région, en règle générale de manière toujours dissimulée. C'était encore toléré du moins dans les années 1990 et au début des années 2000. Baranovitch (2007a) nomme cette situation un « exil inversé », d'une part parce qu'historiquement le Xinjiang passait pour un espace de bannissement, de l'autre parce que ces artistes ouïghours ne quittent pas l'État, mais s'installent au contraire en son centre politique. Il montre que ce n'étaient pas seulement les musiciens, mais aussi les propriétaires de restaurants qui pouvaient défier et briser les images officielles et les stéréotypes courants au sujet du Xinjiang et des Ouïghours. Un exemple : au moyen de posters et de calligraphies arabes avec des extraits des œuvres d'Abdurehim Ötkür, il était possible de créer d'autres références. Même les clients han de ces restaurants qui ne comprenaient pas la signification nationaliste des textes d'Ötkür s'apercevaient que la culture ouïghoure avait beaucoup plus à offrir que l'image négative de marchands de kebabs particulièrement incultes qui leur était suggérée (Baranovitch 2003 : 739ss.). La distance qui les séparait du Xinjiang permettait aussi aux Ouïghours vivant à Beijing de surmonter leur identité locale et les conflits internes qui y étaient liés et de parvenir à une identité ouïghoure transversale (Baranovitch 2003 : 748). Dans la mesure où les œuvres littéraires ou musicales des artistes travaillant à Beijing arrivaient à être diffusées au Xinjiang, cette identité pan-ouïghoure avait aussi une répercussion sur la région (Baranovitch 2007a ; 2007b).

9 L'illustrateur de la traduction anglaise, publiée par Radio Free Asia, souligne en outre ceci : sur l'illustration, le drapeau de la RPC est stylisé à l'arrière-plan de cheminées d'usines rejetant de la fumée tandis que l'arrière-plan de celui de la République du Turkestan oriental est composé de montagnes verdoyantes (Yasin 2013 : 17).

Diaspora, Internet et cyber-nationalisme

Si l‘ « exil inversé » de Beijing offre déjà certains espaces de liberté, il est évident qu'un exil effectif en recèle encore davantage pour les artistes et activistes ouïghours désireux d'influer sur la conscience nationale et l'identité ethnique ouïghoures. Il existe en effet une diaspora ouïghoure numériquement non négligeable bien que très dispersée, en majeure partie en Asie centrale (Chatterjee 2018). Comme les possibilités d'expression culturelle des Ouïghours en exil sont souvent bien plus étendues qu'en Chine et qu‘elles ont aussi des répercussions sur les processus de constitution d'une identité ouïghoure au Xinjiang, il convient de décrire ici la communauté d'exilés ouïghours. Son rôle politique sera analysé au chapitre 11.

Les chiffres concernant la diaspora ouïghoure sont contestés ou relativement vagues. On estime que le nombre total d'exilés ouïghours est compris entre 350 000 et un million, le chiffre le plus bas étant le plus fiable. Les chiffres pour les Ouïghours vivant au Kazakhstan varient entre environ 250 000 et 370 000 ; pour ceux vivant au Kirghizistan et en Ouzbékistan, ils sont estimés à environ 50 000 pour chaque pays (Laruelle et Peyrouse 2009 : 95; Shichor 2018b : 294). Dans les autres États voisins, il doit y en avoir quelques centaines. Rippa (2014 : 3) avance pour les Ouïghours vivant au Pakistan, surtout à Rawalpindi, le chiffre de trois cents familles (voir aussi Rippa 2020 : chap. 5). Pendant le conflit sino-soviétique, l'URSS a utilisé de façon ciblée des Ouïghours en exil pour déstabiliser le Xinjiang, avec propagande et conflits armés à la frontière (Shichor 2004 : 139). Comme nous l'avons vu, l'inquiétude de Beijing face aux activités des Ouïghours en Asie centrale a été l'une des causes de la création du « Groupe de Shanghai » et plus tard de l'Organisation de coopération de Shanghai (OCS). Beijing a ainsi pu faire pression sur ses voisins d'Asie centrale afin qu‘ils freinent leurs activités. Les organisations qui y sont implantées continuent toutefois de jouer un certain rôle aujourd'hui encore. En dehors de l'Asie centrale, la plus forte concentration de Ouïghours en exil se trouve en Turquie, avec un chiffre de 4000 à 5000 (Shichor 2018b : 294). Ici était situé depuis les années 1950 le siège central des Ouïghours en exil. Shichor (2018b : 294) estime le nombre total d'exilés ouïghours en exil en Europe à seulement quelque 2000. Malgré leur nombre très faible, ce pan de la diaspora ouïghoure peut être considéré comme très influent, car il dispose de possibilités d'organisation privilégiées et d'un bon accès aux canaux de communication comme Internet (Petersen 2006). Ceci est encore plus prononcé pour les Ouïghours installés aux États-Unis. Bien qu'encore moins nombreux qu'en Europe (ils sont 1500 environ d'après Shichor 2018b : 294s.), ils bénéficient d'un meilleur réseau politique et sont davantage représentés dans les médias.

Ce qui n'a rien d'étonnant, c'est qu'Internet est le média le plus important pour toutes ces organisations et tous ces activistes à l'étranger (Kuşçu 2014 ; Petersen 2006). Dans son apercu déjà ancien de ce phénomène, Gladney (2004 : chap. 11) l'a appelé « cyberséparatisme ». Mais comme d'autres (Chen 2014 ; Kuşçu 2014 ; Kuşçu Bonnenfant 2018 ; Shichor 2018c), il constate que la plupart des sites et organisations d'exilés ouïghours ne se prononcent pas ouvertement en faveur du séparatisme, préférant se concentrer sur les droits humains, sujet pouvant leur valoir l'attention et le soutien des pays où ils se trouvent. D'après ces analyses, l'islam ne joue qu'un rôle infime, ce qui peut relever d'un choix stratégique opéré par ces organisations. Mais même dans les forums d'utilisateurs, il est rare qu'on appelle au djihad contre la Chine (Gladney 2004 : 248).[10] Le point de vue adopté est au contraire laïc. Le nationalisme propagé ouvertement par Isa Alptekin est passé à l'arrière-plan, même s'il n'a pas complètement disparu, car il joue un grand rôle quand il s'agit d'assurer la cohésion de la diaspora. Il serait donc plus approprié de désigner cette forme de communauté transnationale par le terme de *long-distance nationalism*, utilisé dans les textes consacrés à la mondialisation (Eriksen 2014 : chap. 5). Mais il est difficile de dire si le lien entre cette communauté ouïghoure transnationale et l'ethnie ouïghoure vivant en Chine est fort. D'après Gladney (2004 : 246ss.), les sites Internet des organisations d'exilés ne sont pas faits pour les Ouïghours de Chine et parmi ces derniers, presque personne le les connaissait. Par ailleurs, il raconte qu'à Kachgar, il pouvait en 2003 encore consulter certains sites d'exilés ouïghours critiquant le gouvernement. Pour lui, leur influence se limite à la communauté de ceux qui de toute façon luttent déjà pour la même cause (voir aussi Gladney 2018). D'après l'étude plus récente de Shichor (2018c), nombre de sites pro-ouïghours ont entretemps été bloqués ou leur contenu remplacé (probablement par des hackers chinois). Kuşçu (2014) considère toutefois que la « cybercommunauté » ouïghoure a remporté un succès en créant une identité ouïghoure homogène du moins au sein de la diaspora.

D'autres études consacrées à l'interaction via Facebook et le matériel audiovisuel diffusé par la plateforme YouTube montrent elles aussi l'importance d'Internet et de ses moyens d'expression très variés pour la communauté ouïghoure transnationale (NurMuhammad et al. 2016 ; Vergani et Zuev 2011). Il semble que l'activité de la diaspora ait délaissé les sites Internet traditionnels analysés par Gladney et Shichor pour se tourner vers les plateformes Internet 2.0. Vergani et Zuev (2011) ont dénombré environ 5500 vidéos pertinentes et en ont analysé 270. Avec plus de 60 %, la culture représentait la catégorie principale, la politique arrivant en deuxième place avec seulement 12 % des vidéos (mais nettement plus pour les vidéos téléchargées depuis l'Europe ou la Turquie). Au niveau des langues utilisées, il y avait aussi de grandes différences : le ouïghour était prédominant pour les contenus culturels, l'anglais et le turc pour les contenus politiques. Leur analyse qualitative met au jour quatre discours différents (si tant est qu'on puisse les distinguer nettement les uns des autres). Premièrement le nationalisme, avec une variante centrée sur les Ouïghours et une autre panturque. Deuxièmement, la menace de génocide pesant sur le peuple ouïghour, thématisée dans une partie des vidéos. Troisièmement, des vidéos à contenu politique militant, terrorisme et islamisme compris. Quatrièmement, beaucoup d'autres vidéos insistant sur l'action politique civile. Les deux derniers genres ont des symboliques et des messages diamétralement opposés. C'est précisément parce que la majeure partie de ces vidéos ne sont pas politiques mais culturelles que cette forme d'échange au sein de la diaspora joue un rôle essentiel dans la sauvegarde d'un sentiment d'appartenance à une même communauté chez les Ouïghours vivant aux quatre coins du monde. Dans une étude séparée, ces auteurs se concentrent sur les vidéos islamistes et les comparent à celles qui se rapportent au conflit en Tchétchénie. Là aussi, ils en concluent que si les vidéos ouïghoures copient les images et la symbolique du terrorisme islamiste et du djihad, leurs contenus ethno-nationalistes l'emportent sur les contenus religieux (Vergani et Zuev 2015).

---

10 L'accusation de terrorisme et les organisations visées feront l'objet d'une étude détaillée plus loin.

L'étude consacrée à Facebook montre que la langue est le principal domaine où se négocie l'identité ouïghoure. La peur de la voir disparaître est très forte (NurMuhammad et al. 2016 : 491). Mais des sujets plus directement politiques occupent aussi une grande place, les sites à contenu essentiellement politique constituant un quart de l'échantillon analysé (29 pages Facebook sur 117). Les auteurs font remarquer que ceci contribue à une prise de conscience des jeunes générations de Ouïghours en exil (NurMuhammad et al. 2016 : 494). La langue, la politique et l'identité ethnique sont là aussi étroitement liées et les nouveaux réseaux sociaux servent entre autres à continuer de diffuser les contenus des médias traditionnels. C'est ainsi que les auteurs ont trouvé sur Facebook des traductions du « Pigeon bleu » en dix langues différentes (NurMuhammad et al. 2016 : 492).

Comme YouTube et Facebook de même que Twitter et d'autres réseaux sociaux travaillant à l'international sont interdits en Chine, la construction de cette identité se passe pratiquement à l'écart de l'évolution à l'intérieur de la Chine. Mais ceci ne signifie pas qu'Internet serait sans importance pour les Ouïghours de Chine et leur quête d'identité, comme le montre un projet de recherche reposant sur l'analyse de blogs ouïghours durant la période allant de 2014 à 2016 (Clothey 2017 ; Clothey et al. 2016 ; Clothey et Koku 2017 ; Meloche et Clothey 2020). Les études soulignent que malgré toutes les limitations imposées par la censure et l'autocensure les blogs ouïghours en Chine contribuent pour une part non négligeable à la conservation de la langue ouïghoure (Clothey 2017 : 353) et qu'ils offrent la possibilité de faire l'expérience d'une identité collective (Clothey et al. 2016). Même des Ouïghours vivant à l'étranger y participent activement (Clothey et Koku 2017 : 358). Ils ont accès à l'Internet chinois dans un sens comme dans l'autre, si bien qu'un échange transnational peut avoir lieu. Les participants ont conscience que leur communication via Internet est surveillée, comme l'indique la citation « Les chèvres peuvent être franches, les moutons non » (Clothey et al. 2016 : 868). Là encore, les Han (les chèvres) et les Ouïghours (les moutons) sont représentés par des animaux différents qui ne jouissent pas des mêmes libertés face à la censure. Plus encore que les netizens han, les Ouïghours doivent faire preuve de créativité et avoir recours à des allusions cachées, des métaphores et à l'ironie pour échapper à la censure. Certaines allusions sont si subtiles qu'elles ne sont pas comprises de ceux à qui elles s'adressent (Clothey et al. 2016 : 871). Cependant, les enquêtes montrent que la communication via Internet contribue sans aucun doute à la prise de conscience et même à la mobilisation sociale. En témoigne par exemple l'appel à acheter du miel produit par une entreprise ouïghoure qui avait donné de l'argent pour financer une école de langues ouïghoure (Clothey et Koku 2017 : 361s.). De telles « formes quotidiennes de résistance » dépassent donc la simple pratique de la langue. En même temps, les blogs analysés abordent aussi des sujets critiques comme l' « éducation bilingue » et le manque de littérature enfantine en ouïghour, qui sont en lien direct avec la transmission de la langue maternelle à la génération future (Clothey 2017 : 350 ; Clothey et Koku 2017 : 359s.). Bien qu'au moment de leur publication ces témoignages n'aient pas été censurés, tous les forums de discussion de l'échantillon étudié ont été ensuite fermés et leurs administrateurs jetés en prison (Meloche et Clothey 2020 : 2s.).

***

La langue sous toutes ses formes joue un rôle central dans la création et la sauvegarde de l'identité ouïghoure. Mais l'analyse ci-dessus montre que les mesures de l'État chinois l'empêchent de plus en plus d'assurer cette fonction. La politique linguistique vise à une assimilation progressive des Ouïghours par la langue, l'État faisant fi de ses propres dispositions légales en matière de protection des langues minoritaires. En imposant une « éducation bilingue » de la maternelle au supérieur, l'État exacerbe cette tendance. Mais ceci ne doit pas nécessairement signifier la fin de l'identité ethnique ouïghoure. Comme l'écrit Tobin (2015 : 58), il n'existe pas de preuve empirique que les Ouïghours soient devenus des Chinois par l'étude de la langue chinoise. Après tout, les Kazakhs, Kirghizes et Tadjiks d'Union soviétique ne sont pas non plus devenus des Russes. Ainsi, tant les espoirs du gouvernement chinois d'obtenir grâce à ces mesures de fidèles citoyens acculturés que les craintes de voir cette politique linguistique mener à l'extinction de la culture ouïghoure s'avèrent exagérés. En lien avec les mesures plus vastes prises actuellement en vue de l'assimilation des Ouïghours, ces craintes pourraient en revanche être encore plus justifiées.

8 Identité ethnique et religion, identité ethnique et musique

À côté de la langue, la religion constitue le deuxième pilier de l'identité ouïghoure. La question de savoir comment l'islam est construit en tant que marqueur ethnique ainsi que le rôle joué par la politique religieuse de l'État, les influences extérieures et de nouvelles tendances, pour certaines transnationales, seront au centre de ce chapitre. Pour ce qui est des relations transnationales, on peut distinguer plusieurs phases qui diffèrent par des canaux de communication spécifiques : les voyages et pèlerinages, les cassettes musicales et autres médias audiovisuels, Internet et enfin les réseaux sociaux. Pour cette discussion, on ne peut éviter de parler de la répression croissante dont sont victimes les religions en Chine, surtout l'islam. Les développements les plus récents en matière de « dé-extrémisation » seront traités à part dans la troisième partie du livre, en lien avec les protestations, le terrorisme et les contre-mesures. Mais sans l'analyse préliminaire proposée dans ce chapitre, il est impossible de comprendre les mesures plus tardives, encore plus radicales. Le rôle de la musique (et de la danse) en tant qu'élément déterminant de l'identité ethnique ouïghoure sera également abordé, même si ce rapprochement semble à première vue étonnant. Mais la religion et la musique entretiennent des liens étroits, quoique controversés, au Xinjiang et dans la communauté ouïghoure. (Harris 2020a).

Traditions religieuses chez les Ouïghours et réislamisation à la fin du XXe siècle

Ce livre ne se prête pas à une analyse détaillée des traditions religieuses chez les Ouïghours (voir pour cela Bellér-Hann 2020). Comme l'aperçu historique l'a déjà montré, l'islamisation du Xinjiang a eu lieu entre le Xe et le XVe siècle, mais n'a pas créé une communauté religieuse homogène, ce dont témoignent les conflits déjà évoqués entre les différents ordres soufis du XVIIe au XIXe siècle. Les altercations au sujet des pratiques religieuses sous le règne de Yakub Beg (1864–1877) ont aussi été étudiées. Quand une interprétation plus stricte de l'islam s'impose à Kachgar et dans les environs, cela suscite une certaine résistance ; la reconquête du Xinjiang par les Qing conduit à nouveau à une pratique plus « laxiste » de la religion. Zuo Zongtang et les hauts fonctionnaires Han qui lui succèdent à la tête de la province du Xinjiang essaient de renforcer par des interventions de l'État l' « ancienne doctrine » orthodoxe, à leurs yeux la seule valable (*laojiao* 老教 ou Khufiyya) contre la « nouvelle doctrine », considérée comme hétérodoxe (*xinjiao* 新教 ou Jahriyya) (Schluessel 2020 : 45). De plus, il a déjà été fait allusion aux efforts du jadidisme pour promouvoir à l'époque de la république une modernisation de l'islam, en particulier des écoles islamiques. Ces tentatives se sont heurtées à la résistance non seulement des seigneurs de guerre han, mais aussi des conservateurs musulmans. Ceci montre bien qu'au sein du Xinjiang aussi, l'islam n'est pas homogène.

En général, les ethnies musulmanes du Xinjiang adhèrent à l'islam sunnite de l'école juridique hanafite (Bellér-Hann 2020 : 338).[11] Il existe toutefois de grandes différences entre les différents courants de l'islam au Xinjiang, les plus nettes étant celles entre les sunnites orthodoxes et les soufis d'orientation plutôt mystique, un sous-groupe. Ces derniers se divisent de nouveau en différentes écoles ou confréries (Hoppe 1998 : 119–127). On relève aussi dans certains cas des croyances et pratiques préislamiques dans les pratiques religieuses du quotidien, qui les démarquent d'autres formes de l'islam. En premier lieu, il convient de citer la vénération portée aux saints et à leurs tombeaux ou mausolées (*mazar*). Les pèlerinages et les fêtes en lien avec ces sanctuaires témoignent aussi d'une influence du chiisme (Dawut 2007 : 152). Ce sont justement les pèlerinages qui constituent le fondement d'une identité proto-ouïghoure parmi les habitants de l'Altishahr (Thum 2012 ; 2014). Qualifier la tradition religieuse des Ouïghours de complexe est donc un euphémisme (cf. Bellér-Hann 2015 : chap. 8).

Cette base hétérogène s'est transformée au cours des dernières décennies surtout sous l'influence de deux facteurs. Depuis la fondation de la RPC, elle est devenue d'une part la cible de la politique religieuse du PCC, laquelle a toujours oscillé entre une « intolérance radicale » et une « tolérance contrôlée » (Waite 2007 : 167). D'autre part, la politique d'ouverture et de réformes mise en place depuis les années 1980 a renforcé l'influence de l'étranger. Le Xinjiang a certes toujours été une zone périphérique de l'islam dans le monde, mais la reprise des pèlerinages à La Mecque, l'enseignement suivi par des étudiants dans des établissements religieux de pays islamiques, les voyages d'affaires et le tourisme ont multiplié les contacts (Harris 2020a : 106s.). Entre 1980 et 1987, le nombre de pèlerins se rendant du Xinjiang à La Mecque a été estimé à 6500, depuis 1988 il est de 500 par an (Gladney 2004 : 224). Au début des années 1990, Gladney (2004 : 237) estimait le nombre d'étudiants chinois à l'université islamique al-Azhar du Caire à près d'une douzaine, celui des étudiants inscrits dans d'autres établissements de l'enseignement supérieur en Égypte, surtout dans les filières ‹ langue arabe › et ‹ études islamiques ›, à environ 200 (des Hui principalement). Ils devaient trouver un financement privé et ne recevaient pas de bourses d'État. Bien que le gouverne-

11 À propos des Tadjiks du massif du Pamir, les informations sont contradictoires. Ceux-ci se distinguent des peuples turciques au niveau linguistique, car ils parlent une langue apparentée au persan ; or, en Iran, c'est l'islam chiite qui prédomine. D'après Hoppe (1998 : 195ss.), les Tadjiks du Pamir sont également chiites. Pour Mackerras (2018 : 69) en revanche, ils sont surtout sunnites.

ment chinois ait en partie soutenu cet échange afin d'améliorer ses relations diplomatiques avec les pays du Proche-Orient, il est toujours resté sceptique face aux contenus religieux. Il essaie au contraire depuis les années 1950 d'exercer un contrôle sur la formation des imams par le biais de la Fédération islamique chinoise, un organisme officiel, un peu comme Zuo Zongtang dont il a été question plus haut. Il existe donc à Ürümqi un institut contrôlé par l'État que doivent fréquenter les imams officiels à la place des écoles coraniques traditionnelles (*madrasa*) (Mahmut 2019 : 27).

Waite (2007 : 169ss.) montre néanmoins que dès la fin des années 1980, des prédicateurs plus radicaux ont gagné localement en influence. Il cite l'exemple d'ʿAbdulhämid (Ablimät Damolla) qui, en rentrant de son pèlerinage à La Mecque, s'est mis à prôner une version plus stricte de l'islam à Kachgar. Il s'appuyait sur l'interprétation wahhabite des rites islamiques en vigueur en Arabie saoudite. Mais quand il s'agit de la Chine, il faut être prudent quand on utilise le terme de wahhabisme. Il désigne stricto sensu une interprétation traditionnaliste et puritaine de l'islam remontant à Mohammed ben Wahhab (1703–1792), le fondateur de ce courant. Dans la population du Xinjiang, on entend par là quelque chose d'autre, à savoir une « foi rigoriste » en général. Les influences wahhabites commencent à se faire sentir à la fin du XIXe siècle, la frontière avec le salafisme n'étant pas claire (Gonul et Rogenhofer 2017). D'après Harris (2020a : 11s.), le terme de wahhabisme a au Xinjiang une acception très large et fluctuante, il est généralement contesté. Waite (2007 : 166) utilise donc le concept plus général dʿ « islam réformiste » pour « tous les mouvements islamiques qui [défient] les modèles existants d'autorité religieuse, de savoir et de pratiques ». Il décrit comment durant l'ère des réformes cette approche a d'abord été le fait de quelques prédicateurs très réputés avant de gagner la communauté des croyants ouïghours. Mais leur autorisation de prêcher leur a été retirée, dans le cas d'ʿAbdulhämid en 1997 dans le cadre de la campagne « Frapper fort ». Loin de disparaître, leur influence s'est diffusée dans la région. À la place des prédicateurs de renom établis dans une certaine mosquée, un grand nombre de « wahhabites » (c'est-à-dire de fidèles rigoristes) se sont mis à prôner une « forme discursive de conversion » (*täbligh*). Ils ont ainsi diffusé une vision critique des pratiques religieuses ouïghoures marquées par le soufisme et les coutumes préislamiques. Waite voit ici aussi un lien avec le fait que les nouveau-nés se voient donner plus souvent un prénom arabe et que l'obligation pour les femmes de porter le voile devient plus stricte (Waite 2007 : 170ss.). Si cette forme de transmission du savoir religieux représente une deuxième phase après celle des prédicateurs de renom (première phase), une troisième phase se dessine avec le déplacement de la communication religieuse vers Internet et les réseaux sociaux (Harris 2017 ; 2020a ; pour plus de détails, voir plus bas).

Ce qui est intéressant dans la présentation de Waite, c'est que d'après lui l'infiltration de l'islam réformiste venu du Moyen-Orient a eu lieu avant les grands troubles séparatistes (Baren-Zwischenfall 1990 ; chap. 5) et dans une période de politique religieuse relativement laxiste. Par conséquent, la thèse communément répandue selon laquelle les protestations des musulmans contre la politique du gouvernement central seraient surtout causées par l'oppression religieuse (Olivieri 2019) n'est pas pertinente. Au contraire, c'est le *relâchement* des contrôles dans les années 1980 qui joue un rôle décisif. Le gouvernement chinois se retrouve ainsi placé face à un dilemme habituel : des contrôles moins stricts *aussi bien que* la répression renforcent la résistance des Ouïghours (Rudelson 1997 : 48). C'est l'image de la spirale qui rend le mieux compte de l'escalade caractérisant l'interaction entre réislamisation et répression.

L'impact d'une influence religieuse venue du Moyen-Orient sur les protestations pour des motifs islamiques au Xinjiang est contesté par Roberts (2020 : 101ss.). Il s'est donné beaucoup de peine pour expliquer les origines de l'incident de Baren en 1990 et de l'émergence du groupement militant ETIM/ETIP (East Turkistan Islamic Movement / Party ; cf. aussi chap. 9) par des interviews avec des témoins de l'époque. Il en arrive à la conclusion suivante : les leaders des deux groupes, Zäydin Yüsüp (Zeydin Yusup) et Häsän Mäkhsum (Hasan Mahsum), ont certes tous deux suivi l'enseignement islamique d'Abdulhäkim-Haji Mäkhsum qui, en 1994, avait effectué le pèlerinage de La Mecque. Mais il conteste qu'on puisse en déduire que l'enseignement de Mäkhsum serait influencé par le wahhabisme d'Arabie saoudite. Il indique au contraire que sa formation de base a eu lieu dans les années 1930 et 1940 au Xinjiang et que par conséquent il a été marqué par le jadidisme et ses traditions en lien avec la résistance contre l'occupation han. De plus, il a beaucoup contribué à la diffusion d'une interprétation plus stricte de l'islam en formant environ 7000 élèves entre sa libération de prison en 1979 et la fermeture de son école près de Kachgar après l'incident de Baren. Rudelson (1997) aussi parle d'un durcissement très net du climat social dans la région dès la fin des années 1980, tout en indiquant que Tourfan, la ville de l'Est du Xinjiang où il a effectué ses recherches, était nettement moins rigoriste. Dans les villages des environs de Kachgar où se situe son étude de terrain dans les années 1990, Bellér-Hann (2015 : 43ss.) relève aussi un certain parallélisme entre les autorités publiques et religieuses qui toutes deux condamnent les pratiques soufies et les poussent ainsi vers la clandestinité.

Il convient donc de noter que du moins dans certaines parties du Xinjiang un renouveau de l'islam a eu lieu avant même la fin du XXe siècle, lequel s'explique probablement aussi bien par des racines locales que par des sources étrangères. L'État essaie de le contrecarrer avec la campagne « Frapper fort » de la fin des années 1990, parce que sans doute à tort il soupçonne un lien avec les visées séparatistes. Lors de l'incident de Baren comme pour l'ETIM, ce lien est indéniable. Et en cas à la fin des années 1990, il semble que certains imams appellent dans leurs prêches à des soulèvements armés contre les « mécréants chinois », comme Mackerras (2005 : 9) l'atteste pour Hotan, tout en faisant remarquer que cela n'est pas incontesté et ne représente aucunement la position majoritaire chez les Ouïghours. Aussi critique-t-il comme injustifiées et inadéquates les mesures de répression prises par le gouvernement chinois durant la campagne « Frapper fort ». Comme le montrent d'autres auteurs, cette campagne représente un tournant, surtout après la Rébellion Ili (« massacre de Guldja ») en 1997. Elle conduit à une réislamisation de la société ouïghoure encore plus vaste que dans les années 1990.

Réislamisation au XXIe siècle

D'après l'analyse de Smith Finley (2013), l'importance croissante de la doctrine et des pratiques islamiques représente une réaction à la répression de l'identité ouïghoure dans d'autres domaines. Elle évite toutefois de déterminer de façon simpliste ce qui relève de la cause et de l'effet, préférant montrer avec précision de quelles manières les Ouïghours sont parvenus à une identité ethnique mettant davantage en avant la composante ethnique. Tandis que la politique linguistique marginalisait de plus en plus les langues minoritaires et que les Ouïghours étaient soumis à une pression socio-économique croissante, les formes privées, non-politiques de religiosité ne posaient pas encore problème dans les années 2000. Elle a ainsi constaté une nette augmentation des pratiques religieuses comme le port du voile et la fréquentation de la mosquée – aussi chez des mineurs pour qui l'État les interdit (Smith Finley 2013 : 236–245).

La participation des pouvoirs publics à cette renaissance est intéressante. Ou bien ils ont accordé des subventions à la construction ou à l'agrandissement des mosquées, ou bien ils les ont tolérés dans la mesure où ils étaient financés par des dons privés, le but étant de promouvoir le tourisme. De façon analogue, Dawut (2007) indique que les festivals organisés autour de sanctuaires soufis étaient commercialisés selon une logique de marché et que les responsables locaux coopéraient avec les sociétés de tourisme han. Mais les autorités religieuses chinoises considéraient ces festivals soufis comme problématiques, car ils n'avaient pas lieu dans le cadre d'un exercice de la religion contrôlé par l'État. Ils risquent donc toujours de passer pour des « activités religieuses illégales ». L'ironie du sort veut que la position de la politique religieuse officielle recoupe celle de l'islam réformiste, qui rejette aussi ces pratiques soufies comme « non islamiques ». Les autorités qui s'insurgent contre les festivals soufis en ont rarement conscience quand elles les qualifient de potentiellement « extrémistes » ou de « superstition féodale » (Dawut 2007 : 156). L'ethnomusicologue Harris (2014) fournit un exemple similaire. Elle étudie les guérisseuses rituelles ouïghoures (*büwi*) dans les campagnes du Xinjiang : elles sont profondément imprégnées par les représentations et pratiques soufies, mais n'ont pas de liens institutionnels avec les confréries soufies, ce qui les rend doublement vulnérables. Tandis que l'État essaie de réglementer leurs pratiques soi-disant « superstitieuses » et déstabilisantes, elles restent exclues du courant religieux dominant. Harris décrit par ailleurs (2020a : 21ss.) comment les troubles d'Ürümqi en 2009 ont entraîné une étonnante transformation islamique des quartiers ouïghours. Elle a touché les « paysages acoustiques » (*soundscapes*), parce que les chants islamiques ont remplacé la musique pop ouïghoure comme musique de fond dans les bazars, tout autant que l'environnement urbain, par exemple avec le port du voile chez les femmes et la disparition de l'alcool et du tabac des étals des commerces (voir plus bas un passage plus détaillé au sujet de la musique et du port du voile).

Au cours de cette phase où se propage une interprétation puritaine de la foi, la montée des influences extérieures est indéniable. Comme il y avait au Xinjiang pénurie d'écrits et de matériel religieux, les importations jouissaient d'une grande popularité. Il y avait des livres et des pamphlets, du matériel audiovisuel, à l'époque surtout des cassettes, CD et VCD (Harris 2020a : 141ss. ; Smith Finley 2013 : 247). Ceci permettait à des groupes jusqu'alors peu intéressés par la religion, les *minkaohan* par exemple, ou aux gens peu instruits de se pencher sur des contenus religieux. Ces influences minaient en même temps l'autorité des imams formellement approuvés par l'État (Harris 2020a : 140). Tout en relevant un net penchant à une religiosité plus intense chez ses informateurs d'Ürümqi, Smith Finley (2013 : 255ss.) insiste sur le fait qu'il ne s'agit pas en soi d'extrémisme ou de propension à la violence. En effet, seule une toute petite partie d'entre eux – même ceux ayant une vision idéalisée du séparatisme – se sont déclarés prêts à employer la violence. Comme nous le verrons plus tard, il est tragique qu'un nombre infime de personnes prêtes à recourir à la violence suffise à provoquer une escalade de la répression et de la contre-violence. Il faut toutefois reconnaître que les forces de sécurité publique classent comme « extrémiste » toute forme de pratique religieuse non standardisée et non réglementée. Harris (2020a : chap. 4) cite un autre exemple : elle montre comment, par le biais de médias audiovisuels de nouvelles formes de récitation du Coran ont fait leur apparition. Dans leur contexte d'origine au Moyen-Orient, elles sont effectivement liées à des interprétations radicales du Coran. Mais dans le village ouïghour qu'elle a étudié, les mêmes styles de récitation ont une tout autre signification. Au lieu d'exprimer certaines idéologies religieuses, ils signifient l'appartenance à une société islamique moderne ouverte sur le monde extérieur. Ils offrent donc aux guérisseuses ouïghoures des campagnes qui sont « tout en bas de la hiérarchie sociale » la chance d'améliorer leur position dans la société (Harris 2014 : 312s.). Celle-ci leur est enlevée si leurs pratiques religieuses sont criminalisées.

Smith Finley (2013 : 258) mentionne, elle aussi, les dimensions très complexes de la réislamisation, qui ne peut être vue comme une « extrémisation ». Pour elle, il s'agit d'une forme de résistance symbolique aussi bien contre la colonisation chinoise que contre l'oppression dont sont victimes les musulmans du monde entier. C'est en outre une « réaction à des tentatives de développement qui ont échoué » et qui ont conduit à une marginalisation des Ouïghours, un « retour à une pureté religieuse et culturelle », un « refuge spatial et psychologique » et le « véhicule d'une réforme personnelle et nationale ». Ces multiples motifs expliquant la réislamisation ne s'excluent bien sûr pas, mais peuvent se chevaucher et se compléter, ainsi qu'elle le montre dans son analyse très fouillée (Smith Finley 2013 : 260–281). Il s'ensuit un tableau complexe et multidimensionnel de cette tendance qui va bien au-delà de l'idée d'une réislamisation due à la répression publique (Olivieri 2018 ; 2019). Harris (2020a : 131) souligne par exemple que les Ouïghours jouent un rôle actif dans la réislamisation elle-même et la voient donc en lien avec une vision positive :

> Revivalist narratives of Islam offer the enticing possibility of throwing off backward minority status, and they provide a new vision of community and a new set of relationships through which to define themselves in relation to other ethnic groups, to the state, and to the wider Islamic world.

Le fait que Smith Finley (2013) relève précisément chez de nombreux jeunes Ouïghours une tendance à une religiosité plus affirmée contredit l'étude quantitative de Zang (2012b; 2012c). Se basant sur des sondages réalisés à Ürümqi entre 2005 et 2007, il constate que la religiosité n'a qu'une influence limitée ou pas d'influence du tout sur les inégalités entre les sexes pour ce qui est de l'activité professionnelle ou des tâches ménagères. Il insiste au contraire sur le rôle nettement plus important des processus interfamiliaux (Zang 2012b : 174–178). Pour lui, les gens âgés ont une religiosité nettement plus intense que les plus jeunes, et c'est la même chose chez les gens peu instruits par rapport aux Ouïghours mieux éduqués. Il en conclut que la religiosité perd du terrain (Zang 2012c). Smith Finley (2013 : 240s.) constate qu'on voit certes moins de Ouïghours d'âge moyen dans les mosquées, mais que beaucoup d'hommes d'un certain âge y emmènent leurs petits-fils. La contradiction entre ces deux résultats n'est pas facile à résoudre. Les personnes interrogées par Zang étaient toutes adultes, si bien qu'il ne semble pas avoir pris en compte la plus jeune génération. De plus, son enquête précède les troubles de 2009, qu'Harris (2020a : 21s.) considère comme un tournant vers une plus vaste réislamisation à Ürümqi, ville qui s'était jusqu'alors distinguée par une position plus libérale et plus laïque des habitants ouïghours. La conclusion de son enquête ne s'oppose donc pas au constat général, qui voit dans le plus grand intérêt pour la religion un pan de l'identité ethnique ouïghoure et une protestation symbolique contre la marginalisation linguistique, culturelle, politique et socio-économique opérée par les Han.

Paradoxalement, cette réislamisation a connu une nouvelle apogée, brève certes, dans un climat politique plus répressif, où elle s'est servie d'un nouveau moyen de diffusion. Tandis qu'à la suite des contrôles plus stricts imposés après 2009, les textes imprimés et le matériel audiovisuel (cassettes, CD et VCD) à contenu politique importés de l'étranger, étaient systématiquement recherchés et confisqués parce qu' « extrémistes », les nouveaux médias sociaux se répandaient à une vitesse fulgurante parmi la population chinoise, Ouïghours compris (Harris 2020a : chap. 5). Ceci est surtout valable à partir de 2011 pour l'application pour smartphone WeChat (chin. *Weixin* 微信 ; ouïg. Undidar), qui est souvent comparée à la messagerie WhatsApp, mais propose en réalité une bien plus grande gamme de services et est universellement répandue en Chine. Harris et Isa (2019) analysent l'utilisation de WeChat par les Ouïghours d'origines sociales différentes et constatent qu'entre le milieu de l'année 2013 et l'été 2014 de plus en plus de contenus islamiques ont été partagés entre amis et connaissances, pour une part par-delà les frontières. Cela va de préceptes religieux et de bons vœux à la critique de la pression sociale croissante exercée sur les femmes d'Ürümqi pour qu'elles se voilent, à des prêches (*täbligh*) appelant à un comportement agréable à Dieu et même à des appels directs à la « guerre sainte » contre les Chinois. Prêches et appels sont diffusés au moyen de fichiers audio, ce qui leur vaut un effet à la fois percutant et authentique. Un exemple analysé plus en détail par Harris et Isa concerne un *nachid*, un morceau de musique à contenu religieux chanté a capella, comme les musulmans les apprécient depuis longtemps (Harris 2017 : 45). Rejetant la musique comme non-islamique, les islamistes radicaux privilégient ces *anachid* (pluriel de *nachid*), car ce sont des pièces purement vocales. Comme ils renoncent à un accompagnement instrumental, les *anachid* sont définis à leur tour comme une « non-musique », bien qu'ils soient nettement influencés par la musique pop internationale, ainsi qu'Harris et Isa (2019) le font remarquer. Avec leur mix de mélodies entraînantes, de sonorités islamiques « authentiques » et de messages insistants, ils ont un effet presque hypnotique sur les auditeurs. Dans le morceau présenté par Harris et Isa, « Lettre à ma mère » (*Anamgha yezilghan xet*), le moi lyrique explique à sa mère pourquoi il part en « guerre sainte ». Ces a*nachid* du *djihad* constituent une petite sous-catégorie des pièces vocales, mais jouent un rôle important dans le recrutement des jeunes combattants généralement masculins (Harris 2020a : 157ss.).

Comme ce type de propagande circulait largement parmi les utilisateurs ouïghours de WeChat, l'appareil d'État chinois s'y est intéressé et s'est mis à le combattre à partir du milieu de l'année 2014 avec les nouveaux moyens technologiques de la censure. Mais tous les autres messages religieux inoffensifs échangés jusqu'alors ont en même temps été pris pour cible. Cette censure à grande échelle peut être considérée comme l'événement précurseur de la surveillance ultérieure extrêmement sophistiquée de la communication via Internet au Xinjiang. Même court, cet épisode montre que la réislamisation ne s'est pas non plus arrêtée brusquement après 2009, mais qu'elle a seulement cherché de nouveaux canaux de diffusion auxquels l'État n'aurait pas immédiatement accès. De plus, les études attestent que, malgré toutes les différences, cette réislamisation a touché des couches sociales très variées (Harris 2017 ; Harris et Isa 2019). Afin d'échapper aux poursuites, les Ouïghours effaçaient les contenus religieux de leurs comptes WeChat dès que la censure frappait. Comme nous le montrerons au chapitre 10, l'État-parti dispose désormais d'instruments extrêmement efficaces pour contrôler la communication par le biais d'Internet. De cette manière, il essaie de maîtriser le danger d'une infiltration extrémiste, que Zhang et Wang (2020 : 44) décrivent ainsi : « À l'étranger il y a la graine, à l'intérieur du pays la terre et sur Internet un marché » (*jingwai you zhongzi, jingnei you turang, wangshang you shichang* 境外有种子，境内有土壤，网上有市场). Maintenant, il ne suffit donc plus nécessairement de ne pas publier de contenus religieux ; les utilisateurs ouïghours qui ne veulent pas prendre de risques affichent activement des éloges du parti et de son leader Xi Jinping afin de prouver leur loyauté politique dans un climat de plus en plus répressif au Xinjiang (Harris 2019 : 277).

Endogamie

Cette réislamisation est interprétée par Smith Finley et d'autres comme une réaction à l'impossibilité d'exprimer sa propre identité d'une autre façon et un moyen de s'affirmer en tant que groupe malgré une marginalisation socio-économique. Elle montre en même temps comment cette tendance s'est répercutée au sein du groupe sur la position de la femme et les pratiques concernant les mariages. La position de l'État quant aux unions interethniques a oscillé au fil des siècles entre tolérance et interdits. En RPC s'est imposée une attitude libérale qui, sans promouvoir explicitement les mariages entre ethnies différentes, insistait sur le libre choix des conjoints. Mais ce point de vue était perçu même par cevrtaines minorités ethniques comme une tentative d'assimilation forcée (Smith Finley 2013 : 294ss.). En effet, les statistiques révèlent que les Ouïghours concluent très rarement des mariages avec d'autres groupes ethniques. Il existe une règle informelle qui prescrit l'endogamie (le mariage à l'intérieur du groupe). Celle-ci a fait l'objet d'une interprétation de plus en plus stricte dans les années 2000, mise en pratique par toute une série de mécanismes de contrôles sociaux. D'une part, il s'agit du contrôle exercé par les parents. Dans le pire des cas, les conflits intergénérationnels au sujet de mariages interethniques mènent à ce que les familles se déchirent, rejetant les enfants. Certaines marges de manœuvre n'apparaissent que si l'enfant vit par exemple très loin du Xinjiang et si la communauté locale n'a pas connaissance d'un tel mariage. Outre la surveillance exercée par les parents, c'est donc aussi celle de la société qui joue un rôle important dans le maintien de l'endogamie comme norme. Les couples mixtes qui se montrent en public sont de plus en plus souvent la cible de violentes critiques et d'attaques. Ce sont surtout des raisons religieuses et culturelles qui sont avancées pour déconseiller de telles alliances, mais aussi des arguments racistes, dont l'impression socialement construite que les Han seraient « laids ». Mais les motifs religieux prédominent dans les interviews des années 2000. Pour les musulmans, un mariage avec un(e) non-musulman(e) n'est autorisé que si le marié ou la mariée se convertit à l'islam. Historiquement, de tels mariages étaient même salués comme instruments de conversion. Mais aujourd'hui les sondés eux-mêmes se demandent si un changement de religion se fait avec le sérieux et la dévotion nécessaires, dans la mesure bien sûr où l'autre est prêt à franchir le pas. Si pour la communauté les conditions requises ne sont pas satisfaites, il s'ensuit une exclusion sociale et souvent les mariages échouent (Smith Finley 2013 : 300–327).

Face à ces résistances, la position des autorités évolue progressivement Dès 2003, le gouvernement régional promulgue de nouvelles dispositions à propos de l'enregistrement des mariages qui doivent contourner un refus injustifié des parents (Smith Finley 2013: 302). En même temps, la propagande en faveur des mariages interethniques s'intensifie, tout d'abord indirectement par le biais d'une série télévisée intitulée *Xinjiang Girls*, qui évoque la question sous la forme d'une fiction. La série avait été tournée par une réalisatrice ouïghoure presque exclusivement avec des acteurs ouïghours. Smith Finley (2014) analyse comment elle véhicule néanmoins des stéréotypes au sujet des minorités et des Han. Elle discute la thèse selon laquelle la réalisatrice aurait voulu montrer à quel point la promotion des mariages interethniques est en réalité problématique. Mais les spectateurs interrogés voient surtout la série comme une propagande en faveur de ces alliances et la refusent. Un historien de Kachgar exprime une réaction encore plus radicale, proposant d'intituler plus justement la série *Xinjiang Prostitutes* (Smith Finley 2014 : 271s.). Il faut avoir à l'esprit la stigmatisation dont sont victimes les prostituées dans la société ouïghoure pour comprendre à quel bas niveau il situe les couples mixtes (Smith Finley 2015).

Les auteurs chinois déplorent le fait que l'endogamie soit dans une large mesure respectée parmi les Ouïghours comme étant un signe de leur « arriération » et de leur manque de volonté d'apporter leur contribution à la « solidarité ethnique » (*minzu tuanjie*) (Mu et Wang 2017 : 132s.). La comparaison avec d'autres ethnies davantage enclines à s'assimiler par le mariage se fait à leurs dépens. L'un des résultats du deuxième Forum de travail sur le Xinjiang en 2014 est donc d'encourager davantage la « mixité ethnique » (*minzu jiaorong*). Les gouvernements locaux du Xinjiang appliquent cette décision en encourageant, financièrement par exemple, les mariages entre Han et Ouïghours (généralement entre des hommes han et des femmes ouïghoures). Comme le décrit l'anthropologue Darren Byler (2019), cette incitation prend des formes encore plus directes depuis quelques années. D'une part, les enfants du Xinjiang issus d'un mariage mixte Han-minorité obtiennent depuis 2019 vingt points supplémentaires pour leur examen d'entrée à l'université. Ce sont cinq points de plus que les quinze restants après les coupes effectuées sur les avantages accordés aux autres minorités non-han, qui étaient autrefois de 70 points supplémentaires. Il montre d'autre part comment, avec des témoignages de couples mixtes et de vidéos présentant des femmes ouïghoures comme belles et prêtes à épouser des Han, on fait ouvertement de la publicité pour les mariages interethniques comme contribution à l' « unité nationale ».[12] Cette publicité exploite les stéréotypes sexuels que les Han perpétuent à l'égard des Ouïghours et d'autres minorités et qui existent depuis longtemps déjà dans le secteur de la musique et des autres médias (voir ci-dessous). Traditionnellement, le divorce et le remariage ne sont pas stigmatisés dans la société ouïghoure, ils représentent au contraire une pratique courante (Bellér-Hann 2015 : 108). Ceci contraste nettement avec les idéaux con-

[12] Si on se rappelle les mariages arrangés entre des jeunes femmes de l'Est de la Chine et des soldats démobilisés du Bingtuan au cours des années 1950 et 1960 ou bien les tentatives encore plus anciennes de la fin de la période Qing pour implanter les mariages interethniques au Xinjiang, ce n'est pas la première fois qu'un État se sert de son autorité pour atteindre son objectif de contrôle et de stabilité au Xinjiang par le biais d'une politique portant sur les mariages.

fucéens de la « chasteté féminine », d'après lesquels une épouse doit rester fidèle à son mari même après sa mort. Il ne serait pas étonnant que ces conventions sociales différentes en ce qui concerne les relations entre époux aient conduit certains Han à en déduire que la morale sexuelle des Ouïghoures serait plus souple. Tynen (2019: 11), qui a mené une enquête de terrain à Ürümqi en 2016 et 2017, mentionne toutefois qu'au cours de cette phase la stigmatisation des femmes divorcées a augmenté parmi les Ouïghours par rapport au début du XXIe siècle.

L'image des Ouïghoures « disponibles » est propagée par la propagande publique. Byler (2019) présume que la multiplication soudaine des mariages mixtes au cours des dernières années est imposée. C'est ainsi que dans son guide pratique « Comment conquérir le cœur d'une femme ouïghoure », un auteur han conseille de faire appel à des « organisations sociales » (comités de voisinage, brigades de travail étatiques, etc.) afin de convaincre les parents de la mariée potentielle. Il apparaît clairement qu'un refus serait interprété comme un soutien apporté à une « idéologie extrémiste », ce qui signifierait un séjour forcé dans l'un des camps de rééducation construits depuis 2017 (voir chap. 10). Le paradoxe est que du point de vue chinois officiel cette manière de procéder est idéalisée comme une « libération des femmes ». L'accent est mis sur la « libre décision » de deux personnes qui s'aiment, décision à laquelle les « modes de pensée traditionnels » ou les « tabous religieux » ne doivent pas s'opposer – même si certains doutes sont permis.

Le port du voile

Il en est de même pour le port du voile, une question très controversée aussi dans les sociétés démocratiques d'Europe. Leibold et Grose (2016) retracent l'histoire du port du voile au Xinjiang, qui présente des fluctuations importantes aussi bien dans le temps qu'au niveau régional. D'après l'interprétation officielle, il a fallu attendre la création de la « nouvelle Chine » (la RPC) pour qu'ait lieu la « libération du voile (pour les femmes ouïghoures) » (Leibold et Grose 2016 : 83). En réalité, c'est sous la Révolution culturelle que toute forme de couvre-chef ou de dissimulation pour des motifs religieux a été interdite. Comme d'autres pratiques religieuses, le port du voile renaît dans les années 1980, mais avec des variations régionales. Rudelson (1997 : 153, 162) rapporte qu'à Kachgar le port d'un foulard tissé épais (*tor romal*) couvrant toute la tête était courant alors qu'à Ili les femmes ne portaient pas le voile. Mais dans les années 2000, le hidjab, c'est-à-dire le voile qui couvre la tête en laissant le visage apparent, est de plus en plus porté partout dans la région. Parfois, il est même remplacé par le niqab, qui couvre aussi le bas du visage. Leibold et Grose (2016 : 85ss.) interprètent ce phénomène comme une influence des modes internationales dans le monde musulman. Ils ont réalisé un sondage non-représentatif comprenant près de 600 scènes de rue à Kachgar et Ürümqi en 2013 et 2014. La répartition est la suivante : 34 % des femmes étaient tête nue, 43 % portaient un foulard négligemment noué, 19 % un hidjab ou un niqab et 6 % un *tor romal*. La catégorie des 20–40 ans montre à quel point la société ouïghoure est divisée: le hidjab y était plus fréquemment porté (27 %), mais la proportions de femmes tête nue était supérieure à la moyenne (40 %).

Contre la « mode rétrograde » du voile, le gouvernement de la région autonome lance en 2011 un « projet beauté » (*liangli gongcheng* 靓丽工程) afin d'encourager les « femmes d'un nouveau type » ne portant pas le voile. L'exposition publique de la beauté féminine est prônée en tant que « pratique culturelle moderne », l'industrie des cosmétiques et de la beauté subventionnée par l'État, des concours de beauté organisés, etc. (Leibold et Grose 2016 : 89s.). Ces programmes opposent sciemment la « culture ethnique » des Ouïghours approuvée par l'État (« bright and beautiful with an obvious ethnic character ») aux influences arabes, c'est-à-dire à l' « extrémisme » (Leibold et Grose 2016 : 92). Ceci coïncide avec les débats en ligne au sujet de prétendues influences extrémistes sur les minorités musulmanes en Chine que Ying Miao (2019) qualifie d'homophobes. Les musulmans y sont représentés comme des victimes désemparées sans pouvoir d'action propre, prises au piège d'influences conservatrices ou extrémistes, qui ne peuvent être « sauvées » que par des Han. Comme le montrent Leibold et Grose (2016 : 93ss.), ce soi-disant « salut » est le fait des pouvoirs publics du Xinjiang qui, au niveau local depuis 2010, avec plus d'intensité dans le Sud de la région depuis 2012, intervient pour « persuader » ou « rééduquer » les femmes voilées. À l'époque déjà, la détention extrajudiciaire était déjà un moyen employé sous différents noms, depuis 2017 elle se répand à bien plus grande échelle dans tout le Xinjiang.

Les auteurs montrent aussi que les autorités font fausse route en condamnant le port du voile, surtout sous ses aspects les plus stricts, comme un signe d' « extrémisme ». Les femmes interviewées justifient cette pratique de différente façon et déclarent avoir choisi d'exprimer ainsi une conception personnelle de leur identité, par exemple le lien entre une identité chinoise et ouïghoure avec une appartenance cosmopolite à la communauté musulmane transnationale (Leibold et Grose 2016 : 98). Parmi les femmes et les hommes ouïghours, il n'existe pas de consensus quant à la signification du port du voile sous ses formes les plus strictes, ici ou là on entend aussi des voix refusant cette « arabisation ». Mais pour beaucoup, la décision de porter le voile représente à la fois une adhésion à une modernité islamique transnationale et un acte symbolique visant à rejeter la domination coloniale de la culture han (Leibold et Grose 2016 : 101). Les femmes elles-mêmes étaient prises entre deux feux. Comme Harris (2020a : 179) le constate à l'exemple d'Hotan, les femmes qui arrivaient voilées à leur travail risquaient d'être licenciées. Mais si elles se montraient en public non voilées, on leur jetait des pierres. Tynen (2019 : 10) aussi atteste que les femmes ouïghoures, obligées de s'habiller modestement pour satisfaire aux exigences de leur communauté en matière de morale, oscillaient entre adaptation et rébellion.

Bien que les mesures prises pour inciter les femmes ouïghoures à renoncer au voile se soient heurtées à une vive résistance, les autorités redoublent d'efforts. En avril 2016, la Conférence nationale consacrée aux questions religieuses se réunit à Beijing et décide une nouvelle orientation de la politique en vue d'une « sinisation des religions » (Miao 2019 : 749). Fin mars 2017, la Région autonome ouïghoure du Xinjiang promulgue des « règles pour la dé-extrémisation » (*qujiduanhua* 去极端化) (XUAR 2017a), sur lesquelles s'appuie la campagne de rééducation qui suit. L'article 2 cite nombre de situations très vagues classées comme « extrémistes », dont le port de la burqa (*mengmian zhaopao* 蒙面罩袍), celui-ci comprenant en fait tous les types de voiles considérés comme stricts, quand il ne s'agit pas en pratique des voiles en général (Harris 2020a : 178s.). Un tel signe d' « extrémisme » peut servir de prétexte à un internement en camp de rééducation.

Depuis 2017 également a lieu la campagne des « Trois Nouveautés » (nouveau style de vie, nouvelle atmosphère, nouvel ordre social), qui fait suite au « Projet Beauté ». Se référant à des documents publiés par le gouvernement, Grose (2019) montre que des milliers d'instituts de beauté ont ouvert dans les régions rurales du Sud du Xinjiang avec l'aide du gouvernement. Il cite une représentante de l'association féminine officielle :

> the Beauty Parlor and Hair Salon initiative will bring forth three transformations in the lives of women. First, women will transform their body image. Then, they will transform their way of life. Finally, they will transform their way of thinking.

Ce qui est remarquable, c'est la franchise avec laquelle la transformation physique et culturelle est présentée comme un programme étatique, à une époque où un discours s'est déjà imposé chez les Ouïghours, qui voit dans la communauté han la responsabilité d'une perception négative des transformations physiques affectant les Ouïghours (McMurray 2019). De plus, le lien avec les camps de rééducation est présenté ouvertement. Les jeunes Ouïghoures qui dirigent ces instituts de beauté ont été formées dans ces camps et ont dû aussi assimiler des connaissances en chinois et en droit (Grose 2019). Les formations en cosmétique et coiffure sont aussi mentionnées dans deux livres blancs publiés par le bureau d'information du conseil d'État en 2019 pour justifier l'existence des camps (SCIO 2019a ; 2019c). Il est difficile de faire preuve de plus de cynisme pour présenter cela comme une « libération des femmes ». Même si les hommes sont aussi concernés par ces dispositions légales – port d'une barbe ou du bonnet traditionnel nommé *doppa* (interdit dans les écoles) ou de tout « vêtement extrémiste » (interdit dans les écoles) –, il apparaît une fois de plus que les femmes souffrent tout particulièrement de ces conflits culturels (Harris 2017 ; Tynen 2019).

Les repas, expression de l'identité ethnique

La question de savoir si les repas contribuent à la réalisation de l'identité ethnique est liée à des facteurs religieux, mais va bien au-delà. Cesàro (2007) insiste beaucoup sur le fait que la « cuisine ouïghoure traditionnelle » associe des influences centrasiatiques et chinoises. Elle le montre par le biais des deux plats paradigmatiques *polo* et *läghmän*. Le premier est un plat à base de riz, habituellement préparé pour les grandes fêtes. Le riz est généralement cuit à la vapeur avec un bouillon de légumes et servi avec de l'agneau grillé. Avec certaines variantes, le *polo* (*pilaf, pilau*) est un plat apprécié dans toute l'Asie centrale. Le nom chinois pour *polo* – *zhuafan* (抓饭), littéralement « riz mangé avec les doigts » – ne rend pas compte de la composition de ce plat, mais a une connotation négative. Les brochettes d'agneau grillé (*kawaplar* ou *kebabs*) ont la même origine et la même zone de diffusion centrasiatique que le *polo*. Mais elles sont aussi considérées par les Chinois comme si typiquement ouïghoures que les « vendeurs de kebabs » (*mai yangrou chuanr de* 卖羊肉串儿的) – une activité effectivement souvent pratiquée par les migrants ouïghours dans l'Est de la Chine – sont devenus quasiment synonymes de Ouïghours (et ce n'est pas flatteur) (Chen 2020 : 11). En revanche, le *läghmän* est probablement un plat importé de Chine (peut-être par des Hui), où il s'appelle « nouilles étirées à la main » (*lamian* 拉面). Mais Cesàro considère que ces questions de provenance ne sont pas pertinentes, car les Ouïghours considèrent ces plats comme « typiquement ouïghours », si bien qu'ils sont socialement construits comme cuisine traditionnelle. Du point de vue émique, c'est-à-dire de l'intérieur du corps social, la singularité de la cuisine ouïghoure est présentée comme foncièrement distincte de la cuisine chinoise. Mais d'après la lecture qu'en donne Cesàros (2007 : 200), ce n'est pas le fait qu'elle possède des plats autochtones qui rend la cuisine ouïghoure unique en son genre : « Indeed, what makes Uyghur cuisine truly distinctive is precisely their unique combination ». Les Ouïghours font la différence entre la cuisine traditionnelle et les importations récentes comme le *so säy* (chin. *chaocai* 炒菜) – plats chinois préparés au wok. Cesàro (2007) observe qu'ils sont désormais proposés par les Ouïghours lors d'évènements festifs et font donc leur entrée dans les fêtes qui marquent les étapes de la vie dans les familles ouïghoures.

De l'autre côté, la réislamisation en cours depuis les années 2000, a contribué à ce que la nourriture constitue une démarcation symbolique plus nette par rapport aux Han. Les produits centrasiatiques et turcs ont fait l'objet d'une demande de plus en plus forte, soulignant l'appartenance à ces espaces culturels non-chinois (Erkin 2009). De plus, ce qui est considéré comme *halal* (« permis, licite ») a suscité des débats intenses. Ding (2020) explique que ce concept est très controversé en Chine, à commencer par sa traduction adéquate et donc sa signification exacte. En ouïghour, *musulmanche* (un adjectif dérivé du substantif *musulman*) est employé comme traduction de *halal*. Le concept avait à l'origine un sens ethnique, non religieux. Au XIXe siècle, il se rapportait uniquement aux habitants turcophones et sédentaires du bassin du Tarim. En étaient exclus aussi bien les Han que les Dounganes/Hui et jusqu'aux Kirghizes, qui parlent certes une langue turcique mais ont traditionnellement un mode de vie nomade (Ding 2020 : 21). Avant même la fin des années 1980, Rudelson (1997 : 118s.) a remarqué que la plupart des paysans qu'il avait interrogés à Tourfan se qualifiaient eux-mêmes de *musulman*, et non de Ouïghours, Turpanlik, Junggoluq (Chinois) ou Turcs. Et pourtant, *musulmanche* est aujourd'hui utilisé comme synonyme de *halal*. Mais ce qu'on entend par là varie selon le contexte et le locuteur. Ding (2020 : 23) raconte ainsi que parmi les Ouïghours fortement sinisés, il ne reste finalement plus que l'interdiction de manger du porc. Hoppe (1998 : 138) cite pour sa part d'autres mets tabous:

> le canard, le lapin quand on l'a élevé soi-même, le coq, les pattes et la peau des poules, (…), en revanche les lapins sauvages sont autorisés. Dans le Sud du Xinjiang, on ne mangeait traditionnellement pas de viande de cheval. La consommation de viande de cheval par les Ouïghours était manifestement une spécificité de la région d'Ili.

Les différences régionales dans l'interprétation des prescriptions alimentaires ne sont donc pas nouvelles au Xinjiang. Parallèlement à *musulmanche*, il existe un autre concept chinois *qingzhen* (清真) – littéralement « clair et vrai » – surtout utilisé par les Hui. Au sein de cette ethnie, il n'y a pas non plus consensus au sujet de son emploi. Ding (2020 : 27) relate le cas d'une Hui qui avait refusé de manger un plat préparé par une autre Hui qui, elle, faisait partie d'une communauté soufie. L'argument *halal* est utilisé en fonction de la situation. Les Ouïghours interrogés refusent catégoriquement de manger dans un restaurant tenu par des Han. Cependant, nombre d'entre eux n'hésitent pas à manger dans des restaurants occidentaux qui proposent de la viande de porc (Smith Finley 2013 : 133s.). En même temps, des frontières symboliques ont été érigées autour de ces pratiques – par exemple en associant cette attitude aux *minkaohan*, censés être plus acculturés (Smith Finley 2013 : 153s.). Smith

Finley (2013 : 158) y voit un besoin accru de se démarquer des Han, provoqué par le manque de tact des migrants han nouvellement arrivés au Xinjiang.

Ce qui était particulièrement grave du point de vue chinois, c'était que l'intensification des échanges avec le monde islamique avait provoqué une extension du concept *qingzhen/halal* à des domaines qui n'avaient rien à voir avec la nourriture. Miao (2019 : 754) cite des discussions en ligne entre Han qui critiquent cette tendance en la qualifiant d' « expansion *halal* » (*fanqingzhenhua* 泛清真化). Les commentaires islamophobes publiés en ligne mentionnent différents arguments expliquant pourquoi le fait même de proposer des plats *halal* serait problématique. Ils seraient injustement subventionnés (par exemple dans les restaurants universitaires et les cantines) ou bien réduiraient l'offre destinée aux Han (par exemple dans les « trains *halal* » ou sur les « vols *halal* » vers des destinations à dominante musulmane) (Miao 2019 : 753s.). Le premier argument cité recoupe les doléances des Han à propos du traitement de faveur dont bénéficieraient les minorités, par exemple dans les examens d'accès au supérieur. Le second est plus intéressant, car il reprend les arguments juridiques avancés par le gouvernement : le « droit de choisir librement son repas » doit être le même pour tous et le droit accordé à l'un ne doit pas limiter le droit accordé à l'autre. La liberté des musulmans est ainsi réinterprétée comme une oppression de la majorité non-musulmane. Ces réflexions ne sont aucunement le fait d'une minorité radicalement islamophobe. Les dispositions prises par la Région autonome du Xinjiang à propos de la « déradicalisation » interdisent l' « expansion de la pensée *halal* » comme étant « extrémiste » (XUAR 2017a). Cette forme d'articulation de l'identité ethnique justifie ainsi l'internement dans un camp de rééducation.

La liberté religieuse et sa lecture officielle

Mahmut (2019) fait remarquer avec ironie que, si tant est qu'il y ait une avancée de l'extrémisme parmi les musulmans vivant en Chine, elle est due en grande partie au manque d'enseignement religieux qualifié. Le gouvernement s'enorgueillit certes dans ses livres blancs d'œuvrer en faveur de la formation des guides religieux musulmans et de l'enseignement religieux, mais là aussi la marge est étroite. Dans le livre blanc de 2015, il est écrit :

> In 2013, the new Uyghur edition of the Quran was published and 230,000 copies were sold. By 2014, the number of Islamic publications available in Xinjiang's ethnic minority languages exceeded 20, which basically satisfies Muslims' demands to learn about the Islam and Islamic scriptures. (SCIO 2015)

Outre la question de savoir pourquoi il fallait une nouvelle version du Coran en ouïghour et à quels ajustements on a opéré, on peut douter que la diffusion des écrits cités soit réellement suffisante pour couvrir les besoins d'une population estimée à 9 millions de musulmans ouïghours (Mackerras 2018 : 62). Le plus récent livre blanc, celui de 2018, indique en outre que leur diffusion aurait encore été restreinte : « Important scriptures such as the Koran, Bible, and *Golden Light Sutra* are available at *stores specializing in selling religious publications* » (SCIO 2018 ; souligné par nous). Ceci peut signifier qu'il n'y a plus pour ces ouvrages qu'un certain nombre de commerces spécialisés afin d'en surveiller encore davantage la circulation.

L'analyse des onze livres blancs publiés au cours des deux dernières décennies au sujet du Xinjiang montre en outre une évolution de l'argumentation du gouvernement chinois quant à la liberté religieuse. Au lieu de se défendre contre les accusations selon lesquelles la Chine n'accorderait pas assez de liberté à l'exercice de la religion, l'argumentation a été retournée. D'après la Constitution de la RPC, la véritable liberté religieuse comprend aussi bien le droit de croire que celui de ne pas croire (Bovingdon 2010 : 58s.). La société traditionnelle du Xinjiang était marquée par des guerres de religion et des conflits religieux, le droit de ne pas croire n'existait pas, si bien qu'avant la République populaire « la liberté religieuse s'était perdue » (SCIO 2016). L'islam est en outre présenté comme l'agresseur et le fauteur de guerre, de même qu'à partir de 2017 la « hiérarchie religieuse privilégiée » de l'ancienne société était stigmatisée en tant que moteur de l'oppression (SCIO 2017). Un livre blanc de 2019 va encore plus loin en présentant l'islamisation comme imposée :

> The Uighur [*sic*] conversion to Islam was *not a voluntary choice* made by the common people, but a result of religious wars and imposition by the ruling class, though this fact does not undermine our respect for the Muslims' right to their beliefs. Islam is *neither an indigenous nor the sole belief system* of the Uygur [*sic*] people. (SCIO 2019b ; souligné par nous)

L'islamisation en tant que telle est donc mise en opposition avec la liberté religieuse dans sa définition officielle. Ces exposés de la position officielle du gouvernement insistent de plus en plus fortement non seulement sur le danger représenté par l'extrémisme religieux, mais aussi sur l'obligation de « siniser les religions » qui est depuis 2016 la ligne directrice de la politique religieuse. Une citation extraite d'un livre blanc actuel est à cet égard très éclairante :

> *To survive* and develop, *religions must adapt* to their social environment. The history of religions in China shows that only by adapting themselves to the Chinese context can they be accommodated within Chinese society. The 70-year history of the PRC also shows that *only by adapting to socialist society* can religions in China develop soundly. We must uphold the principle of independence and self-management of China's religious affairs, and prevent all religious tendency that seeks to divest itself of all Chinese elements. *We must develop and encourage secular, modern and civilized ways of life, and abandon backward and outdated conventions and customs.* We must carry forward religious practices adapted to Chinese society, inspire various religions in China with core socialist values and Chinese culture, *foster the fusion of religious doctrines with Chinese culture, and lead these religions, including Islam, onto the Chinese path of development.* (SCIO 2019b ; souligné par nous)

Le chapitre 10, qui s'intéressera de près à la campagne de lutte contre l'extrémisme et le terrorisme montrera qu'il ne s'agit pas là de menaces en l'air. Il ne peut y avoir de « survie » des religions en Chine que si elles s'alignent sur les valeurs socialistes de l'État-parti. Mais comme celles-ci sont laïques, cela signifie qu'une « véritable liberté religieuse » ne peut être réalisée que dans une « société libre de toute religion ». Avec les moyens rhétoriques d'une dialectique à la chinoise, la liberté religieuse au sens premier est transformée en son contraire.

Musique et identité ethnique

Les stéréotypes associent en Chine les minorités ethniques à la musique et à la danse, pour lesquelles elles auraient un talent particulier. Gladney le constatait dès 1994 :

> One cannot be exposed to China without being confronted by its « colourful » minorities. They sing, they dance, they whirl. Most of all they smile, showing their happiness to be part of the motherland. (Gladney cité par Harris 2017 : 36)

Longtemps avant la création de la République populaire, le PCC avait reconnu l'importance de la musique qui pouvait aussi bien servir à diffuser plus efficacement des messages politiques qu'à étayer les prétentions territoriales sur l'ensemble des parties de l'empire Qing avec les ethnies qui y vivaient (Smith Finley 2013 : 185) – une pratique qu'Harris (2020a : 173ss.) appelle « sonic territorialization ». Après la création de la RPC, la musique des minorités ethniques a été recueillie, répertoriée, épurée politiquement et standardisée par des scientifiques et des musiciens (généralement han). Des groupes de chant et de danse contrôlés par l'État (*gewutuan* 歌舞团) ont été instaurés pour les minorités, présentant donc la version officielle de la « musique populaire ethnique ». Ces groupes devaient véhiculer des messages politiques opportuns et être musicalement plaisants à l'oreille (des auditeurs han) tout en restant suffisamment exotiques pour représenter les minorités. Sur le plan optique, les minorités étaient représentées de manière positive – c'est-à-dire avec des vêtements colorés et un air joyeux – par nettement plus de jeunes et jolies femmes que par des hommes, du moins en général. Louisa Schein (1977) a inventé le concept d' « orientalisme interne » pour cette exotisation, érotisation et finalement féminisation des minorités. Gladney (2004 : 64–74) en donne de nombreux exemples qui concernent aussi les Ouïghours, pour qui le préjugé comme quoi ils « savent chanter et danser » (*nengge shanwu* 能歌善舞) correspond à la réalité. Comme nous l'avons déjà vu plus haut, les Ouïghours répondent au reproche selon lequel ils seraient « hédonistes » par un stéréotype inverse : les Han ne sauraient pas s'amuser vraiment et apprécier la musique et la danse (Smith Finley 2013 : 98ss.). D'ailleurs, c'est une représentation erronée que de penser que les Ouïghours feraient preuve d'une plus grande audace que les Han dans l'étalage de l'érotisme. Avec leur morale imprégnée par l'islam, ce n'est nullement le cas (Gladney 2004 : 78s.). Pour ce qui est de ce pan de l'image officielle des Ouïghours, c'est uniquement le « regard masculin » qui fait apparaître ces représentations comme plausibles. Ce motif qui veut que les hommes Han désirent les femmes de minorités ethniques ne nous est pas inconnu et se retrouve aussi dans la musique. Nous allons tout d'abord analyser quel rôle joue la musique ouïghoure traditionnelle dans les projets identitaires de l'État chinois et de la société ouïghoure. Puis nous nous intéresserons aux tendances de la musique moderne.

La musique ouïghoure traditionnelle

Il est bien sûr impossible de fournir ici une introduction à la musique ouïghoure. La priorité sera donnée à l'importance énorme de la musique dans la construction et l'affirmation d'une identité ethnique. Afin de souligner cette corrélation, Rachel Harris (2005a : 394) cite Michael Stokes :

> The musical event evokes and organizes collective memories and presents experiences with an intensity, power and simplicity unmatched by any other social activity. The places constructed through music involve notions of difference and social boundary. They also organize hierarchies of moral and political order.

Aussi la musique est-elle jusqu'à aujourd'hui un domaine controversé entre les Ouïghours et l'État-parti. Ce sont les « Douze *Muqam* » qui passent communément pour le plus grand trésor de la tradition musicale ouïghoure (*On Ikki Muqam*). Un *muqam* désigne moins un morceau de musique en particulier qu'un mode, c'est-à-dire une combinaison d'harmonies et de rythmes que les musiciens qualifiés varient au cours de l'exécution (Harris 2007). Chacune des douze « phrases » est exécutée en deux heures, si bien qu'il faut 24 heures pour l'ensemble des Douze *Muqam*. Cela se produit par exemple dans le cadre de festivités organisées autour du tombeau d'un saint. Harris replace les Douze *Muqam* dans le contexte d'une tradition musicale qui s'étend de la Perse et la Turquie jusqu'à Hami à l'est, et insiste sur le fait que les points communs résident d'une part dans le nom des divers *muqam* et non dans leur contenu réel, de l'autre dans la structure du groupe musical et non dans ses instruments spécifiques. Cette tradition musicale rattache certes les Ouïghours au monde musical centrasiatique et à son histoire, mais elle permet en même temps de construire une identité ouïghoure autochrone. De plus, la tradition des *muqam* offre un espace suffisant aux variantes régionales distinctives, par exemple à celle des Dolan ou à la région de Tourfan ou d'Hami qui, à la différence des *On Ikki Muqam* de la région de Kachgar-Yarkand ne comprend pas exactement douze séries, mais parfois quinze ou seulement neuf.

La canonisation des Douze *Muqam* a commencé dès les années 1950 sous la direction de Seypidin, gouverneur de la nouvelle Région autonome du Xinjiang à partir de 1955 (Light 2007 : 56). À son invitation, l'ensemble des Douze *Muqam* a été enregistré tels qu'il a été exécuté par Turdi Akhun, le plus célèbre spécialiste de ce genre musical à l'époque. Mais celui-ci meurt en 1956, si bien qu'on en est resté à cet enregistrement et que la variabilité des *Muqam* n'a pas été documentée. La politique maoïste entraîne pendant deux décennies une interruption du travail de canonisation. Dans les années 1980, Seypidin charge un certain nombre de poètes et de musiciens d'établir une version officielle des *Muqam*, qui sera publiée de 1993 à 2002 sous forme d'enregistrements audio et vidéo. L'homme politique ouïghour Seypidin tente de cette façon de justifier la thèse selon laquelle les Ouïghours auraient des racines historiques propres (Light 2007 : 56). L'affirmation de certains auteurs chinois pour qui la tradition des *Muqam* serait apparentée à la musique chinoise de l'époque Tang est rejetée par Harris (2007 : 74) comme non-fondée.

Tandis que l'analyse d'Harris porte surtout sur les aspects musicaux, Light (2007 ; 2008) se concentre sur les composantes textuelles. Il montre quels conflits ont opposé quels acteurs au sujet des contenus, chacun ayant sa propre lecture et ses propres intérêts. Les objections formulées par d'autres musiciens à l'égard de l'interprétation des *Muqam* faite par Turdi Akhun ont été ignorées, la sienne idéalisée et considérée comme le nec plus ultra. Ce qui pose le plus problème au niveau politique, c'est que les Douze *Muqam* comprennent des éléments ouvertement soufis ainsi que d'autres influences islamiques, neutralisés par une série d' « ajustements ». Les contenus par trop religieux ont été remplacés par d'autres, l'accent étant mis sur l'amour, ce qui correspond au « regard masculin » des Han dont il a été question. Les chants pouvant être compris comme homoérotiques ont été interprétés comme clairement hétérosexuels. Tandis que les artistes *Muqam* opposés à la « désislamisation » essayaient de résister, la discussion a complètement passé sous silence l'aspect qui vient d'être évoqué, lequel est devenu de facto tabou. Ce serait une interprétation erronée que de le voir uniquement comme une réaction aux directives gouvernementales. Light (2008 : 298) considère la canonisation des Douze *Muqam* en premier lieu comme un conflit entre les élites culturelles ouïghoures :

> But the editing of the songs and texts for the Uyghur Twelve Muqam tradition has taken place largely outside of the sphere of Chinese government interests and cultural management. (…) these editors were outside of central government interests and surveillance.

On a ainsi procédé à des ajustements afin de présenter la tradition musicale ouïghoure comme « plus pure » et qualitativement supérieure (Light 2007 : 60ss. ; 2008 : 300ss.). Pourtant, les Douze *Muqam* canonisés servent aujourd'hui d'instrument de territorialisation, le gouvernement de la RPC se les appropriant comme patrimoine culturel officiel au même titre que d'autres aspects de la culture du Xinjiang sélectionnés par l'État. Il arrive que des organisations internationales responsables de la protection du patrimoine mondial jouent le jeu du gouvernement. C'est ainsi la RPC a œuvré avec succès pour que toute une série de biens culturels matériels et immatériels soient inscrits au patrimoine mondial de l'UNESCO. En 2005, cela a été le cas des Douze *Muqam*, en 2010 de la tradition des *mäshräp*, étroitement liés aux *Muqam*.

Les mäshräp (fr. meshrep) désignent des rassemblements ouïghours avec un spectacle de musique (*muqam*) et de danse, mais aussi des châtiments généralement rituels et amusants pour enfreinte aux conventions sociales. Le douzième des Douze *Muqam* est appelé *mäshräp* (Harris 2007 : 73). Les deux traditions sont donc étroitement liées. Au chapitre 5, il a déjà été question des *mäshräp* utilisés pour lutter contre les problèmes d'alcool à Yining (Ghulja) et dont l'interdiction par les autorités mène en 1997 à l'incident de Yining. Comme Svensson et Maags (2018 : 19) le décrivent pour toute la Chine, le *mäshräp* est aussi soumis à un processus de transformation (*heritagization*) qui en fait une part (acceptable pour l'État) du patrimoine culturel. Harris (2020b), qui a participé à l'évaluation de la demande d'inscription sur la liste de l'UNESCO, analyse la manière de procéder de l'État et en arrive à la conclusion que des éléments essentiels du *mäshräp* ont été réinterprétés. C'est précisément son importance pour la communauté locale, à laquelle les principes de l'UNESCO attachent une grande importance, qui doit céder la place à l'affirmation nettement plus forte de l'identité chinoise et de l'union nationale, des valeurs transversales. Harris mentionne les négociations internes qui ont accompagné la mise au point du dossier de candidature. Détail intéressant: c'étaient les experts du Xinjiang et non ceux de Beijing qui voulaient déposer un dossier encore plus standardisé et trop léché. Tout en appréciant beaucoup la qualité des études musicologiques et ethnographiques du dossier, Harris partage le point de vue de ses collègues de Beijing pour qui les enregistrements vidéo sont trop manifestement des mises en scène. Ce qui pour elle est encore plus problématique, c'est que la forme de *mäshräp* présentée à l'UNESCO a été dépourvue de toutes ses références islamiques, bien que celles-ci soient essentielles à la manière dont la tradition est comprise localement. Dans un contexte de durcissement accru de la rhétorique « anti-extrémiste » de la Chine après 2009, Harris a critiqué ce point en sa qualité d'experte mandatée par l'UNESCO et s'est prononcée pour un rejet de la candidature. Mais la contre-argumentation chinoise, qui alléguait que le *mäshräp* ne recouvre qu'un ensemble de « pratiques culturelles traditionnelles », sans contenu religieux, a fini par s'imposer. L'UNESCO a inscrit le *mäshräp* sur sa liste du patrimoine immatériel mondial. L'industrie culturelle chinoise a standardisé cette interprétation du *mäshräp* en tant qu' « a joyful song-and-dance gathering » (qui serait prétendument la traduction du concept ouïghour) en la mettant en scène par exemple dans des émissions de la télévision nationale. La traduction ne manque pas de créativité, car d'après Harris (2020b), le concept désigne une source (« place for drinking »), au sens figuré une source de l'inspiration soufie.

Ces exemples mettent en évidence ce que le gouvernement chinois veut dire dans ses livres blancs en soulignant que « tous les groupes ethniques sont libres de conserver leurs traditions populaires et leurs coutumes *ou d'en changer* » (SCIO 2009a ; souligné par nous). Il s'agit de n'admettre que les pratiques culturelles autorisées par l'État et de les codifier afin de promouvoir le projet identitaire voulu d'« en haut ». L'ironie veut que ces efforts soient présentés comme un « sauvetage » de patrimoines menacés de disparition et qu'il soit dit qu'avant la création de la RPC ces traditions « s'étaient presque perdues » (SCIO 2009a; 2017). En d'autres termes, le gouvernement se redéfinit ici en tant que protecteur des cultures minoritaires : inversement, les autres groupes ethniques doivent s'en remettre aux Han pour faire subsister leur propre culture. En même temps, les pratiques religieuses du quotidien sont criminalisées (Harris 2020a : 183). Même s'il ne faut pas déprécier les efforts des artistes et scientifiques formés et financés par l'État dans ce domaine, de telles affirmations témoignent d'un chauvinisme han : c'est le « frère aîné » (han) qui permet à ses « jeunes frères et sœurs » (les minorités ethniques) de développer ou même de conserver leurs propres traditions.

Enfin, il faut souligner un dernier point en ce qui concerne la sauvegarde du patrimoine culturel au Xinjiang. À côté des traditions ouïghoures, le gouvernement insiste toujours sciemment sur celles des autres ethnies afin rendre plausible l'idée que le Xinjiang a toujours été « multiethnique, multireligieux et multiculturel », ce qui sape en même temps la prétention des Ouïghours à être la « population autochtone » du Xinjiang (Bovingdon 2010 : 30). L'épopée de Manas des Kirghizes (nombre d'habitants au Xinjiang : 187 000 d'après NBS 2020) a donc été inscrite en 2009 au patrimoine de l'UNESCO afin de ne pas laisser uniquement aux Ouïghours (nombre d'habitants : plus de 10 millions) le privilège de représenter la culture du Xinjiang. Une représentation tout aussi disproportionnée se retrouve aussi pour ce qui est des témoignages matériels de ce patrimoine culturel. La Région autonome protège actuellement « 16 villages traditionnels chinois et 22 villages de minorités ethniques ayant une importance culturelle » (SCIO 2018). Cette formulation soulève d'une part la question délicate de savoir si les villages de minorités ne font pas eux aussi partie de la « tradition chinoise » comme les autorités l'affirment habituellement. De l'autre, elle trahit des motifs politiques, car les Han sont franchement surreprésentés dans la catégorie du patrimoine culturel matériel bien qu'avant 1949 ils n'aient constitué que 6 % de la population du Xinjiang. Ceci doit une nouvelle fois souligner que les Han sont depuis toujours présents au Xinjiang et qu'organiquement ils font partie intégrante de sa culture. Les administrations culturelles du Xinjiang ne sont néanmoins pas entièrement cohérentes. Dans le musée officiel de la Région autonome ouïghoure du Xinjiang, seules les 12 autres ethnies officielles historiquement représentées au Xinjiang sont montrées de façon traditionnelle avec des paysans et des éleveurs nomades, mais pas les Han. Zhang, Brown et O'Brien (2018 : 791) l'interprètent ainsi : contrairement aux autres ethnies, les Han doivent être représentés comme « modernes depuis toujours ». Ils servent donc d'exemple à suivre. En 2018, le livre blanc du gouvernement publie une liste des fêtes traditionnelles protégées par la loi et commence par citer quatre fêtes han (la fête du Printemps, de Qing Ming, des bateaux-dragons et de la mi-automne), avant de mentionner deux fêtes musulmanes, le Ramadan et la fête du sacrifice (Kurban) (SCIO 2018). Là aussi, l'intention est claire.

La musique populaire moderne et l'appropriation culturelle

Le lien entre musique populaire et identité ouïghoure, tant sous la forme imposée par l'État que dans les projets identitaires d'« en bas », commence dès les prémisses de la RPC, avec des racines qui remontent très loin dans le temps. Harris (2005a) la présente à l'aide de la biographie de Wang Luobin (1913–1996), le célèbre musicien chinois d'« ethno-folk ». Après des études de musique occidentale à Beijing, Wang arrive en passant par Yan'an, la base de repli communiste dans les années 1930, à Lanzhou dans la province du Gansu, voisine orientale du Xinjiang. C'est là qu'il commence son travail de collecte, traduction et « modernisation » de la musique populaire ethnique. L'une de ses chansons les plus connues date de cette époque, elle est intitulée « La Fille de Dabancheng » (*Dabancheng de guniang* 达坂城的姑娘). On y retrouve le motif déjà évoqué du désir masculin pour les belles femmes du Xinjiang :

> Dabancheng girls have long plaits and two eyes so pretty
> If you get married, don't marry anyone else, you must marry me
> Bring along your wealth, and your little sister, come along on your horse-drawn cart!
> (Harris 2005a : 383)

Avec cette « chanson populaire du Xinjiang » et un autre tube « Dans ce lieu lointain » (*Zai na yaoyuan de difang* 在那遥远的地方), Wang s'impose selon la perspective choisie comme un pionnier de l'« art populaire » ou de l'« orientalisme interne ». Jeté en prison pour trois ans par les nationalistes en 1941, Wang Luobin arrive plus tard à travailler sous la protection du seigneur de guerre Hui de la province du Qinghai, Ma Bufang. Dans les années 1950, Wang Zhen le fait venir au Xinjiang pour qu'il y effectue un travail de propagande (Harris 2005a : 384). Sa chanson « Salam Président Mao ! » (*Salamu Mao zhuxi* 萨拉姆毛主席) devient en 1959 le chant d'ouverture d'un opéra qui a pour thème « L'oncle Kurban visite Pékin ». Cette histoire repose sur un fait réel, mais la limite entre fiction et réalité est très vague. D'après Chen (2016 : 102ss.), un vieillard ouïghour dénommé Kurban Tulum quitte son village de la préfecture d'Hotan en 1958 pour se rendre à Beijing et y remercier personnellement Mao Zedong pour tous les changements positifs depuis l'intégration du Xinjiang dans la RPC. Faisant partie d'une délégation officielle, il arrive finalement à Beijing en mai 1958 et serre la main du président Mao, ce que l'agence de presse Xinhua immortalise dans une photo iconique. Cette histoire sert de fondement à des versions enjolivées par la suite, où l' « oncle Kurban » parcourt par exemple toute la distance de 4000 km sur son âne. Elle est reprise dans les manuels scolaires de l'ère Mao, dans un film de 2003, une série télévisée de 2019 et une immense statue en bronze des deux hommes se serrant la main qui orne la place principale d'Hotan.

Mais pour Wang Luobin, le succès ne dure pas. En 1959, en raison de ses liens avec le seigneur de guerre Ma Bufang, il est l'une des victimes de la campagne anti-droitiste ; il est envoyé en exil à Kachgar. En 1960, les choses empirent : sa chanson « Salamu Mao zhuxi » est interprétée comme une menace cachée à l'encontre du leader politique (*Shale ni Mao zhuxi* 杀了你毛主席 « Je te tuerai, Président Mao ! »). Il est alors condamné à une peine de 15 ans de travaux forcés qu'il purge au Xinjiang. Mais il reste fidèle à sa passion pour les chants populaires de la région et continue malgré tout à les collecter. Ce n'est que dans la deuxième moitié des années 1980 que sa remontée s'amorce. Il devient très vite un musicien renommé au niveau national et international, incarnant comme aucun autre la musique du Xinjiang. Il porte aujourd'hui encore le titre honorifique de « Roi des chansons du Nord-Ouest » (*Xibu gewang* 西部歌王) (Harris 2005a : 384s.).

En même temps, Wang Luobin fait l'objet d'une controverse intense au sujet de l' « appropriation culturelle » et du droit des marques dans le domaine musical, en particulier la musique populaire traditionnelle. L'appropriation culturelle (*cultural appropriation*) est un pan naturel de l'échange interculturel. Mais là où cela devient une « appropriation culturelle » (mon concept), cela soulève des questions complexes portant sur la paternité des œuvres et la propriété intellectuelle : « While positive cultural appropriation is driven by aesthetics, negative cultural appropriations take the form of theft, assaults, and offence » (Chen 2020 : 12). Ces questions se posent quand Wang Luobin, pour protéger « ses » chansons d'une réutilisation par un chanteur taïwanais, veut en 1993 faire valoir ses droits d'auteur. Là-dessus, il est violemment attaqué par Sidiq Haji Rozi, le célèbre intellectuel, dissident et plus tard exilé ouïghour, qui dans un article de journal le traite de « voleur de chansons » (Harris 2005a : 388ss.). La controverse publique qui suit montre à quel point les Ouïghours refusent la confiscation de leur culture musicale par les Chinois han et la ressentent comme une humiliation. Le mariage sous-entendu dans le texte de la chanson « La Fille de Dabancheng » entre un Han et cette jeune fille joue ici un rôle symbolique important.

Mais comme le montre Harris (2005a : 396ss.), cette lecture est peut-être à son tour réductrice. Car le savant et archéologue allemand Albert von Le Coq qui, au début du XXe siècle, a découvert un grand nombre de trésors bouddhistes lors de fouilles réalisées au Xinjiang et les a emportés en Allemagne, a aussi enregistré de la musique, dont une « chanson d'amour de Daban-cing », interprétée en sa présence en 1905.[13] Le texte conservé (l'enregistrement réalisé au moyen d'un phonographe a été détruit par les bombardements alliés durant la Seconde Guerre mondiale) est si proche de la version chinoise de Wang Luobin dans les années 1930 qu'on peut au moins supposer qu'il a traduit une version locale de la chanson et l'a adaptée en chinois. On ne pourrait ainsi plus l'accuser de machisme han, car le « regard objectivant » provient à l'origine d'hommes de la même ethnie (Harris 2005a : 398). Mais on pourrait toujours lui reprocher d'avoir exagéré son importance dans la « création musicale » de l'œuvre. De plus, cela ne change rien au fait que les Ouïghours actuels puissent

13 Hopkirk (1980) fournit une présentation tout à fait lisible de ces « archéologues-pilleurs » européens au Xinjiang.

interpréter cette chanson comme une agression de leurs femmes par les Han, ce qui est perçu comme une menace ultime pour leur culture (Smith Finley 2013 : 345). Toutefois, les chansons de Wang jouent jusqu'à aujourd'hui un rôle important dans la territorialisation du Xinjiang. C'est ainsi qu'en 2009, à l'occasion du 60e anniversaire de la fondation de la RPC, la célèbre chanteuse Peng Liyuan a interprété, outre une chanson sur la libération des serfs au Tibet, la chanson « Salam Président Mao ! » (Harris 2020a : 184s.). Peng est l'épouse du vice-président d'alors Xi Jinping, devenu entre-temps secrétaire général du PCC et président, et donc l'homme le plus puissant de la RPC. Au vu de la politisation fréquente du chant et de la danse par l'État-parti, des exilés ouïghours se sont plaints récemment ouvertement du phénomène de chosification et de commercialisation de la nation ouïghoure, qui mène à son affaiblissement et à sa mort (Harris 2020a : 193).

Compradors musicaux et illuministes

Les concepts de « compradors musicaux » et d' « illuministes » sont utilisés par Smith Finley (2013 : chap. 4) pour distinguer deux groupes de musiciens new folk au Xinjiang. Elle souligne ainsi la position ambivalente des acteurs culturels ouïghours qui se mettent au service du projet chinois de colonisation du Xinjiang (Smith Finley 2013 : 175). À titre d'exemple, elle analyse le cas de Kelim qui, dès 1959, a interprété en tant que jeune chanteur la chanson de Wang Luobin « Salam Président Mao ! » à Pékin dans le cadre de l'opéra « L'oncle Kurban visite Beijing », devenant sur-le-champ une star (Chen 2016 : 108). À l'âge de 11 ans, il s'engage dans l'Armée populaire de libération (APL) en tant que « soldat-artiste » (*wenyibing* 文艺兵), devient plus tard membre du parti et se produit souvent en uniforme militaire. Ses propres compositions les plus connues contribuent directement à la diffusion de messages politiques et de stéréotypes culturels sur les Ouïghours, comme leur titre le laisse penser : « Oncle Kurban, où vas-tu ? », « Kebab d'agneau, oh quel parfum ! » ou « Ode au cher parti » (Smith Finley 2013 : 180ss.). Bahargül Imi, entrée en 1977 dans une troupe culturelle officielle, est le deuxième exemple qu'elle prend. Il ressort de l'analyse de Smith Finley (2013 : 176ss.) que non seulement son style vocal est typiquement chinois, mais que dans l'une de ses chansons les plus connues « Notre Xinjiang est l'endroit le plus beau » (*Zui mei haishi women Xinjiang* 最美还是我们新疆), elle adopte le point de vue des colons chinois. Smith Finley relève chez les deux artistes le fait qu'ils diffusent le stéréotype de l'hospitalité ouïghoure et donc le message politique selon lequel les migrants chinois seraient les bienvenus au Xinjiang en plus grand nombre.

Smith Finley établit une distinction entre ces compradors musicaux et les interprètes de new folk qui renoncent certes, en partie sciemment, à envoyer des messages politiques directs, mais défendent d'autant plus nettement une identité culturelle indépendante dans la musique ouïghoure. Bien sûr, ils chantent aussi en ouïghour et pas seulement en chinois, comme les premiers. Les exemples qu'elle prend sont Ömärjan Alim et Abdurehim Heyit. Alim est celui qui a le plus de fans parce que son style est plus accessible et que ses textes permettent du moins en partie une interprétation politique directe à laquelle l'auditoire peut s'identifier. C'est dans sa chanson « J'ai amené un hôte chez moi » (*Mehman bashlidim*) que c'est le plus clair. Il décrit comment un invité qui était à l'origine le bienvenu prend ses aises, exploite celui qui le reçoit, devient son chef et ramène de plus en plus d'intrus. L'allusion aux migrants han est facile à comprendre. Il n'est donc pas étonnant que cette chanson ait bientôt été mise à l'index (Smith Finley 2013 : 193s.). D'autres thèmes délicats abordés par Alim dans son album « Traces » (*Qaldi iz*) – le titre est emprunté au poète national Abdurehim Ötkür (voir chap. 7) – étaient les collaborateurs ouïghours et les changements négatifs affectant le caractère des Ouïghours comme l'envie et la discorde. Musicalement, son style est certainement influencé par la musique occidentale et cependant pan-ouïghour, c'est-à-dire qu'il ne peut être classé dans une certaine oasis. Là réside l'effet d'intégration obtenu, qui transmet encore mieux le message politique (Harris 2005b : 637).

Contrairement à Alim, on cherche en vain des contenus politiques évidents chez Abdurehim Heyit, un maître reconnu du dotâr (*dutar* – luth à long manche) (Smith Finley 2013 : 206ss.). Il intègre dans ses compositions très complexes des influences traditionnelles perses, arabes et turques, mais tire la majeure partie de son inspiration des Douze *Muqam*. En revanche, il rejette les courants modernes de la musique ouïghoure (voir plus bas). Il n'a pas été autorisé à enregistrer ses morceaux les plus imprégnés d'islam sur des supports sonores ou à les exécuter en concert, et lorsqu'en 2000 il s'est fait photographier avec une barbe pour une pochette de disque, les autorités l'ont obligé à la raser. Mais il a gardé (provisoirement) une moustache (Bovingdon 2010 : 96 ; Smith Finley 2013 : 209). Comme exemple de texte allégorique, Smith Finley (2013 : 212ss.) analyse « Chante, mon coq » (*Chillang, khorizim*), qu'elle lit comme un appel lancé au peuple ouïghour pour qu'il se réveille de son « sommeil ignorant » (mots d'introduction de la véritable chanson sur la cassette). Elle le met aussi en relation avec Abdukhaliq « Uyghur », le poète de Tourfan évoqué au chapitre 7, dont le poème le plus célèbre est intitulé « Réveille-toi ! » (*Oyghan*). Dans son analyse d'autres poèmes, Smith Finley (2013 : 214–221) dresse un portrait de l'artiste en tant que nationaliste ouïghour avec une religiosité affirmée, mais sans programme politique étalé ouvertement.

Bien que les deux « illuministes » présentés s'engagent pour la même cause, ils se distinguent par une approche politique et musicale très différente et ne s'apprécient guère. D'après Smith Finley (2013 : 221–229), Abdurehim Heyit regarde Alim avec condescendance, non seulement sur le plan artistique mais aussi à cause de son style de vie (soi-disant) débauché. Cette attitude est confirmée par les cercles d'intellectuels dont proviennent les admirateurs de Heyit. Paradoxalement, les deux artistes parviennent avec leur musique New Folk à établir un fondement pour une identité ouïghoure transversale et en même temps pour une fracture entre les couches sociales et religieuses.

Rock, pop, flamenco, reggae

Dès les années 1980, alors que la musique rock commençait seulement à se faire connaître en Chine, le Xinjiang avait sa première star rock Exmetjan (Ahmetjan). Il a entre autres créé la première adaptation de *muqam* pour guitare électrique. Mais Exmetjan meurt, comme certains de ses homologues, d'une overdose d'héroïne dès 1991 (Byler 2014). Malgré sa courte période d'activité, il marque une jeune génération de musiciens. Dans les années 1990 émerge une scène musicale effervescente qui reprend tous les styles musicaux de l'étranger. Le reggae et le flamenco sont particulièrement influents et, au grand dam des traditionalistes comme Abdurehim Heyit, ils ont des répercussions sur la façon dont les morceaux de musique sont joués sur les instruments traditionnels (Harris 2005b ; Smith Finley 2013 : 208). Mais abstraction faite des réflexes de défense d'artistes intellectuels teintés de traditionalisme, cette musique fusion a beaucoup de succès et aide les jeunes Ouïghours à articuler une nouvelle identité cosmopolite.

Les altercations entre Han et Ouïghours évoquées à propos de la musique folk influent sur la musique pop et rock. Baranovitch (2003 : 737s.) interprète le texte de la chanson « Femme » (*Laopo* 老婆) du chanteur de rock ouïghour Askar (Äskär) comme un « dialogue métaphorique avec Wang Luobin » :

> You make me forget who I am …
> Please don't come to awaken me
> Your educating me has already made me completed
> I ask you not to help me anymore
> I don't want to become your wife …

Askar et son groupe Grey Wolf (*Hui Lang* 灰狼)[14] prônent un rejet ethno-nationaliste du regard féminisant porté par les Han sur les minorités, interprété comme une sujétion symbolique (Baranovitch 2007b : 62ss.). Baranovitch (2007b) l'oppose à Arken, une autre star ouïghour de la musique pop à la fin des années 1990 et dans les années 2000. Tandis qu'Askar/Grey Wolf défendent une forme dure de virilité indomptée et la musique pop comme révolte, Arken satisfait aux exigences que doit remplir une idole de la pop dans le contexte chinois : une apparence moins dure, des chansons d'amour romantiques et des emprunts musicaux au flamenco, à la musique latino, etc., bien que ses chansons soient aussi basées sur la musique populaire traditionnelle ouïghoure. Dans l'analyse de Baranovitch, ces deux formes représentent des optiques différentes sur le fait d' « être ouïghour ». Bien qu'Arken reprenne dans ses chansons et ses vidéos quelques stéréotypes culturels de la société majoritaire han au sujet du Xinjiang (déserts, chameaux), sa musique établit un lien entre la société ouïghoure moderne et les courants musicaux internationaux, créant une identité ouïghoure cosmopolite qui ne se définit pas uniquement par son rejet de l'influence culturelle chinoise. Le message d'Askar est plus directement politique. En ce sens, il est peut-être étonnant qu'Askar ait un arrière-plan *minkaohan* alors qu'Arken est un *minkaomin*. En dépit – ou peut-être à cause – de sa scolarité en chinois, Askar rejette plus clairement la prétention à une souveraineté culturelle et déclare son éducation terminée (« Your educating me has already made me completed »). Dans d'autres chansons d'Askar, Baranovitch (2019 : 524ss.) relève une vive critique de la destruction de l'environnement opérée par les Han au Xinjiang, qui constitue aussi un thème récurrent dans une partie de la littérature ouïghoure.

La saga de Wang Luobin au sujet de l'authenticité et de l'appropriation culturelle trouve aussi un écho dans la musique populaire, comme on peut le constater dans le cas de Dao Lang (刀郎), nom d'artiste de Luo Lin, un Chinois originaire du Sichuan. C'est par l'inter-

[14] Baranovitch (2003: 736) qualifie le loup gris de « symbole nationaliste panturquiste ». Le nom du groupe n'implique pas forcément qu'il adhère au programme politique de l'organisation terroriste du même nom, qui défend des idées nationalistes d'extrême droite en Turquie.

médiaire de sa deuxième femme, une Chinoise originaire du Xinjiang, qu'il arrive dans cette région où il trouve sa vocation et son inspiration artistiques. Son nom d'artiste pose déjà problème, car il s'agit de la transcription chinoise du sous-groupe ouïghour que sont les Dolan, lequel est connu pour sa tradition de *muqam*. Cela lui vaut le reproche de confisquer toute une ethnie au profit de sa propre carrière. Smith Finley (2016) appelle sa musique rock fusion, même s'il adapte surtout des chants ouïghours traditionnels et les interprète en chinois. Elle relève dans les adaptations de Dao Lang le même phénomène que celui qu'elle a déjà constaté chez Wang Luobin : la complexité musicale des originaux est « lissée » et remplacée par des « sonorités pseudo-exotiques qui font cliché » (Harris 2005a : 396 ; Smith Finley 2016 : 90). La fascination de Dao Lang pour le Xinjiang et sa musique de même que sa propre identification avec la région doivent être prises au sérieux. Mais la mission qu'il s'est donnée, celle de promouvoir le Xinjiang et de faire connaître sa musique auprès de ses compatriotes est imprégnée d'une vision condescendante qu'on peut interpréter comme du chauvinisme han. Dans sa « mission civilisatrice », il vise à élever la musique ouïghoure, qu'il décrit comme étant « sans ornements », « rude » et « sous-développée », à un niveau supérieur par l'ajout d'éléments han, empruntés par exemple à l'opéra de Sichuan (Smith Finley 2016 : 91). Il sert ainsi très exactement la logique du gouvernement chinois, qui souhaite que la culture des minorités soit « adaptée » afin d'être « développée », ce qui rend indispensable l'intervention des Han. Même si dans sa vie privée il vit très retiré, il accepte d'être instrumentalisé pour des manifestations au service de la propagande d'État. En 2008, il publie un album avec des « classiques rouges », c'est-à-dire des chants révolutionnaires. Comme Wang Luobin avant lui, il contribue à faire émerger une nouvelle « identité pour le Xinjiang » parmi les Han de la région, et donc à promouvoir le projet de territorialisation de l'État. Après les troubles de 2009, il quitte sa ville d'adoption Ürümqi pour Beijing (Smith Finley 2016 : 92ss.). La critique peut-être la plus grave que Smith Finley (2016 : 86ss.) formule à l'égard de Dao Lang se fonde sur son interprétation de la chanson « Le loup déguisé en agneau » (*Pizhe yangpi de lang* 披着羊皮的狼) et de la vidéo correspondante. Elle y voit une allégorie de l'impossibilité d'un mariage interethnique et donc, une nouvelle fois, un topos du désir han pour les femmes ouïghoures.

La très intéressante documentation de 2013 « The Silk Road of Pop »[15] de Sameer Farooq montre qu'Ürümqi dispose d'une scène musicale d'exception, avec du heavy metal, du hiphop et d'autres genres musicaux. Tous les groupes s'attachent davantage à afficher leur appartenance à une modernité cosmopolite qu'à promouvoir un programme ethno-nationaliste. Wong (2013) voit aussi la même orientation apolitique chez le chanteur Abdulla Mejnun, formé à la tradition du *muqam*, mais produisant de la musique pop moderne. Il voit chez lui comme chez d'autres musiciens contemporains de la scène pop ouïghoure une volonté de développer une authenticité alliant l'identité culturelle ouïghoure et la modernité. Mais l'exemple d'Ablajan Awut Ayup montre combien cet équilibre peut être périlleux. Ce chanteur et danseur est originaire d'une famille pauvre d'une contrée rurale du Sud du Xinjiang. Fasciné par des images télévisées de Michael Jackson, il découvre son talent et le développe en étudiant la danse à Ürümqi. Avec un mélange d'éléments pop internationaux, de chant ouïghour et de chorégraphies inspirées de la K-pop, il devient célèbre au plan local

15 Disponible en ligne en échange d'une taxe de protection: https://vimeo.com/ondemand/silkroadofpop

et se voit doté du surnom problématique de « Justin Bieber des Ouïghours » (Byler 2013). Un portrait dans le *Time Magazine* lui vaut une célébrité supplémentaire (Rauhala 2014). Ses premières chansons contiennent tout au plus des allusions indirectes aux problèmes sociaux de son pays, plus tard il semble devenir un peu plus clair (Byler 2017).

Dans « Dear Teacher » (*Söyümlük Muellim*), une chanson de 2016, il joue le rôle d'un professeur qui encourage ses élèves à bien apprendre leur langue maternelle, ce qui dans le contexte de l' « éducation bilingue » est déjà considéré comme une déclaration politique. La vidéo le montre devant sa classe, donnant des cours de chimie, mathématiques ou autres en ouïghour bien que cette langue ne soit soi-disant pas adaptée à la transmission de contenus scientifiques modernes (voir la citation de Wang Lequan au chapitre 7). L'enseignement en chinois n'apparaît dans la vidéo qu'en même temps que l'anglais, lorsqu'il incite les enfants à apprendre « plusieurs langues ». Byler (2017) présente une mise en parallèle de la version ouïghoure et de la version chinoise du texte de la chanson. Il montre de cette façon qu'Ablajan s'adresse dans chaque langue à un public un peu différent : face aux censeurs chinois, il insiste sur l'importance de l'apprentissage de la langue (à savoir ici le chinois), tandis que pour le public ouïghour il met en avant la signification de leur langue maternelle. Ce que Byler ne commente pas, c'est le message énigmatique inscrit au tableau noir et qu'on découvre dans la vidéo en même temps que la strophe correspondante : tandis qu'à droite il y a quelques phrases anodines en anglais, les caractères chinois de la partie gauche veulent dire : « 18. C'est mon amie. J'ai entendu parler de cette histoire. Pendant la guerre, deux grenades sont tombées un jour sur un orphelinat. Deux enfants sont morts sur-le-champ » (minute 2:30). Même si cet événement est situé dans un passé indéfini et censé n'être qu'un ouï-dire, ce message tranche avec la gaieté enfantine exubérante de la vidéo et de la chanson. Il est donc fort probable qu'il existe un rapport entre le texte et les attentats terroristes qui se multipliaient à l'époque au Xinjiang.

Dans la chanson d'Ablajan « Patrie » (*Ana yurt* – en fait « pays de la mère », cf. le roman éponyme de Zordun Sabir, voir chap. 7), il évoque l'amour de son pays, mais l'énumération des noms de villes au début de la chanson montre bien qu'il parle uniquement du Xinjiang. Il cite aussi des modèles historiques comme Satuq Bughra Khan, un souverain qarakhanide qui s'est converti à l'islam, ainsi que Yusuf Balasaghuni (env. 1020–1070), chambellan qarakhanide, et son contemporain Mahmoud de Kachgar, linguiste, ethnographe et géographe, tous deux vénérés comme des saints par les Ouïghours (Starr 2019). Mais avec ses chansons en deux langues, Ablajan ne correspond pas non plus au modèle du pur nationaliste ouïghour, si bien que de ce côté-là aussi il est en partie rejeté. Sa carrière ressemble à un exercice d'équilibriste entre une intervention en faveur de l'identité ouïghoure et une soumission au projet d'une identité d' « en haut » imposée par l'État. Pour Ablajan comme pour beaucoup d'autres artistes ouïghours, cet exercice s'est mal terminé, ainsi que nous le verrons dans le passage suivant.

Musique et rééducation

Abdurehim Heyit et Ablajan ne sont que deux des centaines d'intellectuels et de personnalités du monde de la culture qui ont été privés de liberté dans le cadre de la campagne de rééducation menée au Xinjiang par le gouvernement chinois à partir de 2017. Dans le contexte d'une peur croissante du terrorisme, l'expression jusqu'alors tolérée d'une identité ethnique et religieuse est condamnée en bloc pour « extrémisme » et les personnes concernées jetées dans des camps de rééducation. Dans la plupart des cas, on ne dispose pas d'informations précises à leur sujet (Anderson 2020). En 2017, la disparition d'Abdurehim Heyit provoque un petit scandale international : début 2019, des médias turcs relatent qu'il serait mort en captivité. La Chine se voit alors forcée de diffuser un message vidéo dans lequel Abdurehim Heyit explique qu'il est en bonne santé et n'a jamais été maltraité, alors qu'au même moment les autorités enquêtent sur ses éventuelles infractions à la loi (BBC 2019a ; UHRP 2021 : 17ss.). Cette « vidéo d'otage » (UHRP 2020) soulève au moins autant de questions que la disparition qu'elle est censée nier. De plus, on remarque que le chanteur ne porte plus de moustache et qu'il est juste mal rasé. D'après d'autres rapports, il aurait été condamné à une peine de 8 ans de prison pour l'une de ses chansons (Gan 2019). Tandis qu'en 2017 Ablajan est encore vu comme le symbole d'une intégration possible pour les Ouïghours modernes et toléré par l'État, il disparaît lui aussi en février 2018 dans le système de rééducation qui vient d'être mis en place (Harris et Isa 2018). On ne sait pas ce qu'il est devenu.

Mais le lien entre rééducation et musique ne s'arrête pas là. Harris (2019 ; 2020a : chap. 6) montre que non seulement la musique peut conduire un Ouïghour en prison, mais qu'elle peut aussi l'en faire sortir. Débiter des chants chinois – hymne national, chants du parti, « classiques rouges » – contribue au processus de rééducation en faisant apprendre le chinois et en fixant les connaissances acquises, mais surtout en remplaçant les idées « extrémistes » par la « bonne façon de penser ». Anderson et Byler (2019) vont encore plus loin. Ils analysent les spectacles de chant auxquels les Ouïghours participent (doivent participer) en dehors des camps. Ils doivent interpréter des chants han et célébrer des fêtes han qui n'ont aucun rapport avec la culture ouïghoure. Les auteurs n'y voient rien d'autre que la tentative d'éradiquer leur « identite ouïghoure » et de les transformer en Han, ou pour reprendre les termes d'Harris (2019 : 278) un essai d' « human engineering ». L'exemple peut-être le plus frappant est peut-être le fait que les dirigeants musulmans en particulier doivent interpréter en public des danses et des chants chinois (Meyer 2016 : 11).[16] Nous nous intéresserons plus en détail à l'arrière-plan et à la mise en pratique de cette campagne de rééducation dans la troisième partie du livre. Un court exemple: l'utilisation très répandue de la chanson « Little Apple » (*Xiao Pingguo* 小苹果) dans le cadre de la rééducation musicale du grand public. Publiée en mai 2014 par les Chopstick Brothers, la chanson a obtenu avec sa vidéo ironique un succès énorme auprès des Han, qui forment l'ethnie dominante. Un nombre incalculable de vidéos privées en imitant la chorégraphie ont suivi. Les autorités chinoises ont elle aussi surfé sur cette vague et publié leurs propres versions de la chanson, pour une part avec des textes différents. Au cours de l'hiver 2014–2015, de nombreuses vidéos de communautés villageoises ouïghoures dansant sur « Little Apple » ont afflué sur les réseaux sociaux. La chanson s'est pratiquement transformée en un engagement en faveur de la culture han et a été utilisée pour l'imposer aux Ouïghours (Harris 2020a : 168ss.). Les internautes ouïghours ont réagi pour une part avec sarcasme à cette campagne de l'État.

---

16 Un exemple est attesté dans une vidéo disponible en ligne : http://www.soundislamchina.org/?p=1053 (dernière consultation le 19/01/2021).

L'un d'eux écrit : « Cette chanson est le produit de 5000 ans de culture et d'intelligence chinoises extraordinaires. Ils devraient la faire inscrire au patrimoine mondial de l'Unesco ! » (cité par Clothey et al. 2016 : 866). Cette adaptation physique à un style de danse perçu comme Han et non-ouïgour est aussi considérée par certains comme une transformation culturelle imposée et donc une menace. Ce commentaire sur Internet fait allusion aux habitudes différentes en matière d'hygiène entre les Han et les Ouïghours expliquées au chapitre 7 :

> La danse peut être transmise d'une culture à une autre. S'ils continuent à serrer des mains de cette façon, nos enfants ne tarderont pas à agiter leurs mains après les avoir lavées et notre culture se désintègrera. (cité par Clothey et al. 2016 : 870)

***

La religion et la musique sont deux composantes essentielles de la culture et de l'identité ouïghoures. Nous avons montré qu'elles sont devenues des enjeux de la discussion – et parfois même de la lutte – pour la vision « vraie », authentique que les Ouïghours ont d'eux-mêmes. Il ne s'agit pas là seulement d'oppositions entre « les Ouïghours » et l'État-parti chinois ; de nombreux autres points de vue apparaissent aussi au sein de l'ethnie en question. De même, les représentations officielles diffusées dans les médias publics peuvent différer des images de Ouïghours marquées par la stratégie commerciale du secteur musical et en partie par les préjugés du public. Ainsi les images et discours officiels oscillent entre un « orientalisme interne » (Schein 1997) et ce que nous appellerions la « xénophobie interne ». L'islam dans son ensemble est de plus en plus souvent présenté comme un problème, sinon comme la racine de tous les maux. Pour citer Rachel Harris (2019 : 277) : « Increasingly, the term ‹ religious extremism › appears to serve as an official gloss for Uyghur culture and identity, now regarded as a ‹ virus › to be eradicated. » Ceci est en lien étroit avec le nombre croissant de heurts violents et le discours sur le terrorisme que nous aborderons au chapitre suivant.

III : Le conflit du Xinjiang

Après avoir analysé en détail les fondements historiques, économiques et sociaux de l'actuel conflit au Xinjiang, nous nous concentrerons maintenant sur les affrontements concrets entre les acteurs sociaux et l'État-parti. Le début de ce millénaire peut en gros être divisé en trois périodes :

(a) De 2000 à 2008/2009 règne au Xinjiang un calme non exempt de tensions. Sur l'arrière-plan des attentats islamistes du 11 septembre 2001 contre les États-Unis, le gouvernement chinois tire parti de la rhétorique de la « Guerre mondiale contre le terrorisme » afin de justifier les mesures qu'il prend contre les résistances venant de la société du Xinjiang.

(b) Ce calme est rompu net – à la surprise générale malgré quelques signes avant-coureurs – après les violents affrontements d'Ürümqi du 5 juillet 2009. La dimension du mécontentement qui éclate ici ouvertement surprend le gouvernement et les observateurs extérieurs. La réaction attendue est là aussi une intervention musclée des autorités en charge de la sécurité. Cette « sécurisation » (*securitization*) du Xinjiang se renforce à tel point que les observateurs parlent de l'émergence d'un État policier au Xinjiang, qui s'appuie sur la surveillance technologique. En même temps, le premier Forum de travail du Xinjiang qui se tient en 2010 décide aussi une nouvelle politique de soutien économique. Mais malgré cette stratégie « de la carotte et du bâton », la situation en matière de sécurité s'aggrave. Il s'ensuit jusqu'en 2017 une vague d'attentats violents et d'actes de terrorisme qui éclipse tout ce qui avait été vu jusqu'alors. À partir de 2014, la politique amorcée se durcit sous la direction du secrétaire général du PCC et président Xi Jinping (en fonction depuis respectivement fin 2012 et 2013). Le 2ᵉ Forum de travail sur le Xinjiang qui se tient cette année-là concentre le travail des administrations sur la lutte contre ces « trois maux : le terrorisme, le séparatisme et l'extrémisme ».

(c) Mais ce n'est qu'en 2016 avec la nomination de Chen Quanguo comme nouveau secrétaire du Parti dans la Région autonome du Xinjiang que la répression atteint un tout autre niveau quantitatif et qualitatif. Toutes les activités pour lesquelles les Ouïghours manifestent une identité ethnique indépendante sont progressivement criminalisées. À partir de 2017, un système d'abord secret de camps de rééducation est mis en place où, d'après les estimations, sont internés plus d'un million de Ouïghours et d'autres membres de minorités musulmanes. Ils sont soumis à un endoctrinement politique intensif et retenus contre leur gré. La lecture que le gouvernement propage au sujet des camps depuis octobre 2018, comme quoi il s'agirait de centres de formation professionnelle, ne fait pas illusion. Les rapports sur d'autres mesures invasives du gouvernement qui placent la vie des Ouïghours du Xinjiang sous la surveillance complète de l'État, suppriment leur sphère privée, les forcent à s'intégrer dans le monde du travail dominé par les Han et essaient d'éradiquer leur culture sous sa forme actuelle, se multiplient. Face à ces mesures, les experts internationaux du Xinjiang parlent d'un « génocide culturel », d'une « extinction culturelle », d'une « reprogrammation culturelle » ou d'un « terrorisme d'État » (Anderson et Byler 2019 ; Roberts 2020 ; Smith Finley 2019). D'après certains d'entre eux, même l'existence biologique des Ouïghours semble menacée, car la réglementation en matière de contrôle des naissances, jusqu'alors relativement tolérante, est désormais strictement appliquée. C'est ainsi que le concept de génocide est de plus en plus souvent employé sans l'ajout « culturel » (NISP 2021 ; Smith Finley 2020). La décision du gouvernement américain sous le président Trump – décision annoncée par son ministre des Affaires étrangères Mike Pompeo le 19 janvier 2021, soit le dernier jour de ses fonctions – de reprendre cette catégorisation pour désigner les procédés employés par la RPC au Xinjiang, souligne le caractère explosif de la question, également dans les relations internationales avec la Chine (Delaney 2021).

Dans la dernière partie du livre, la discussion portera au chapitre 9 sur les causes de l'aggravation de la situation au Xinjiang. C'est indispensable dans la mesure où le danger qui menace la stabilité sociale est le principal argument avancé par le gouvernement chinois pour justifier ses actes. Au chapitre 10, nous présenterons et analyserons en détail les atteintes aux droits humains qui lui sont reprochés. Enfin, le chapitre 11 sera consacré aux réactions internationales, qui sont beaucoup moins unanimes et critiques qu'on ne pourrait éventuellement le penser.

9 Protestations, terrorisme, Securitization, 2000–2015

Terrorisme et discours sur le terrorisme

La position officielle du gouvernement chinois est entièrement axée sur l'idée que la RPC serait, comme beaucoup d'autres pays du monde, menacée par le terrorisme islamique, ce qui justifierait les mesures étendues et radicales à l'encontre de l' « extrémisme religieux » comme stade préliminaire du terrorisme. Il convient donc d'abord de définir le terrorisme avant de discuter la question de savoir si la Chine est menacée par le terrorisme. Ensuite, nous nous demanderons quelles sont les causes de la menace sur la sécurité et enfin si les contre-mesures prises par le gouvernement représentent une réponse adéquate, tant pour ce qui est de leur efficacité que de leur proportionnalité.

Nous avons vu que le Xinjiang a connu dans les années 1990 une vague de protestations qui ont en partie dégénéré en violences contre les biens et les personnes. À cela s'ajoutent des assassinats politiques ou des tentatives d'assassinats, parfois au couteau ou avec des engins explosifs, ainsi que des incendies criminels, etc. À partir de 1996, les auteurs des faits ont été poursuivis avec acharnement dans le cadre de campagnes « Frapper fort », les limites légales (présomption d'innocence, droits de la défense, etc.) étant régulièrement enfreintes (Li E. 2019 : 334s.). De nombreux observateurs constatent qu'à cette époque le reproche principal adressé aux fauteurs de troubles est celui du séparatisme, même si le concept des

« trois maux » (*san gu shili* 三股势力), à savoir « le terrorisme, le séparatisme et l'extrémisme » (*kongbu zhuyi, fenlie zhuyi, jiduan zhuyi* 恐怖主义，分裂主义，极端主义), est déjà présent. On peut en déduire que la redéfinition du mal suprême, c'est-à-dire le déplacement du séparatisme vers le terrorisme, est seulement due à un changement opportuniste de stratégie visant à tirer parti de la « Guerre mondiale contre le terrorisme » déclarée par le président George W. Bush après les attentats du 11 septembre 2001 (Clarke 2011 : 156 ; Dillon 2004 : 157). En effet, tout de suite après les spectaculaires attentats d'Al-Qaïda à New York et Washington, la RPC proclame qu'elle soutient les États-Unis, mais le gouvernement chinois ne tarde pas à produire une nouvelle interprétation du conflit du Xinjiang. Le 21 janvier 2002 paraît son livre blanc « ‹ East Turkistan › Terrorist Forces Cannot Get away with Impunity » (SCIO 2002), qui marque le basculement vers ce que Roberts (2020) et d'autres appellent le discours sur la terreur : ces « trois maux » sont présentés comme une « menace existentielle » pour la Chine, menace aussi bien extérieure qu'intérieure (*jingneiwai* 境内外) (Tobin 2020 : 14s.). Le document est accompagné d'un documentaire télévisé (Shichor 2006), un instrument qui sera de nouveau utilisé en 2019, 2020 et 2021.

Le livre blanc classe les cas en fonction des catégories suivantes : explosions, assassinats, attaques contre la police et le gouvernement, empoisonnements et incendies criminels, camps d'entraînement terroristes, dépôts et fabrication d'armes, incitations au soulèvement. S'y ajoute un paragraphe sur les violences en dehors des frontières de la Chine. Tous ces événements, dont beaucoup n'ont pas été relatés publiquement avant, sont mis sur le compte de la même problématique : les « forces du Turkestan oriental » qui depuis le début du XXe siècle poussent à la scission du Xinjiang. Le texte mentionne plusieurs groupes terroristes : le Parti islamique du Turkestan oriental, le Parti d'opposition du Turkestan oriental, l'Organisation de libération du Turkestan oriental, la Shock Brigade of the Islamic Reformist Party, le Mouvement islamique du Turkestan oriental (ETIM), le Parti islamique du Turkestan oriental/East Turkistan Islamic Party of Allah (ETIP). De ces six groupes, l'ETIM n'est nullement le plus connu ou le plus dangereux. Mais c'est le seul qui sera inscrit plus tard par les États-Unis et l'ONU sur l'une de leurs listes d'organisations terroristes. Se basant sur des « statistiques incomplètes » (une formule typique), le document parle de plus de 200 actes terroristes entre 1990 et 2001, qui ont fait 162 victimes et plus de 440 blessés. (SCIO 2002). En revanche, on cherche en vain une définition explicite du terrorisme.

Il faut attendre la Loi anti-terroriste (LAT) de la RPC promulguée en décembre 2015 et les amendements au Code pénal pour trouver cette définition (Li E. 2019 : 331ss. ; Zhou 2018 : 77s.). L'article 3 de la LAT définit le terrorisme ainsi :

> any ‹ propositions and actions that create social panic, endanger public safety, violate person and property, or coerce national organs or international organizations, through methods such as violence, destruction, intimidation, so as to achieve their political, ideological, or other objectives ›. (Clarke 2018c : 8 ; Original : LAT 2018)

Clarke (2018b ; 2018c) critique cette définition comme trop vaste et trop vague. Elle représente toutefois une légère amélioration par rapport au projet de loi (Zhang C. 2019 : 7). La définition du terrorisme sur laquelle Clarke s'appuie dans son recueil et Roberts (2020) dans sa monographie doit résoudre ce problème. Ils comprennent par terrorisme les actions qui (a) de par leur nature sont *violentes*, (b) poursuivent des *buts politiques* (et non personnels) et (c) prennent *des civils pour cible* (Clarke 2018b : 19). Roberts (2020 : 13s.)

ajoute que ces actes sont généralement prémédités et commis pour provoquer un sentiment de peur dans la population. Avec leur définition, ces auteurs se démarquent de celle donnée par exemple par le ministère des Affaires étrangères des États-Unis :

> Le terrorisme est une violence préméditée à motivation politique, exercée contre des objectifs civils par des groupes subétatiques ou des acteurs travaillant dans l'ombre, généralement dans le but d'influencer un public. (cité d'après BPB 2016)

Certains critiquent dans cette définition le fait qu'elle dévalorise les acteurs non-étatiques par rapport aux acteurs étatiques. D'après cette définition, les acteurs étatiques *ne peuvent pas* commettre des actes terroristes, car ceux-ci sont uniquement le fait d'auteurs non-étatiques. Selon le ministère américain des Affaires étrangères, les attaques contre des objectifs étatiques (non-civils) ne devraient pas être rangées dans la catégorie ‹ terrorisme ›. Ceci recoupe la position de Clarke et Roberts et semble la confirmer. Mais ils omettent de dire que d'autres organismes gouvernementaux américains ont recours à des catégories plus larges. Le ministère américain de la Défense le définit ainsi:

> Le terrorisme est une utilisation calculée de la violence ou d'une menace de violence afin d'inspirer la crainte, dans le but de forcer le gouvernement ou la société à poursuivre certains objectifs politiques, religieux ou idéologiques. (cité d'après BPB 2016)

Et telle est la définition du FBI, la police fédérale américaine :

> Le terrorisme est une contrainte illégale ou une violence à l'égard d'êtres humains ou de la propriété afin d'intimider un gouvernement, la population civile, ou une part d'entre eux, afin d'atteindre des objectifs politiques ou sociaux. (cité d'après BPB 2016)

Ici, la définition n'est plus limitée aux cibles civiles des attaques. Mais comme nous le verrons, ceci joue un rôle décisif dans l'argumentation, par exemple chez Roberts (2020).

Enfin, le passage le plus important de la définition détaillée donnée par l'Union européenne :

> Sont considérés comme infractions terroristes les actes intentionnels commis dans le but d'intimider gravement une population ou de contraindre indûment des pouvoirs publics ou une organisation internationale à accomplir ou à s'abstenir d'accomplir un acte quelconque, ou de gravement déstabiliser ou détruire les structures fondamentales politiques, constitutionnelles, économiques ou sociales d'un pays ou d'une organisation internationale. (extrait de la décision-cadre du Conseil en date du 13 juin 2002 relative à la lutte contre le terrorisme ; souligné par nous)

Cette définition qui remonte pour sa part à une définition des Nations Unies en 1994 n'est plus limitée aux objectifs civils, en revanche figurent dans l'énumération des actes qui n'impliquent pas forcément le recours à la violence, par exemple des atteintes aux infrastructures ou de pures menaces. Dans cette comparaison internationale, la définition juridique du terrorisme par la Chine est certes vague, mais pas nécessairement plus vaste que dans les démocraties occidentales.

Les implications de cette différence de définition sont indéniables. La phrase souvent citée « Le terroriste de l'un est le combattant pour la liberté de l'autre » (Roberts 2018a : 100) est volontiers employée pour prouver le caractère prétendument arbitraire de la définition du terrorisme. La question à débattre est de savoir si pour les événements du Xinjiang on peut ou doit parler de terrorisme ou s'il ne s'agit que d'une déformation consciente propagée par le gouvernement chinois afin de légitimer sa répression contre les Ouïghours. Logiquement, la première thèse est défendue par le gouvernement chinois, mais elle est aussi reprise telle quelle par d'autres auteurs (Odgaard et Nielsen 2014 ; Wayne 2009). Le livre blanc de 2002 et sa propagande essaient précisément de fournir des preuves de cette conception. D'autres défendent résolument la deuxième version (Clarke 2018b ; Roberts 2018a ; 2020 ; Shichor 2006 ; Steel et Kuo 2007). Roberts (2020 : 15ss.) souligne en particulier que le terme de « terroriste » est déshumanisant et semble donc justifier des mesures extrêmes (voir aussi Roberts 2018b). C'est certainement le cas. Mais à mon avis, sa position est exagérée quand il argue que les assassinats politiques, par exemple d'‘ « imams rouges » (des religieux proches du PCC), *ne devraient pas* être considérés comme du terrorisme, car ils ont été tués en tant que représentants de l'État-parti et n'étaient donc pas des cibles civiles (Roberts 2020 : 74). Pour lui, il s‘agirait d'actes de guérilla, relevant d'une résistance légitime. Mais il est douteux que ce changement de catégorie entraîne réellement une réaction substantiellement différente de l'État. L'argumentation analogue qui classe les manifestations de Yining (Ghulja) en 1997 et d'Ürümqi en 2009 parmi les « protestations ethniques violentes » et non dans le terrorisme semble plus juste (Steel et Kuo 2007 : 9). Mais cette interprétation impliquerait que les services de l'État pratiquent une autre analyse de ces actes et réagissent différemment.

Dans ce débat, il est important d'effectuer la distinction suivante : dans la version officielle du gouvernement chinois, toutes les protestations et émeutes sont fondées sur un mouvement des « forces du Turkestan oriental », des forces amorphes qui se régénèrent comme une hydre, c'est-à-dire que chaque fois que les autorités lui coupent une tête il en repousse deux. De ce point de vue, il n'est pas absolument nécessaire d'apporter la preuve de liens précis d'ordre personnel, idéologique et organisationnel entre les différentes protestations, les différents attentats, etc., ou entre leurs instigateurs. Il suffit de constater qu'ils ont tous le même programme (et même cela n'est pas nécessaire, car aucun doute n'est permis). Ceux qui critiquent le gouvernement chinois indiquent en revanche que des formes très variées de protestations sont mises sur le même plan que le terrorisme et surtout que ces protestations sont justifiées parce que la politique religieuse de la RPC et celle qu'elle mène au Xinjiang les motivent (Bovingdon 2010 ; Roberts 2020). Pour eux, les « forces du Turkestan oriental » ne sont pas une hydre mais une chimère, un leurre reposant sur la perception faussée du gouvernement chinois.

La situation sécuritaire au début du XXIe siècle

La deuxième question posée plus haut concerne le degré de menace réel des protestations et actes de terrorisme ouïghours pour la sécurité au Xinjiang et en Chine en général. Bovingdon (2010) a établi une liste très exhaustive de toutes les protestations et de tous les assassinats et autres incidents violents qui pourraient être classés comme actes terroristes d'après la conception chinoise. Il concède qu'un nombre croissant de confrontations violentes a été signalé surtout dans la deuxième moitié des années 1990. Mais ses données montrent aussi que depuis 2002, quand la Chine rejoint la « Guerre mondiale contre le terrorisme », de tels faits sont extrêmement rares. D'après la définition plus étroite de Roberts (2020 : 142ss.), il n'y en a eu aucune jusqu'en 2008 environ. Tous deux en concluent que cette phase durant laquelle la RPC exploite le discours sur le terrorisme afin d'accroître la répression au Xinjiang et l'assimilation des Ouïghours (voir plus haut « l'éducation bilingue ») ne présente pas une justification *objective* à des mesures sécuritaires renforcées. Au contraire, si l'on compare le nombre de protestations au Xinjiang avec la hausse fulgurante d'événements analogues en Chine, la situation au Xinjiang était étonnamment calme (Bovingdon 2010 : 106). Cette argumentation fait nettement référence à l'idée que le terrorisme, comme tous les phénomènes sociaux, est créé par le discours, les discours socialement construits ayant toutefois des répercussions réelles (Rodríguez-Merino 2019 : 29). C'est ainsi qu'en Chine le discours sur le terrorisme mène à ce que les Ouïghours en tant que groupe soient représentés comme une source de menace (Tobin 2020 : 90ss.). Le gouvernement chinois est vu ici comme la force dominante dans le processus d'instauration du discours sur le terrorisme. Pour reprendre la formule de Rodríguez-Merino (2019 : 30), il crée une « franchise » de la « Guerre mondiale contre le terrorisme » déclarée par les États-Unis. Clarke (2018c : 5) est un peu plus enclin à reconnaître la position du gouvernement chinois dans la mesure où pour lui le changement de perception est un facteur à part : pour lui, le fait que les « terroristes ouïghours » soient maintenant perçus comme un danger transnational a agi comme un « amplificateur cognitif de la menace ». Xie et Liu (2019) vont encore plus loin : ils remettent en question l'interprétation de la *Securitization* comme processus « imposé d'en haut » et mettent en avant le pouvoir d'action des acteurs locaux, qu'il s'agisse des autorités chargées de la sécurité ou de l'autre camp (voir plus loin).

En effet, de 2001 à 2008, les médias chinois relatent extrêmement rarement des activités terroristes. Les cadres de haut niveau utilisent fin 2005 encore exactement les mêmes chiffres pour les actes de terrorisme et leurs victimes que le livre blanc pour 1990-2001, se contentant de préciser que le chiffre s'élèverait dans les deux cas à 260 actes terroristes pour les « dix dernières années » (Shichor 200 6 : 102 ; Steel et Kuo 2007 : 6). Le gouverneur de la région Ismail Tiliwaldi affirme en outre en mars 2005 qu'il n'y a plus eu d'attentat terroriste au Xinjiang depuis 2005 (Chaudhuri 2018 : 177). D'une part, les chiffres officiels sont donc peu fiables, de l'autre ils n'attestent aucune activité terroriste importante au début des années 2000. A posteriori, le gouvernement essaie dans un autre livre blanc paru en mars 2019, donc à un moment où il est déjà vivement critiqué par les pays occidentaux, de donner l'impression que la menace était permanente. Il affirme :

> Incomplete statistics show that from 1990 to the end of 2016, separatists, terrorists and extremist forces launched thousands of terrorist attacks in Xinjiang, killing large numbers of people, and hundreds of police officers, causing immeasurable damage to property. (SCIO 2019a)

Cette affirmation est problématique pour différentes raisons. Si nous acceptons l'indication antérieure de « plus de 200 actes terroristes » et « 162 morts » pour les années 1990, le reste des « milliers » d'attentats supplémentaires et des « centaines de policiers morts » aurait dû se produire au XXIe siècle. Cela ne recoupe aucunement les informations diffusées dans les médias chinois et les médias internationaux. Même si les informations concordent pour dire que le nombre d'attentats a augmenté à partir de 2008, on ne peut pas arriver à des chiffres aussi élevés même en comptant large.

Le tableau 9.1 se base sur les indications publiées dans le livre blanc de mars 2019 (SCIO 2019a). Même si tous les cas particuliers ne sont pas cités, l'énumération d'événements spécifiques doit donner au lecteur l'impression que la menace de terrorisme était constante. Or à y regarder de plus près, on est frappé par le fait que quel que soit le type d'actes terroristes répertoriés (tels que le gouvernement les définit), il y a une lacune d'environ dix ans à partir de la fin des années 1990. Donc cela confirme plutôt la conclusion de Bovingdon (2010) citée plus haut, comme quoi il n'y a guère eu de menace réelle justement au cours de la première décennie de la « Guerre contre le terrorisme » (voir aussi Rodríguez 2013 : 141). Pourtant, les organisations internationales ont continué de parler de « milliers d'arrestations par an après 2001 » (Bovingdon 2010 : 106). Ou bien les autorités chinoises étaient particulièrement habiles pour déjouer les projets terroristes et arrêter les auteurs potentiels avant leur passage à l'acte, ou bien les arrestations ont largement touché d'autres groupes et des personnes n'ayant rien à voir avec le terrorisme.

Une liste séparée de cas de violence interethnique au Xinjiang a pu identifier 213 heurts pour la période allant de 1990 à 2005 compris (Cao et al. 2018a ; 2018b). Géographiquement, ils étaient concentrés à Aksou, Hotan, Kachgar et Ili. Ici aussi, on relève moins de dix cas pour les années 2001 à 2005. L'analyse de ces données montre que les heurts sont en corrélation positive avec les chiffres-clés concernant les inégalités socio-économiques entre Han et Ouïghours, mais pas avec les indicateurs de l'exploitation des ressources, en l'occurrence le pétrole et le coton (Cao et al. 2018a). La présence d'institutions religieuses (nombre de mosquées) contribue toutefois à atténuer le lien entre inégalités et violences (Cao et al. 2018b). Hong et Yang (2018) arrivent pour leur part à des résultats légèrement différents en

Fig. 9.1 : Aperçu des actes terroristes d'après la présentation chinoise officielle.

Actes de terrorisme	**Premier pic**	**Lacune**	**Deuxième pic**
Assassinats de personnes ordinaires	1992 - 1997	1998 - 2010	2011 - 2015
Assassinats de chefs religieux	1993 - 1998	1999 - 2013	2014
Mise en danger de la sécurité publique	1998	1999 - 2007	2008 - 2013
Attaques contre des services gouvernementaux	1996 - 1999	2000 - 2007	2008 - 2016
Planification de troubles et émeutes	1990 - 1997	1998 - 2008	2009

Source : SCIO (2019a). Sont à chaque fois citées la première et la dernière année pour lesquelles le livre blanc note un acte terrori ste. Les années situées entre figurent dans le tableau comme lacunes.

se basant sur leur propre corpus de données, lequel comprend environ 200 heurts violents entre 1949 et 2005. En faisant abstraction de tous les autres facteurs, ils constatent que la production de gaz et de pétrole diminue la probabilité de voir une localité devenir le théâtre de conflits violents. Ceci va à l'encontre de l'argument parlant d'une « malédiction des ressources » souvent cité dans les études. Leurs résultats recoupent donc ceux de Cao et al. (2018a). Mais dans leur analyse, l'effet positif de l'exploitation des ressources naturelles sur l'harmonie sociale baisse s'ils prennent en compte la densité historique de mosquées. Plus la concentration de mosquées était élevée en 1949, plus cet effet est faible. En d'autres termes, la religiosité enracinée dans l'histoire au sein d'un espace spécifique constitue un facteur d'arrière-plan qui marque aujourd'hui encore les conflits interethniques. Cela contredit l'affirmation de Cao et al. (2018b) pour qui le nombre actuel de mosquées dans une localité diminue la répercussion des inégalités interethniques sur le nombre d'attentats. On peut essayer de relier ces deux résultats en disant qu'une demande insatisfaite de lieux d'exercice de la religion conduit à davantage de conflits, tandis qu'une demande satisfaite en diminue le nombre. On peut cependant faire valoir plusieurs objections à ces analyses quantitatives. D'une part, la perception subjective selon laquelle les entreprises d'État s'approprient les ressources du Xinjiang devrait compter davantage dans les conflits interethniques que les chiffres de production locaux réels utilisés ici. D'autre part, la seule présence de mosquées ne dit encore rien au sujet de leur utilisation. Comme nous l'avons montré au chapitre 8, la politique religieuse a changé au fil du temps : tantôt leur accès était strictement interdit aux mineurs, tantôt il était toléré. On peut en tout cas retenir ce résultat descriptif : les deux corpus de données confirment l'estimation de Bovingdon, qui est d'avis que les conflits armés au Xinjiang ont diminué au cours de la première décennie du XXIe siècle.

L'ETIM et les États-Unis

La lecture chinoise officielle sur le « terrorisme » des « forces du Turkestan oriental » évoque un mouvement semblable à une hydre. Les deux auteurs Bovingdon et Roberts essaient de l'invalider en réfutant d'une part l'idée qu'il s'agit de terrorisme et de l'autre celle qu'il y a des liens personnels et organisationnels entre les différents acteurs. Comme nous l'avons dit, ils présentent le « mouvement terroriste » en quelque sorte comme une chimère. La position chinoise reçoit le soutien inattendu des États-Unis et des Nations Unies qui, en août et septembre 2002, classent l'ETIM parmi les organisations terroristes et donc offrent un important succès de propagande au gouvernement chinois (Clarke 2011 : 156). Le premier point remarquable est le moment choisi : Richard Armitage, le vice-ministre des Affaires étrangères des États-Unis, annonce la décision prise par son gouvernement de classer l'ETIM parmi les organisations terroristes précisément lors de sa visite à Beijing en août 2002 (Roberts 2020 : 77). Cependant, le gouvernement du président Bush rejette le reproche comme quoi il se serait agi d'une contrepartie directe (*quid pro quo*) pour le soutien de la RPC dans la lutte contre le terrorisme. Le deuxième point est que les experts sont également surpris que ce soit l'ETIM qui soit choisi, car même d'après les informations officielles ce n'est ni le plus grand groupement ni le plus dangereux parmi ceux cités par le livre blanc de 2002. L'une des explications est que le gouvernement affirme l'existence de liens entre l'ETIM et Al-Qaïda. Ce réseau islamiste qui opère au niveau transnational représente alors le principal adversaire des États-Unis dans la lutte anti-terroriste. L'arrestation de 22 Ouïghours en Afghanistan à partir de 2002, qualifiés de « combattants ennemis » (*enemy combatants*) et transférés à la prison spéciale de Guantanamo Bay à Cuba, semble confirmer ce lien (Rodríguez 2013 : 142; Wayne 2009 : 251s.). Mais des études et des interrogatoires ultérieurs montrent que la majeure partie de ces Ouïghours étaient tout au plus des suiveurs ou qu'ils avaient été capturés par des chasseurs de têtes et remis aux forces armées américaines. Les cinq premiers ont été libérés en 2006 et envoyés en Albanie, les autres aux Bermudes, aux Palaos, au Salvador, en Slovaquie et en Suisse sous le président Obama (Chaudhuri 2018 : 227ss. ; Hastings 2019 : 437 ; Roberts 2018a : 110). Les États-Unis refusent de les extrader vers la RPC, qui le demande, parce qu'ils craignent qu'une fois là-bas ils soient de nouveau poursuivis. Ceci est la preuve d'une méfiance accrue entre les États-Unis et la Chine. Quelques années auparavant seulement, des représentants chinois avaient été invités à Guantanamo pour y interroger les détenus ouïghours (Chaudhuri 2018 : 228s.). L'Allemagne avait certes accepté d'accueillir deux ex-détenus arabes de Guantanamo, mais refusé d'accueillir des Ouïghours (probablement par égard pour les relations sino-chinoises) (Chen 2014 : 83). Pour ce qui est de la décision concernant l'ETIM, il n'est pas impossible que le gouvernement américain ait commis une erreur d'appréciation ou qu'il ait volontairement exagéré la dangerosité de cette organisation. En effet, Armitage, le vice-ministre des Affaires étrangères, mentionne dans son communiqué de presse destiné à justifier la décision américaine qu'elle est responsable de « plus de 200 attentats » ayant fait « 162 morts » (Roberts 2020 : 77). Il cite donc exactement les chiffres avancés par le gouvernement chinois pour *l'ensemble* des groupes dans les années 1990 comme s'ils ne concernaient que l'ETIM. Une déclaration du ministère américain des Finances répète peu après cette même erreur (Roberts 2020 : 79s.). L' « hydre » se voit ainsi dotée d'*un seul* nom (au lieu d'en avoir plusieurs). L'impression donnée est qu'il s'agit d'un réseau actif avec une haute capacité opérationnelle qui se cache derrière tous les troubles, assassinats, attentats à la bombe, etc. au Xinjiang.

À l'inverse, Roberts (2020 : 100) écrit que l'ETIM n'a probablement jamais existé sous ce nom. Il y avait en revanche un groupe nommé ETIP (East Turkistan Islamic Party), responsable sous Zäydin Yüsüp de l'insurrection de Baren en 1990. Le fait qu'Häsän Mäkhsum ait repris pour son propre groupe terroriste le nom d'ETIP ne signifie pas pour Roberts (2020 : 100ss.) un lien organisationnel, contrairement à ce qu'affirment les États-Unis et la Chine quand ils continuent d'appeler le groupe ETIM. Roberts voit cela plutôt comme un lien affectif :

> he was referring to a sentiment that is shared by most Uyghur nationalists, whether religiously inspired or secular: a belief that their struggle with modern China is timeless and continuous.

Mais cela ne manque pas d'ironie, car Roberts ne s'aperçoit pas qu'il alimente ainsi le « caractère d'hydre » du mouvement séparatiste qu'il essaie de réfuter. Ce qui ne compte ni du point de vue chinois ni du point de vue ouïghour, ce ne sont donc pas les liens concrets et organisationnels entre les différents (groupes d')activistes : ils prônent de toute façon les mêmes idées et les mêmes objectifs politiques. Le gouvernement chinois n'en utilise pas moins la décision des États-Unis et des Nations Unies pour déclarer à des fins de propagande que ce groupe est une organisation terroriste. C'est ainsi qu'à partir de 2003 le ministère de la Sécurité publique (*gong'anbu* 公安部) évoque de plus en plus clairement les liens prétendus des terroristes avec l'ETIM quand il lance ses avis de recherche (Chaudhuri 2018 : 188ss.). J'irais même jusqu'à affirmer que les autorités chinoises utilisent sciemment la confusion de l'opinion publique internationale pour faire comme si l'ETIM qui, d'après son nom est un « mouvement », était la même chose que les « forces du Turkestan oriental » accusées d'être à l'origine de toutes les violences au Xinjiang (voir aussi Tobin 2020 : 93 ; Zhang C. 2019 : 7s.). Ceci se poursuit aussi après qu'Häsän Mäkhsu, le chef de l'ETIM, ait été tué en octobre 2003 lors d'une intervention de l'armée pakistanaise dans le Sud-Waziristan (région frontalière de l'Afghanistan) (Clarke 2018b : 25). Roberts (2018a ; 2020) qualifie ce discours du gouvernement chinois, cohérent en soi, de « récit sur le terrorisme ». Inversement, on peut déceler une sorte de discours complémentaire tenu par les organisations ouïghoures en exil, mais aussi chez des auteurs comme Dillon (2004) ou Holdstock (2015). Dans cette perspective, le mouvement semblable à une hydre est interprété comme une résistance à l'oppression exercée par l'État chinois. Les deux discours, l'un sur le terrorisme, l'autre sur la résistance, remplissent une fonction similaire. Celui sur le terrorisme est utilisé pour légitimer les mesures de répression prises par l'État, celui sur la résistance pour justifier ou relativiser la (contre-)violence sociale. Smith Finley (2020 : 3) en donne un exemple. Tandis que Roberts (2020 : 53) considère que l'insurrection de Baren a été déclenchée par un groupe militant mené par Zäydin Yüsüp (ETIP), qui aurait eu recours à la violence plus tôt que prévu en raison de la pression accrue exercée par les avis de recherche, elle écrit :

> A cycle of state versus local violence began with the 1990 Baren incident, during which a group of southern Uyghurs resisted the imposition of religious restrictions in a town in Kashgar prefecture. In response, the Chinese state deployed disproportionate force, killing around 1600 Uyghurs with anti-riot troops, tanks and fighter planes.

Ces points de vue différents marquent aussi la discussion qui porte sur les émeutes de 2009, comme le montrera le passage suivant.

Les émeutes d'Ürümqi en 2009

D'après les principales études, l'année 2009 et les émeutes d'Ürümqi le 5 juillet marquent un tournant dans le conflit du Xinjiang (voir par exemple Trédaniel et Lee 2018 : 187). Ce n'est pas faux, mais dès 2008 se font sentir les premiers signes avant-coureurs d'une nouvelle vague de violences. D'une part, des groupes militants étrangers diffusent début 2008 des menaces terroristes par le biais de vidéos, parmi lesquelles quelques-unes du Parti islamique du Turkestan (PIT – angl. Turkistan Islamic Party/TIP) d'Abdul Häq (Abdul Haq) al Turkestani (Pantucci 2018 : 159), considéré comme l'organisation qui a succédé à l'ETIM. Ces vidéos mentionnent une cible concrète : les Jeux olympiques d'été d'août 2008 à Beijing. Le Pakistan et l'Afghanistan offrent des espaces de repli aux groupes militants ouïghours, même si ceux-ci doivent souvent changer de lieu (Small 2018 : 129s.). Le PIT s'associe à l'Islamic Movement of Uzbekistan (IMU) qui, pour sa part, est plus étroitement lié à Al-

Qaïda. Abdul Häq devient même membre du cercle dirigeant d'Al-Qaïda (Small 2018 : 135). Les premières vidéos du PIT publiées sur Internet sont encore produites en amateur. Plus tard, devenues de plus en plus professionnelles, elles sont diffusées sur la plateforme utilisée généralement par Al-Quïda (Pantucci 2018 : 159). Roberts (2020 : 116–129), qui est le premier à analyser un assez grand nombre de ces vidéos non seulement en anglais, mais aussi en ouïghour, et fait des interviews de combattants ouïghours de l'époque, attache beaucoup d'importance au fait que le PIT n'est guère plus à l'époque qu'une organisation de propagande : « a video production company with a militant wing », écrit-il. Il doute même de l'existence d'une branche militante (Roberts 2020 : 120) :

> in terms of the book's working definition, which is based on the actions of militant groups, I would argue that neither Mäkhsum's community nor TIP qualify as 'terrorist organizations' because neither has a clear record of carrying out premediated political violence that deliberately targets civilians. (Roberts 2020 : 128)

Il faut toutefois noter qu'au sein de l'Union européenne et en Allemagne, certains aspirent à punir toute forme de publicité pour des activités terroristes, en particulier dans le « camp d'entraînement virtuel » d'Internet, même la poursuite pénale peut avoir lieu bien avant le crime proprement dit et si des limites problématiques à la liberté d'expression sont à craindre (NRW 2019 ; Zimmermann 2009). En ce sens, il est pour le moins compréhensible que la RPC se sente menacée par une propagande terroriste de ce genre. Mais rien ne dit que celle-ci ait effectivement eu « du succès », c'est-à-dire qu'elle ait directement entraîné des attentats en Chine et la plupart des auteurs en doutent fort, même si le PIT revendique quelques explosions dans des bus à Shanghai et Kunming en mai et juin 2008 (Roberts 2020 : 143).

Du fait des protestations en mars au Tibet (Chaudhuri 2018 : 198s. ; Odgaard et Nielsen 2014), le Xinjiang connaît un extrême durcissement des mesures de sécurité. Sur le plan pratique, les Ouïghours font l'objet d'une suspicion générale et sont contrôlés avec une grande sévérité (Roberts 2018b : 240ss. ; 2020 : 143). Pourtant, après des années de calme relatif, de nouveaux attentats se produisent. Le 4 août 2008 (quatre jours avant l'ouverture des Jeux olympiques), deux Ouïghours, un chauffeur de taxi et un marchand de légumes, foncent avec leur camion de livraison dans un groupe de membres de la Police armée du peuple à Kachgar (*wujing* 武警). Puis ils utilisent des couteaux et des explosifs pour faire encore plus de victimes. On compte 17 morts et 15 blessés, les attaquants sont condamnés à mort (Chaudhuri 2018 : 202). Un autre incident du même type se produit le 10 août 2008 à Kucha. Là-dessus, Wang Lequan, le Secrétaire du PCC dans la Région autonome du Xinjiang, qui devait du moins en partie le succès de sa carrière politique à sa ligne dure contre les « trois maux » (Chaudhuri 2018 : 177; Cliff 2016 : 188) annonce un « combat à la vie à la mort » contre le terrorisme. D'après les données officielles, près de 1300 Ouïghours sont arrêtés en 2008 pour crimes contre la sécurité publique, ce qui représente une forte augmentation par rapport aux années précédentes (Roberts 2020 : 144s.).

Mais le véritable tournant a lieu en 2009 avec les émeutes d'Ürümqi : Roberts (2020 : 145) voit là un rapport au moins partiel avec les tensions nées de la vague d'arrestations de 2008. Dans ce contexte, il est étonnant que Wayne (2009) émette peu avant ces débordements un jugement relativement positif au sujet de l'approche chinoise, qui implique la société dans la lutte contre l' « insurrection » des Ouïghours, et de son succès. Après les émeutes, on chercherait en vain une telle appréciation. Tous les auteurs semblent au contraire avoir vu venir depuis longtemps cette explosion de violence. Même si certains comme Roberts (2020 : 145) considèrent les émeutes comme la « pire éruption de violence ethnique depuis la création de la RPC », ce n'est pas tout à fait exact. Pendant la Révolution culturelle, la persécution d'une organisation secrète subversive – et fictive – dans la Région autonome de Mongolie avait coûté la vie à 50 000–100 000 personnes, surtout des Mongols (Jankowiak 1988 : 276). Bien que ces faits aient été classés, selon l'esprit de l'époque, dans la lutte contre les « contre-révolutionnaires », ils portent les marques d'une violence interethnique. Même le jugement de Hao et Liu (2012 : 205 ; souligné par nous), pour qui les débordements d'Ürümqi en 2009 sont les « turbulences les plus violentes *au Xinjiang* depuis 1949 », peut être contesté au vu des affrontements qui agitent la région durant la Révolution culturelle, conflits décrits au chapitre 4. De telles déclarations montrent cependant que l'impact des événements de 2009 est énorme.

Ils commencent à environ 4 000 km de là, à Shaoguan, une ville industrielle située dans la province côtière du Sud-Est, le Guangdong. En mai 2009, un nombre assez important d'ouvriers de Kachgar y avaient été envoyés dans le cadre d'un programme étatique : ils devaient occuper des emplois dans l'industrie d'exportation et bénéficier de salaires plus élevés. Une (fausse) rumeur de viol sur une Chinoise han par certains de ces ouvriers ouïghours provoque des débordements violents dans leur hébergement. Le 26 juin, deux Ouïghours perdent la vie, 120 personnes sont blessées (Chaudhuri 2018 : 204 ; Roberts 2020 : 146). Les autorités locales refusent d'abord de poursuivre les auteurs de violences (des Han). Afin de protester contre cette injustice, plusieurs centaines de Ouïghours, au début surtout des étudiants, se réunissent sur une place centrale d'Ürümqi le 5 juillet 2009. Ces protestations se déroulent d'abord dans le calme, avant de dégénérer, probablement en réaction aux forces de sécurité qui essaient en vain de disperser les manifestants (O'Brien 2016 : 40 ; UHRP 2010 : 27). Des heures durant, des biens possédés par des Han sont endommagés, des magasins, des voitures, mais aussi des bus urbains. Mais le pire, ce sont les attaques contre les passants. Ils sont roués de coups avec des bâtons et des barres de fer, frappés à la tête alors qu'ils sont déjà à terre ou attaqués au couteau, ainsi que le montrent les images des caméras de surveillance. (Cliff 2016 : 181). D'après les indications officielles, 197 personnes perdent la vie ce jour-là, 1721 sont blessées (Hao et Liu 2012 : 205). La plupart des victimes sont des Han.

Beaucoup de faits qui se seraient produits ce jour-là continuent d'être contestés. D'après Roberts (2020 : 146), les étudiants ouïghours qui manifestaient portaient au début des drapeaux de la RPC et des affiches en chinois en tête du cortège, appelant les autorités à les traiter comme des citoyens et non comme des Ouïghours. De telles expressions de loyauté sont une mesure de précaution habituelle en Chine, où les manifestations essaient en général d'être perçues comme légitimes et non comme un danger pour la stabilité du pays et donc de prévenir la répression (O'Brien et Li 2006). Le fait d'insister sur leur statut de citoyens en opposition avec leur catégorie ethnique illustre le caractère contradictoire des discours de l'État auxquels les Ouïghours sont confrontés : comme Tobin (2020) le montre de façon détaillée, ils sont d'un côté exclus en tant qu' « Autre » dangereux, de l'autre obligés comme citoyens de seconde zone d'accepter leur appartenance à la *Zhonghua minzu*. Les affiches évoquées sont une allusion pacifique à cette ambivalence. D'après d'autres sources, des cris de ralliement auraient retenti après le début des violences : « Tuez les Han » ou même « Égorgez les Kazakhs » et « Chassez les Mongols », etc. (Côté 2015).

L'attitude des forces de sécurité est au moins aussi controversée que celle de l'autre camp. D'une part, les déclarations officielles des jours qui ont suivi parlent d'affrontements qui auraient été préparés de longue date – par l'étranger. Citée personnellement et vivement attaquée, Rebiya Kadeer, à l'époque présidente du Congrès Mondial Ouïghour, est accusée d'être l'instigatrice de ces émeutes (Chaudhuri 2018 : 205 ; Tobin 2020 : 123). De l'autre, cela jette un éclairage douteux sur les forces de sécurité : on peut se demander pourquoi, dans la mesure où elles étaient vraiment au courant, elles n'étaient pas mieux préparées et n'ont pas étouffé la violence dans l'œuf. Des vidéos qui ont circulé sur Internet après les événements montrent une police débordée, qui finit par abandonner la rue aux manifestants. Une explication partielle de son manque de réactivité pourrait résider dans le fait que le Secrétaire général du PCC et Président de l'époque était Hu Jintao, qui se trouvait en Italie pour le G8 ; il finit par le quitter prématurément (O'Brien 2016 : 40 ; Trédaniel et Lee 2018 : 186). Une autre explication communément répandue parmi les Han est que Wang Lequan, le Secrétaire du PCC au Xinjiang, était ivre ce jour-là et n'était pas joignable sur son portable. Comme la population han du Xinjiang, le gouvernement central est extrêmement insatisfait de la réaction de Wang aux protestations, ce qui s'est vu lors de la visite de Hu à Ürümqi en août de la même année, où il ignore ostensiblement Wang (Cliff 2016 : 194ss.). Shichor (2019 : 829) évoque en tout cas la « paralysie du Bureau de sécurité publique au Xinjiang » et l'indécision de Wang, alors que les forces de la Police armée du peuple étaient prêtes à intervenir.

Lorsque le gouvernement réagit, il le fait résolument, avec tous les pouvoirs dont il dispose. Certes, il ne fait pas appel à l'armée, ce qui aurait sans doute entraîné un nombre plus élevé de victimes (Shichor 2019 : 821). Mais les forces de sécurité au Xinjiang reçoivent un renfort de 20 000 hommes environ (Chaudhuri 2018 : 205). Il s'agit d'unités mieux entraînées et mieux équipées de la Police armée du peuple, destinées à combattre les émeutes populaires avec plus d'efficacité que l'armée (Shichor 2019 : 823). A-t-on vraiment eu recours à des tirs à balles réelles contre les manifestants, comme l'affirment les organisations ouïghoures en exil (UHRP 2010 : 28ss.) ? C'est difficile à vérifier. Ce qui est sûr, c'est que pendant les jours et les semaines qui ont suivi des milliers de Ouïghours sont arrêtés, manifestement au hasard, et un grand nombre d'entre eux condamnés au terme de procès expéditifs (Roberts 2020 : 148 ; UHRP 2011 : 8s.). Parmi les mesures de répression, il faut citer la coupure d'Internet au Xinjiang, laquelle ne sera levée qu'en mai 2010, ainsi que l'arrestation d'administrateurs de sites Internet et de blogueurs critiques à l'égard du régime. Ilham Tohti, professeur d'économie à Beijing et l'un des intellectuels ouïghours les plus connus, est soupçonné et interrogé à plusieurs reprises par la police au cours des mois suivants (UHRP 2010 : 15ss.).

Ce qui est aussi très problématique, c'est que deux jours après les événements proprement dits des rassemblements de Han se forment, armés de gourdins, de haches, etc., et parcourent les rues pour montrer qu'ils sont prêts à se battre. Là aussi, des passants sont agressés en raison de leur appartenance ethnique (Chaudhuri 2018 : 205). Les forces de sécurité renforcées semblent n'être pas intervenues ou sans grande conviction (UHRP 2010 : 30ss.). Le nombre de victimes n'est pas clair (Roberts 2020 : 147). Cliff (2016 : chap. 7) argue que les membres de la majorité han se voient comme les « partenaires de sécurité » du gouvernement de Beijing. D'après eux, leur présence au Xinjiang assure à elle seule le contrôle de la région. Mais ils se sentent trahis par les représentants locaux de Beijing, car ils ne les protègent pas suffisamment. Si on veut être cynique, on peut dire que les autorités laissent les Han se défouler sur les Ouïghours afin d'échapper eux-mêmes à la critique. Li Zhi, le secrétaire du Parti pour la ville d'Ürümqi, aurait même encouragé la foule aux cris de « À bas Rebiya ! » et « À bas les terroristes ! » (Tobin 2020 : 124 ; UHRP 2011 : 14). En tout cas, la responsabilité est très vite détournée vers « l'extérieur » et rejetée sur les criminels, les terroristes et les Ouïghours en exil, qui sont tous en dehors de la société chinoise (Barbour et Jones 2012 ; Trédaniel et Lee 2018 : 186).

Mais les critiques adressées aux autorités ne se dissipent pas si vite (Tobin 2020 : 127). Au cours des mois suivants, il apparaît que la confiance de la population est vraiment mise à mal : un scénario horrible répand l'idée que des séparatistes ouïghours attaqueraient des passants dans la rue avec des seringues pour leur inoculer le virus du sida (Tobin 2020 : 129).[17] Cette information, qui s'avère a posteriori n'être qu'une rumeur sans fondement, est source d'angoisse dans la population et provoque au cours de la première semaine de septembre de nouvelles protestations de Han à Ürümqi. Une foule en colère prête à envahir un quartier surtout habité par des Ouïghours est stoppée au dernier moment. Des manifestants estimés à 10 000 se rassemblent devant le siège du gouvernement et exigent la démission de Wang Lequan (Cliff 2016 : 196s.).[18] D'après certains témoins, la foule n'aurait pas seulement scandé « Tuez les Ouïghours », mais aussi « Tuez Wang Lequan » (Tobin 2020 : 134). Celui-ci essaie encore de faire diversion en limogeant Li Zhi, le Secrétaire du PCC à Ürümqi, mais sa position est plus que délicate même si Beijing ne lui retire pas sa confiance pour ne pas perdre la face. En avril 2010, il est muté à un nouveau poste dans la capitale (Chaudhuri 2018 : 206).

Le trouble jeté par les événements d'Ürümqi va jusqu'à toucher Beijing. Lorsque fin septembre 2009, coup sur coup, une attaque au couteau fait deux morts et une douzaine de blessés et qu'une explosion a lieu dans un restaurant du Xinjiang, des bruits courent aussitôt comme quoi il s'agirait de « terroristes ouïghours » (China Post 2009 ; SCMP 2009). Très peu de temps avant le 60e anniversaire de la création de la RPC le 1er octobre, une date hautement politique, les autorités sont donc déjà sur leurs gardes. À chaque carrefour stratégiquement important sont postées des forces d'intervention lourdement armées (unités SWAT, etc.), ainsi que j'ai moi-même pu le constater. Les magasins se voient interdire la vente de grands couteaux de cuisine afin d'éviter les attaques spontanées, une mesure qui se répètera plus tard régulièrement en amont d'événements politiques importants (Boehler 2013 ; Flora 2012). La situation reste tendue même après qu'il s'avère que l'attaque au cou-

---

17 À propos des problèmes de drogue et de sida au Xinjiang, voir Dautcher 2004 et Smith Finley 2015. Cette rumeur fait écho à des incidents du même type ayant trait à des malades du sida dans la province de Henan, qui auraient menacé des passants de la ville de Tianjin, dans l'Est de la Chine, et provoqué des scènes d'hystérie (Kyodo 2002).

18 Alors que Cliff (2016) insiste sur le « partenariat de sécurité » entre l'ethnie dominante han et le gouvernement de la Région autonome et ne parle pas de violences à l'encontre des manifestants han, O'Brien (2016 : 42) écrit que des matraques et des gaz lacrymogènes ont été utilisés pour disperser le rassemblement, coûtant la vie à cinq personnes.

teau avait été commise par un migrant han et que l'explosion était due à une fuite de gaz et non à une bombe. La méfiance vis-à-vis des Ouïghours subsiste.

L'ensemble de l'épisode de 2009 reste longtemps déstabilisant pour le Xinjiang, car il a mis au jour les profondes animosités qui existent entre les Han et les Ouïghours (Han 2010). Les jugements portés sur les événements divergent fortement selon les observateurs. Chaudhuri (2018 : 205) essaie de replacer les faits dans le contexte chinois :

> Therefore, it is clear that the perpetrators of [the] ‹ terrorist ac › (…) on the evening of 5 July 2009 were actually protesters who turned into rioters, a very common phenomenon in today's China.

Il omet toutefois de signaler que les troubles « normaux » en Chine, les « émeutes qui permettent de se défouler » (*xiefen shijian* 泄愤事件), pour reprendre ses termes, s'attaquent généralement seulement à des biens et aux représentants du pouvoir étatique, et ne sont pas des agressions aveugles contre des civils (d'une autre ethnie) (Alpermann 2014). Il est intéressant de constater qu'une nouvelle fois la classification officielle des événements change à la lumière de nouveaux développements. Le gouvernement parle d'abord d' « actes criminels et violents extrêmement sérieux : coups, destructions, pillages et incendies criminels » (*dazaqiangshao yanzhong baoli shijian* 打砸抢烧严重暴力事件) (Chaudhuri 2018 : 204). Plus tard, une fois que la dégradation rapide de la sécurité mène à la « proclamation de la guerre contre le terrorisme », les événements sont rebaptisés actes terroristes et toutes les personnes impliquées se voient coller l'étiquette de « terroristes » (SCIO 2019a). Tobin (2020 : 136 ; souligné dans l'original) en résume l'impact comme suit :

> These dynamics between the state, Han, and Uyghurs heightened state-insecurity because loyalty from Han, its source of identity-security in Xinjiang, was now under threat. The Han felt *their* China was under threat, while Uyghurs felt they faced the threat *of* China.

L'État répond aux incertitudes par une stratégie de sécurisation, laquelle provoque cependant chez les Ouïghours un sentiment encore plus grand d'insécurité – un cercle vicieux en quelque sorte.

Zhang Chunxian et le durcissement de la situation sécuritaire dans les années 2010

Le successeur de Wang Lequan en tant que Secrétaire du PCC dans la Région autonome est Zhang Chunxian, que Hao et Liu (2012 : 221s.) qualifient de beaucoup plus ouvert et aimable. Accusé de népotisme, Wang s'était de plus discrédité auprès de la population (Cliff 2016 : 188). Zhang prend donc ses fonctions sous de meilleurs auspices et instaure quelques allègements : la levée du blocage de l'accès à Internet, la relance de l'économie avec les mesures prises lors du premier Forum central de travail sur le Xinjiang, le programme de partenariat avec les villes et régions plus développées de l'Est de la Chine (une idée pas tout à fait nouvelle, cf. SCIO 2009b), etc. Zhang se présente comme le promoteur d'une « culture moderne », ce qui ne présage rien de bon du point de vue ouïghour, car il s'agit d'une mission de sécularisation et d'homogénéisation en tant qu'élément constitutif de la « nation chinoise » (*Zhonghua minzu*) (Cliff 2016 : 206). Il poursuit ainsi le projet visant à « diluer et transformer la culture ouïghoure », entre autres en imposant avec plus de force l' « éducation bilingue » et le contrôle des naissances aussi pour les minorités, mais aussi le transfert par l'État de main-d'œuvre vers l'Est de la Chine (Cliff 2016 : 203). Une vaste opération de propagande doit renforcer la « solidarité entre les ethnies » (*minzu tuanjie*), mais octroie en même temps aux Ouïghours un rang inférieur dans la « nation chinoise » (Tobin 2020 : chap. 5). La campagne doit diffuser une acception politiquement correcte des concepts d'État, de citoyen et de nation et améliorer les « attitudes envers la patrie » (*zuguoguan* 祖国观) et l'ethnicité (*minzuguan* 民族观) (Klimeš 2018 : 423). Tobin (2020 : 129) argue que cela révèle un déplacement d'accent : « *zuguo* explicitly racializes China by amalgamating physical lineage (*zu* 祖) with the state (*guo* 国) ». Les Ouïghours et d'autres non-Han sont donc intégrés dans une prétendue relation familiale avec les Han, la « famille » incluant en Chine une hiérarchie inhérente, si bien que l'ethnohiérarchie est ici cimentée (Tobin 2020 : 148).

Toutes ces mesures sont au service de l'objectif fixé dans le Forum de travail : assurer « à long terme le pouvoir et la stabilité » (*changzhi jiu'an* 长治久安) dans la région (Klimeš 2018 : 415). Toutes les mesures politiques qui ont mené au mécontentement ouïghour et aux émeutes de 2009 sont donc renforcées (Roberts 2020 : 149ss. ; Ryono et Galway 2015 ; Steel et Kuo 2007). Mais parmi les habitants Han du Xinjiang, Zhang n'est pas forcément mieux vu que Wang malgré ses efforts. D'après O'Brien (2016 : 46s.), un nombre non négligeable d' « habitants de longue date du Xinjiang » (*lao Xinjiangren* 老新疆人) comprennent que Zhang et tous les cadres dirigeants ont été parachutés dans la région. C'est aussi la règle et non l'exception dans les autres provinces. Il est néanmoins intéressant de constater que c'est perçu par la population locale du Xinjiang comme un inconvénient majeur. Du point de vue d'O'Brien, le « partenariat sécuritaire » décrit par Cliff (2016) est donc précaire.

En effet, la situation sécuritaire se dégrade, comme le montre le tableau 9.2. Mais ce qui rend la situation encore plus menaçante que l'augmentation purement chiffrée des attentats, ce sont les nouvelles tactiques employées. Tschantret (2018 : 579ss.) insiste sur la multiplication des attentats à la bombe et à l'arme blanche pendant cette phase. Bien que les agressions au couteau passent souvent plutôt pour le signe d'un degré d'organisation moindre et d'une plus faible efficacité des attaquants (Hastings 2019 : 439 ; Rodríguez 2013), Tschantret (2018 : 581s.) constate au contraire que la combinaison d'armes blanches et d'explosifs a nettement accru le nombre de morts par attentat. La différence essentielle due à cette « innovation technique » est que les auteurs d'attentats-suicides sont prêts à perdre la vie. Contrairement aux auteurs d'attentats qui cherchent à s'enfuir (*hit and run*), ils peuvent continuer à tuer jusqu'à ce qu'ils soient tués par les forces de sécurité ou mis hors d'état de nuire. Ils peuvent frapper dans des domaines jusqu'alors inaccessibles aux auteurs d'attentats, entre autres parce que les couteaux sont plus faciles à cacher. À partir de 2014, les victimes choisies sont en outre plus souvent des civils (les soi-disant « cibles molles »), Tschantret omettant toutefois de mentionner qu'il s'agit de plus en plus de victimes indifférenciées, Han et Ouïghours. Dans son analyse, qui s'achève en 2014, 80 % des attentats les plus meurtriers commis par des Ouïghours ont lieu précisément cette année-là (un autre en 2012 et encore un autre en 1997) (Tschantret 2018 : 581).

Fig. 9.2 : Attentats terroristes au Xinjiang, 2005–2014.

Année	Nombre	Année	Nombre
2005	1	2010	1
2006	0	2011	3
2007	1	2012	6
2008	7	2013	11
2009	3	2014	15

Source : Tschantret 2018 : 579 ; données basées sur la Global Terrorism Database de la START Initiative, University of Maryland.

Roberts (2020 : 154ss.) relate, lui aussi, une augmentation des affrontements armés dans le Sud du Xinjiang à partir de 2010, avec une nouvelle hausse à partir de 2012. Il voit cela surtout comme une réaction aux mesures de contrôle invasives et tentatives d'arrestation opérées par les forces de sécurité à l'encontre des Ouïghours uniquement à cause de leur religion. D'après lui, c'est la *Securitization* qui conduit à plus d'instabilité sociale ; la violence légitime les mesures de sécurité de grande envergure, ce qui conduit à une escalade continue de la violence. Il n'arrive pas à détecter en quoi les forces extérieures auraient pu jouer un rôle important. Et il souligne une nouvelle fois que selon sa définition ces affrontements ne relèvent pas du terrorisme, car les cibles attaquées n'étaient pas des civils (ce qui devait changer peu après, à partir de 2014) :

> Often, what was framed as ‹ terrorist attack › by authorities at this time was really *armed self-defense* against police and security forces, which were seeking to aggressively apprehend Uyghurs they viewed as ‹ disloyal › to the state, often merely determined by their religiosity. (Roberts 2020 : 157 ; souligné par nous)

Cette appréciation est partagée par Smith Finley (2019b), qui décrit une série d'incidents où la police et des fonctionnaires locaux pénètrent dans la sphère privée de familles ouïghoures pour mettre fin à des « activités religieuses illégales » ou soulever le voile des femmes, ce qui provoque une réaction de défense et en retour une utilisation disproportionnée de la force par la police. Pour ces deux auteurs, l'accroissement de la violence est donc une « prophétie autoréalisatrice » dont le gouvernement est seul responsable. Hastings (2019 : 439) fait, lui aussi, remarquer que la limite entre « attentats et émeutes » est rarement claire. De l'autre côté, il ne fait aucun doute qu'aucun État au monde ne tolérerait une « autodéfense armée contre la police et les forces de sécurité ». La propension à la violence conforte le gouvernement dans l'idée qu'il a affaire à des militants radicalisés. En ce sens, il n'est pas étonnant qu'il réagisse en renforçant toujours plus sa politique de sécurisation. Comme l'expliquent Greitens, Lee et Yazici (2020 : 12), il est important de comprendre la perception qu'a Beijing de la sécurité pour comprendre ce que l'exacerbation de sa politique au Xinjiang a provoqué. Mais ceci ne signifie nullement un « chèque en blanc » pour le gouvernement, qui l'autoriserait à prendre n'importe quelle mesure.

En 2012, les forces de sécurité au Xinjiang sont encore en position de faiblesse relative, bien que le budget alloué à la sécurité en 2010 ait déjà été multiplié par deux en réaction aux émeutes d'Ürümqi et qu'une unité spéciale ait été mise en place dans cette ville afin de lutter contre d'éventuels soulèvements (Shichor 2019 : 814, 824).[19] Le nombre de policiers par habitant est inférieur à la moyenne nationale et c'est seulement à partir de 2012 que la Région autonome du Xinjiang commence à mettre en pratique la devise « un village, un policier » (*yi cun, yi jing* 一村一警), déjà courante dans l'Est du pays (Greitens, Lee et Yazici 2020 : 23). La priorité est donnée à l'instauration d'un réseau de policiers dans les régions à fort taux de population ouïghoure (Zenz et Leibold 2020 : 332).

Le nombre d'affrontements armés continue d'augmenter entre 2013 et 2014. Hastings (2019 : 439s.) cite trois exemples (Kachgar en avril et décembre 2013 ainsi que Shache en juillet 2014) : sept policiers ou fonctionnaires locaux (dont des Ouïghours) ainsi que 35 civils han et 94 « attaquants » perdent la vie. Au moins 215 autres Ouïghours sont jetés en prison. De nouveau, il est impossible de dire s'il s'agit de violences spontanées dues à des perquisitions et à la répression d'activités religieuses ou, comme l'affirme le gouvernement, de violences planifiées en lien avec l'ETIM. Il est cependant clair que la violence augmente énormément dans les deux camps et que la situation sécuritaire se dégrade très vite. Godhole et Singh (2016 : 313) avancent le chiffre total de 110 victimes de violences au Xinjiang en 2013, en 2014 il est déjà de 308. Le Uyghur Human Rights Project cite des chiffres encore plus élevés : entre 199 et 237 pour 2013 et entre 457 et 478 pour 2014, tout en insistant sur le fait que le risque pour les Ouïghours de mourir lors d'affrontements violents était trois plus élevé que pour les Han (UHRP 2015b : 7ss.).

Mais ce sont probablement deux attentats ébranlant la société chinoise au plus profond d'elle-même qui incitent le gouvernement à adopter une ligne encore plus dure pour sa politique au Xinjiang. Le premier est un attentat-suicide spectaculaire au cœur de l'État, près de la porte de la Paix céleste (*Tian'anmen* 天安门). Cette porte située à l'entrée de la Cité impériale au centre de Beijing est ornée d'un immense portrait de Mao Zedong, qui avait proclamé la RPC. Il ne faut pas attendre l'écrasement du mouvement étudiant en 1989 pour que les protestations politiques à cet endroit aient une portée symbolique particulière, car elles défient directement l'État. En octobre 2013, un 4x4 chargé d'explosifs force les barrages qui protègent l'accès piétons à la porte Tiananmen, fonce dans la foule et finit par éperonner le pont qui conduit à la porte elle-même. Là, le véhicule prend feu. Ses trois occupants et deux passants meurent, trente autres sont blessés (Hastings 2019 : 440 ; Tschantret 2018 : 582). Des photos de caméras de surveillance, publiées plus tard par les médias publics, montrent que les auteurs de l'attentat ont essayé d'écraser le maximum de passants. En cela, ils ressemblent à des attentats terroristes ultérieurs, par exemple à Nice en juillet 2014 ou à Berlin en décembre 2016. De plus, des vidéos enregistrées par les auteurs de l'attentat eux-mêmes sont intégrées dans ce documentaire et on les voit en train de brandir le drapeau

19 Le nom de l'unité spéciale « Flying Tigers » (*feihudui* 飞虎队) a une longue tradition. D'une part, c'est le nom d'une unité de volontaires américains qui a lutté en 1941–1942 comme escadron aérien contre l'avancée japonaise en Chine. De l'autre, c'est le nom que se sont donné les motocyclistes qui voulaient protéger les étudiants protestant sur la place Tiananmen en 1989 pendant l'état d'urgence ; ils ont diffusé des informations sur la progression de l'APL vers le centre et aidé à bloquer les rues. Paradoxalement, les « Flying Tigers » étaient chargés de protéger les manifestants et non de réprimer leur mouvement.

noir du djihad et de menacer l'État chinois d'attentats (CGTN 2019a ; 2019b). Le terrorisme était donc arrivé dans la capitale, donnant l'occasion aux autorités chinoises de supposer un lien au moins idéologique avec des réseaux terroristes internationaux.

Le gouvernement central réagit durement, avec l'annonce d'une réorientation stratégique (UHRP 2015b : 51). Elle comprend l'extension de son action à l'encontre des critiques pacifiques. Le professeur d'économie Ilham Tohti, qui enseignait à la célèbre université Minzu de Beijing, est arrêté en janvier 2014 et condamné en septembre à la prison à perpétuité pour incitation au séparatisme (Godhole et Singh 2016 : 317). Sept de ses étudiants sont condamnés à des peines allant jusqu'à huit ans de prison (BBC 2014 ; UHRP 2015b : 50s.). Bien qu'Ilham Tohti soit connu pour avoir régulièrement critiqué la politique du gouvernement central au Xinjiang ainsi que celle des cadres dirigeants de la région, rien ne prouve qu'il ait appelé à une scission du Xinjiang et encore moins à la violence afin de réaliser cet objectif, ou bien qu'il ait approuvé ce moyen. Si la patience des dirigeants politiques à l'égard de cette voix critique connue à l'international est épuisée, c'est plutôt dû à l'attaque terroriste de Tiananmen et à la dégradation générale de la situation sécuritaire, même si ce n'est qu'une présomption. En même temps, le budget alloué aux forces de sécurité du Xinjiang pour 2014 est à nouveau multiplié par deux (Godhole et Singh 2016 : 318).

Le deuxième attentat qui renforce l'escalade n'a de nouveau pas lieu au Xinjiang, mais à Kunming, la capitale de la province du Yunnan dans le Sud-Est de la Chine. Le 1er mars 2014, un groupe de huit Ouïghours armés de couteaux et de poignards attaque des voyageurs pris au hasard à la gare de Kunming. D'après les indications officielles, les agresseurs tuent 31 personnes et en blessent 143. Les causes de l'attentat ne sont pas entièrement éclaircies. Une version veut qu'il s'agisse de terroristes potentiels qui voulaient rejoindre le djihad international et donc quitter le pays. D'après d'autres interprétations, ils voulaient juste échapper à la répression religieuse au Xinjiang. En tout cas, leur projet de franchir la frontière pour passer au Laos a été déjoué, ce qui les aurait décidés à se venger de la société chinoise directement à Kunming (Hastings 2019 : 440s.; Roberts 2020 : 170s.). Les documentaires de la télévision publique cités plus haut montrent des images choquantes des caméras de surveillance, où l'on voit les attaquants poignarder des civils pris au hasard. Ainsi, il s'agit indubitablement d'un acte terroriste, quelle que soit la définition adoptée parmi toutes celles qui ont fait l'objet d'une discussion (Smith Finley 2020 : 4). Roberts (2020 : 171) s'exprime plutôt indirectement – « the impact of the incident on Chinese society was certainly akin to that of a ‹ terrorist attack ›, inciting substantial fear » – et souligne que, peu importe le scénario retenu entre ceux évoqués plus haut, les causes des attentats se situent plutôt davantage au Xinjiang même que dans des réseaux terroristes internationaux. La politique et les médias occidentaux hésitent à qualifier ouvertement les attaques de Beijing et Kunming d'actes de terrorisme, ce qui provoque la colère du gouvernement chinois, qui répète alors son argument favori du « deux poids, deux mesures ». Dans la population chinoise, l'horreur suscitée en particulier par les meurtres de Kunming est si grande que l' « attentat du 1er mars » est bientôt considéré comme le « 11 septembre de la Chine » (Tiezzi 2014 ; Trédaniel et Lee 2018 : 188). Pour ce qui est du nombre de victimes, les attentats de 2001 à New York et Washington ont une tout autre dimension: avec 3000 personnes ayant perdu la vie, ils sont beaucoup plus meurtriers. Mais l'impact sur l'opinion publique est similaire. Dans les deux cas, ces événements majeurs provoquent un changement de politique.

Le durcissement déjà entamé de la répression étatique contre la violence pratiquée par des Ouïghours militants se poursuit. Fin avril 2014, Xi Jinping, entré en fonctions en novembre 2012 en tant que Secrétaire général du PCC (et Président de la RPC depuis mars 2013) se rend dans la région en proie à des troubles. Comme le montrent des documents ayant filtré à l'étranger, il y prononce un discours qui le présente comme un partisan de la ligne dure en matière de questions de sécurité. Il ordonne un net durcissement de la « lutte contre le terrorisme, l'infiltration et le séparatisme ». Ce doit être une lutte « sans merci », à l'aide des « organes de la dictature », qui doit frapper les agresseurs avant qu'ils ne puissent passer à l'acte (Ramzy et Buckley 2019 ; Roberts 2020 : 171s.). Il faut noter qu'avec le concept d‘ « infiltration » les causes des troubles, qui restent vagues, font référence à l'étranger. Tobin (2020) souligne ce point en constatant que, dans le cas des « forces du Turkestan oriental », « l‘intérieur et l'extérieur » coïncident pour le gouvernement chinois. Pour le grand projet de « Nouvelle route de la soie » lancé peu auparavant, en septembre 2013, par Xi Jinping lors d'un discours au Kazakhstan, la région du Xinjiang revêt une importance particulière. Sans retour au calme, cette vision ne peut se réaliser (Hayes 2020 ; Klimeš 2018 : 418). Mais la réponse ne se fait pas attendre : avant même la fin de la visite de Xi, deux Ouïghours militants armés de couteaux et d'explosifs attaquent à nouveau des civils, cette fois à la gare d'Ürümqi. Outre la personne qui déclenche la charge explosive, une autre personne perd la vie et 79 sont blessées (Hastings 2019 : 439 ; Roberts 2020 : 172). Un troisième attentat de ce type se produit dès début mai à la gare de Guangzhou, une métropole côtière du Sud-Est. Par bonheur, il ne fait aucune victime, « seulement » six blessés, mais l'effervescence monte, les auteurs de l'attentat ayant une nouvelle fois frappé à des milliers de kilomètres de leur pays (Lau 2014).

L'attentat du 22 mai 2014 au matin sur un marché d'Ürümqi est beaucoup plus meurtrier. Les assaillants foncent à travers la foule à bord de deux 4x4 en lançant une douzaine d'explosifs, avant que les véhicules se percutent à dessein et explosent. Bilan : 43 morts et 90 blessés (Hastings 2019 : 439 ; Roberts 2020 : 173). Une semaine plus tard, Zhang Chunxian, le Secrétaire du PCC pour le Xinjiang, annonce une « guerre populaire contre le terrorisme » (*fankong renmin zhanzheng* 反恐人民战争), reprenant ainsi un slogan lancé par Xi Jinping lors d'un discours interne en avril (Li E. 2019 : 358). Cette réorientation de la politique est mise en place dans le cadre du deuxième Forum central de travail sur le Xinjiang de mai 2014. Au lieu de se concentrer, comme le premier, sur l'équilibre entre développement économique et sécurité, ce deuxième Forum est focalisé sur les mesures contre la « radicalisation » et le « terrorisme ». Zhang Chunxian annonce une « campagne anti-terroriste » d'une durée d'un an, avec des « mesures non-conventionnelles », c'est-à-dire un renouveau des opérations « Frapper fort » (UHRP 2015b : 55). Les médias publics insistent durant cette phase sur la présence d'un danger terroriste, né de l'extrémisme religieux. Les Ouïghours sont incités à prendre leurs distances avec ce mouvement et à faire la preuve de leur loyauté envers le PCC (Zhang, Brown et O'Brien 2018). Dès mars 2014, une nouvelle campagne est lancée sous la devise « Enquêter, servir, gagner » (*fang hui ju* 访惠聚).[20] Environ 200 000 cadres doivent être envoyés dans 100 000 villages afin d'y surveiller les minorités ethniques, d'améliorer leur situation et de promouvoir la « solidarité interethnique » (Zhou 2019 : 1200s.). Les frontières entre aide et contrôle sont floues, comme le montrent les manuels à l'usage des cadres mis à disposition par le Xinjiang Documentation Project (2021), un site Internet de l'University of British Columbia. D'après les recherches de Leibold (2020 : 53ss.), les visites à domicile servent entre autres à repérer dans les familles ouïghoures des indices inquiétants comme des armes potentielles, mais aussi des comportements douteux ou des pensées déviantes. Les groupes de travail doivent porter une attention particulière aux livres religieux, posters ou autres matériaux « illégaux ». Pour identifier les « comportements suspects », les groupes de travail se voient parfois remettre de longues listes qui comprennent, outre le port du voile ou d'une longue barbe, les prières régulières et d'autres pratiques typiquement musulmanes mais pas forcément « extrémistes », des « signes d'extrémisme » moins évidents (achat d'haltères ou d'autres équipements de fitness « sans raison évidente »). Cette surveillance serrée fournit plus tard les données nécessaires à la saisie des personnes devant être soumises à des mesures de rééducation. Sous Chen Quanguo, le Secrétaire du parti au Xinjiang à partir de 2016, la surveillance est encore accrue. La campagne *fang hui ju* reprend même une initiative similaire de Chen au Tibet (Leibold 2020 : 53 ; Zenz 2020a : 9).

Comme nous l'avons évoqué, les décisions du Forum de travail de 2014 comportent aussi un appel à plus de « mixité interethnique » (Klimeš 2018 : 420). En effet, Xi Jinping avait exigé que les différentes ethnies « soient liées aussi étroitement que les graines d'une grenade » (Zhou 2019 : 1190). Roberts (2020 : 173ss.) voit ici la base d'une attaque fondamentale contre l'identité ethnique des Ouïghours, vue comme problématique en soi et source d'extrémisme et de terrorisme :

> Finally, stability was now increasingly premised on a strategy of dismantling Uyghur identity, especially its Islamic aspects, and assimilating Uyghurs into a broader national identity in the name of combating 'terrorism.'

La *Securitization* du Xinjiang prend désormais des formes encore plus concrètes et la région commence à se transformer en un véritable État policier ou un régime de surveillance (Leibold 2020). Rien qu'en 2014, 6000 nouveaux emplois sont créés pour des policiers de rang inférieur un système de « quadrillage de la société » mis en place (*shehui wanggehua guanli* 社会网格化管理) pour ne laisser personne passer à travers les mailles du filet. De plus, de nouveaux profils sont élaborés pour ceux qui sont destinés à assurer les patrouilles ou pour exploiter les images de la surveillance vidéo, fortement intensifiée. En 2015 s'ajoutent des postes pour le contrôle d'Internet. Rien qu'à Ürümqi, plus de 160 000 caméras vidéo sont installées et 1000 personnes embauchées pour analyser les images recueillies (Zenz et Leibold 2020 : 333). Pour donner une base légale à la « lutte contre le terrorisme », on commence en 2014 à travailler sur une loi anti-terroriste (LAT) (Zhang C. 2019 : 7). La première mouture de la LAT est discutée à la fin de l'année et une version révisée adoptée fin 2015

20 Forme abrégée de 访民情，惠民生，聚民心 (*fang minqing, hui minsheng, ju minxin*), que Zhou (2019 : 1200) traduit par « investigating the conditions of the people, serving the interests of the people, and winning the hearts of the people ».

(en vigueur depuis le 1er janvier 2016 ; LAT 2018). Elle institutionnalise et étend les dispositions de la précédente « résolution anti-terroriste » du gouvernement central remontant à 2011 (Zhou 2018 : 77s.). Il est intéressant de noter que l'APL et la Police armée du peuple sont désormais autorisées à mener des opérations de lutte anti-terroriste à l'étranger (Duchâtel 2019 : 10). La législation en matière de droit pénal se voit adjoindre de nouveaux crimes et délits :

(a) un soutien financier ou logistique à l'entraînement au terrorisme (article 120b)
(b) la propagation du terrorisme par le biais de la production ou de la diffusion d'informations au sujet du terrorisme et de l'extrémisme (article 120c)
(c) des interventions de l'idéologie extrémiste dans la législation chinoise sur le mariage, la justice, l'éducation et la gestion sociale (article 120d)
(d) le recours à la violence et à la contrainte pour forcer autrui à porter des vêtements ou des signes qui propagent le terrorisme ou l'extrémisme (article 120e)
(e) la possession de livres, matériaux audiovisuels et autres objets illégaux qui propagent le terrorisme ou l'extrémisme (article 120s.)
(f) le refus de donner aux organes chargés des enquêtes des informations au sujet de crimes terroristes ou extrémistes commis par d'autres (article 311)
(Li E. 2019 : 353 ; Zhou 2018 : 79s.)

Un grand nombre des points cités ont déjà été abordés aux chapitres 7 et 8. Les points (b) et (e) concernent entre autres la diffusion de contenus religieux via WeChat, laquelle avait eu de plus en plus de succès jusqu'à l'été 2014. Le point (c) peut avoir un impact sur les parents ouïghours qui ne consentent pas à ce que leur fille épouse un Han ou bien qui ne veulent pas laisser leurs enfants apprendre le mandarin. Et le point (d) se réfère entre autres au port du voile, quasiment criminalisé.

Dès 2012, les droits des suspects accusés de terrorisme sont considérablement limités par une modification du code de procédure pénale. Ces révisions étaient contestées parmi les experts chinois, en particulier le droit de priver les suspects de liberté sans prévenir leurs proches (Li E. 2019 : 332s. ; Zhou 2018 : 80). Ce qu'entraînent ces règlements et d'autres dispositions de l'administration de la Région autonome au sujet des activités religieuses (adoptées le 28/11/2014), c'est une criminalisation de pratiques sociales et religieuses jusqu'alors tout à fait légales ou du moins tolérées (Li E. 2019 : 341s.). Cette règlementation ne répond d'ailleurs pas aux exigences procédurales d'un État de droit (Li E. 2019 : 344), mais est dans le meilleur des cas une imitation d'État de droit servant à sa légitimation (Klimeš 2018 : 425ss.). Li E. (2019 : 35) écrit à propos de la stratégie de « criminalisation » :

> In short, it is more precisely a process that justifies and legitimizes the use of state authoritarian power to penalize acts that endanger the Party's political stability under the cloak of legality.

Pourtant, malgré toutes ces mesures et menaces de sanctions, les affrontements violents et les attentats ne diminuent pas. Le 30 juillet 2014, un fidèle du gouvernement, l'imam de la mosquée Id Kah (Heytgah), la plus grande de Kachgar, est tué à l'arme blanche (Godhole et Singh 2016 : 317). Le 6 mars 2015, trois Ouïghours attaquent de nouveau des civils avec des couteaux à la gare de Guangzhou, qui avait déjà été le théâtre d'un attentat analogue dix mois auparavant. Ils blessent treize personnes, dont quatre grièvement (Lau 2015). Et le 18 septembre 2015, au moins cinquante mineurs han d'Aksou sont agressés et tués pendant leur sommeil. La chasse aux auteurs de l'attentat dure deux mois et s'achève par un échange de coups de feu qui coûte la vie à 28 Ouïghours (Clarke 2018b : 26 ; Martina et Blanchard 2015). Un seul survivant est arrêté et présenté dans des documentaires de la chaîne publique CGTN (2019a ; 2019b) pour prouver que le groupe avait été commandité et dirigé par des « forces [militantes] du Turkestan oriental » installées à l'étranger. Roberts (2020 : 181) émet des doutes quant aux circonstances de l'attentat. D'après ses informateurs ouïghours dans la région, il se serait en réalité agi d'un conflit foncier. Quoi qu'il en soit, la spirale de la violence ne cesse pas non plus après la « réorientation stratégique » de 2014. À ceci s'ajoute qu'à partir de 2016 l'État-parti durcit une nouvelle fois sa politique au Xinjiang afin de réagir à cette exacerbation de la violence (voir chap. 10).

Le rôle des relations transnationales

Un dernier facteur qui explique cette escalade des mesures « anti-terroristes » ou « anti-extrémistes » à partir de 2016 est l'internationalisation de la violence en lien avec les Ouïghours. Comme cela a déjà été évoqué, la « Nouvelle route de la soie » confère au Xinjiang une nouvelle centralité et une importance géostratégique. La sécurité intérieure et la sécurité extérieure sont ainsi de plus en plus vues comme étroitement liées (Clarke 2020). Greitens, Lee et Yazici (2020) insistent sur le fait qu'en 2015 et 2016 la façon dont Beijing perçoit la menace transnationale que fait peser le terrorisme islamique change. Dans le contexte de la guerre civile en Syrie, le Parti islamique du Turkestan (PIT) transfère l'essentiel de ses activités dans ce pays. D'après plusieurs estimations, le nombre de combattants du PIT en Syrie est compris entre 3000 et 5000. Avec leurs familles, cela représente apparemment jusqu'à 20 000 Ouïghours vivant dans le Nord de la Syrie, le maximum ayant peut-être été de 30 000 personnes (Chaziza 2018 : 150 ; Roberts 2020 : 191). D'autres combattants ouïghours auraient rejoint les rangs de l' « État islamique » (EI/Daech) (Clarke et Kan 2017). Malgré les différences idéologiques évidentes entre ces camps, le gouvernement chinois les perçoit tous comme une menace.

Pour Roberts (2020 : 191ss.), qui a interviewé d'anciens combattants du PIT en Turquie, cette organisation constitue certes une communauté militante, mais il la considère comme un groupement hétérogène. D'un côté, il s'agit d'après son analyse de séparatistes ouïghours qui s'intéressent peu au djihad. De l'autre, il décèle dans ce groupe des réfugiés ayant fui leur pays pour des raisons socio-économiques et culturelles et devenus djihadistes uniquement par hasard ou parce qu'ils ont été enrôlés. Et troisièmement, il y a sans doute aussi un (plus petit groupe) de véritables djihadistes qui ont quitté le Xinjiang dans l'intention de se joindre à la « guerre sainte ». Mais il ne trouve aucune preuve d'une menace terroriste permanente:

> The Uyghurs who have joined the TIP in Syria are not the product of a cohesive history of Uyghur ‹ terrorist groups › or a Salafist movement inside their homeland. They are refugees from China's ‹ war on terror ›, who have been driven to fight in a foreign war far from their homeland, either in the hope of one day using their expe-

> rience to fight the Chinese state or merely as a means of survival and a sense of belonging. (Roberts 2020 : 194)

Roberts (2020 : 195) insiste donc sur le fait que le nouveau durcissement de la politique chinoise au Xinjiang à partir de 2016 est en fait due à la situation interne de la région, en particulier au colonialisme han, aux mesures d'assimilation, etc. Le discours sur le terrorisme, y compris les activités de militants à l'étranger, n'est utilisé que comme légitimation. Greitens, Lee et Yazici (2020) défendent résolument l'opinion inverse. Pour eux, ce n'est pas la montée des conflits au Xinjiang ni, au-delà, la politique d'assimilation ou la personne du nouveau Secrétaire du PCC dans la Région autonome à partir de 2016, Chen Quanguo, qui constitue une explication suffisante pour le durcissement dramatique de l'action de l'État-parti au Xinjiang sous sa direction. Ils arguent au contraire que le facteur extérieur est décisif : la direction politique de Beijing remarque de 2015 à 2016 une plus grande densité de réseaux terroristes transnationaux, présentant une participation plus active de Ouïghours militants. Comme d'autres auteurs (Clarke 2018b : 27 ; Hastings 2019 : 442), ils évoquent aussi l'attentat contre le sanctuaire d'Erawan à Bangkok le 17 août 2015, dont des suspects d'origine ouïghoure sont tenus responsables. On suppose qu'ils ont voulu protester contre l'expulsion de 100 réfugiés ouïghours de Thaïlande vers la Chine. Parmi les vingt morts causés par l'attentat se trouvent sept Chinois et parmi les 163 blessés 33 Chinois, qui représentent le groupe le plus important après les Thaïlandais (60) (Yee 2018 : 181). Mais dans ce cas aussi, l'arrière-plan reste opaque.

Quelques Ouïghours sont arrêtés en Indonésie, surtout en 2014 et 2015, ou bien parce qu'ils ont voulu se joindre à un groupe djihadiste local, ou bien parce qu'ils ont essayé de préparer des attentats. Le chiffre de loin le plus élevé semble concerner ici aussi des réfugiés munis de passeports turcs falsifiés (Yee 2018 : 180ss.). De plus, un attentat-suicide est commis devant l'ambassade de Chine à Bichkek au Kirghizistan en août 2016 (Greitens, Lee et Yazici 2020 : 36).

Mais ce ne sont pas les premiers actes politiques violents planifiés par des Ouïghours à l'étranger. Dès 1999 et 2000, le Kirghizistan avait été le théâtre d'une série de violences. En juin 2002, l'ambassadeur de Chine à Bichkek avait été tué par balles en même temps que son chauffeur, et l'administration avait aussi accusé des Ouïghours (Clarke 2011: 145). Pantucci (2018 : 160ss.) parle d'un attentat déjoué contre un centre commercial en Arabie saoudite en 2007 et un autre contre l'ambassade de Chine à Oslo en 2010. Tout comme Roberts (2020 : 128), il exprime son scepticisme face à l'hypothèse de liens des auteurs présumés des attentats avec Al-Qaïda et la menace réelle pour la RPC. On est donc en droit de douter que les activités du PIT en Syrie et de militants ouïghours en Asie du Sud-Est aient été perçues à Beijing comme une menace si grave et si nouvelle que cela ait suffi à justifier le net renforcement des mesures coercitives à partir de 2016, comme l'affirment Greitens, Lee et Yazici (2020). De plus, leur argumentation n'est pas convaincante, et ce pour différentes raisons (Robertson 2020). Pour moi, l'enjeu n'est pas que les combattants du PIT apprennent le métier de la guerre en Syrie pour l'utiliser ensuite au Xinjiang contre l'État chinois (Greitens, Lee et Yazici 2020 : 36). La guerre civile en Syrie ressemble à un mélange de bataille rangée et de combats de rue et moins à une campagne terroriste. La Chine prend certes la menace d'une ré-infiltration de ces combattants au sérieux, ce que montrent aussi bien les déclarations de Xi Jinping citées plus haut que les patrouilles menées par les troupes chinoises à la frontière du Tadjikistan et de l'Afghanistan avec leurs homologues de ces pays (Pantucci 2019 : 66ss.). Mais à mon avis le plus grand danger vient de ce que le PIT, comme Daech, bénéficie d'une attention accrue à cause de sa participation à la guerre civile en Syrie et que celle-ci se transforme, par le biais de la propagande terroriste sur Internet, en source d'inspiration pour des Ouïghours au Xinjiang et facilite leur recrutement. Après les expériences réalisées par des pays démocratiques d'Europe occidentale et d'Amérique du Nord, c'est un scénario tout à fait réaliste, Internet étant toutefois plus strictement contrôlé en Chine. Roberts me paraît systématiquement sous-estimer l'effet indirect potentiel de la publicité du PIT pour le terrorisme. Une telle inquiétude du gouvernement chinois face à la radicalisation expliquerait aussi pourquoi les mesures prises par le pouvoir à partir de 2016 visent de plus en plus la population musulmane au Xinjiang et pas seulement une minorité militante.

***

Tobin (2020), qui a effectué la majeure partie de son étude de terrain à Ürümqi entre septembre 2009 et août 2010, décrit dans son livre la dynamique du conflit au Xinjiang. Il montre que l'approche de l'État-parti, qu'il démasque comme étant « profondément ethnocentrique » (Tobin 2020 : 8), renforce la ligne de séparation entre les groupes ethniques et rejette les Ouïghours à la périphérie de la nation chinoise en leur enlevant leur identité de peuple turcique et de musulmans. Paradoxalement, le Xinjiang joue un rôle central dans la construction d'une identité nationale chinoise moderne, où il n'est plus nécessaire d'avoir un « extérieur » culturellement autre pour fonder la cohésion sociale, la région restant toutefois à la marge. La position des Ouïghours s'avère être tout aussi ambivalente, car ils sont d'une part appelés à s'intégrer et de l'autre tenus à distance en tant qu' « Autres » (*othering*). Ces ambivalences donnent lieu à un sentiment d'insécurité réciproque, malgré – ou peut-être même à cause – de tous les efforts de sécurisation (cf. Topgyal 2016, qui argumente de façon similaire pour le Tibet). Ce chapitre présente les effets de ce sentiment d'insécurité, qui aboutit à une escalade de la violence. La *Securitization* drastique entamée sous Zhang Chunxian n'ayant, de l'avis de Beijing, pas apporté un succès concluant, toute une série de mesures encore plus coercitives sont prises à l'arrivée d'un nouveau Secrétaire du PCC au Xinjiang, afin d'imposer définitivement l'adaptation de l'identité ethnique et culturelle des Ouïghours (et avec eux celle d'autres peuples turciques du Xinjiang) au courant dominant. Ceci fera l'objet du prochain chapitre. Comme l'expliquent Trédaniel et Lee (2018), le gouvernement de Beijing ne parvient pas à échapper à cette vision enracinée dans l'Histoire d'un Xinjiang source de problèmes de sécurité.

10 Répression et génocide culturel

Ce chapitre traite les questions qui dominent la discussion actuelle au sujet du Xinjiang : les camps de rééducation où ont disparu d'innombrables Ouïghours, Kazakhs et autres, les accusations de travail forcé, de stérilisation forcée et une politique générale de transformation culturelle imposée d'en haut à la culture des minorités. Ces éléments très divers peuvent être pertinemment résumés en un concept, celui de génocide culturel, ainsi que nous le montrerons.

Chen Quanguo et les camps de rééducation

La désignation de Chen Quanguo au poste de Secrétaire du PCC au Xinjiang en août 2016 a été décisive pour l'évolution ultérieure de la région. Il s'était déjà fait un nom dans la Région autonome du Tibet en tant que partisan convaincu d'une ligne dure (Batke 2018 : 9 ; Zenz et Leibold 2017). Plus tard, des analyses ont montré que ce n'était pas lui qui avait élaboré la campagne d'internement et de rééducation à grande échelle, mais qu'il avait été choisi pour la mettre en pratique (Zenz 2020a : 11). Roberts (2020 : 204) le nomme par conséquent « the enforcer ». De 2011 à 2016, Chen était en qualité de Secrétaire du parti chargé de la sécurisation complète du Tibet, laquelle comprenait entre autres l'installation de « postes de police avec des services destinés au peuple » (*bianmin jingwuzhan* 便民警务站). Certains de ces postes de police offrent effectivement des services comme le wifi ou des stations de recharge pour téléphones portables. Mais leur fonction réelle est de mettre en place un réseau très serré de contrôle sur les villes. Éloignés de quelques centaines de mètres les uns des autres, ils rendent les contrôles routiers et la surveillance omniprésents. Dès la première année de mandat de Chen, plus de 100 000 nouveaux emplois sont proposés dans l'appareil de sécurité publique du Xinjiang, multipliant par 13 la hausse moyenne des postes offerts chaque année entre 2009 et 2015 (Zenz et Leibold 2020 : 324). Zenz et Leibold (2020 : 334s.) ont rassemblé ces offres d'emploi dans le cadre d'une recherche Internet. Ils montrent que la majorité absolue de ces postes, à savoir 86 %, sont destinés à la catégorie « police auxiliaire », c'est-à-dire que ce sont surtout des gens peu formés, parmi lesquels beaucoup de Ouïghours, qui sont recrutés. En même temps, les salaires de ces « forces de police informelles » sont nettement augmentés pour rendre ces offres d'emploi plus intéressantes et coopter la population ethnique (Zenz et Leibold 2020 : 339ss.). Outre les salaires qui semblent attrayants étant donné le fort taux de chômage parmi les Ouïghours, ce qui joue sans doute aussi un rôle pour ceux qui acceptent ces offres, c'est l'espoir d'être ainsi à l'abri des persécutions. Cependant, il est dit que les conditions de travail sont très dures, physiquement et psychiquement (Zenz et Leibold 2020 : 343s.).

Ce n'est guère étonnant si l'on tient compte du dilemme auquel les nouveaux policiers se retrouvent confrontés. Ils sont envoyés contrôler les préparatifs des propriétaires de magasins, des restaurateurs et de tous les employeurs contre d'éventuelles attaques terroristes. Ces chefs de petites entreprises doivent sans cesse prouver qu'ils sont prêts à se soumettre à un entraînement anti-terroriste (Phillips 2017 ; Wen 2017). Quiconque est insuffisamment préparé devient suspect et doit payer une amende aux auxiliaires de police qui, pour des raisons économiques et politiques, sont encouragés à infliger le plus d'amendes possible (Zenz et Leibold 2020 : 344). Les infractions à l'article 88 de la Loi anti-terroriste, « Dispositifs insuffisants contre les attaques terroristes », représentent en 2016 de loin le plus grand nombre (environ la moitié) des infractions à la loi. Avec des amendes élevées allant de 100 000 RMB par institution à 10 000 RMB pour les responsables, les recettes des forces de sécurité locales sont importantes (Zhang 2019 : 517). Pour beaucoup de cadres, le « maintien de la sécurité » passe au second plan, après les ambitions personnelles (*wei le 'weiwei' er 'weiwen'* 为了'维位'而'维稳', comme le déclare une personne interviewée ; cité par Xie et Liu 2019 : 8). Xie et Liu (2019 : 4) mentionnent à juste titre que la population du Xinjiang comprend à la fois des profiteurs et des victimes de la stratégie de lutte anti-terroriste propagée par l'État et qu'un schéma simpliste « bourreaux-victimes » ne rend pas compte de la complexité de la situation. Des cadres villageois et locaux, du personnel religieux (imams) et même des citoyens ordinaires sont recrutés pour mener la « guerre populaire contre le terrorisme ». Sous Chen, les « imams » non reconnus par l'État sont remplacés par des « imams rouges », les petites mosquées réunies afin d'améliorer le contrôle et les mosquées « superflues » détruites (Xie et Liu 2019 : 13). Des images satellite et des témoignages attestent la démolition de nombreuses mosquées. Dans des cas moins graves, ce sont uniquement les caractéristiques architectoniques considérées comme « arabes » (ou représentant simplement des symboles musulmans) qui sont supprimées : les coupoles, croissants, portails opulents et minarets (Ruser et al. 2020 ; UHRP 2019a). Des procédés analogues sont toutefois aussi utilisés dans d'autres régions avec des ethnies minoritaires, comme la Région autonome hui du Ningxia (Malzer 2020), et dans des villes de la côte Est (Brown et O'Brien 2019). Comme dans une campagne visant à supprimer les grandes croix rouges au sommet des églises « illégales » du Zhejiang, ces mesures font partie de la « sinisation » de la religion décidée en avril 2016 lors de la Conférence centrale de travail consacrée aux questions religieuses (*Zhongguohua* 中国化), qui soumet même les pratiques religieuses des Han à une pression d'homogénéisation (Madsen 2019 : 5). Au Xinjiang, cette campagne n'épargne même pas les morts, ainsi qu'en témoignent des cimetières détruits dans la région, images satellite à l'appui (AFP 2019 ; Guardian 2019 ; Rivers 2020). Ces accusations sont immédiatement rejetées par la Chine. Les anciens cimetières auraient été poussiéreux, mal entretenus et insalubres, les restes humains sont maintenant inhumés dans des cimetières modernes et bien ordonnés, prenant moins de place et donc écologiques (Liu et Fan 2019 ; Wang et Wang 2020). Les critiques font remarquer que l'objectif principal est la destruction des pratiques religieuses ayant trait aux enterrements et aux tombes et profondément enracinées dans l'islam ouïghour (Thum 2020 : 50s.).

Ces mesures politiques aboutissent finalement à de nouvelles dispositions administratives en matière de questions religieuses, révélant la volonté de se prémunir contre une « infiltration de l'étranger » et la peur de l' « extrémisme » (Batke 2017). Au Xinjiang, cette ligne est encore plus strictement appliquée, avec les dispositions régionales sur la dé-extrémisation du 23 mars 2017 (XUAR 2017a). Elles criminalisent nombre de comportements définis de manière vague, comme la « diffusion d'une pensée extrémiste », l' « extension de la pensée *halal* », les signes extérieurs d' « extrémisme » comme la burqa ou d'autres « symboles extrémistes ». Elles interdisent de donner aux enfants un nom exprimant le fanatisme (un nom arabe), de pratiquer des rituels de mariage illégaux (c'est-à-dire religieux) et d'interdire aux enfants l'accès à l'éducation. Les enfreintes à la planification des naissances et même la destruction de billets de banque chinois ou de documents d'identité officiels sont considérées comme des indices d'extrémisme, de même que le rejet de la radio et de la télévision ! Le règlement encourage toutes les administrations publiques et toutes les forces sociales à décliner ces règles pour leur propre domaine et à appliquer avec sévérité cette stratégie anti-extrémiste. Le passage qui s'avérera plus tard décisif était un peu caché dans l'ensemble de ces appels et de ces mesures. L'article 14 explique que le « travail de rééducation » (littéralement le « travail de transformation par l'éducation » *jiaoyu zhuanhua gongz*uo 教育转化工作) doit être effectué consciencieusement, la rééducation étant effectuée individuellement aussi bien que de manière centralisée (*gebie jiaoyu yu jizhong jiaoyu xiang jiehe* 个别教育与集中教育相结合). Là se trouve l'origine du système de camps qui est mis en place au cours de l'année 2017, tout d'abord secrètement et à l'abri des regards de l'opinion internationale. Tynen (2020a ; 2020b), qui a encore pu effectuer une étude de terrain à Ürümqi en octobre 2017, montre comment la ville est peu à peu submergée par l'angoisse. Les migrants ouïghours sont systématiquement refoulés hors d'Ürümqi et renvoyés dans leurs villages d'origine, et semblent ensuite disparaître dans des camps, ce qui n'était pas encore connu de tous à l'époque.

Ces dispositions en matière de dé-extrémisation (ou de déradicalisation) se situent dans le prolongement de tendances déjà perceptibles tant dans les pratiques des administrations locales et que dans les documents du parti (Zhou 2019 : 1190s.). Il y avait déjà eu des rapports sur de vagues mesures et accusations comme celles-là (UHRP 2015b : 45), mais elles pouvaient encore passer pour des déviances d'administrations locales particulièrement zélées. Il est donc d'une part étonnant qu'elles soient à présent officiellement codifiées sous une forme « légale » au niveau de la législation régionale. D'autre part, cela confirme une évolution sous Xi Jinping qui fait que même des règlements enfreignant clairement les principes de l'État de droit deviennent des lois leur donnant une apparence de légalité. Cette *institutionnalisation illibérale* est à mon avis une caractéristique essentielle de la façon dont Xi Jinping dirige le PCC.

Zhou (2019) analyse certains précurseurs des futurs camps, comme les programmes de déradicalisation dans le système pénitentiaire, après la remise en liberté des détenus et dans de nouveaux centres de rétention administrative créés par la Loi anti-terroriste (*anzhi jiaoyu* 安置教育). On peut s'étonner que Xi, qui proclamait fin 2013 la suppression du système tristement célèbre de la rééducation par le travail (*laojiao* 劳教) comme étant une réforme ouvrant sur l' « État de droit socialiste », ait introduit de nouvelles formes de détention administrative. Mais comme le constate Noakes (2018), cela répond à une logique propre, car le système *laojiao* n'a pas non plus été tout simplement supprimé, mais remplacé par des formes plus souples et plus ciblées de détention administrative et de rééducation.

> However, the conversion of conventional RTL [reform through labor] methods to a more flexible and pragmatic model under Xi does not signify the advance of human rights or the slow-but-steady softening of the regime. Rather, the shift to new forms of administrative detention is fundamentally about retaining the Party's power through a shrewd mix of control, co-optation, and the prospect of renewed legitimacy through more socially responsive governance. (Noakes 2018 : 215)

Une logique similaire explique aussi les méthodes employées au Xinjiang. De 2014 à 2016, toutes sortes de formes de « rééducation par l'éducation »[21] ont été testées dans le

[21] Traduction littérale de jiaoyu zhuanhua (教育转化). La proximité terminologique avec l'approche de Zuo Zongtang et de ses successeurs à la fin du XIXe siècle, consistant en une transformation par l'éducation (jiaohua 教化) est frappante et probablement pas fortuite. Schluessel (2020 : 219ss.) souligne néanmoins des différences considérables. À son avis, il ne faut pas en tirer trop vite la conclusion d'une continuité ininterrompue des méthodes de gouvernance appliquées au Xinjiang à des époques différentes.

cadre d'expériences locales, comme le décrit Zenz (2019a). Mais ce n'est que sous Chen Quanguo qu'elles ont été étendues à un nombre de plus en plus important de Ouïghours. En se basant sur des appels d'offres pour la construction d'établissements de rééducation qu'il a pu trouver sur des sites Internet du gouvernement, Zenz (2019a : 117s.) retrace leur construction mois par mois. À partir de mars 2017, à l'époque donc où les dispositions de dé-extrémisation sont prises, elles augmentent nettement en nombre et en volume financier. À partir de 2018, elles sont en recul. L'existence de beaucoup de ces camps a pu ultérieurement être vérifiée par images satellite. Au printemps 2018, 94 installations de ce genre sont recensées au Canada par un groupe d'étudiants originaires de Chine à l'aide d'images aériennes (Roberts 2020 : 214). Des membres de l'Australian Strategic Policy Institute (ASPI), un think-tank, disent avoir identifié jusqu'en septembre 2020 380 centres d'internement, qu'ils divisent en quatre catégories, allant de simples camps de rééducation peu sécurisés jusqu'à des prisons de haute sécurité (Ruser 2020).[22] Contrairement à la classification de l'ASPI, Zenz (2019b) établit une liste de huit termes chinois se référant à des camps de rééducation. S'appuyant sur les appels d'offres pour le marché public, sur d'autres documents gouvernementaux et des témoignages de première main, Zenz (2019a : 123) estime que le nombre de détenus est compris dans une fourchette allant de plusieurs centaines de milliers à un peu plus d'un million (pour une population totale d'environ 10 millions de Ouïghours). Dans une publication ultérieure, il estime que le nombre de détenus peut atteindre « une limite supérieure estimée de 1,8 million », à en juger par les subventions alimentaires accordées par le gouvernement (Zenz 2019b). En d'autres termes, il ne s'agit pas pour les chiffres souvent cités de données vérifiées (pour cela, il faudrait que les autorités chinoises coopèrent), mais de projections à l'aide des meilleures données disponibles. Certains chiffres communiqués plus tard vont jusqu'à parler de trois millions de détenus, sans que la base de leurs estimations soit indiquée (cf. la préface de l'avocat britannique spécialisé dans les droits humains dans Roberts 2020 : ix). Il s'agit donc de spéculations.

Des documents officiels transmis à des médias et des chercheurs (*China Cables* ou *Xinjiang Papers*) et présentés à l'opinion publique mondiale en novembre 2019, mettent au jour de nouveaux détails sur le déroulement de la campagne de rééducation (Ramzy et Buckley 2019 ; SZ 2019). Les récits de témoins constituent une autre source importante. Ceux-ci sont listés sur le site Internet *Xinjiang Victims Database* (https://shahit.biz) administré par des activistes. Au moment où nous écrivons (juin 2021), on y trouve 49 récits détaillés traduits en anglais et vérifiés dans la mesure du possible. La banque de données contient en outre des statistiques concernant plus de 15 000 personnes détenues au Xinjiang ou disparues. L'analyse suivante est fondée sur ces différentes sources.[23]

---

22 Ce rapport est parfois cité de façon erronée en ce sens qu'il s'agirait ici de *380 nouveaux camps* (ex. BBC 2020). Or, ces données comprennent, comme nous l'avons dit, toutes les formes d'internement et de prisons et n'effectuent pas de distinctions en fonction de leur date de construction, si bien que le lien direct avec la campagne de rééducation n'est pas attesté. Le rapport de l'ASPI ne mentionne pas non plus le nombre de camps par catégorie de sécurité. Les critères de sécurité changent en effet en partie durant la période considérée par le rapport (voir ci-dessous).

23 Wolson (2021) propose un reportage éclairant sur les camps en anglais.

Qui est envoyé dans un camp de rééducation ?

La surveillance de familles ouïghoures à leur propre domicile est élargie en 2016 dans le cadre du programme suivant, dénommé « Enquêter, servir, gagner » (*fang hui ju*). Sous la devise « Trouver des partenaires et fonder une famille » (*jiedui renqin* 结对认亲), ce sont en octobre 2016 1,1 million de cadres de la Région autonome et de membres d'entreprises publiques (généralement han) qui sont mis en relation avec 1,6 million de familles d'autres ethnies, mais aussi de paysans han (Leibold 2020 : 55). Un rapport du PCC du Xinjiang indique que rien qu'entre octobre 2016 et octobre 2018 113 000 cadres du Bingtuan et membres du parti ont effectué plus de deux millions de visites dans 136 000 familles (Département du Front uni au Xinjiang 2018). Les nouveaux « parents » doivent aller voir les familles, habiter chez elles, manger, travailler et dormir avec elles afin de former une union avec les masses. Comme celle qui l'a précédée, la campagne se rattache ainsi aux anciennes traditions de la « ligne de masse » de Mao (Leibold 2020). Mais dans la campagne en cours contrairement aux méthodes antérieures, les masses doivent apprendre ce que les envoyés leur enseignent et non l'inverse (Byler 2018 : 4). La campagne actuelle sert en outre à collecter des données sur les « personnes non fiables » et celles qui sont « suspectées d'extrémisme ». Ces informations viennent alimenter un programme centralisé, la Plateforme Intégrée pour les opérations communes (*yitihua lianhe zuozhan pingtai* 一体化联合作战平台 ; abrév. anglaise IJOP), ainsi que l'ont révélé les *China Cables* et les *Xinjiang Papers* (Ramzy et Buckley 2019 ; Roberts 2020 : 206s. ; SZ 2019). Une fuite encore plus actuelle qui, cette fois, fait parvenir des informations de la police d'Ürümqi à la plateforme de divulgation *The Intercept*, informations publiées en janvier 2021, atteste de la dimension gigantesque de la surveillance en ligne et hors ligne (Grauer 2021). Cette banque de données montre par exemple que la police d'Ürümqi lit à l'aide d'une application le contenu des smartphones (y compris les messages WeChat et les SMS) lors de contrôles routiers, si nécessaire plusieurs fois par jour. D'autres applications sont utilisées pour que les utilisateurs puissent transmettre des rapports ou des indices à la police, pour la reconnaissance faciale ou pour l'intégration à la plateforme IJOP.

Ceux qui se sont rendus suspects aux yeux de l'État-parti sont choisis sur la base de ces informations. Il suffit d'avoir des contacts avec des parents à l'étranger, d'avoir fait soi-même des voyages à l'étranger (ou même seulement d'avoir un passeport), de s'adonner à des pratiques religieuses, d'enfreindre le contrôle des naissances, etc. même si ces activités remontent à plusieurs années et n'allaient pas à l'époque à l'encontre d'une loi en vigueur. Un autre document (la « liste Karakax ») témoigne de ces liens. Il s'agit d'un fichier publié en février 2020, où sont répertoriées les raisons pour lesquelles certaines personnes se sont rendues suspectes aux yeux de l'administration (Zenz 2020a). Les cadres du parti et fonctionnaires envoyés dans les villages entrent leurs observations dans une application prévue à cet usage dans leur smartphone (*yitihua APP* 一体化APP). Ils sont alors invités à « creuser plus profond » ou à « regarder derrière le rideau ». La plateforme IJOP relie ces données à celles des forces de sécurité et coche les « suspects » (littéralement « personnes prioritaires », *zhongdianren* 重点人) ou « non fiables » (*bu fangxinren* 不放心人), qui sont ensuite envoyées dans les camps de rééducation ou traduites devant les tribunaux. Bien que sur les 2802 adultes figurant sur la liste Karakax seuls 4,9 % aient été poursuivis par la justice, 17 %

ont au moins temporairement été soumis au programme de rééducation (Zenz 2020a : 3). Une fuite plus récente montre en outre que certaines personnes sont condamnées à passer une période déterminée dans des centres de rééducation (Grauer 2021). En d'autres termes, la limite avec une peine de prison peut être très floue.

La version officielle telle qu'elle figure dans deux livres blancs du gouvernement insiste en revanche sur les différences entre les camps de rééducation et les peines de prison ordinaires (SCIO 2019a ; 2019c). Trois catégories de personnes relèvent de l'internement en camp de rééducation :

(a) les personnes qui ont participé à des activités extrémistes ou terroristes parce qu'elles y ont été entraînées ou contraintes ou qu'on a fait pression sur elles, mais qui sont restées en-deçà d'une infraction pénale
(b) les personnes qui ont participé à de tels crimes, mais ont pu faire valoir des circonstances atténuantes (par exemple parce qu'elles y ont été incitées ou parce leurs actes n'ont pas eu de conséquences graves)
(c) les personnes qui ont été condamnées pour une infraction pénale, ont purgé leur peine, mais représentent toujours un danger pour la société et dont un tribunal a demandé l'admission dans un centre de rééducation.

Les livres blancs insistent unanimement sur ce point : « aveu, repentance et acceptation d'une période de rééducation sont les conditions sine qua non de l'indulgence ».

Les statistiques de la *Xinjiang Victims Database* (n = 15 008 ; date de référence : 31 mai 2021) donnent un coup de projecteur supplémentaire sur la composition des personnes privées de liberté, bien qu'il ne soit pas possible d'effectuer une distinction précise entre rééducation, séjour en camp ou détention dans une prison ordinaire. Les données ne sont pas non plus représentatives au sens où l'entendent les statistiques, car elles ne reposent pas sur un échantillon pris au hasard. Mais en raison du volume de données collectées, celles-ci restent instructives. Les Ouïghours constituent avec près de 80 % de loin le groupe ethnique le plus représenté parmi les personnes faisant l'objet d'une saisie. Les Kazakhs suivent avec 16 % (2434 personnes), tandis que les Kirghizes (1,2 %, 182 personnes), d'autres ethnies et les personnes issues d'une mixité ethnique ne représentent qu'une part minime. Ce profil ethnique est intéressant dans la mesure où les autorités chinoises justifient la rééducation par le fait qu'il lui faut combattre l'extrémisme comme racine du terrorisme. Mais même dans les sources chinoises officielles, aucun cas n'est cité dans lequel des Kazakhs, des Kirghizes ou d'autres ethnies du Xinjiang auraient été impliqués. L'âge aussi donne à réfléchir. Plus de 14 % des personnes concernées ont déjà plus de 55 ans (ici n = 11 931). Il est difficile d'imaginer le sens que pourrait avoir l' « acquisition d'une qualification professionnelle ». Même si on ne dispose d'informations sur le métier des détenus que dans 5 304 cas, il apparaît ici aussi que beaucoup doivent déjà avoir les qualifications correspondantes. L'indication « entrepreneur privé » est particulièrement fréquente (610 personnes; 11 % des cas cités dans l'analyse statistique), puis viennent les personnes travaillant dans l'agriculture (379, soit 7 %). Il convient de noter que 221 détenus étaient employés dans les secteurs ‹ droit, gouvernement, sécurité/police ›, 213 dans l'enseignement. Réunis, ces groupes constituent 8 % de l'échantillon analysé, ce qui montre que même les membres des minorités travaillant dans le service public ne sont pas à l'abri des poursuites. Ici, le gouvernement recherche les « personnes à double visage » (*liangmianren*), c'est-à-dire les traîtres (Niu 2017). Le secteur de la religion est représenté avec 320 personnes (6 %), l'art et la littérature avec 128 (2,4 %). Ici, on peut reprocher à la campagne de cibler sciemment l'élite intellectuelle et sociale ouïghoure (Gunter 2021). Les raisons officielles de la détention ne sont connues que dans 1 712 cas. Sont surtout citées des raisons religieuses (331 personnes, 19 %) et l'appartenance à des « groupes hétérodoxes » (295 saisies, 17 %). La fréquence des infractions au contrôle des naissances (154 cas, 9 %) est frappante, elle aussi. Même si ces indications ne fournissent pas un tableau complet, elles donnent une idée de la direction que prend la campagne.

Comme se passe la rééducation ?

Quels sont les contenus de la rééducation ? Ici aussi, les documents, informations gouvernementales et récits de témoins dont nous disposons donnent des éclaircissements à partir de perspectives différentes. L'unanimité se fait sur l'idée que l'apprentissage du chinois est l'objectif prioritaire. La deuxième étape concerne l' « éducation juridique », c'est-à-dire qu'il faut apprendre par cœur les lois et les directives édictées par le parti. La formation professionnelle arrive en troisième position (SCIO 2019c). Donc même d'après la présentation certainement enjolivée faite par le gouvernement, il ne s'agit pas en priorité d'un programme de qualification professionnelle. Il y va surtout de la transformation culturelle et de l'endoctrinement politique. Des huit dénominations pour les camps de rééducation, seules deux font allusion à un « entraînement » ou à une formation professionnelle (centres pour la transformation centralisée par l'éducation et l'entraînement *jizhong jiaoyu zhuanhua peixun zhongxin* 集中教育转化培训中心 et centres pour la formation continue professionnelle et technique *zhiye jineng jiaoyu peixun zhongxin* 职业技能教育培训中心) (Zenz 2019b). L'apprentissage de la langue chinoise sert d'un côté de test de loyauté, car seuls ceux qui comprennent et parlent bien le chinois accèdent au niveau suivant de rééducation. De l'autre côté, c'est là que sont transmises les bases de l' « éducation juridique » : chacun doit apprendre des textes patriotiques à la gloire du PCC et chanter certaines chansons. Le deuxième niveau comprend l'étude intensive de textes de loi (entre autres sur la politique religieuse et celle ayant trait aux minorités) et de discours de Xi Jinping, etc. Ces contenus si éloignés de la vie des détenus peuvent difficilement être considérés comme orientés vers la pratique. Ici aussi, ce qui est le plus important, c'est de prouver sa loyauté vis-à-vis du système. C'est seulement après avoir réussi ces deux niveaux que les détenus sont autorisés à acquérir des compétences manuelles qui doivent faire d'eux des individus utiles socialement et travaillant de manière productive. Ceci est surtout vrai pour les femmes qui, soi-disant sous l'influence de l'extrémisme, restent trop souvent à la maison et ne s'occupent que de leurs enfants et de leur ménage.

Les récits de témoins qui décrivent leurs expériences, généralement après avoir quitté la Chine, sont absolument effrayants. Ils parlent de cellules bondées, de conditions insalubres, de nourriture de mauvaise qualité, d'humiliations ciblées, de torture, d'abus sexuels et même de viols collectifs. Publié en 2020 en Allemagne, le livre d'une professeure kazakhe qui dit avoir été forcée d'enseigner dans un tel camp de rééducation, mais s'est enfuie ensuite au Kazakhstan et a rejoint la Suède, est un exemple de ce type d'accusations (Sauytbay et Cavelius 2020). Le livre lui-même n'est pas à l'abri de toute critique, car on y trouve comme dans l'autobiographie de Rebiya Kadeer, rédigée par la même plume, quelques erreurs factuelles et exagérations.[24] Certaines déclarations semblent trop choquantes pour être crédibles sans avoir été vérifiées. En fait partie la présentation selon laquelle la campagne « Trouver des partenaires et former une famille » serait une forme institutionnalisée du viol de femmes des minorités par des civils han. Que des viols soient commis lors de ces « visites » ou dans les camps est néanmoins probable. Car le programme crée d'une part un espace de non-droit tandis que de l'autre le désir masculin – précisément de Han vis-à-vis de femmes des minorités – joue un rôle important dans les relations interethniques, comme cela a été évoqué au chapitre 8. D'autres témoignages mentionnent aussi ces crimes (Ferris-Rotman 2019). Mais il n'est pas évident de dire si ces viols ou violences sexuelles relèvent de la responsabilité d'individus isolés ou s'ils sont pratiqués systématiquement et peut-être même ordonnés d'en haut. Un reportage de la BBC diffusé en février 2021 et reposant sur des déclarations de témoins et de victimes reprend des accusations similaires pointant la fréquence des violences sexuelles – même si leur origine n'est pas claire (Hill, Campanale et Gunter 2021). Le fondateur de la *Xinjiang Victims Database*, l'activiste russo-américain Gene Bunin critique toutefois ce reportage comme « sensationnaliste » et étayé par quelques témoignages seulement, ce qui pour lui n'est pas suffisant (Baptista 2021). Sur les 49 récits publiés sur son site Internet, deux seulement reprennent de telles accusations, l'un d'eux provenant de Sayragul Sauytbay elle-même.

« La volonté chinoise de mainmise sur le monde », menace évoquée dans le sous-titre de l'édition allemande de son livre, n'est en tout cas pas assez étayée. Sauytbay écrit que les autorités lui auraient montré un plan correspondant, qu'elle aurait dû ensuite manger pour le détruire. Il est permis d'en douter car, selon ses propres dires, elle n'aurait guère été mieux traitée dans le camp que ses « élèves ». Pourquoi le gouvernement chinois aurait-il pris le risque de dévoiler son plan à une personne à laquelle il fait si peu confiance ? De telles accusations sont à mon avis des points qui demandent à être confirmés. Cependant, les déclarations de Sayragul Sauytbays revêtent une grande importance politique, puisqu'elle a été par exemple entendue en qualité d'experte par le comité des droits humains du Bundestag en novembre 2020. Elle a aussi reçu en 2020 l' « International Women of Courage Award » des mains de Mike Pompeo, alors ministre américain des Affaires étrangères, tandis que la ville de Nuremberg lui décernait un prix pour sa défense des droits humains (Przybilla 2021). C'est donc une voix influente dans le débat portant sur la politique de la Chine au Xinjiang. De nombreux témoins cités sur le site *Xinjiang Victims Database* formulent des accusations de violences et de tortures pratiquées dans les camps, lesquelles recouvrent ce que les organisations de défense des droits humains relatent régulièrement au sujet des prisons chinoises et de la lutte notoirement opaque contre la corruption (Amnesty International 2015 ; HRW 2016). Ceci soutient indirectement la thèse comme quoi ces accusations sont crédibles. L'ethnologue et experte du Xinjiang Joanne Smith Finley (2020 : 10) émet un jugement positif quoique prudent au sujet de témoignages comme celui-là : même si les

24 Un exemple : Xi Jinping n'a pas été nommé en mars 2017 « chef de l'État à vie » par le PCC (Sauytbay et Cavelius 2020 : 173). En mars 2018, l'Assemblée nationale populaire a seulement supprimé dans la Constitution la limitation à deux mandats présidentiels consécutifs.

organisations d'exilés ont intérêt à préparer les témoins à faire ce type de déclarations afin de produire un effet maximum sur le public, cela ne veut pas dire qu'on soit autorisé à les ignorer en attendant des preuves supplémentaires.

Les fuites de données montrant comment le système fonctionne dans les détails sont d'autant plus importantes. Les règlements mentionnés dans les *China Cables* sur la manière dont les camps doivent être construits, la sécurisation des détenus assurée, la surveillance constante garantie, etc., tout cela montre clairement que les camps de rééducation ne sont pas uniquement des « écoles professionnelles » comme le gouvernement chinois veut le faire croire dans ses communiqués officiels (SZ 2019). Le document en question est intitulé « Points de vue sur le renforcement progressif et la standardisation du travail dans les centres de formation continue professionnelle et technique » (*Guanyu jinyibu jiaqiang he guifan zhiye jineng jiaoyu peixun zhongxin gongzuo de yijian* 关于进一步加强和规范职业技能教育培训中心工作的意见). Il fixe en détail les mesures de construction et les dispositions à prendre en matière d'organisation pour éviter les « évasions » et les « révoltes ». Cela ne plaide pas en faveur du caractère scolaire de ces centres, pas plus que les images satellite déjà mentionnées, les barbelés, les clôtures internes pour séparer les différents secteurs des camps et les miradors.

En effet, le gouvernement a commencé par nier l'existence des camps quand les premières informations sur les arrestations massives de 2017 ont transpiré à l'étranger (HRW 2017). Au printemps 2018, les indices se multiplient et l'estimation selon laquelle il y aurait un million de personnes incarcérées fait le tour des médias. Mais ce n'est qu'en octobre 2018 que le gouvernement reconnaît qu'il gère des établissements de « formation continue professionnelle ». Le fait que des centaines d'intellectuels, artistes et chercheurs ouïghours de renom soient envoyés en rééducation alors qu'ils ne manquent pas de qualification professionnelle montre bien que ce n'est pas l'entière vérité. Elle apparaît plutôt dans le passage venant compléter la réglementation du Xinjiang en matière de déradicalisation et légalisant l'internement dans des « institutions » de déradicalisation (*jiaoyu zhuanhua jigou* 教育转化机构). D'après l'analyse de Zenz (2019b), les documents prouvent que ces centres doivent « procéder au lavage de cerveau » des détenus. Ce ne sont nullement des institutions où on se rend volontairement, elles ne sont pas non plus gérées par des administrations scolaires, mais par un office d'éducation et de formation créé à cet effet (*jiaopeiju* 教培局). Zenz décrit ces camps comme fortement sécurisés et surveillés. Diverses équipes de télévision partent au Xinjiang en 2018-2019 pour y tourner des images de camps comme ceux-là et compléter les images satellite, elles ont plus ou moins de succès (par exemple Vice News 2019). Beaucoup montrent des camps entourés de hauts murs et protégés par des barbelés et des miradors. Mais les visites de centres de formation organisées par la suite par le gouvernement chinois à l'intention des hôtes étrangers et des journalistes n'ont lieu que dans des institutions qui ne présentent pas ou guère ces dispositifs de sécurité (BBC 2019b).

La pression internationale sur la Chine se faisant plus forte fin 2019, le président de la région autonome du Xinjiang annonce curieusement en décembre que « tous les élèves ont achevé leur formation professionnelle » (Xinhua 2019a). Le livre blanc d'août 2019 affirme en gros la même chose (SCIO 2019c) : « most trainees have reached the required standards and graduated ». Les centres de formation se voient attester une grande réussite :

> Many trainees begin the course unable to use the national common language, but by the time they have completed their studies at the centers they are able to understand, communicate, read and write in Chinese.

Quiconque a fait l'expérience de l'apprentissage du chinois est en droit de considérer cette affirmation comme exagérée. La déclaration selon laquelle la liberté religieuse serait respectée est manifestement cousue de fil blanc. Car nous verrons que du fait de la séparation entre éducation et religion dans les centres toute activité religieuse est interdite (SCIO 2019c). De même, le passage disant que tous les détenus ou du moins la plupart ont été remis en liberté contredit les recherches de l'ASPI (Ruser 2020), qui admet certes que certains dispositifs de sécurité ont été supprimés dans un grand nombre d'institutions (les barbelés et les miradors), mais constate que les centres ont été agrandis. Il est donc permis de soupçonner que le programme de rééducation est entré dans une nouvelle phase.

Les accusations de travail forcé

Plans travail et éradication de la pauvreté au Xinjiang

Ce soupçon est le point de départ de toute une série d'études qui se demandent si en Chine les Ouïghours sont forcés de travailler (Roberts 2020 : 219ss.). Le travail de pionnier est ici de nouveau signé Adrian Zenz qui, en juillet 2019, présente une première étude sur le sujet et porte des accusations sévères à l'encontre du gouvernement chinois (Zenz 2019c). L'arrière-plan est constitué par la « guerre contre la pauvreté » proclamée par le gouvernement chinois. Xi Jinping en avait personnellement annoncé l'objectif d'ici fin 2020 : la complète éradication de la pauvreté absolue en Chine. Le Sud du Xinjiang étant particulièrement touché par cette extrême pauvreté et de plus vu par le gouvernement, comme la région la plus infestée par l'extrémisme islamiste, deux initiatives se rejoignent ici : l'éradication de la pauvreté doit faire progresser et soutenir la déradicalisation. Les extrémistes (potentiels) doivent se transformer en ouvriers d'usine heureux, ambitieux et dociles, qui se soumettent au parti et lui sont même reconnaissants de leur donner la possibilité d'évoluer. Cette « éradication de la pauvreté basée sur l'industrie » est planifiée et organisée d'en haut. Si l'on en croit un livre blanc du gouvernement, 155 000 personnes pauvres et leur foyer, surtout originaires du Sud du Xinjiang, ont été délivrés de la pauvreté par la migration de travail (SCIO 2020). La logique de l'État-parti rappelle en partie celle d'une « politique sociale active » d'inspiration néolibérale quand est propagée l'idée que les minorités doivent changer de mentalité, de « ‹ Je suis invité à quitter la pauvreté › à ‹ Je veux quitter la pauvreté › » (*bian ‘yao wo tuopin‘ wei ‘wo yao tuopin‘* 变‘要我脱贫‘为‘我要脱贫‘). Comme le montre le style caractéristique d'une étude de cadres du ministère de l'Agriculture de la région envoyés dans le Sud du Xinjiang, il convient de surmonter l' « idéologie qui consiste à ‹ attendre, se reposer sur les autres et formuler des exigences › » (*‘deng, kao, yao‘ sixiang‘* 等、靠、要‘思想) (Deng, Maimaiti et Wang 2016 : 84). Pour Zenz (2019c), les objectifs politiques sont clairement prioritaires : le contrôle des minorités dans les environnements de travail du secteur industriel, plus faciles à surveiller ; la réalisation de l'énième promesse d'éradication de la pauvreté ; une plus forte croissance économique en vue de la légitimation de la prédominance du parti.

Des universitaires du Xinjiang fidèles à sa ligne présentent de tels programmes sous un autre jour. Un rapport de recherche de trois chercheuses de l'université du Xinjiang l'illustre bien (Simayi, Chen et Chen 2018). Elles font découler la nécessité du transfert de main-d'œuvre de la théorie de modernisation classique, selon laquelle la transformation de la main-d'œuvre agricole en une main-d'œuvre industrielle est une condition impérative du progrès socio-économique. Leur enquête par questionnaire réalisée dans six villages du district de Yecheng, préfecture de Kachgar (n = 816), montre qu'il y a certes un intérêt de principe à une migration de travail temporaire et que celle-ci a aussi un effet positif sur les revenus, surtout si les autorités locales proposent d'abord un perfectionnement en chinois et l'amélioration de compétences techniques. Mais rares sont les migrants qui se voient offrir de telles formations (Simayi, Chen et Chen 2018 : 17). Parmi les personnes interrogées, la majeure partie (84 %) est restée au Xinjiang et seule une part relativement faible a quitté la région. Le secteur le plus important pour ces migrants est celui de la construction (40 %), suivi de l'industrie textile (22 %). Ce résultat s'oppose à l'impression générale que l'on a en lisant les textes en anglais sur le sujet. Ils citent en premier l'industrie légère.

Ce qui est particulièrement intéressant, c'est pour ces auteures l'analyse des obstacles à plus de transfert de main-d'œuvre. Les difficultés à court terme résident dans le manque de connaissances de chinois parce que l' « éducation bilingue » est mal appliquée (matériel pédagogique de mauvaise qualité, enseignants trop peu nombreux et trop peu motivés), et que la formation professionnelle pratique est insuffisante. Là où elle est proposée, elle est souvent sous-traitée à des acteurs privés. À moyen terme, les conséquences de cette discrimination des minorités sur le marché du travail ainsi que leur exclusion comme migrants ruraux dans les villes ont un impact négatif. De plus, les possibilités de trouver un emploi saisonnier pour la récolte du coton diminuent avec la mécanisation croissante. Les auteures indiquent que les obstacles à long terme concernent le manque de main-d'œuvre dans l'industrie et les « coûts supplémentaires élevés d'ordre affectif » qui découlent du fait que les enfants et les parents âgés sont laissés sur place. Mais c'est surtout le « mode de pensée traditionnel » qui fait que la population s'abandonne à son destin et se satisfait de peu qui l'empêche le plus de « participer activement et de se joindre à la grande armée de travailleurs migrants ». Cette « transformation de la pensée » (*zhuanbian sixiang* 转变思想) est considérée comme l'objectif fondamental et durable de la mobilisation (Simayi, Chen et Chen 2018 : 21 ; très similaire Deng, Maimaiti et Wang 2016).

D'après Zenz, cette stratégie est appliquée concrètement sous la forme de trois « flux » qui conduisent les nouveaux employés vers leur lieu d'activité. En premier lieu, les « diplômés » des centres de rééducation sont envoyés directement dans des « usines satellites » à l'intérieur ou à proximité des camps (*weixing gongchang* 卫星工厂). En second lieu, la « main-d'œuvre rurale excédentaire » (*nongcun fuyu laodongli* 农村富余劳动力) reçoit une formation centralisée avant d'être proposée à des employeurs. Enfin, certaines usines satellites sont construites dans les villages eux-mêmes afin de faire travailler ceux qui ne peuvent pas quitter leur pays, surtout les femmes avec des enfants (cf. Xinhua 2017). Zenz (2019c) appuie son analyse des trois types de mesures sur des documents gouvernementaux qui ne sont nullement cachés ou secrets. Pour les administrations locales, il s'agit au contraire de la présentation des succès enregistrés dans la lutte contre la pauvreté et l'extrémisme. L'étude de Zenz comprend ainsi de nombreux documents photographiques montrant des groupes d'ouvriers habillés tous de la même façon, attendant en rangs d'oignons d'être transportés sur le site où ils travaillent. Les employeurs les plus appréciés sont les industries de transformation de la branche du textile ou de l'électronique, qui demandent beaucoup de main-d'œuvre et reposent généralement sur des investissements effectués par des villes et entreprises de l'Est de la Chine dans le cadre du programme de partenariat avec certaines régions du Xinjiang.

L'analyse de Zenz (2019c) offre une vue d'ensemble détaillée des programmes de création d'emplois pour les Ouïghours. Son interprétation des faits présentés peut toutefois être soumise à débat. Il n'est par exemple pas évident de comprendre pourquoi le fait que les investissements se font dans le cadre du programme de partenariat serait « particulièrement problématique ». Le Xinjiang accueille si peu d'investissements privés qu'il n'est pas important de savoir d'où ils viennent à partir du moment où l'argent arrive dans la région et y crée des emplois. Zenz critique le fait que les anciens détenus des centres de rééducation et les autres ouvriers travaillent ensemble et non séparément. Il voit là une tactique de dissimulation utilisée par le gouvernement pour qu'il soit plus difficile de distinguer le travail forcé des activités légales. Mais on pourrait tout aussi bien y voir la tentative de réintégrer les personnes rééduquées dans la société. Ce qui est le plus problématique pour l'auteur, ce sont les efforts entrepris pour « mettre le travail sur le pas de la porte » (*song gongzuo dao jia menkou* 送工作到家门口) :

> Perhaps the most disturbing aspect of « poverty alleviation » through satellite factories is that it promotes a significant degree of separation of children from their parents – at least during the day. (Zenz 2019c : 17)

Les crèches et maternelles sans lesquelles les Ouïghoures des campagnes ne pourraient pas travailler dans ce type d'usines décentralisées servent à son avis à modeler les enfants à un âge où ils sont extrêmement influençables. Les documents gouvernementaux et sites Internet des administrations actuelles montrent que la transformation culturelle tant des parents que des enfants est un objectif explicite de la politique (cf. Xinhua 2019b). Du point de vue officiel, il s'agit d'une « modernisation », voire même d'un « processus de civilisation » des minorités, dont la scolarisation la plus précoce possible des enfants en chinois fait partie. Ces innovations sont disruptives et remplacent le mode de vie jusqu'alors généralement agraire par un modèle reposant sur le travail industriel. Ceci est d'ailleurs valable pour beaucoup de projets de développement. Le degré de contrainte utilisée pour imposer cette transformation ne figure pas explicitement dans les sources officielles. Tynen (2020a) décrit à l'aide des déclarations des migrantes campagnes-villes à quel point les jeunes Ouïghoures sont déchirées entre les attentes de la communauté villageoise qui surveille leur adéquation au rôle traditionnel et les images de femmes modernes décrétées par l'État. On peut présupposer qu'une ambivalence similaire existe aussi chez les ouvrières des usines satellites. Mais il y a une différence probablement décisive : les femmes interviewées par Tynen avaient quitté leur village de leur propre chef pour rejoindre la capitale de la région, alors que les « projets de créations d'emplois » sont réalisés depuis 2017 dans le contexte d'internements massifs dans des camps de rééducation. Toutes les personnes concernées sont conscientes qu'un refus de s'adapter et de participer peut devenir un motif d'incarcération. La pression au moins indirecte prévaut sans doute.

Un transfert de main-d'œuvre entre les régions

Le transfert de main-d'œuvre à l'intérieur du Xinjiang et vers l'Est de la Chine suit probablement le même schéma. Les deux phénomènes sont problématisés dans une série d'études (Lehr et Bechrakis 2019 ; Murphy et Elimä 2021 ; Xu et al. 2020 ; Zenz 2021a). Un rapport de l'ASPI atteste que de 2017 à 2019 plus de 80 000 Ouïghours sont transférés vers des sites industriels de l'Est de la Chine dans le cadre de programmes gouvernementaux. Comme l'indique le titre de leur étude *Uyghurs for Sale*, les auteurs conçoivent cela comme une forme de trafic d'êtres humains (Xu et al. 2020 : 14s.). Zenz (2019d) parle lui aussi dans une publication plutôt journalistique d'un « nouvel esclavage ». Le choix des mots est ici trompeur. D'abord les ouvriers ouïghours ne sont pas achetés par des gouvernements locaux, ni les « vendeurs » payés par les employeurs, car les deux parties reçoivent une incitation financière versée par le gouvernement afin de promouvoir le programme (Xu et al. 2020 : 15). Cette intervention et la médiation des offices gouvernementaux sont probablement nécessaires, car les employeurs han ont souvent de grosses réticences à l'idée d'embaucher des Ouïghours. Ensuite, les ouvriers transférés sont rémunérés. Enfin, les documents politiques qui émanent des provinces d'accueil comme Guangdong et sur lesquels reposent les études prévoient aussi que les employeurs s'acquittent de charges sociales pour les ouvriers qu'on leur a envoyés. Ces informations ne figurent toutefois pas dans les études citées. Certains documents fixent même que des dispositions doivent être prises pour respecter les interdits alimentaires (repas *halal*). Cela va à l'encontre des dénominations qui suggèrent un trafic d'êtres humains et une forme d'esclavage. Il faut aussi faire remarquer que de tels programmes existaient déjà dans les années 2000 et que de la main-d'œuvre a pu à l'époque être mobilisée sans menace d'internement en vue de sa rééducation. En ce sens, on peut arguer que l'existence des camps de rééducation joue dans ces programmes un rôle indirect, mais pas forcément décisif. Pour beaucoup de personnes concernées, cela peut représenter un moyen efficace d'échapper à la chape de plomb qui pèse sur le Xinjiang et à un internement possible (Lehr et Bechrakis 2019 : 5s.). Mais une fois arrivées sur leur lieu de destination, elles sont encore accompagnées et surveillées par des cadres de leur région d'origine, à raison d'un cadre pour 50 ouvriers. L'hébergement se fait généralement dans des foyers en partie spécialement sécurisés. Et la formation linguistique et politique se poursuit là aussi (Xu et al. 2020). Deux aspects de l'État-parti forment donc ici un mélange indissociable : il protège et contrôle, de même que le concept chinois pour « management » *guan* (管) réunit deux notions distinctes en français, « contrôler » et « prendre soin ».[25] Par conséquent, on peut comprendre que certains doutent que la participation à ces programmes soit contrainte et forcée, même s'ils ont de la peine à le prouver.

Le rapport déjà cité d'un organisme américain, le Center for Strategic and International Studies (CSIS) comporte toutefois quelques passages problématiques. Lehr et Bechrakis (2019 : 6), écrivent que les textes gouvernementaux chinois autorisent « occasionnellement » l'embauche de minorités à des tarifs inférieurs au salaire minimum, une affirmation

[25] Voir la discussion sur l'ambiguïté des interventions « pleines de sollicitude » de l'État chet Rippa (2020 : 137ss.).

qui sera reprise dans des rapports ultérieurs (Xu et al. 2020 : 11).[26] Mais si l'on considère la source chinoise citée, elle ne peut pas être maintenue. Il ne s'agit pas d'un règlement concernant les minorités ou la population en général, il est spécialement conçu pour les chômeurs de longue durée ou d'autres groupes pour lesquels il est difficile de trouver un emploi. Ils doivent se voir proposer sur le « deuxième marché du travail » « des activités d'intérêt public » (*gongyixing gangwei* 公益性岗位). Dans la pratique, ce sont des travaux d'intérêt général : contrôleurs de la circulation, gardiens de parking, éboueurs, etc. Ce n'est qu'à de tels emplois que se réfère le règlement sur les salaires pouvant être inférieurs au salaire minimum. Cet écart avec le marché ordinaire est également courant dans les États sociaux démocratiques, l' « activation » de bénéficiaires de l'aide sociale et des chômeurs de longue durée pour des tâches d'intérêt général est aussi pratiquée dans d'autres régions de la Chine et là aussi le PCC et le gouvernement attendent en retour de la gratitude (Alpermann 2016).

Zenz (2021a : 11) critique le rapport de l'ASPI ainsi qu'une partie de la couverture médiatique comme trop indifférenciés, car ils mettent sur le même plan les camps d'internement et les programmes de créations d'emplois. Son analyse met en évidence le fait qu'il s'agit de deux approches séparées même si elles se ressemblent, car elles visent des groupes différents. Le nombre de Ouïghours menacés de travail forcé est beaucoup plus élevé. Il s'appuie ici, outre sur les communiqués d'acteurs publics vantant le succès de ces programmes, surtout sur un rapport interne de quelques universitaires de l'université de Tianjin, district de Nankai, dans l'Est de la Chine, qui ont étudié le transfert de main-d'œuvre venant d'Hotan (le district de Yutian [Keriya], qui fait partie d'Hotan, est associé dans le programme de partenariat à Tianjin). Ce « rapport de Nankai » datant d'octobre 2018 a été supprimé du site Internet de l'université au milieu de l'année 2020. Mais Zenz a réussi à sauvegarder une copie à temps et à l'archiver en ligne (Rapport de Nankai 2018). Le rapport présente cinq arguments en faveur du transfert de main-d'œuvre :

- Le nombre de personnes responsables d'actes de violence au Xinjiang est effectivement faible et un groupe nettement plus important a déjà suivi le programme « Formation et entraînement » au cours des dernières années. La dimension de la propension à la violence ne doit pas être exagérée, de même qu'une suspicion généralisée ne doit pas peser sur les Ouïghours, parce que cela aurait un impact négatif sur la stabilité de la région à long terme.
- Les mesures à court terme et très strictes des dernières années étaient « absolument justifiées et efficaces ». Pourtant, après cette phase de « pression élevée », il faut miser sur des mesures d'éducation et d'accompagnement à long terme afin de changer progressivement la manière de penser et les valeurs de la population du Sud du Xinjiang.
- Les besoins en main-d'œuvre de l'Est de la Chine sont élevés et ne peuvent être couverts à l'échelle locale. La main-d'œuvre du Xinjiang est en revanche bon marché.

[26] Une autre assertion problématique chez Xu et al. (2020 : 6) dit qu'une application pour smartphone surveille « tous les mouvements et toutes les activités de chaque ouvrier ». Dans la source chinoise, il est seulement mentionné qu'elle signale « l'état » (*zhuangtai* 状态) des ouvriers, ce qui peut vouloir dire beaucoup de choses, mais ne recouvre pas cette interprétation large.

- Le système de transfert de main-d'œuvre fonctionne déjà, y compris les mécanismes politiques de contrôle (présélection au Xinjiang et surveillance sur le lieu d'activité). Maintenant, il ne reste plus qu'à résoudre les problèmes des migrants chez eux, c'est-à-dire la garde des enfants et les soins à donner aux personnes âgées de la famille, mais aussi au bétail et aux cultures.
- Après des années de « mesures de sécurité militaires très strictes », de contrôles sévères, etc., la région est désormais sûre. Maintenant, il faut donc changer d'attitude: au lieu d'exercer une forte pression, il est nécessaire de mettre l'accent sur l'éradication de la pauvreté et l'activation de la population afin qu'elle se développe de sa propre initiative et par ses propres moyens.

Zenz (2021a : 14) met en avant l'objectif du rapport : utiliser le transfert de main-d'œuvre pour « réduire la densité de population ouïghoure au Xinjiang, [...] réformer, intégrer et assimiler un petit nombre de personnes ouïghoures » (*jianshaole Weizu zai Xinjiang diqu de renkou midu, [...] ganhua, ronghua, tonghua shaoshu Weizu renyuan* 减少了维族在新疆地区的人口密度，[...] 感化，融化，同化少数维族人员).[27] Cela suit la même logique que les propositions de démographes portant sur l'installation d'un nombre plus élevé de Chinois han dans le Sud du Xinjiang. La mobilisation accrue en faveur d'une migration de travail et l'organisation de ladite migration par les organismes étatiques ont fait que, d'après l'estimation de Zenz (2021a : 17), entre 2017 et 2019 76 000 travailleurs auraient été transférés du Xinjiang vers d'autres régions (ce qui est peu moins que chez Xu et al. 2020). Zenz interprète cela comme un « déplacement contraint » (« forced displacement »). Du point de vue de la société majoritaire chinoise, de telles accusations sont probablement peu justifiées, car le degré de mobilité géographique est très élevé en Chine. Fin 2020, 376 millions de personnes vivaient en Chine dans un lieu autre que celui où elles étaient enregistrées, dont 125 millions dans une autre province (Ning 2021).

À mon avis, la ligne directrice du rapport de Nankai ne concerne pas le transfert de population, mais une critique très vive du comportement des forces de sécurité locales dans les régions d'accueil qui manifestaient une attitude de rejet face aux ouvriers ouïghours. Afin d'éviter les « problèmes de sécurité », elles ont empêché qu'ils soient embauchés ou bien leur ont causé tant d'ennuis qu'ils sont rentrés chez eux déçus. Les auteurs du rapport de Nankai (2018) critiquent vivement cette attitude parce qu'elle remet en question la politique nationale. Ils proposent les mesures suivantes :

- Le gouvernement central doit interdire aux administrations locales de prétexter des questions de sécurité pour rejeter les travailleurs migrants ouïghours.
- Il doit imposer aux régions d'accueil des quotas fixant le nombre de travailleurs devant être accueillis et les évaluer en fonction de leur conformité aux objectifs.
- Ce changement de politique ne devrait pas être communiqué vis-à-vis de l'étranger, mais mené secrètement.

---

27 La traduction proposée par Zenz (2021a : 52) « This not only reduces Uyghur population density in Xinjiang, but also is an important method to influence, melt, and assimilate Uyghur minorities » ne me semble pas tout à fait exacte. À mon avis, ce n'est pas « la minorité ouïghoure » dans son ensemble qui est la cible de l'assimilation, mais le « petit nombre de personnes ouïghoures » qui sont transférées en tant que main-d'œuvre dans d'autres parties du pays. Mais elles doivent bien sûr servir de modèles à toutes les autres.

Les auteurs ont parfaitement conscience que le sujet est très délicat. Le fait qu'ils vantent comme un succès les mesures très sévères que sont les camps de rééducation ne doit pas nécessairement correspondre à leurs convictions, mais peut aussi très bien être dû au langage politique habituel en Chine. Celui-ci veut que les « succès » soient d'abord vantés avant que les critiques (généralement prudentes) et les propositions d'amélioration soient présentées (Alpermann et Fröhlich 2020 : 118). Mais les auteurs se prononcent contre la poursuite de la discrimination dont sont victimes les travailleurs ouïghours en se déclarant favorables à ce que les personnes fichées par la police à cause de petits délits commis des années auparavant voient ces délits effacés de leur casier judiciaire pour éviter les « ennuis inutiles ». Ils appellent les services chargés de la sécurité à ne pas regarder les Ouïghours avec des lunettes à « verres teintés », mais à contribuer à éradiquer la pauvreté. Ils insistent sur le fait que lors de la phase de recrutement la main-d'œuvre est passée au crible pour vérifier son profil politique et que les anciens détenus des camps sont exclus. Ils conseillent que des cadres bilingues, chargés des tâches administratives, de la traduction et de la sécurité accompagnent chaque groupe d'ouvriers, ce qui à mon avis est destiné à dissiper les réticences des forces de sécurité des régions d'accueil. Un « contrôle politique strict » poursuit le même objectif. Seuls des Ouïghours fiables politiquement peuvent être sélectionnés. Ici aussi se retrouvent des éléments qui conjuguent « sollicitude » et « contrôle ». Il en est de même pour la gestion centralisée de ces tâches : s'occuper des membres de la famille restés sur place, veiller sur les animaux et les cultures. Elle dissipe les « réserves » à l'égard de la migration et empêche en même temps le retour à un mode de vie traditionnel, car les soins à donner aux animaux et l'exploitation des champs se font maintenant de manière centralisée, ce qui doit accélérer la transformation des travailleurs recrutés en ouvriers d'usine modernes (Zenz 2021a : 24s.).

Il n'est pas facile de dire si la participation à ce programme est volontaire ou forcée. Étant donné la campagne menée pour sa réalisation, on peut supposer une forte mobilisation de main-d'œuvre. Dans la lecture qu'en donne Zenz, c'est la contrainte qui prédomine. Il cite le rapport de Nankai : « government-led labor training is primary, self-chosen training is secondary » (Zenz 2021a : 21). Mais ceci ne se réfère qu'à une seule agence de placement du district de Pishan (Guma). Dans un autre district (Yutian), la procédure est définie ainsi : « government organized, voluntary registration, independent enrollment » (Zenz 2021a : 55). On ne peut donc pas tirer des conclusions valables pour l'ensemble du programme uniquement à partir du passage concernant Pishan.

L'étude la plus actuelle sur la question du travail forcé a été publiée en mai 2021. Elle met l'accent sur la chaîne de livraison de modules solaires, à commencer par la production de polysilicium, qui joue un rôle significatif pour le Xinjiang (Murphy et Elimä 2021). Elle fournit des indices importants pour la thèse selon laquelle des produits relevant de la moyennement haute technologie pourraient aussi être en lien avec le travail forcé. Mais cette étude ne règle pas non plus le problème de base : il est difficile de définir le degré exact de contrainte dans les programmes promouvant le transfert de main-d'œuvre. Elle traite toute forme de participation à ce type de programme en rapport avec l'éradication de la pauvreté comme un indice de travail forcé : « the programmes are grounded in the logic of labour as a strategy of anti-terrorism » (Murphy et Elimä 2021 : 12). La Chine n'est d'ailleurs pas la seule à défendre ce choix. Dans le Plan d'action pour la prévention de l'extrémisme violent adopté par l'Assemblée générale des Nations Unies fin 2015, il est dit :

> Un moyen de supprimer bon nombre des causes de l'extrémisme violent consiste à mettre les politiques nationales de développement en conformité avec les objectifs de développement durable, en particulier les suivants : *éliminer la pauvreté sous toutes ses formes et partout dans le monde* (objectif 1), [...] promouvoir une croissance économique soutenue, partagée et durable, *le plein emploi productif* et un travail décent pour tous (objectif 8). (Nations Unies 2015 A/70/674 : 14 ; souligné par nous)

Le lien entre éradication de la pauvreté et promotion du plein emploi d'une part et lutte contre l'extrémisme d'autre part est donc prouvé par ce document et ne peut donc à lui seul être interprété comme la preuve du travail forcé. Il faudrait plutôt prouver que le travail au Xinjiang ou celui des Ouïghours n'est pas digne d'un être humain, mais l'étude ne le fait pas. À ceci s'ajoute que Murphy et Elimä (2021 : 29) considèrent toute relation commerciale avec le Bingtuan comme incriminante, même si celui-ci ne fait manifestement que ce que les gouvernements locaux essaient de faire dans toute la Chine, à savoir construire des parcs industriels et attirer les investisseurs avec des subventions. Ceci s'insère dans l'image du Bingtuan comme organisation cupide et criminelle que les activistes propagent de plus en plus.

Le Bingtuan et la culture du coton

Pour sa présentation du Bingtuan (Société de production et de construction du Xinjiang), le rapport du CSIS s'appuie en partie beaucoup sur une publication de la Citizen Power Initiative (Han et al. 2019), qui comprend de son côté des accusations de taille, mal étayées. C'est ainsi que toute l'histoire du Bingtuan est présentée comme une histoire du travail forcé (Han et al. 2019 : 14s.). Dès la création du Bingtuan, la plupart de ses membres auraient été des prisonniers. Même si au cours des décennies on lui a envoyé comme main-d'œuvre un grand nombre de personnes poursuivies pour des motifs politiques, on ne peut affirmer une chose pareille. Le Bingtuan se compose en effet de catégories très diverses ; à côté des prisonniers, il y avait des gens qui fuyaient la faim et de vrais volontaires, mais le noyau était constitué de soldats démobilisés, auxquels de nouveaux groupes se sont ajoutés récemment (Cliff 2020). Il est certes exact que le Bingtuan a son propre système carcéral et ses propres forces de sécurité qui opèrent parallèlement à celles de la Région autonome du Xinjiang, comme cela est volontiers souligné. Mais le Bingtuan entretient de la même façon ses propres systèmes de santé et d'éducation, car il exerce de fait toutes les fonctions de l'administration civile là où il est en place. La présence de prisonniers dans le Bingtuan n'a, du moins sur le plan historique, donc rien à voir avec le contrôle des minorités. Becquelin (2000 : 78) écrit à ce sujet : « Uighurs are almost never incarcerated in the prisons run by the Corps, but rather in the provincial prison systems ». Dans le rapport du CSIS, il est au contraire suggéré que les prisons du Bingtuan ont un lien direct avec l'augmentation du nombre de prisonniers issus de groupes minoritaires.

Lehr et Bechrakis (2019: 8) font de plus une erreur en citant une source selon laquelle 230 000 membres des minorités ethniques du Xinjiang auraient été incarcérés en 2017 pour les crimes « extrémisme religieux, séparatisme et terrorisme ». Dans la source citée, il est dit que ce chiffre se rapporte à *toutes* les incarcérations au Xinjiang, indépendamment du chef d'accusation et de l'appartenance ethnique (CHRD 2018). La même erreur se trouve aussi chez Han et al. (2019), si bien qu'on peut imaginer que Lehr et Bechrakis ont simplement recopié ce chiffre sans aller consulter la source. Non seulement c'est un manque de précision, mais cela fait partie d'un schéma argumentaire qui sert à présenter tout le Bingtuan et l'ensemble de la production de textile et de coton au Xinjiang (voire même en Chine) comme touchée par le travail forcé. C'est chez Han et al. (2019 : 26ss.) que c'est le plus évident. Il est dit que depuis les années 1950 l'essentiel de la main-d'œuvre du Xinjiang se compose de travailleurs forcés. Toutes les infrastructures-clés, les champs rendus cultivables, les réservoirs d'eau, etc. seraient donc le fait du travail forcé, ce qui se ressentirait jusqu'à aujourd'hui : « Because Xinjiang's key infrastructure was built by forced labor, every link of the supply chain within Xinjiang is tainted » (Han et al. 2019 : 26). Par conséquent, tous les produits venant du Xinjiang seraient concernés : « All of the reservoirs, power plants, and irrigation systems are currently used to produce cotton in Xinjiang. » (Han et al. 2019 : 29). À mon avis, cette argumentation va trop loin. Lehr et Bechrakis (2019) continuent sur cette voie, mais sont les premières à mettre en relation le Bingtuan et les minorités, ce qui ajoute un maillon à cette chaîne de raisonnement. Dans ce contexte, il est important de se souvenir que le Xinjiang produit certes 85 % du coton chinois, mais que le Bingtuan enregistre « seulement » un tiers de la production régionale (Han et al. 2019 : 14). Aussi est-il un peu exagéré de considérer que 100 % de la production chinoise de coton est contaminée par le travail forcé.

Zenz (2020c) reprend cette argumentation en la complétant d'un facteur empirique important en ce sens qu'il se concentre sur la production de coton. Comme nous l'avons vu, un grand nombre de travailleurs saisonniers han sont venus au Xinjiang dans les années 1990 et 2000 pour assurer la récolte du coton, activité qui demande beaucoup de main-d'œuvre. Les estimations évoquent pour les années 2000 des chiffres allant jusqu'à 600 000 travailleurs migrants par an au Xinjiang. Il y avait par moments une telle pénurie de main-d'œuvre que le Bingtuan aurait mobilisé des jeunes et même de jeunes écoliers pour la récolte du coton. Les Han auraient été les premiers concernés, mais cette action aurait enlevé indirectement de la main-d'œuvre potentielle aux Ouïghours (UHRP 2017a : 42). La mécanisation de la récolte du coton a toutefois nettement réduit les besoins de main-d'œuvre.[28] Cela touche surtout les régions du Bingtuan où en 2019 le taux de mécanisation atteint 83 % (Zenz 2020c: 4). Une source parle encore pour 2012-2013 de 250 000 à 280 000 saisonniers venus récolter le coton. Cet afflux massif a encore récemment été vivement critiqué par les Ouïghours comme constituant une discrimination de la main-d'œuvre locale, c'est-à-dire ouïghoure (UHRP 2018 : 23ss.).

À partir de 2016, la politique a changé et la main-d'œuvre locale, surtout du Sud de la région, plus pauvre, a été embauchée en priorité (Zenz 2020c : 8). L'éradication de la pauvreté doit s'accompagner d'une augmentation des revenus des Ouïghours. En même temps, le programme sert aussi d'après Zenz à former une masse docile de travailleurs ayant une

[28] Paradoxalement, ce sont justement les sanctions prononcées par les États-Unis qui empêchent la poursuite de la mécanisation et augmentent les besoins en main-d'œuvre pour la récolte du coton. C'est ainsi que les importations en provenance des États-Unis de machines modernes et performantes destinées à la récolte du coton ont encore fortement augmenté avant l'entrée en vigueur des sanctions (Fromer, Zhou et Bermingham 2020).

« discipline de fer » et « gérés militairement ». Comme l'envoi de travailleurs dans l'Est de la Chine, la mobilisation de main-d'œuvre pour la récolte du coton prévoit des cours de chinois, un endoctrinement politique et une « qualification professionnelle » au sens d'une transformation de l'éthique de travail et de la mentalité (Zenz 2020c : 12s.). Et là aussi, des cadres de la région d'origine sont impliqués dans l'accompagnement des migrants pour les contrôler et empêcher que des travailleurs repartent chez eux. De l'autre côté, les documents révèlent de nouveau la double signification du mot management dans son acception chinoise : tandis que Zenz (2020c) insiste sur les mécanismes de contrôle, il y a dans les documents qu'il utilise aussi des éléments qu'il ne cite pas dans son rapport et qui concernent la sollicitude dont il faut faire preuve vis-à-vis des migrants. L'hébergement, la nourriture, les conditions sanitaires et la protection des travailleurs sur le lieu d'accueil doivent aussi être contrôlés. Une « liste noire des employeurs qui ne répondent pas aux normes » doit même être établie (document de la Région autonome du Xinjiang, cf. Zenz 2020c : 12, note 37). Sans avoir accès aux personnes concernées ni pouvoir faire une étude de terrain, il est difficile d'émettre un jugement incontestable sur la nature des programmes, ce qu'illustre un exemple. Comme pour les usines satellites, Zenz (2020c : 16) voit un grand danger dans la migration de travailleurs recrutés pour la récolte du coton : ceux-ci laissent leurs enfants au village, où les établissements scolaires publics et ceux de la petite enfance les endoctrinent. Quelques années auparavant, le Uyghur Human Rights Project évoquait la question :

> RFA [Radio Free Asia] explains that the practice of migrant farm work has drawbacks for Uyghur children's education. For example, RFA's report quotes a teacher who tells the story of a first grade student in the local elementary school who did not have an opportunity to study until she was in her mid-teens. The teacher said : « You never imagine a 16-year-old girl studying at the first grade of an elementary school. » The teacher explained the girl spent her childhood in the cotton fields of Aksu following her parents, so she never had an opportunity to attend school, until her parents tragically passed away. (UHRP 2017a : 42)

Avec cette histoire, l'UHRP voulait pointer l'accès déficient des travailleurs ruraux à l'éducation. L'État-parti réagit à ce besoin en instaurant de nouveaux établissements de formation, différents bien sûr de ce que l'organisation des exilés ouïghours souhaitait voir mis en place (voir ci-dessous). Pour résumer, il faut noter que les programmes présentés incluent toujours des éléments relevant de la contrainte et d'autres de l'assistance. C'est là le paradoxe de la mission civilisatrice que s'est donnée l'État-parti et qui vise à la transformation des minorités en citoyens conformes à ses attentes. Le fait que le PCC mise sur la base matérielle de l'économie correspond à la conception marxiste du lien entre base économique et superstructure socio-culturelle. S'ajoutent à cela des discussions de longue date sur l'utilisation possible de la culture du coton pour l'industrialisation du Xinjiang (Alpermann 2010 : 171ss.). Même si ce n'est pas celle qu'ils espéraient, cette démarche satisfait aussi indirectement l'exigence ouïghoure de voir une grande partie de la création de valeur dans le secteur textile rester dans la région et profiter aux Ouïghours (Becquelin 2000 : 81ss. ; UHRP 2017a : 41, 43).

Les centres de détention

Si le transfert des anciens détenus des camps de rééducation et de la « main-d'œuvre rurale en surnombre » ouvre la voie à une citoyenneté loyale, l'augmentation du nombre de prisonniers dans les centres de détention ordinaires montre une tendance inverse. Comme nous l'avons dit, le nombre officiel de personnes officiellement incarcérées au Xinjiang était en 2017 de 230 000. Il s'agit ici d'un calcul effectué par une organisation de défense des droits humains (CHRD 2018), car les données pour 2017 étaient cachées dans le rapport annuel du Parquet populaire du Xinjiang, qui les indique pour une période de cinq ans. En soustrayant les chiffres mentionnés dans d'autres rapports, il a été possible de retrouver celui de 2017. Le nombre de prisonniers affiche une hausse énorme de 731 % par rapport à l'année précédente. Les chiffres pour la période indiquée, à savoir 2013-2017, ont triplé par rapport aux cinq ans précédents, ce qui montre bien qu'en plus de l'internement sans procès dans des camps de rééducation un nombre bien plus important de personnes ont été mises sous les verrous au terme de mesures pénales. Ceci souligne en outre l'ampleur des mesures de sécurisation au Xinjiang, car le nombre d'arrestations dans la région représentait 21 % du chiffre total du pays, bien que sa population ne constitue que 1,8 % de la population nationale. Les poursuites judiciaires s'élèvent pour 2017 à 215 000, soit 13 % du chiffre total pour la Chine. En consultant les rapports de la Cour populaire suprême du Xinjiang, on arrive à se faire une idée du type d'infractions affichant une croissance supérieure à la moyenne. Par rapport aux cinq années précédentes, la part des infractions « mettant en danger la sécurité publique » a augmenté de 10 % environ pour passer à 48 % de toutes les affaires jugées en 2018. La part des « crimes dangereux pour l'État », soit 0,13% pour 2018, semble très bas, mais c'est 13 fois plus que la part des mêmes crimes pour les cinq années précédentes. Ce pourcentage équivaut à un chiffre absolu de 108 « crimes dangereux pour l'État » en 2018. On ne dispose pas de chiffres plus actuels (Cour populaire suprême du Xinjiang 2018 ; 2019).

Pour les deux dernières années où on dispose au moins des informations communiquées par le Parquet populaire du Xinjiang (2019 ; 2020), on constate néanmoins un recul de ces chiffres. 135 546 poursuites judiciaires sont répertoriées pour 2018 et plus que 96 596 pour 2019, soit une baisse de 37 % en 2018 par rapport à 2017 et de 30 % en 2019 par rapport à 2018. Mais si on compare ces chiffres à ceux de l'ensemble du pays, il apparaît que le Xinjiang enregistre encore un nombre disproportionné de poursuites judiciaires : 8 % du chiffre national pour 2018, encore 5,3 % pour 2019 (Parquet populaire suprême 2019; 2020). Et même le niveau moins élevé pour 2019 représente encore le double de celui de 2015 et de 2016, donc avant l'arrivée de Chen Quanguo. Il n'y a donc rien d'étonnant à ce que le Xinjiang ait considérablement développé son infrastructure pénitentiaire ces dernières années, comme l'atteste le rapport déjà évoqué de l'ASPI. Celui-ci explique cette extension par le fait que beaucoup de ceux qui se sont opposés à leur rééducation ou ne se sont pas montrés assez dociles ont été traduits devant les tribunaux ordinaires et condamnés (Ruser 2020 : 3). Ceci semble cohérent, mais ne facilite pas la tâche quand il s'agit de juger si on doit ajouter le nombre de prisonniers ou accusés ordinaires au nombre présumé de détenus dans les camps ou s'il est compris dedans. En tout cas, il ne fait aucun doute que la rigueur du droit pénal s'est considérablement accrue sous Chen Quanguo, en plus de celle de la rééducation.

Le contrôle des naissances

Comme cela a déjà été évoqué, le contrôle des naissances est dès les années 1990 une cause importante du sentiment de menace éprouvé par les Ouïghours et d'autres ethnies surtout musulmanes vis-à-vis de l'État. Pour l'islam, les enfants sont un cadeau d'Allah, le contrôle des naissances donc interdit par principe et un nombre élevé de naissances salué. Pour les Ouïghours, cela représente une frontière symbolique entre les Han et eux (Smith Finley 2013 : 141), bien que les Han eux aussi aient traditionnellement une préférence pour un grand nombre d'enfants, des fils surtout. Les ethnies non-han du Xinjiang, comme d'autres régions avec de fortes minorités, ne sont pas soumises à la politique de l'enfant unique qui veut qu'à partir de 1980 chaque couple n'ait plus qu'un enfant. Pour ces groupes, deux enfants ou plus sont longtemps autorisés et même ces règles sont rarement contrôlées avec sévérité (Scharping 2003 : 101). Mais cette forme « plus tolérante » de contrôle des naissances est rejetée en tant que cruauté culturelle et intrusion dans la sphère privée familiale. S'ensuivent de nombreuses infractions, notamment dans les préfectures de Kizilsu, Kachgar et Hotan dans le Sud (Wang 2018 : 20).

Cependant, avec le nouveau millénaire commence une mise en application plus stricte de la planification des naissances au Xinjiang, ce qui conduit à des affrontements plus durs. Sur le plan juridique, les minorités étaient privilégiées par rapport aux Han : en ville, elles pouvaient avoir deux enfants, les Han seulement un. Dans les campagnes, les minorités avaient droit à trois enfants, les Han à deux seulement (XUAR 2010 : article 15). Cette distinction est toutefois supprimée avec le passage de la politique de l'enfant unique à celle de deux enfants (Alpermann et Zhan 2019). Dans le plan de développement à moyen terme de la population établi par le Conseil des affaires d'État pour les années 2016 à 2030, il est dit :

> Une politique de planification des naissances mettant toutes les ethnies sur un pied d'égalité est propagée activement et mise en œuvre afin de pouvoir un développement homogène de toutes les ethnies sur un territoire donné. (Conseil des affaires d'État 2017)

Les réglementations sont déclinées à l'échelle de la province en juillet 2017 : à partir de cette date, tous les couples du Xinjiang quelle que soit leur appartenance ethnique pourront avoir deux enfants s'ils sont officiellement domiciliés dans une ville, trois s'ils résident à la campagne (XUAR 2017b). Pour les Han vivant au Xinjiang, cela représente donc un allègement de la règlementation en vigueur, pour les autres ethnies en revanche un durcissement, du fait du contrôle désormais plus strict de ces dispositions. Ceci doit être vu en lien avec les « campagnes de déradicalisation » qui classaient les infractions au contrôle des naissances parmi les indices d'une « mentalité extrémiste » (XUAR 2017a). En 2019 sont sortis les premiers rapports d'anciennes détenues des camps de rééducation qui ont raconté avoir dû prendre des médicaments qu'elles ne connaissaient pas et qui bloquaient leurs règles. On a soupçonné qu'il pouvait s'agir d'une méthode de stérilisation (Stubley 2019).

La première étude systématique portant sur le contrôle des naissances à l'époque de Chen Quanguo est de nouveau présentée par Adrian Zenz (2020b) en juin 2020. À l'aide de statistiques et de documents officiels du gouvernement ainsi que de rapports publiés sur Internet, il en dresse un tableau choquant : il prouve qu'une campagne de grande envergure visant à une stricte application de la planification des naissances a réagi aux infractions par la pose d'un stérilet chez les femmes concernées ou par leur stérilisation au lieu de se contenter d'amendes comme cela était souvent le cas auparavant (Zenz 2020b : 10). En s'appuyant sur les données du rapport statistique national pour l'hygiène et la santé, il montre que le nombre de pessaires intra-utérins (« stérilets ») nouvellement posés au Xinjiang avait augmenté de façon dramatique, alors qu'en même temps, c'est-à-dire depuis 2014 et le relâchement de la politique de l'enfant unique, il avait nettement baissé à l'échelle nationale. Cet écart s'accroît tellement qu'en 2018 80 % des stérilets nouvellement posés en Chine le sont au Xinjiang – alors qu'il ne représente que 1,8 % de la population (Zenz 2020b : 14). Dans le district de Nilka, les migrantes se verraient poser un stérilet déjà après la naissance du premier enfant, probablement parce qu'il est plus difficile de contrôler leur comportement en matière de fécondité (Zenz 2020b : 11). Le document du gouvernement local cité ici va encore plus loin que l'analyse de Zenz. Il prévoit que toutes les migrantes qui ont déjà accouché de deux enfants ou plus doivent être stérilisées bien que le chiffre légal d'enfants pour les couples des régions rurales soit de trois enfants, comme nous l'avons vu. La réglementation locale enfreint donc le droit supérieur. Pour situer cette décision dans son contexte, il convient de faire remarquer que dans le district de Nilka les Kazakhs constituent, avec 49 % de la population, l'ethnie la plus nombreuse, suivis des Han. Avec 12 %, les Ouïghours n'arrivent qu'en troisième position (Nilka 2019). En ce sens, le sous-titre de l'étude de Zenz (2020b ; souligné par nous) « The CCP's Campaign to Suppress *Uyghur* Birthrates in Xinjiang » est au minimum incomplet, car d'autres minorités sont également touchées.

Le graphique 10.1 au sujet des interventions relevant de la planification des naissances au Xinjiang repose sur les mêmes statistiques et offre un aperçu de toutes les mesures prises à cette fin. Les données montrent que, pour autant que les stérilets (angl. *intrauterine device*, IUD) soient utilisés comme méthode de contraception, un pic est atteint dès 2015, donc même avant le prédécesseur de Chen, Zhang Chunxian. La hausse de 2015 est de 200 % par rapport à l'année précédente. De telles « campagnes-chocs » concernant le contrôle des naissances ne sont en soi pas nouvelles, dès les débuts de la planification des naissances en Chine elles font partie intégrante des mesures prises dans ce domaine (White 2006). On est toutefois en droit de supposer que dans un climat politique déjà tendu au Xinjiang elles ont eu un effet désastreux sur les relations entre les Ouïghours et l'État. Ceci peut expliquer partiellement le nombre croissant d'affrontements et de protestations, considérés dans leur ensemble par les autorités comme « extrémistes » ou « terroristes » (voir plus haut).

Zenz (2020b) apporte en outre la preuve que le nombre de stérilisations, c'est-à-dire de suppressions durables de la fécondité, a également beaucoup augmenté. On constate de nouveau ce schéma qui fait que la fin de la politique de l'enfant unique conduit à l'échelle nationale à un recul des stérilisations tandis qu'elles se multiplient au Xinjiang. D'après mes calculs, le nombre de ligatures des trompes a triplé de 2016 à 2017 et encore une fois de 2017 à 2018. La part du Xinjiang dans le nombre total de ligatures des trompes en Chine est passé de 1,35 % en 2016 à 4,99 % en 2017 et 14,72 % en 2018. Ces chiffres élevés n'ont pu être atteints que parce que des infractions en partie déjà vieilles de plusieurs années ont été sanctionnées. Zenz (2020b : 10ss.) montre à l'aide de documents des administrations locales qu'une véritable campagne d'inspection a eu lieu et que l'internement en camp de rééducation était explicitement cité comme instrument de la sanction.

Fig. 10.1 : Interventions pour la planification des naissances au Xinjiang, 2014–2018.

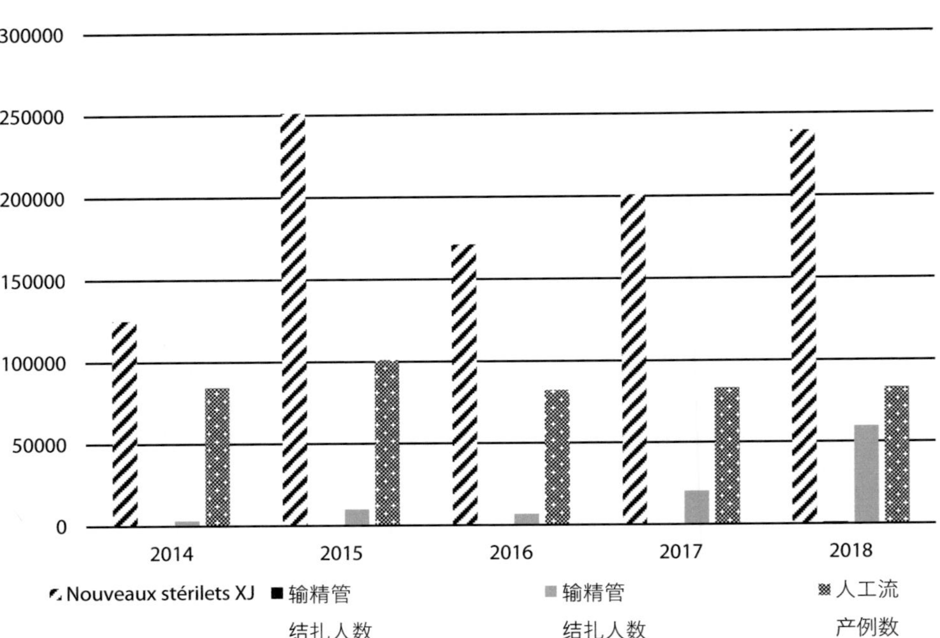

Source : ZWJTN diff. années.

Les résultats de ce contrôle des naissances apparaissent dans le taux de croissance naturel. Pour les régions où les minorités sont majoritaires, Zenz (2020b : 9) relève qu'il passe de 11, 06 ‰ en 2016 à 8,32 ‰ en 2017 et 4,06 ‰ en 2018. Les chiffres correspondants pour les régions à majorité han du Xinjiang étaient de 6,58 ‰, 0,26 ‰ et 2,44 ‰. Les taux de croissance naturels des non-Han restent donc supérieurs à ceux des Han, mais à un niveau nettement plus faible qu'avant la campagne. D'après Zenz, quelques secteurs sont particulièrement touchés, notamment la préfecture d'Hotan et le district de Yutian, qui en fait partie. Tous deux sont connus pour leur population ouïghoure musulmane particulièrement conservatrice. Le district de Nilka qui, avec sa forte minorité kazakhe, mène une politique très radicale, affiche aussi un net recul : en 2015, le taux de natalité était de 18,7 ‰, le taux de croissance naturel de la population de 12,2 ‰. Les mêmes indicateurs affichaient en 2018 des chiffres nettement plus bas, respectivement 11,9 ‰ et 6,6 ‰. En 2019, ils sont tombés à 9,17 ‰ et 4,45 ‰ (Nilka 2016 ; 2019 ; 2020 ; les chiffres manquent pour les autres années). Ceci signifie qu'en l'espace de quatre ans au maximum le taux de natalité a été divisé par deux, le taux de croissance naturel par 2,7. Une réduction aussi rapide et aussi frappante ne peut en aucun cas avoir été obtenue par des évolutions à long terme comme l'urbanisation et l'augmentation du niveau d'éducation, ainsi qu'un document de l'académie des sciences du Xinjiang essaie de le suggérer pour désamorcer l'étude de Zenz (Centre de recherche sur le développement du Xinjiang 2020). L'explication bien plus convaincante et de loin est que

Fig. 10.2 : Pose de stérilets contraceptifs, Xinjiang, 2015–2018.

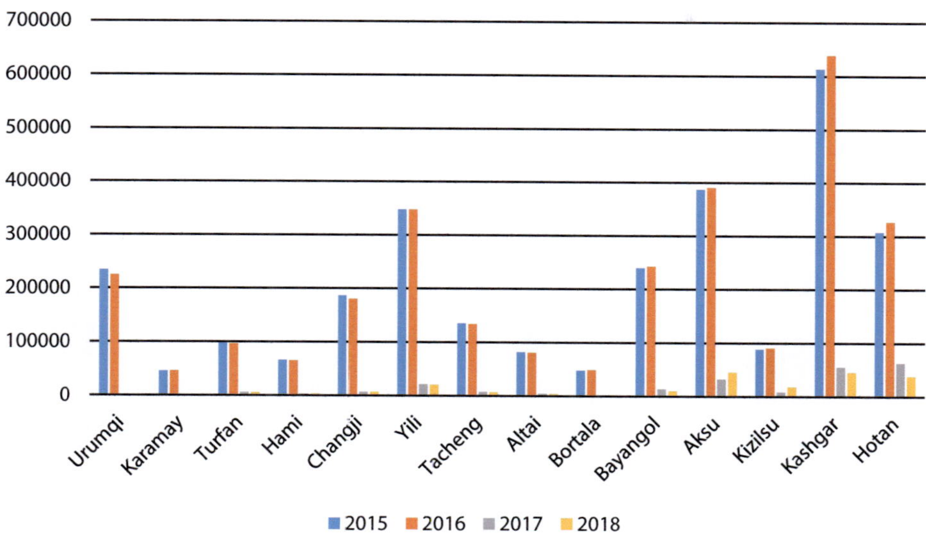

Source : XJTJNJ diff. années.

depuis 2017 les mêmes mesures coercitives que celles prises depuis des décennies dans les régions han et attestées dans de nombreuses études ont été appliquées avec rigueur au Xinjiang (Alpermann 2001 : 107–126 ; Scharping 2003). À celles-ci s'ajoutent des contrôles exercés sur les femmes en âge de procréer au moins tous les trois mois pour pouvoir éventuellement les faire avorter au cours du premier trimestre si la grossesse n'est pas autorisée. Zenz (2020b : 12) fait ici allusion aux bilans de santé pratiqués de plus en plus couramment au Xinjiang depuis quelques années. On les soupçonne de servir à prélever des échantillons ADN et même des échantillons vocaux à partir desquels les systèmes de surveillance informatique peuvent être développés. De telles pratiques ont d'abord été introduites au Xinjiang et au Tibet, mais d'après un rapport de l'ASPI elles sont désormais aussi utilisées dans des régions surtout peuplées de Han afin d'arriver à un contrôle génomique complet de la population (Dirks et Leibold 2020). Cette vision dystopique suscite à juste titre de grosses réserves en termes de protection des données individuelles et de possibilités de surveillance (ChinaFile 2020).[29] Pour ce qui est du contrôle des naissances, il faut dire que ces examens de santé trimestriels étaient déjà la norme dans les régions à dominante han depuis les années 1990.

Si l'on essaie d'obtenir des chiffres locaux plus précis en comparant les données utilisées par Zenz avec celles du rapport annuel publié par l'administration de la province, on se

[29] Plusieurs publications scientifiques reposant sur des données collectées de la sorte ont dû être retirées, car les personnes faisant partie de l'échantillon n'avaient pas donné les autorisations nécessaires (Retraction Watch 2020). Un boycott généralisé de toutes les articles scientifiques chinois concernant la médecine semble toutefois exagéré, même si certains le réclament (Weaver 2021).

Fig. 10.3 : Stérilisations féminines, Xinjiang, 2015–2018.

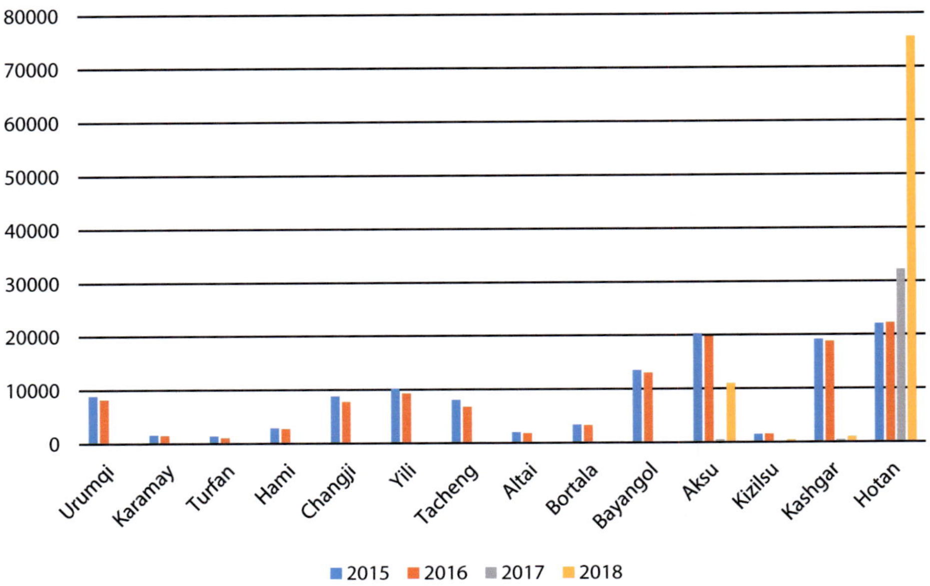

Source : XJTJNJ diff. années.

heurte à quelques questions non résolues (XJTJNJ diff. années). Car les données qu'il contient ne correspondent pas à celle du rapport annuel national sur la santé. Les deux graphiques 10.2 et 10.3 le montrent en ce qui concerne les poses de stérilet et les stérilisations féminines. Pour les stérilets, les rapports régionaux affichent des chiffres en recul qui, dans les espaces à dominante han comme Ürümqi ou Karamay, se rapprochent de zéro. Dans les zones peuplées surtout de Ouïghours comme Kachgar ou Hotan, on constate à partir de 2017 également une baisse très nette, mais pour 2017 et 2018 davantage de poses de stérilet que dans les espaces à dominante han. Pour les stérilisations, cette source confirme une hausse énorme à Hotan à partir de 2017, mais pas dans toutes les zones où les minorités ethniques sont dominantes. Une explication pour ces écarts importants entre les données en provenance d'organismes officiels différents en Chine n'est pas évidente. Certes, la question de la qualité des données dans un domaine politiquement très délicat se pose depuis longtemps (Scharping 2003 : 202–207). Les falsifications de données pour échapper aux sanctions par les supérieurs sont aussi courantes que les contrôles visant à les empêcher. Mais on a du mal à comprendre pourquoi les cadres locaux par exemple ont pu certaines années dans certaines régions falsifié leurs chiffres de manière aussi frappante.

Enfin, le graphique 10.4 compare directement les données concernant les stérilisations féminines et figurant dans les deux sources. Les termes utilisés diffèrent, le rapport annuel de la région utilisant l'acception la plus large, celle qui désigne toutes les stérilisations féminines, tandis que le rapport annuel national sur les questions de santé ne parle que de ligatures des trompes. Cette différence n'arrive pourtant pas à expliquer l'écart énorme entre

Fig. 10.4 : Comparaison des données concernant les stérilisations féminines, Xinjiang, 2015–2018.

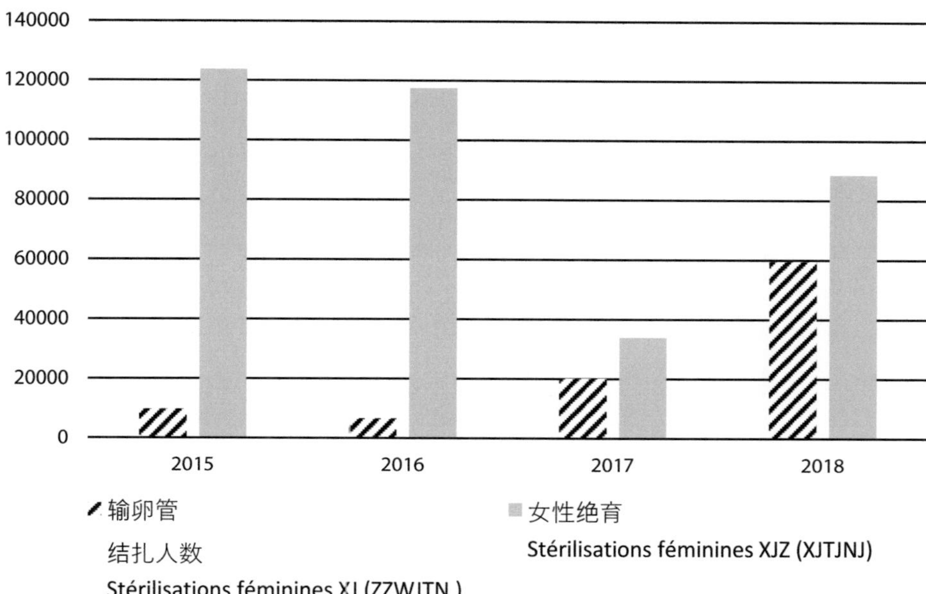

Sources : XJTJNJ diff. années ; ZWJTN diff. années.

2015 et 2016. En tout cas, les données pour 2017 et 2018 révèlent la même tendance, les chiffres cités par l'administration régionale restant ici aussi plus élevés. Comme les données nationales reposent finalement aussi sur les indications fournies à des niveaux inférieurs, il n'est pas facile de déterminer sans contestation possible quelles séries de données sont de meilleure qualité. Même si on s'en tient à la source nationale utilisée par Zenz, les données ne sont pas univoques. Un exemple : le nombre d'avortements pratiqués au Xinjiang reste à peu près stable entre 2014 et 2018, avec environ 83 000 par an (Source : XWJTN diff. années). Or, une application généralement plus stricte du contrôle des naissances aurait dû théoriquement mener à un nombre supérieur d'avortements.

Des questions subsistent donc quant au déroulement précis de la campagne en faveur d'un contrôle plus strict des naissances au Xinjiang et de son impact dans les mesures prises. L'analyse est rendue plus compliquée par le fait que dans les nouvelles statistiques annuelles publiées par le Xinjiang (XJTJNJ 2020, avec les données pour 2019) la plupart des chiffres cités ci-dessus ont disparu. Ceci peut difficilement n'être qu'un hasard et relève sans doute d'une volonté de dissimulation. Ce qui est sûr, c'est que pour les ethnies minoritaires le contrôle des naissances a été considérablement renforcé au cours des dernières années et que le Sud du Xinjiang (en particulier Hotan) constitue une priorité régionale. Les limitations y sont si strictes qu'elles se ressentent même dans les chiffres agrégés pour l'ensemble du Xinjiang qui sont encore disponibles, comme le montrent les courbes de la figure 10.5. Le recul frappant du taux de natalité après de nombreuses années de stabilité explique la chute du taux de croissance naturel de la population. De 2017 (15,88 ‰) à 2019 (8,14 ‰),

Fig. 10.5 : Taux de natalité, de mortalité et d'accroissement naturel au Xinjiang, 2010–2019.

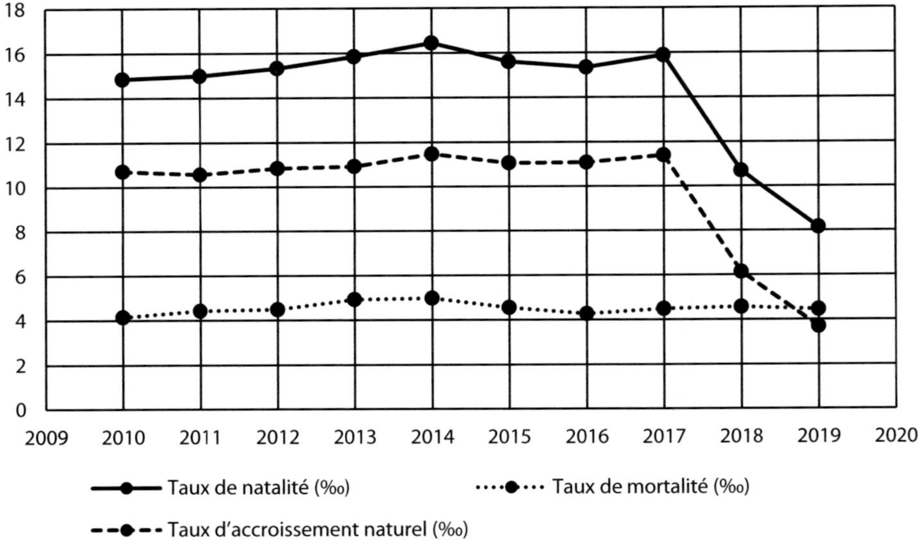

Source : XJTJNJ 2020, tableau 3-2.

le taux de natalité a en gros été divisé par deux. Ce phénomène ne peut pas s'expliquer seulement par des mesures de contrôle publiques plus strictes, mais par l'incarcération d'une part non négligeable de la population.

Remarque : le tableau du rapport statistique annuel indique comme unités les pourcentages et non les pour-mille. Il ne peut s'agir que d'une erreur.

Le durcissement du contrôle des naissances au Xinjiang doit être replacé dans le contexte de la politique démographique nationale et de l'évolution de la population. Fin 2020, la RPC a réalisé son recensement décennal. Publiées en mai 2021, les premières données n'ont guère surpris les experts : elles révèlent des taux de natalité toujours en baisse et un vieillissement rapide de la population (Carter, Leng et Wang 2021 ; Ning 2021). Si fin mai le Bureau politique du PCC annonce le passage à une politique de trois enfants par couple et à des mesures de soutien pour les parents, cela ne doit pas être vu comme une réaction de panique, car les décisions politiques portant sur les questions de population sont généralement préparées de longue date (Scharping 2019). Il pourrait plutôt y avoir un double rapport avec la campagne menée au Xinjiang : premièrement, l'annonce après le recensement de 2020 de la décision du gouvernement central de supprimer la limite des naissances à deux enfants par couple pour en autoriser trois, déjà envisagée depuis longtemps au niveau national, expliquerait pourquoi ledit gouvernement se serait dépêché de créer un état de fait au Xinjiang par des stérilisations dans les quelques années précédant l'annonce. Deuxièmement, on peut se demander pourquoi, face à la crise démographique, le gouvernement ne souhaite pas renoncer complètement à la limitation des naissances au lieu d'autoriser trois enfants par couple. Une explication possible est qu'il perdrait un instrument pour limiter le taux de croissance des ethnies minoritaires (Economist 2021a). Car pour la plupart des couples han, il est déjà inimaginable d'avoir deux enfants et encore moins trois ou plus, si bien qu'une telle limitation n'a guère de sens pour la majeure partie de la population.

Zenz (2020b : 21) argue que son étude apporte des preuves solides que le gouvernement chinois pratique au Xinjiang une « campagne de génocide démographique ». Il s'appuie sur la Convention pour la prévention et la répression du crime de génocide approuvée par les Nations Unies en 1948. Celle-ci définit dans l'article 2 le concept de génocide comme l'un des cinq actes commis dans l'intention de détruire, ou tout ou en partie, un groupe national, ethnique, racial ou religieux, comme tel :

a. meurtre de membres du groupe ;
b. atteinte grave à l'intégrité mentale ou physique des membres du groupe ;
c. soumission intentionnelle du groupe à des conditions d'existence devant entraîner sa destruction physique totale ou partielle ;
d. mesures visant à entraver les naissances au sein du groupe ;
e. transfert forcé d'enfants du groupe à un autre groupe.
(Nations unies 1948 ; version française citée d'après la résolution 260 A (III) de 1948)

Les aspects du contrôle des naissances décrits plus haut pourraient correspondre aux critères du paragraphe (d) (cf. Smith Finley 2020 et la discussion détaillée portant sur l'accusation de génocide dans le chapitre 11). Mais à mon avis, il n'est pas absolument clair que cette démarche ait l'*intention* de *détruire* les groupes ethniques concernés. Car les Han ont été soumis durant trois décennies et demie à des mesures encore plus strictes de limitation des naissances imposées par la politique de l'enfant unique, qui n'ont visiblement pas mené à la destruction de cette ethnie. La cruauté de cette politique ne fait aucun doute, d'après moi elle ne vise cependant pas à la destruction démographique des Ouïghours, Kazakhs, etc., mais à un contrôle de la région du Xinjiang par une relation plus « équilibrée » entre les ethnies, c'est-à-dire une augmentation du taux de Han dans la population. C'est aussi l'objectif déclaré des démographes des principaux centres de recherche du pays, comme nous l'avons expliqué. En ce sens, il est plus que cynique de voir les défenseurs du contrôle des naissances parmi la population non-han du Xinjiang fonder leur argumentation sur la fragilité écologique de la région et pousser en même temps à la migration vers la région et à un taux de natalité plus élevé chez les Han (Mu et Wang 2017). Néanmoins, la politique menée actuellement au Xinjiang ne vise sans doute pas à la destruction démographique de ces groupes, même si c'est ainsi qu'elle est perçue (cf. McMurray 2019), mais à leur transformation culturelle par la contrainte.

Transformation culturelle – Génocide culturel

Zenz (2019e) constate que la transformation culturelle commence très tôt. Son étude montre que depuis quelques années de plus en plus d'enfants ouïghours fréquentent les écoles maternelles, surtout dans le Sud du Xinjiang. Cette tendance est une réponse directe à une directive de Chen Quanguo remontant à septembre 2016, soit peu après sa prise de fonctions. Bien que la multiplication des écoles maternelles corresponde à une politique nationale en vue d'élever le niveau d'éducation, il voit dans la façon dont elle est mise en place au Xinjiang une stratégie ayant pour but de briser sciemment la transmission de la culture et de la langue entre les générations. Comme nous l'avons vu dans le passage sur le travail forcé, le fait que les enfants soient séparés de leurs parents est pour Zenz une mesure coercitive devant conduire encore plus tôt à une assimilation linguistique et culturelle des enfants à l'ethnie majoritaire han. Cette campagne a été menée en 2017 avec de gros moyens politiques et financiers. D'après Zenz (2019e), le but du plan, qui était de scolariser 562 900 nouveaux élèves en maternelle, a été atteint et les attentes surpassées de loin. À la fin de l'année, leur nombre était de 759 900. Les plus forts taux de croissance ont été enregistrés à Hotan et dans d'autres territoires surtout peuplés de Ouïghours. Ils sont bien supérieurs aux chiffres relevés dans les provinces voisines du Nord-Ouest de la Chine. Les écoles à plein temps ainsi que les places proposées en internat sont aussi en forte augmentation pour les élèves à partir du primaire. Il peut arriver que les élèves de certaines maternelles puissent y passer la nuit. Pour Zenz, cela procède des mêmes principes que les camps de rééducation et les nouvelles usines. Car pendant que les parents suivent une « formation » dans ces centres, les enfants doivent faire de même dans les écoles. D'après les documents cités, il est parfois difficile de savoir si ce sont des parents rééduqués contre leur gré ou des travailleurs migrants (encore que pour Zenz le travail forcé vaille pour les deux catégories). En tout cas, l'extension des capacités scolaires contribue sans nul doute à retirer les enfants à l'emprise familiale pendant de longues périodes, si bien que l'enseignement public peut exercer une influence plus grande. Au chapitre 7, nous avons montré que celui-ci est désormais nettement focalisé sur l'assimilation.

Mais la transformation culturelle intègre aussi les familles et leurs revenus. Alors que sous Zhang Chunxian la décoration intérieure d'un habitat offrait encore aux Ouïghours une possibilité d'exprimer leur identité ethnique (Kobi 2018), l'État intervient désormais directement dans ce domaine avec sa territorialisation (Kobi 2020). Grose (2021) décrit comme se déroule la campagne de colonisation des intérieurs ouïghours, nommée « Embellissement des foyers » (*meili jiating* 美丽家庭). Des éléments de confort traditionnels comme la *supa* (chin. *kang* 炕) – une plateforme surélevée chauffée par le bas, où la famille prend place pour les repas ou pour dormir – ou le fait d'être assis sur le sol (et non sur des meubles) sont décrits dans le discours officiel comme « arriérés », « barbares », « non-hygiéniques » et « pas pratiques », par opposition aux avantages de la modernité (d'un point de vue han) comme des lits séparés, une séparation nette entre les pièces où l'on vit et celles où l'on dort ainsi que des sièges pour s'asseoir. Ces innovations sont censées accroître la « qualité » (*suzhi*) des personnes habitant sous un même toit. Inutile de mentionner que les éléments islamiques, comme une niche pratiquée dans le mur (*mehrab*) pour y placer le coran de la famille, doivent également disparaître des maisons. Toute la rhétorique de ce programme révèle une logique coloniale très claire mettant en avant la supériorité culturelle des Han.

Une plus grande mixité des zones d'habitation doit contribuer à un renforcement de la conscience nationale chinoise parmi les minorités. Ces mesures répondent à l'exigence de voir un plus grand « brassage interethnique » formulée par Xi Jinping lors du deuxième Forum de travail sur le Xinjiang en 2014. Depuis, on prône les « quartiers d'habitation multiethniques » (*duominzu jujuqu* 多民族聚居区) et l' « habitat intégré » (*huqian ronghe juzhu* 互嵌融合居住), où les différentes ethnies vivent « comme des fleurs arrangées dans un vase » (*chahua shi* 插花式). C'est ainsi que doit se réaliser le précepte édicté par l'ancien secrétaire général du PCC Jiang Zemin, qui disait en 1990 que « les Han [devaient] être inséparables des minorités, les minorités inséparables des Han et les différentes minorités inséparables entre elles » (*sange libukai* 三个离不开) (Liang 2019 : 61).

***

Ce chapitre a décrit l'état actuel des connaissances au sujet de la situation au Xinjiang à l'aide d'études internationales et chinoises ainsi que de statistiques et documents publics. Nous avons tenté d'étudier d'un œil critique et de manière égale toutes les sources et de pointer les déformations, lacunes et présentations erronées. En résumé – et même en portant un jugement prudent sur les sources – il convient de retenir que depuis 2016 certaines minorités du Xinjiang sont visées par une campagne de l'État-parti qui a pris des dimensions et une intensité inconnues jusqu'alors. Même si certains détails doivent encore faire l'objet d'une analyse plus approfondie, il est très clair que le gouvernement chinois essaie actuellement de remplacer la culture des Ouïghours et d'autres minorités du Xinjiang (et au-delà) par une hanisation. Roberts (2020) utilise pour cela le concept d' « extinction culturelle » (*cultural erasure*) et de génocide culturel. Il faut toutefois souligner qu'en même temps une nouvelle culture, celle des Han, se superpose aux anciennes et s'inscrit dans la région. Il s'agit donc d'un processus de réécriture culturelle, à la manière d'un palimpseste. Comme après cette transformation il ne reste plus grand-chose de la culture ouïghoure telle que les membres de cette minorité l'entendent, on peut à mon avis parler à juste titre d'un génocide culturel. Les conséquences à long terme de cette politique sont encore difficiles à prévoir. Mais une chose est sûre : elles infligeront de profondes blessures à l'âme des Ouïghours et d'autres minorités. Le conflit du Xinjiang ne se résoudra probablement pas en profondeur de cette façon malgré l'action impitoyable du gouvernement chinois. Au contraire, il est possible qu'il s'envenime et se transmette aux générations futures, à la manière du conflit palestinien (Smith Finley 2018) ou du traumatisme laissé au Xinjiang par les soulèvements de la fin du XIXe siècle et leur écrasement, lequel a contribué en grande partie à faire émerger une identité ouïghoure moderne (Schluessel 2020 : 217). La Révolution culturelle avec sa politique radicale à l'encontre de la religion, des traditions et des cultures minoritaires avait entraîné précisément le renouveau de ces traditions. De manière comparable, la répression actuelle pourrait aboutir à un mouvement inverse.

11 La dimension internationale

La méthode employée par l'État-parti chinois contre le groupe des Ouïghours dans son ensemble (mais aussi contre d'autres ethnies turciques) sous forme de camps de rééducation, stérilisations forcées, transformation culturelle par l'oppression des musulmans, migration de travail et même interventions dans la sphère privée domestique, etc., se répercute sur les relations internationales de la Chine, car elle a suscité de vives critiques. Les réactions de l'étranger doivent être vues dans le contexte des relations (géo)politiques et stratégiques ainsi que des imbrications économiques. Cette dimension internationale de la problématique se rapportant au Xinjiang est au centre de ce chapitre. Quelques aspects étaient prévisibles et n'étonnent personne, par exemple le fait que la politique menée par la Chine au Xinjiang a été perçue dans les sociétés démocratiques d'Europe et d'Amérique du Nord ainsi qu'en Australie comme une série d'atteintes aux droits humains et largement critiquée. C'est en particulier dans les relations sino-américaines, déjà tendues, que le Xinjiang joue depuis 2018 un rôle de plus en plus important. Le soutien apporté à la Chine par la Russie en conflit avec l'UE et avec les États-Unis n'a rien d'étonnant non plus. En revanche, la réaction de grandes parties du monde musulman semble à première vue surprenante : la plupart des gouvernements de ces pays restent silencieux ou vont jusqu'à soutenir la Chine. Mais en y regardant de plus près, on constate des différences entre les États et dans certains États entre le gouvernement et la société. De plus, leurs positions changent parfois au fil du temps. Au moment où nous écrivons (juin 2021), ces développements, loin d'être achevés, battent leur plein. Ce chapitre ne propose donc qu'un premier aperçu et ouvre quelques perspectives quant à d'autres conflits pouvant émerger dans un avenir proche en lien avec le Xinjiang. La première partie discutera le rôle des Ouïghours en exil. Ensuite, il sera question des États-Unis et de leurs alliés européens, avant d'aborder les réactions du monde musulman et des pays voisins de la Chine en Asie centrale.

La République populaire de Chine ne se contente pas d'observer de loin le débat international sur le Xinjiang, mais essaie au contraire de l'influencer activement afin de servir ses propres intérêts. Même si ces efforts ont peu de chances d'aboutir dans les pays qui émettent des critiques, ils méritent d'être analysés de plus près. Car les narratifs que la Chine propage de manière ciblée au sujet du Xinjiang peuvent expliquer en partie que les pays islamiques et d'autres alliés diplomatiques ne critiquent pas sa méthode. Ils montrent aussi quelle conception la Chine a de sa politique au Xinjiang ou du moins l'impression qu'elle aimerait en donner. Les médias publics ont recours ici, non seulement aux éléments traditionnels de la communication politique tournée vers l'étranger comme les livres blancs du gouvernement, mais aussi à une stratégie de plus en plus sophistiquée, et utilisent les nouveaux réseaux sociaux pour diffuser activement leur propagande à l'étranger. Ceci sera analysé plus en détail dans la troisième partie à l'aide de deux chaînes YouTube de la télévision publique.

Organisations de la diaspora ouïghoure en exil

Dans les années 1960 et 1970 les Ouïghours en exil ont pour une part été instrumentalisés par l'Union soviétique afin de déstabiliser le Xinjiang. La propagande était le moyen le plus utilisé, mais des affrontements armés ont aussi eu lieu à la frontière (Shichor 2004 : 139; voir aussi chap. 4). Comme cela a été montré au chapitre 5, la crainte de Beijing face aux activités des Ouïghours en Asie centrale était l'une des causes de la création du « Groupe des Cinq » et plus tard de l'OCS. Beijing pouvait ainsi exercer une pression sur les États d'Asie centrale afin de limiter les activités de la diaspora ouïghoure. Pourtant, les organisations installées dans ces pays jouent un certain rôle jusqu'à aujourd'hui. En Turquie, où vivent actuellement plusieurs milliers de Ouïghours, se trouvait entre 1950 et 1990 le siège central des Ouïghours en exil, d'abord dirigé par Mehmet Emin Buğra. Après sa mort en 1965, c'est Isa Yusuf Alptekin qui reprend le flambeau, jusqu'en 1995, date de sa mort. Dans les années 1950, le gouvernement nationaliste de la République de Chine avait encore essayé de pousser l'organisation à s'installer à Taïwan. Mais les leaders des exilés ouïghours résistent à la tentation afin de conserver leur indépendance. À leur place, c'est un général ouïghour expérimenté Yolbas Khan (Yulbars Khan), membre du Kuomintang (ou Guomindang), qui fait office de 1951 à 1971 de « gouverneur de la province du Xinjiang » pour la République de Chine à Taïwan. Sa principale occupation consiste à entretenir la fiction de la souveraineté de la République de Chine sur le Xinjiang. Mais ses relations avec Buğra et Alptekin, tous deux beaucoup plus cosmopolites et intellectuels, restent tendues (Jacobs 2016 : 200ss.). Le mouvement des Ouïghours en exil est donc divisé depuis les années 1950.

Depuis la Turquie, Buğra et Alptekin essaient par le biais de différentes publications et participations à des conférences internationales de même qu'avec des appels lancés à des organisations internationales et à des États musulmans, d'obtenir des soutiens à leur cause et de promouvoir le nationalisme ouïghour (voir aussi chap. 7). Il est intéressant de noter qu'ils se rendent en 1955 à la conférence de Bandung des pays non-alignés, à laquelle la RPC, représentée par Zhou Enlai, participe aussi (Kuşçu Bonnenfant 2018 : 91s.). Dans leurs efforts pour obtenir un soutien international, ils ont moins de succès que dans ceux qu'ils fournissent pour entretenir la flamme du nationalisme ouïghour et pour promouvoir la langue et la culture ouïghoures (Shichor 2018b : 296s. ; 2018c : 125s.). Mais lorsqu'en Turquie le paysage politique se redessine en défaveur des exilés ouïghours, le centre de gravité des organisations en exil se déplace de la Turquie vers l'Europe occidentale (Kuşçu Bonnenfant 2018 : 93). Roberts (2020 : 183s.) raconte toutefois que la répression qui a suivi les troubles de 2009 pousse un grand nombre de Ouïghours à quitter leur pays. Après être passés par l'Asie du Sud-Est, beaucoup arrivent illégalement en Turquie avec des papiers turcs falsifiés. Les activistes estiment que, rien que de 2012 à 2016, 10 000 émigrés ouïghours rejoignent la Turquie par le même chemin. D'autres, surtout des étudiants de l'université Al-Azhar du Caire, arrivent d'Égypte, de crainte d'être expulsés vers la Chine (Karluk 2018 : 93s.).

Malgré leur petit nombre (à peu près 2000 d'après Shichor 2018b : 294), la diaspora ouïghoure en Europe de l'Ouest arrive à faire entendre sa voix via Internet et la presse libre (Petersen 2006). Pendant les années 2000, environ 700 Ouïghours vivent en Allemagne, dont 500 à 600 à Munich (Chen 2014 : 82). À partir de 1996, avec le Congrès mondial de la jeunesse ouïghoure dirigé par Erkin Alptekin, le fils d'Isa Alptekin, l'une des principales organisations en exil se trouve à Munich. En 2004, elle est remplacée par le Congrès mondial ouïghour (CMO), une fusion de plusieurs petites organisations, ses dirigeants restant en place. En tant qu'organisation faîtière, le CMO doit chapeauter tous les Ouïghours du monde entier et coordonner leurs activités (Chen 2014 : 19ss. ; Kuşçu Bonnenfant 2018 : 94s.). Kuşçu Bonnenfant (2018 : 95) indique qu'actuellement les organisations d'exilés ouïghours sont réunies à plus de 90 % sous la tutelle du CMO. Elle concède toutefois que quelques organisations pour une part plus conservatrices, qui agissent davantage au niveau culturel que politique, gardent sciemment leurs distances avec le CMO. Après sa libération et son expulsion vers les États-Unis, c'est avec Rebiya Kadeer une célèbre figure de proue de la dissidence ouïghoure qui devient présidente du CMO ; elle le reste de fin 2006 à fin 2017 et est ensuite remplacée par Dolkun Isa. Analysant les activités du CMO en Allemagne, Chen (2014 : chap. 6) constate que son influence sur la politique allemande est limitée. Des contacts ont certes pu être noués avec quelques hommes et femmes politiques bavarois membres du SPD et des Verts, le plus important étant certainement celui qui lie le CMO à Margarete Bause qui, alors qu'elle faisait partie du Bundestag (de 2017 à 2021, groupe parlementaire Bündnis 90/Die Grünen), a continué de s'engager pour la défense des Ouïghours. Mais l'influence minime des exilés ouïghours apparaît par exemple dans la question de l'accueil d'anciens prisonniers ouïghours de Guantanamo, refusé par l'Allemagne. Chen conclut en disant que l'Allemagne offre néanmoins au CMO et à d'autres organisations en exil des conditions favorables pour faire part de leurs préoccupations à l'opinion publique mondiale et mettre en rapport des membres de la diaspora. Cela présuppose que le CMO et des organisations apparentées fassent passer leurs aspirations séparatistes et nationalistes au second plan, contrairement à l'époque d'Isa Alptekin. Toutes les études montrent que pour les organisations en exil c'est aujourd'hui la situation des droits humains au Xinjiang, y compris les inégalités économiques, les problèmes écologiques, etc., qui vient en premier (Chen 2014 ; Kuşçu Bonnenfant 2018 ; Shichor 2018b). Le CMO mise en outre expressément sur une stratégie non-violente, même s'il est qualifié d'« organisation terroriste » par la RPC.

Il convient de distinguer le CMO du « gouvernement en exil du Turkestan oriental » (ETGIE).[30] Fondé à Washington six mois déjà après la création du CMO, il doit en quelque sorte lui faire concurrence (Shichor 2018c : 129). Même si entre-temps il a été qualifié de « quasiment à l'abandon » (Kuşçu 2014 : 149), il continue à faire de la politique. Il a son propre site Internet, a promulgué sa propre Constitution et l'a actualisée pour la dernière fois en 2019 (Constitution of the East Turkistan Republic 2019). D'après cette Constitution, elle est la seule autorité légale et la seule représentante de la région du « Turkestan oriental », déniant ainsi sa raison d'être au CMO. Pourtant, comparé au CMO, c'est un groupuscule de la diaspora ouïghoure, et de plus un groupuscule qui ne cesse de se diviser. Deux anciens premiers ministres ont déjà été « démis de leurs fonctions » en raison d'atteintes à la Constitution : Anwar Yusuf Turani en 2006 et Ismail Cengiz en 2019 après respectivement deux et dix ans à ce poste. Ces destitutions ne les ont toutefois pas empêchés de se présenter au poste de premier ministre de la RTO. On leur reproche entre autres de faire de la publicité pour le djihab (« guerre sainte ») contre la Chine (ETGIE 2019). Certes, dans sa Constitution, ce « gouvernement en exil » définit (article 6) l'islam comme la « religion nationale officielle », mais promet de protéger les autres religions. La langue officielle de la RTO doit être le ouïghour, tandis que le kazakh et le kirghize doivent être reconnus comme autres langues nationales. La relation entre nation et ethnie est ambiguë, l'article 2 parle de « our nation and its peoples », donnant l'impression d'une nation multitethnique avec les Ouïghours en son centre. Mais les Chinois ne sont manifestement pas considérés comme des citoyens, pas plus que comme des « collaborateurs » au sens de collabos. Car il est dit dans l'article 16 :

> Any persons who are *not Chinese* and have nothing to do with the invasion and occupation of the State, and who *have not collaborated with the enemies or the occupa-*

[30] L'organisation oscille entre les deux orthographes « Turkestan » et « Turkistan » oriental.

> *tion forces, and who have not protected them*, and who were born in East Turkistan or who have a family history in East Turkistan, are regarded as a citizens of East Turkistan. Those emigrants who live outside of East Turkistan but feel themselves to be from East Turkistan, and who take East Turkistan as their Homeland, are to be considered naturalized citizens of East Turkistan. (Constitution of the East Turkistan Republic 2019 ; souligné par nous)

Dans ce contexte, on comprend mieux le pronostic très sombre émis par Anwar Yusuf. Dans le cas d'une scission de la Chine qui permettrait au Xinjiang de devenir indépendant, il a prédit que la région se disloquerait d'une façon telle qu'à côté « le Kosovo aurait l'air d'être une fête d'anniversaire » (cité par Gladney 2018 : 315).

Aux États-Unis, où le nombre de Ouïghours est estimé à seulement à 1500 (Shichor 2018b : 294s.), la diaspora dispose d'un lobby nettement plus fort qu'en Europe grâce à une bonne organisation et des contacts utiles avec les médias, les ONG et le Congrès. Par le biais d'une fondation nommée National Endowment for Democracy et financée par l'État, trois organisations ouïghoures en exil reçoivent un soutien financier : le CMO, le Uyghur Human Rights Project et l'International Uyghur Human Rights and Democracy Foundation (Chen 2014 : chap. 5). Mais en Australie et au Japon aussi, il existe des organisations de la diaspora ouïghoure, ayant cependant beaucoup moins d'influence (Chen 2014 : chap. 7 ; Hayes 2012).

Comme prévu, ces organisations en exil sont très actives quand il s'agit d'alerter l'opinion publique mondiale sur la répression dont les Ouïghours sont victimes. Elles exigent que les gouvernements des pays où ils se trouvent et la communauté internationale prennent des mesures politiques pour forcer la Chine à lâcher du lest. Outre de nombreux rapports publiés sur leurs sites Internet, des communiqués de presse et d'autres activités médiatiques, certains de ces groupes s'investissent dans un activisme juridique. Depuis juillet 2020, l'ETGIE et une autre organisation en exil installée aux États-Unis (East Turkistan National Awakening Movement) essaient de demander des comptes à la Chine par le biais d'une plainte déposée auprès de la Cour pénale internationale (CPI). Comme la RPC n'a pas adhéré aux statuts de la CPI, les crimes contre les droits humains commis sur le territoire chinois ne peuvent pas, selon la pratique actuelle, être jugés par ce tribunal. La plainte a donc pour objet l'expulsion de Ouïghours du Cambodge et du Tadjikistan vers la RPC, qualifiée de « déplacement », c'est-à-dire de crime contre l'humanité. La plainte a été rejetée en décembre 2020, ce qui n'empêche toutefois pas les groupements en exil de continuer sur cette voie (Economist 2021b ; Hernández 2020).

Le CMO a une autre approche : comme une mise en accusation officielle de la Chine à cause de sa politique au Xinjiang semble irréaliste, le président du CMO Dolkun Isa a demandé à Sir Geoffrey Nice, avocat de la Couronne et procureur général de la CPI pour l'ex-Yougoslavie, d'organiser un « tribunal populaire » pour traiter les questions ouïghoures. Des témoins sont entendus par ce « Uyghur Tribunal » depuis juin 2021 et leurs dépositions mises en ligne afin d'augmenter la pression internationale sur la RPC (Uyghur Tribunal 2021). Cette multiplication de rapports et de mises en accusation alimente sans cesse le débat public sur le conflit au Xinjiang et ne manque pas d'avoir des répercussions, comme nous le verrons dans le passage suivant. Mais il faut encore mentionner un effet involontaire de cet activisme : depuis que le débat international s'intensifie, la RPC essaie d'accentuer sa pression sur la diaspora ouïghoure pour la réduire au silence (UHRP 2019b).

Les réactions internationales

De la critique à la qualification de génocide dans les pays occidentaux

Après 2009, le Xinjiang et le destin des Ouïghours avaient déjà davantage retenu l'attention de la communauté internationale (Clarke 2010). Dans les années 2010, un point de vue s'impose dans les médias de référence, qui remet en question le discours sur le terrorisme des dirigeants chinois et voit l'origine du problème dans les méthodes coercitives utilisées contre les Ouïghours en ce qui concerne les questions religieuses et la politique linguistique, ainsi que dans les inégalités socio-économiques dont ils sont victimes. (Zhu 2017). Comme nous l'avons vu, la situation est plus complexe, mais dans ses grandes lignes l'analyse présentée dans les médias est exacte. Les premiers rapports internationaux portant sur l'internement massif de Ouïghours dans des camps de rééducation sont dévoilés dès 2017. Ce ne sont d'abord que des témoignages isolés, rassemblés et publiés par des organisations de défense des droits humains, mais ils ne saisissent pas encore pleinement les dimensions de la campagne systématique menée dans la région (ex. HRW 2017). Il faut attendre le dernier chapitre, où sont débattus les calculs effectués par Adrian Zenz (2019a) et publiés en avant-première en mai 2018, calculs qui avancent le chiffre d'un million de membres des minorités ethniques incarcérés dans les camps de rééducation, pour que l'attention redouble. Avec un grand nombre de publications, que nous avons plus haut soumises à une étude critique, Zenz contribue depuis de manière décisive à ce que les médias continuent à s'intéresser à cette problématique. Cette célébrité fait de Zenz une cible privilégiée des médias chinois, qui sont sous la coupe du PCC. Les dirigeants chinois ont commencé par réagir à ces révélations et à ces accusations par une stratégie peu crédible niant en bloc l'existence de ces camps (Cumming-Bruce 2018a). Mais peu après, en octobre 2018, le gouvernement de la RPC opère un revirement surprenant. Les camps sont désormais présentés comme des établissements de formation et un exemple éclatant de déradicalisation (Cumming-Bruce 2018b ; SCIO 2019c).

Ce qui se passe au Xinjiang fait désormais l'objet de beaucoup de déclarations officielles, auditions au parlement et reportages dans les médias, que nous ne pouvons pas analyser ici en détail. Le contenu des principaux rapports rédigés par des organisations de défense des droits humains et certains chercheurs a déjà été évalué dans le chapitre précédent. Aussi nous concentrerons-nous ici sur la strate intergouvernementale, avant de nous intéresser plus précisément aux médias. Il est toutefois important de dégager le schéma selon lequel le débat international a pris son ampleur. D'abord, ce sont les internements massifs qui sont au centre de l'attention, puis d'autres aspects de la politique au Xinjiang, que nous avons vus au chapitre 10. Les études de Zenz en particulier sont en général construites de façon à mettre en avant des faits pertinents pour le droit international et à apporter les preuves nécessaires. Les médias et les organisations de défense des droits humains reprennent aussitôt chacun de ces reproches, intensifiant l'écho des rapports. Les gouvernants et la politique en général sont avec le temps obligés de prendre position. L'experte du Xinjiang Joanne Smith Finley (2020) est l'une des premières à discuter en détail l'accusation de « génocide » dans le cas des Ouïghours, finissant par approuver cette interprétation. Cette discussion a encore été exacerbée par les rapports d'organisations de défense des droits humains et les avis d'avocats. Sollicités par le Congrès mondial ouïghour et l'UHRP pour une expertise juridique, les avocats du cabinet Essex Court Chambers en arrivent à la conclusion qu'aussi bien les accusations de génocide que celles de crimes comme l'humanité sont justifiées (Macdonald et al. 2021). Une étude organisée par le Newlines Institute for Strategy and Policy en mars 2021 et incluant plusieurs experts arrive à la même conclusion (NISP 2021). En se fondant sur un résumé des principales sources disponibles listant les atteintes systématiques aux droits humains dans la région du Xinjiang au cours des dernières années, ce rapport indique même que les cinq critères définissant le génocide dans la Convention des Nations Unies de 1948 sont réunis (à noter qu'un seul suffirait pour qu'on puisse parler de génocide). HRW et la Mills Legal Clinic (2021) arrivent en avril 2021 à une autre conclusion. D'après eux, on ne disposerait pas (actuellement) de suffisamment de preuves de génocide alors que l'accusation de crimes contre l'humanité est recevable. La présentation suivante du débat politique et de ses implications juridiques doit être vue dans le contexte d'une discussion qui prend de plus en plus d'ampleur.

Il a fallu attendre le 8 juillet 2019 pour qu'une alliance de 22 États envoie une lettre très critique à l'égard de la politique chinoise au Xinjiang à la Commission des droits de l'Homme des Nations Unies. Ceux qui soutiennent cette initiative sont tous sans exception des États démocratiques d'Amérique du Nord, d'Europe et de l'espace Asie-Pacifique (Australie, Japon, Nouvelle-Zélande) – en d'autres termes « le monde occidental ». La RPC réagit immédiatement en envoyant une lettre défendant sa position et soutenue par 50 autres pays au total. Jusqu'à la session de la Commission, 37 États signent la lettre chinoise. L'un de ces signataires (le Katar) se retire ensuite, tandis que d'autres pays apportent leur signature. Parmi les signataires officiels, en définitive au nombre de 50, se trouvent 23 pays à population majoritairement musulmane (Yellinek et Chen 2019). La Chine s'en sert comme argument pour affirmer que la critique de ses atteintes aux droits humains est un moyen habituel pour harceler et opprimer les pays non occidentaux selon le « principe occidental du deux poids, deux mesures ». C'est peut-être pour éviter de prêter le flanc à la critique, mais peut-être aussi parce qu'il rejette la Commission des droits de l'Homme des Nations Unies dans son ensemble que le gouvernement américain sous le président Trump refuse de signer la première lettre. John Bolton, qui est alors son conseiller à la Sécurité nationale, donne plus tard un éclairage inquiétant à la position de Trump à propos du Xinjiang. Dans le livre qu'il publie après avoir été limogé, il règle ses comptes avec le président et le cite en se référant aux interprètes qui étaient seuls présents à l'entretien entre le président chinois Xi Jinping et Trump pendant le sommet du G20 à Osaka en juin 2019 : « Trump said that Xi should go ahead with building the camps, which he thought was exactly the right thing to do ». Trump avait déjà fait des déclarations analogues en 2017 (Bolton 2020 : 312). C'est seulement plus tard, lorsque d'autres thématiques comme la guerre commerciale et le mouvement de protestation de Hongkong affectent encore plus les relations sino-américaines, que le président Trump se range publiquement aux côtés de ceux qui critiquent la politique chinoise au Xinjiang. En novembre 2020, son gouvernement raie l'ETIM de sa liste d'organisations terroristes, ce qui entraîne une levée de boucliers à Beijing (Hua 2020). Le gouvernement américain signale ainsi qu'il ne considère pas comme valables les explications officielles de la Chine, qui justifie les internements massifs au Xinjiang par le danger représenté par l'extrémisme et le terrorisme.

En octobre 2020, l'ambassadeur allemand auprès des Nations Unies entreprend une nouvelle tentative pour faire condamner la politique de la Chine au Xinjiang. La lettre adressée cette fois à la Haut-Commissaire des Nations unies aux droits de l'Homme est signée par 39 pays. Aux 22 de l'année précédente viennent donc s'en ajouter 17, dont les États-Unis. De nouveau, les soutiens de la Chine, Cuba en tête, réagissent par une déclaration opposée. La RPC parvient à mobiliser 45 signataires. Par rapport aux 37 signataires de la toute première requête, cela peut être considéré comme un succès – et c'est d'ailleurs la lecture chinoise officielle. Mais par rapport aux 50 signataires de la lettre de 2019, il s'agit d'un effritement du front de soutien à la Chine (Putz 2020). Un troisième échange de coups a lieu en juin 2021 lors d'une séance du Conseil des droits de l'homme des Nations Unies. Tandis que le Canada réussit à associer 44 pays à la critique des atteintes graves aux droits humains en Chine, la Biélorussie présente un document soutenu par 65 pays et destiné à protéger la Chine d'une « ingérence dans ses affaires intérieures », laquelle est appuyée par 65 pays (Chen 2021). Il convient de noter que les deux camps continuent d'être divisés entre « l'Ouest » et le reste du monde sur cette question.

Opposés à l'attitude hésitante de leur président, d'autres hommes et femmes politiques américains condamnent clairement et nettement plus tôt les atteintes aux droits humains au Xinjiang. En font partie des membres de l'opposition démocrate ainsi que Nancy Pelosi, présidente de la Chambre des représentants et critique de longue date de la politique chinoise, des membres éminents du gouvernement Trump comme le vice-président Mike Pence et le ministre des Affaires étrangères Mike Pompeo ainsi que des membres républicains du Congrès comme le député Chris Smith et le sénateur Marco Rubio. À partir de novembre 2018, plusieurs projets de loi sont présentés au Congrès afin de protéger les Ouïghours et de sanctionner les responsables des crimes commis au Xinjiang à l'encontre de la population (Szadziewski 2020 : 214ss.). Mais ce n'est qu'en mai 2020 qu'une version révisée du *Uyghur Human Rights Policy Act of 2020* peut être adoptée dans les deux chambres du Congrès, avant d'être promulguée par le président Trump début juillet. Des sanctions personnelles sont prononcées contre des cadres du PCC au Xinjiang comme Chen Quanguo, le secrétaire du parti (Verma et Wong 2020). D'autres sanctions contre les exportations en provenance du Xinjiang, surtout le coton et les tomates, suivent en septembre 2020 et janvier 2021 comme réaction aux accusations de travail forcé que nous avons évoquées (Swanson 2020 ; 2021). Le Bingtuan est ici particulièrement touché. L'équipe de campagne du candidat à la présidence des États-Unis Joe Biden ayant dès août 2020 utilisé le terme de génocide pour les atteintes aux droits humains au Xinjiang (Basu 2020), la pression du Congrès sur le gouvernement augmente également à la fin de la présidence Trump pour qu'il reprenne cette classification (Brunnstrom 2021). C'est ainsi que la veille de l'investiture de Biden, Pompeo annonce officiellement que le gouvernement américain classe la politique menée par la Chine au Xinjiang comme « génocide et crime contre l'humanité » (Economist 2021c). Ce point de vue est partagé par le nouveau gouvernement du président Biden, par exemple par Antony Blinken lors de son audition devant le Congrès avant sa nomination au poste de ministre des Affaires étrangères, alors que le président a jusqu'alors évité d'utiliser le terme de génocide. Un nouveau degré est atteint dans l'escalade rhétorique même s'il n'entraîne toujours pas de conséquences politiques directes. La Chine repousse bien sûr ces accusations avec indignation. Mais par la suite la pression augmente : en février 2021, le parlement canadien et celui des Pays-Bas décident contre la volonté de leurs gouvernements respectifs d'utiliser également le terme de génocide dans le cas du Xinjiang (Ernst 2021). Le parlement britannique suit en avril, celui de Lituanie en mai (NZZ 2021 ; Sytas 2021).

Une autre étape de l'escalade est franchie le 22 mars 2021 quand les États-Unis, l'Union européenne, la Grande-Bretagne et le Canada imposent en même temps de nouvelles sanctions personnelles à l'encontre de cadres dirigeants du Parti communiste au Xinjiang ainsi que du Bureau de la sécurité publique de la région. Pour l'Union européenne, il s'agit des premières sanctions depuis l'écrasement du mouvement de protestation de la place Tiananmen en 1989. LA RPC répond aussitôt par des sanctions contre des politiciens, des universitaires et des organisations de l'espace européen. Sont aussi touchés quelques membres éminents du Parlement européen, mais aussi des scientifiques comme Joanne Smith Finley ou Adrian Zenz ainsi que des instituts de recherche comme le MERICS (Mercator Institute for China Studies), sis à Berlin. Ils sont classés « ennemis de la Chine » (Fromer et Bermingham 2021). Le fait que l'UE ait recours à des sanctions contre la RPC, pour la première fois depuis trente ans, et la réponse de la Chine, qui étend ses mesures de rétorsion à des parlementaires, des organisations affiliées au Parlement européen ainsi qu'à des universitaires et leurs institutions montre l'âpreté de la confrontation.[31] Les mesures prises – interdictions d'entrée sur le territoire et gel des comptes – ont un caractère plus symbolique que pratique, mais ne doivent pas être sous-estimées. Par exemple, les sanctions de la Chine à l'égard des scientifiques représentent une attaque directe – inacceptable à mon avis – contre la liberté de la recherche. Elles doivent manifestement faire de l'étude de la politique chinoise au Xinjiang un tabou. Le Parlement européen réagit en gelant la ratification de l'accord d'investissement sino-européen signé pendant la présidence allemande de l'UE (Zeit Online 2021).

Le débat au sujet du Xinjiang en Allemagne

En Allemagne, la Commission des droits humains du Bundestag traite en novembre 2020 entre autres de la situation au Xinjiang et en mai 2021 de la question du jugement à porter sur cette situation en matière de droit international. En même temps, les Services scientifiques du Bundestag (Wissenschaftliche Dienste 2021a) élaborent un rapport de leur côté, mais constatent qu'une appréciation juridique est difficile. Ceci explique aussi que les rapports établis par des organisations de défense des droits humains n'arrivent pas à un seul et même résultat. La définition du génocide citée au chapitre 10 figure presque dans les mêmes termes dans le Code pénal international allemand (§ 6) :

> Quiconque, dans l'intention de détruire, ou tout ou en partie, un groupe national, racial, religieux ou ethnique,
> 1. tue un membre du groupe,
> 2. porte gravement atteinte à l'intégrité physique ou mentale d'un membre du groupe, en particulier comme cela est décrit au § 226 du Code pénal,
> 3. soumet le groupe à des conditions d'existence devant entraîner sa destruction physique totale ou partielle,
> 4. prend des mesures visant à empêcher les naissances au niveau du groupe,

---

31 Le Parlement européen avait déjà suscité l'indignation du gouvernement de la RPC fin 2019 entre autres en décernant le Prix Sakharov pour la liberté de l'esprit à Ilham Tohti (Parlement européen 2019).

5. transfère par la force un enfant d'un groupe à un autre
est condamné à la prison à vie.

Il n'est pas nécessaire d'expliquer ici que les Ouïghours constituent un groupe ethnique, cela peut être considéré comme suffisamment documenté (pour les détails, voir Werle et Jeßberger 2020 : 874–891 ; Wissenschaftliche Dienste 2021a : 16–25). Ce qui est en revanche problématique, c'est premièrement que la définition juridique du génocide présuppose impérativement une *intention de destruction* (en détail chez Demko 2017). Deuxièmement, il existe différentes interprétations de ce qui doit être considéré comme *objet* de la destruction (ou de la protection juridique). Une interprétation étroite, courante dans la jurisprudence internationale, dit que l'intention doit viser à la destruction physique et biologique d'un des groupes cités plus haut (ou d'une partie essentielle d'entre eux). Une interprétation plus large se démarque de la première, on la trouve dans la jurisprudence allemande, elle est représentée dans certains textes juridiques : d'après elle, l'intention de la destruction de l'existence sociale d'un groupe « en tant que tel » suffit pour satisfaire à la définition (Jeßberger 2021 ; Werle et Jeßberger 2020 : 931ss.). Il convient ici d'effectuer une distinction avec le génocide culturel. Celui-ci a certes été proposé par l'inventeur du concept, le juriste polonais Raphael Lemkin, comme faisant partie de sa définition originelle du génocide. Lors des consultations en amont de la Convention sur le génocide de 1948, il a été supprimé si bien que jusqu'à aujourd'hui il subsiste une lacune dans le droit international au sujet du génocide culturel (Neressian 2019). Il reste uniquement le critère du transfert forcé d'enfants du groupe à un autre groupe, lequel met en danger la conservation biologique et sociale du groupe (Werle et Jeßberger 2020 : 869, 891, 906s. ; Wissenschaftliche Dienste 2021a : 42s.). Face à la difficulté de justifier et de démontrer l'intention du gouvernement chinois visant à la destruction biologique et sociale des Ouïghours, les experts juridiques entendus par la Commission des droits humains sont arrivés en majorité à la conclusion que, du moins actuellement, la politique au Xinjiang ne relève pas du concept de génocide. Une classification comme crime contre l'humanité serait plus adéquate, mais cette classification se situe pour ce qui de la gravité au même niveau que le génocide (Jeßberger 2021 ; Pils 2021 ; Safferling 2021).[32] La plupart des experts ne prennent pas position quand il s'agit, indépendamment des questions portant sur l'intention de destruction et son objet, de savoir si les faits constitutifs d'un génocide sont réunis, car ils ne disposent pas des éléments pour juger.

Les Services scientifiques (Wissenschaftliche Dienste 2021a : 45) en arrivent, eux, à la conclusion que les cinq critères de génocide sont réunis. Il faut toutefois noter qu'ils reprennent à peu près en l'état les rapports des organisations de défense des droits humains et des avocats déjà cités au lieu d'analyser eux-mêmes les preuves fournies. Les erreurs ou déformations ne sont pas exclues. C'est ainsi que dans la discussion de l'intention de destruction ils se réfèrent à des citations de cadres chinois locaux utilisant des « métaphores d'‹ extermination › » (Wissenschaftliche Dienste 2021a : 52s.). Ces citations sont présentées par le NISP (2021 : 37), source à laquelle les auteurs se fient, comme si elles se rapportaient aux

32 Kayser (2021) nie également l'existence d'une volonté de destruction, mais ne vérifie pas les conditions de crimes contre l'humanité, car en l'absence d'une base juridique contraignante la Chine ne pourrait pas être poursuivie pour ce type de crimes. Paech (2021) considère que les preuves sont trop minces pour que les accusations puissent être sérieusement analysées.

Ouïghours en général, en tant que groupe. Or, d'après le New York Times qui l'a en premier rendue publique, la citation du cadre local chinois se réfère clairement aux terroristes (et non aux Ouïghours en tant que tels) (Ramzy et Buckley 2019). Il apparaît ici que tous les rapports d'activistes évoqués plus haut représentent certes des indicateurs importants, mais que leurs résultats ne peuvent être repris qu'après avoir été soumis à une vérification des sources utilisées et de leur interprétation, ce que je me suis efforcé de faire au chapitre 10.

Pour la qualification de crime comme l'humanité, il est essentiel que celui-ci ait été commis dans le cadre d'une « attaque systématique ou de grande envergure contre une population civile » – une intention particulière n'est en revanche pas nécessaire comme dans le cas d'un génocide (Jeßberger 2021 : 8 ; Werle et Jeßberger 2020 : 950). En ce qui concerne le Xinjiang, les experts sont d'avis que les actes constitutifs du crime contre l'humanité entrent en ligne de compte : esclavage (sous forme de travail forcé), transfert forcé, privation de liberté, tortures, viols, stérilisations forcées et persécutions (Jeßberger 2021 : 8ss. ; Safferling 2021 : 17ss.). D'après ces juristes, il convient d'analyser avec encore plus de précision les faits considérés. Jeßberger (2021) se garde donc de porter un jugement définitif, tandis que Safferling (2021) considère qu'en l'état actuel des choses seule la privation de liberté au moyen d'un internement dans un camp de rééducation (le cas échéant en lien avec un travail forcé) constitue un argument pertinent.

Indépendamment de ces questions, on peut se demander quelles poursuites judiciaires sont possibles à l'égard des personnes légalement responsables. Ici, les experts sont unanimes : aucune. La Chine n'a pas adhéré au Statut de Rome de la Cour pénale internationale si bien qu'il n'y a aucun moyen d'agir. Un renvoi de l'affaire par l'intermédiaire du Conseil de sécurité de l'ONU n'a aucune chance d'aboutir, la Chine disposant d'un droit de veto (Kayser 2021 : 14ss. ; Safferling 2021 : 21). Il serait tout au plus possible de poursuivre devant les tribunaux allemands une infraction pour complicité et, en fonction du principe de juridiction internationale, le procureur général fédéral pourrait théoriquement opter pour une procédure d'enquête structurelle. Mais celui-ci dispose d'une grande marge de manœuvre pour lancer une telle procédure ou pas (Jeßberger 2021 : 11s.). Il ne reste donc plus que des mesures politiques comme une résolution du Bundestag ou des sanctions.

L'expert du Bundestag constate que « la focalisation de la discussion médiatique sur un éventuel génocide doit être plutôt justifiée politiquement » (Wissenschaftliche Dienste 2021a : 7). Les crimes contre l'humanité jouent dans ce débat un rôle comparativement moins important. Comme nous l'avons vu, le ministre des Affaires étrangères Pompeo considère que dans le cas du Xinjiang les faits relèvent du génocide et du crime contre l'humanité tandis que les experts sont d'avis que l'accusation de crime contre l'humanité est plus pertinente. Mais dans le débat public l'accusation de génocide a plus de force. C'est pourquoi une part des activistes de la défense des droits humains et des organisations d'exilés ouïghours font tout pour donner encore plus de poids à cette accusation. À mon avis, cela ne doit néanmoins pas conduire à étendre un concept à l'envi. Soutenir ou non cette accusation ne doit pas être compris comme l'attitude à avoir, de même qu'il est encore moins judicieux de donner dans la surenchère pour être celui qui porte les accusations les plus graves à l'encontre de la Chine. En même temps, il faut en peser les conséquences : comme on entend communément par génocide un meurtre massif d'êtres humains, ce qui dans le cas du Xinjiang n'est manifestement pas le cas, une telle accusation – qu'elle soit juridiquement recevable ou non – facilite la tâche de la contre-propagande chinoise. Elle peut avancer la conservation, voire la croissance de la population ouïghoure pour renvoyer la balle (alors que l'argument adverse semblait probant ; voir par exemple la réponse de 2020 du Centre de recherche sur le développement du Xinjiang à l'étude de Zenz sur les stérilisations forcées). Le danger est alors que l'ensemble des accusations d'atteintes graves aux droits humains perdent de leur crédibilité. Cette réflexion concerne surtout les pays non-occidentaux.

Les réactions du monde musulman

À première vue du moins, il peut sembler étonnant que les pays d'obédience musulmane n'aient pas critiqué, peut-être plus vivement encore, la politique chinoise contre les Ouïghours et d'autres coreligionnaires au Xinjiang. Mais à y regarder de plus près, cela correspond à un schéma déjà ancien des relations entre ces États et la Chine. Pour Shichor (2015), la raison principale de cette réserve réside dans l'attitude ambivalente, sinon le rejet du monde occidental et surtout des États-Unis par les pays musulmans. À l'époque de Mao déjà, les efforts entrepris par les États-Unis pour créer une alliance islamique dans le but d'exercer une influence sur les musulmans de Chine et d'Union soviétique ont précisément échoué pour cette raison. Au lieu de cela, la plupart des pays arabes ont gardé une distance critique vis-à-vis de la RPC, qu'ils n'ont reconnue officiellement sur le plan diplomatique qu'à la fin des années 1980 ou au début des années 1990. Ensuite, ces pays se sont aussi gardés de critiquer les méthodes chinoises au Xinjiang, par exemple les campagnes « Frapper fort » de la fin des années 1990 ou la mise sur le même plan des protestations ouïghoures et du terrorisme islamiste dans les années 2000. Un seul pays musulman fait exception, la Turquie sous Recep Tayyip Erdoğan, le président actuel qui se montre parfois très impulsif. À l'époque Premier ministre, il qualifie l'écrasement du soulèvement d'Ürümqi en juillet 2009 de « génocide » (Shichor 2015 : 68). Des voix critiques émanent d'Iran et de Jordanie, même si ces pays n'expriment pas de condamnation officielle. La Chine reçoit en revanche le soutien d'alliés comme le Soudan et le Pakistan. L'opinion publique ou « publiée » est dans certains pays musulmans nettement plus critique que celle de leur gouvernement, mais elle ne parvient pas à s'imposer (Shichor 2015 : 69ss.). Même dans le cas de la Turquie, qui se sent particulièrement proche du peuple turcique que sont les Ouïghours, l'accusation brutale de Erdoğan est vite remplacée par une ligne privilégiant le compromis. Le Premier ministre envoie un ministre en Chine en signe d'apaisement. La Turquie promet d'empêcher toutes les activités pouvant menacer la souveraineté et l'intégrité territoriale de la Chine, tandis que les deux gouvernements s'assurent mutuellement qu'ils respecteront les intérêts premiers de l'autre et qu'ils se soutiendront réciproquement (Ekrem 2018 : 153s.).

Au cours des années suivantes, les relations sino-turques sont marquées par des hauts et des bas. D'une part, les potentiels stratégiques et économiques, y compris la position centrale de la Turquie le long de la Nouvelle route de la soie, sont attrayants pour les deux parties et jouent un rôle moteur. De l'autre, les inquiétudes de la population et du gouvernement turcs quant à la façon dont les Ouïghours sont traités par la Chine ne cessent d'être une source d'irritation. En 2015, la migration informelle de Ouïghours qui passent par l'Asie du Sud-Est pour arriver en Turquie affecte les relations sino-turques. Du point de vue de la RPC, des soupçons de terrorisme pèsent sur tous ces émigrés ouïghours, qui devraient être renvoyés en Chine, tandis que la Turquie voit en eux les membres vulnérables d'une ethnie apparentée à la leur et souhaiterait les accueillir (Ekrem 2018). Ces altercations sont nourries par la méfiance généralisée de la Chine à l'égard des forces du « panturquisme » comme source d'aspirations séparatistes au Xinjiang (Shichor 2018a), la Turquie abritant depuis la Guerre froide – nous l'avons dit – d'importants noyaux organisationnels de la communauté des Ouïghours en exil (Jacobs 2016 : chap. 6). Les affirmations d'Erdoğan, selon lesquelles la Turquie reconnaît le Xinjiang comme « une partie indissociable du territoire chinois » (Ekrem 2018 : 167), n'arrivent pas vraiment à calmer cette méfiance. La Chine a essayé de son côté depuis des années de mettre sur pied une coopération avec son vis-à-vis turc au niveau de la sécurité, de hauts fonctionnaires chinois étant envoyés en Turquie et un mécanisme de dialogue instauré entre le ministère de l'Intérieur turc et le ministère chinois de la Sécurité publique (Ekrem 2018 : 156, 170). Yellinek (2019) considère l'attitude de la Turquie dans les questions se rapportant aux Ouïghours comme « volatile », elle tente fin 2017 un nouveau rapprochement avec la RPC.

Dans ce contexte, l'attitude des États musulmans face à l'aggravation récente de la situation au Xinjiang paraît moins étonnante. Leur silence ou même leur soutien actif à la rigueur chinoise face aux personnes soupçonnées d'extrémisme ou de terrorisme correspond pour une large part à celle qu'ils avaient au cours de décennies antérieures. L'Arabie saoudite et l'Égypte donnent le ton pour les pays sunnites, l'Iran essaie de parler pour les chiites (Yellinek 2019). Leurs populations ne partagent pas forcément ce choix du laisser-faire, mais ne sont pas en mesure d'exercer une influence décisive sur la politique de leurs dirigeants à l'égard de la Chine. Pourtant, il serait réducteur d'expliquer cela uniquement par le caractère autocratique de ces pays (Yellinek 2019), ni même par l'augmentation récente de leur dépendance économique, laquelle ne rend pas entièrement compte de la complexité de la situation. Un exemple : d'après Shichor (2015 : 75ss.), les États du Moyen-Orient ne manquent pas de critiquer l'attitude de la Chine, par exemple ses vetos dans le cas d'une résolution du Conseil de sécurité de l'ONU à propos de la Syrie. De plus, ils sont aussi très dépendants économiquement des pays occidentaux. Pour lui, le fait de ne pas s'associer à la critique occidentale de la Chine, mais de se ranger à ses côtés contre les défenseurs des droits humains en prenant parti pour le discours du gouvernement chinois sur le terrorisme, est donc surtout une décision politique (Xu, K. 2021). En d'autres termes, les stratégies par lesquelles la Chine essaie de justifier ses méthodes au Xinjiang remportent certains succès, nous allons le voir.

Dans le cas de la Turquie, des considérations portant sur sa politique extérieure et sécuritaire jouent un grand rôle dans son attitude face à la Chine et implicitement face aux Ouïghours, si bien qu'elle reste fluctuante. Ainsi, le coup d'État contre le gouvernement d'Erdoğan en juillet 2016 est suivi d'un net rapprochement avec la Chine et d'une plus forte coopération dans le domaine de la sécurité (Üngör 2019). Mais ensuite, en février 2019, le ministre turc des Affaires étrangères critique ouvertement les camps de rééducation. Depuis, le gouvernement s'est ravisé et est revenu à une plus grande modération dans ses critiques à l'égard de la Chine, qui a réagi aux reproches par la fermeture de son consulat à Izmir, envoyant ainsi un signal clair de sa désapprobation (Yellinek 2019). En raison des relations compliquées entre la Turquie et ses alliés de l'OTAN ainsi que du mélange entre confrontation et coopération avec la Russie dans différents foyers de conflits régionaux, Ankara ne peut pas se permettre de se mettre la Chine à dos. Au moment où nous écrivons, la question de savoir si et quand le parlement turc ratifiera un accord d'expulsion avec la Chine, que la RPC a de son côté ratifié fin 2020, reste en suspens. Ceci pourrait mettre en danger les réfugiés ouïghours vivant en Turquie, comme le montre l'exemple d'autres États (Gottschlich 2021 ; Tobin 2020 : 102).

Il convient aussi de tenir compte, dans certains pays, de l'impact de considérations complexes en matière de politique intérieure. Elles constituent certainement un facteur expliquant qu'Ankara hésite à ratifier vraiment l'accord d'expulsion signé en 2017, parce qu'il faut s'attendre à des signes de mécontentement dans la population si des Ouïghours sont expulsés vers la Chine. L'exemple de l'Indonésie qui est non seulement le pays d'obédience musulmane avec la population musulmane la plus nombreuse, mais aussi une démocratie, illustre la complexité des considérations de politique intérieure. On ne peut ici de toute façon pas avancer l'argument simpliste selon lequel un autocrate n'accuserait pas son semblable d'atteinte aux droits humains. Comme le montre un rapport de l'Institute for Policy Analysis of Conflict, un think tank indonésien, ce ne sont ni des soucis économiques ni le discours sur le terrorisme qui jouent un rôle décisif dans la position de l'Indonésie à l'égard du Xinjiang. Le gouvernement du président Joko Widodo a évité d'adopter une position critique vis-à-vis de la Chine sur cette question parce que cela pourrait être interprété comme une victoire de l'opposition résolument islamique. Sur d'autres points comme les différends territoriaux, l'Indonésie prend clairement position contre la Chine (IPAC 2019).

La situation dans les États d'Asie centrale voisins du Xinjiang et où vivent de nombreux Ouïghours est tout aussi complexe ; rien qu'au Kazakhstan et au Kirghizistan, leur nombre total est estimé à 250 000-310 000 (Durneika 2020 : 192 ; Kokaisl 2020 : 717). Alors que cela pourrait être vu comme une raison d'exiger une attitude moins sévère à l'égard des Ouïghours, des Kazakhs et d'autres groupes ethniques au Xinjiang, l'attitude de ces pays est surtout dictée par des raisons économiques et le fait que ce sont aussi des autocraties. Comme certains pays du Moyen-Orient, les gouvernements des pays centrasiatiques sont confrontés à des mouvements de sécession, ce qui leur sert de justificatif pour lutter contre la scission du Xinjiang au sens où Beijing l'entend. Les ethnies ouïghoures de ces pays sont de plus très hétérogènes et se distinguent à des niveaux linguistique, culturel et socio-économique : cela dépend en partie de la période historique où elles ont quitté leur pays (Kokaisl 2020). Il leur est donc difficile d'élaborer une ligne politique commune. Cependant, la situation politique est pour les gouvernements centrasiatiques un peu plus précaire que celle des pays arabes, car leur société civile est beaucoup plus critique à l'égard de la Chine du fait de leurs relations ethniques et culturelles transnationales avec le Xinjiang. Car outre les Ouïghours, ce sont aussi des citoyens chinois appartenant à l'ethnie kazakhe ou kirghize (*minzu*) qui sont touchés par les persécutions au Xinjiang, et ce sont aussi des citoyens d'origine chinoise et d'ethnicité kazakhe vivant entre-temps au Kazakhstan, mais emprisonnés lors d'un voyage au Xinjiang. À ceci s'ajoute que la présence chinoise dans les pays d'Asie centrale est de plus en plus perçue comme étouffante. Malgré une coopération économique étroite, placée sous la devise de la « Nouvelle route de la soie », l'attitude des populations d'Asie centrale vis-à-vis de la Chine s'est nettement dégradée en raison de la problématique liée au Xinjiang (Bitbarova 2018 ; Davarinou et al. 2019). Ceci signifie que ces gouvernements doivent trouver un équilibre entre les revendications de leurs citoyens et le gouvernement chinois. On comprend mieux pourquoi les deux seuls pays d'Asie centrale à avoir cosigné les lettres ouvertes (déjà évoquées) pour critiquer ou défendre la Chine, que de nombreux pays dans le monde ont signées en 2019 et 2020, sont le Tadjikistan et le Turkménistan, qui l'ont fait en 2019 pour soutenir la Chine (Putz 2020). En revanche, ni le Kazakhstan, ni le Kirghizistan, ni l'Ouzbékistan, trois cofondateurs de l'OCS et trois pays qui ont d'importantes minorités ouïghoures et des compatriotes au Xinjiang, ont évité de prendre parti pour l'un ou l'autre camp et sont restés très réservés.

La propagande internationale de la Chine au sujet du Xinjiang

Après avoir surtout analysé les efforts diplomatiques, et donc les relations entre États, nous allons nous demander par quels moyens la Chine essaie de persuader la communauté internationale que la politique menée au Xinjiang est appropriée, nécessaire, efficace et même légale. Les données présentées dans ce chapitre proviennent d'une évaluation systématique aussi bien des livres blancs du gouvernement concernant le Xinjiang et les droits humains publiés par l'Office d'information du Conseil des affaires d'État, que de plus de 37 heures de matériel vidéo en anglais diffusés ou mis à disposition sur le canal YouTube des deux principales chaîne d'État chinoises. Ces chaînes télévisées publiques se nomment China Global Television Network (CGTN) et New China TV (Xinhua). Cette analyse fait l'objet d'une publication séparée (Alpermann et Malzer, en cours de parution) et ne sera rendue ici que dans ses grandes lignes.

Les livres blancs du gouvernement

Les livres blancs du gouvernement servent à présenter et à justifier sa propre politique vis-à-vis de l'étranger, en particulier dans les domaines souvent critiqués. Il est donc intéressant de constater que l'Office d'information du Conseil des affaires d'État (qui est de fait le porte-parole du département de la propagande du Comité central du PCC) a déjà utilisé cet instrument onze fois depuis le début du millénaire rien qu'en rapport avec le Xinjiang – avec une nette tendance à la hausse ces dernières années (voir fig. 11.1). Sur le plan de la méthode, les livres blancs chinois sont le pendant direct des actes d'accusation des organisations internationales de défense des droits humains : tandis que ces dernières s'efforcent toujours d'apporter la preuve de cas particuliers les plus concrets possible (niveau micro), les livres blancs se réfèrent presque exclusivement à des données macro (pour les exceptions, voir ci-dessous). L'argumentation standard consiste à dire que les conditions se sont considérablement améliorées depuis la création de la RPC ; parfois, c'est aussi l'ère des réformes qui a commencé en 1978 qui sert de date de référence. Mais dans les deux cas il s'agit de comparaisons sur le long terme qui ne doivent pas faire oublier de nombreuses errances de la politique, les hauts et les bas. Les livres blancs suggèrent au contraire une évolution linéaire (par exemple en indiquant le taux de croissance moyen sur une longue période). De plus, ce ne sont en général que des chiffres absolus qui sont comparés entre eux et il est rare que les chiffres du Xinjiang soient mis en relation avec la moyenne nationale par exemple, et si c'est le cas, seulement si le résultat est positif (par exemple les chiffres du Xinjiang en comparaison avec la moyenne des autres provinces de l'Ouest). L'analyse présentée dans les chapitres

Fig. 11.1 : Livres blancs du gouvernement chinois concernant le Xinjiang et les droits humains.

Titre	Date
'East Turkistan' Terrorist Forces Cannot Get away with Impunity	21/01/2002
China's Ethnic Policy and Common Prosperity and Development of All Ethnic Groups	27/09/2009
White Paper on Development and Progress in Xinjiang	21/10/2009
The History and Development of the Xinjiang Production and Construction Corps	05/10/2014
Progress in China's Human Rights in 2014	08/06/2015
Historical Witness to Ethnic Equality, Unity and Development in Xinjiang	24/09/2015
Freedom of Religious Belief in Xinjiang	02/06/2016
Assessment Report on the Implementation of the National Human Rights Action Plan of China (2012–15)	15/06/2016
China's Progress in Poverty Reduction and Human Rights	17/10/2016
The Right to Development: China's Philosophy, Practice and Contribution	01/12/2016
Human Rights in Xinjiang – Development and Progress	01/07/2017
Cultural Protection and Development in Xinjiang	15/11/2018
Progress in Human Rights over the 40 Years of Reform and Opening Up in China	12/12/2018
The Fight against Terrorism and Extremism and Human Rights Protection in Xinjiang	18/03/2019
Historical Matters Concerning Xinjiang	21/07/2019
Vocational Education and Training in Xinjiang	17/08/2019
Seeking Happiness for the People: 70 Years of Progress on Human Rights in China	22/09/2019
Employment and Labor Rights in Xinjiang	17/09/2020

Source : documents rassemblés par l'auteur.

précédents montrent pourquoi cette manière de procéder ne peut que donner une image flatteuse de la situation.

À part ces constantes, les argumentations changent ou évoluent au fil du temps. L'interprétation officielle des droits humains par la Chine se distingue depuis toujours de la discussion internationale. Au lieu de la condamner en bloc comme « invention occidentale » ou « idéologie bourgeoise », elle est rangée depuis les années 1990 dans une série de priorités plus ou moins grandes. En même temps, le point de vue officiel de la Chine reste que les normes en matière de droits humains dépendent de la situation politique et culturelle concrète d'un pays et qu'ils n'ont pas de valeur universelle. Pour le gouvernement chinois, la priorité absolue est le droit au développement, un droit collectif et matériel, qui doit être respecté en premier lieu. La réalisation de droits individuels, politiques en particulier, ne peut en aucun cas se faire au détriment du développement économique. En 2016, le gouvernement a encore consacré un livre blanc au droit au développement en tant que premier droit humain, le plus urgent ; ce livre blanc compte parmi les documents analysés de la façon la complète. Il traite certes aussi des droits culturels, sociaux et politiques, mais souligne que le développement est la condition sine qua non des autres. En ce sens, le développement de la Chine peut être présenté comme l'histoire d'une réussite, non seulement sur le plan économique, mais sur celui des droits humains. La Chine a diffusé cette lecture à l'international, entre autres dans le cadre d'un forum Sud-Sud pour les droits humains qui s'est tenu fin 2017 à Beijing (Yang 2021 : 309). Les deux livres blancs de 2017 et 2018 concernant le Xinjiang se situent encore dans cette tradition qui souligne les interprétations positives.

Cela change à partir de 2019 avec la montée de la pression internationale sur la Chine à cause de sa politique au Xinjiang : cette année-là paraissent trois livres blancs uniquement consacrés au Xinjiang. En mars, le focus est mis sur le terrorisme comme conséquence de l'extrémisme religieux, afin de justifier l'existence de camps de rééducation comme mesure de déradicalisation. La hiérarchie des droits humains que nous venons d'expliquer est complétée par une autre condition préalable : il faut d'abord garantir le droit à la sécurité de la personne et de la vie humaine, puis vient le développement et c'est seulement dans une troisième étape que d'autres droits peuvent être pris en compte. Le livre blanc de juillet de la même année avance en revanche comme argument principal la prétendue appartenance de deux millénaires du Xinjiang à la Chine. Il insiste aussi sur la multiculturalité, multiethnicité et multireligiosité de la région, comme contre-argument à l'indigénité des Ouïghours. Cet aspect avait déjà été mis en avant dans le livre blanc de 2018. En juillet 2019 en revanche, plus que dans des déclarations gouvernementales antérieures, la thèse selon laquelle l'islam n'a pu se développer au Xinjiang que par la violence et n'est pas un système autochtone mais imposé, est défendue encore plus nettement. Comme nous l'avons vu au chapitre 8, sa conservation n'est considérée comme possible que si l'islam s'adapte à la culture chinoise laïque et intègre les « valeurs fondamentales du socialisme ». En matière de politique linguistique aussi, le discours se durcit. « Long years of experience shows [*sic*] that learning and using standard Chinese as a spoken and written language has [*sic*] helped Xinjiang's ethnic cultures to flourish. » Les connaissances en chinois ne sont maintenant pas seulement utiles économiquement (opportunités sur le marché du travail), une passerelle vers la modernité (appropriation de la science et de la technologie) et un indicateur du refus de l'extrémisme (dimension politique), mais en plus nécessaire au progrès culturel. Dans les quatre domaines – économique, social, politique et culturel – l'apprentissage du chinois est indispensable.

Publié en 2019, le troisième livre blanc représente la troisième tentative du gouvernement chinois pour faire valoir son interprétation des camps de rééducation. Ils y sont qualifiés d'établissements de formation professionnelle, mais restent clairement un outil au service de la lutte contre l'extrémisme et le terrorisme. D'emblée, ils sont caractérisés d'instruments visant à « extirper la tumeur maligne du terrorisme et de l'extrémisme ». Le terrorisme lui-même est présenté comme une excroissance de l'extrémisme religieux qui, par rapport aux livres blancs antérieurs, est nettement mis en avant. En 2002, le terrorisme était encore vu comme un effet du séparatisme, la « racine du mal », mais celui-ci passe désormais à l'arrière-plan. L'extrémisme semble être un argument plus approprié, car il permet de se référer à la lutte internationale contre les forces islamistes – argument dont la Chine espère manifestement qu'il provoquera un effet de solidarisation avec sa politique. Le Livre blanc insiste en outre sur la légalité des mesures de déradicalisation en citant non seulement les lois chinoises correspondantes, mais aussi un document des Nations Unies (2015) (UN Plan of Action to Prevent Violent Extremism). Ceci reflète la stratégie encore assez récente du gouvernement chinois, qui souhaite faire davantage valoir ses propres valeurs auprès des organisations internationales et dans les textes qu'elles éditent afin de pouvoir ensuite s'appuyer dessus pour justifier sa propre politique. (Yang 2021). Cela correspond également à la conception du système juridique sous Xi Jinping, qui doit se mettre entièrement au service du PCC et de sa politique. L'idée que les lois sont un instrument d'exercice du pouvoir pour le parti a été propagée sous Deng Xiaoping et liée au slogan « Gouverner l'État par la loi » (*yifa zhiguo* 依法治国) depuis Jiang Zemin. Comme dans d'autres domaines, Xi ne fait qu'un pas de plus en exigeant de « gouverner globalement l'État par la loi » (*quanmian yifa zhiguo* 全面依法治国). Cette « gouvernance juridique globale » peut aussi être qualifiée d'*institutionnalisation illégale*, car les lois ne servent pas à obliger les puissants et les organes de l'État à respecter le droit, mais à légitimer leur exercice global du pouvoir à tous les niveaux de la société, y compris la suspension des droits fondamentaux comme dans le cas des camps de rééducation au Xinjiang.

En 2020, le gouvernement chinois a de nouveau eu recours à l'instrument du livre blanc pour se défendre contre les nombreuses attaques, de plus en plus violentes, contre sa politique au Xinjiang, plus précisément contre les accusations de travail forcé pour les Ouïghours. Les efforts entrepris pour éradiquer la pauvreté et créer des emplois, aussi bien au Xinjiang que dans le reste de la Chine par le transfert de travailleurs, sont présentés sous un jour favorable comme des succès de la politique de développement. Outre les données et chiffres habituels, on relève une innovation : des histoires de réussite individuelle venant illustrer le discours sur le développement à l'aide d'exemples concrets. Il apparaît ici que les liens entre les auteurs des livres blancs gouvernementaux et les producteurs travaillant pour les médias étatiques que nous allons analyser ensuite sont très étroits. Car ces « courts récits » sont empruntés à l'arsenal des médias. En résumé, on constate que les positions de la Chine vis-à-vis du Xinjiang et des droits humains ont évolué afin de faire face à des accusations de plus en plus graves. La lecture de ces textes reste toutefois laborieuse et l'impact de la propagande sur l'opinion publique internationale limité.

Les vidéos de la télévision d'État chinoise sur YouTube

Pour cette raison, la diffusion moins rigide et plus aisée de ces contenus sur les nouveaux réseaux sociaux prend une importance énorme, reconnue par les spécialistes des médias chinois et les praticiens. Leur modèle est surtout RT (autrefois Russia Today), la chaîne de l'État russe pour l'étranger (Zang et Lu 2019 ; Zhu et Jiang 2018). La Chine travaille activement depuis quelques années à l'extension de sa présence dans les médias du monde entier afin de se faire entendre et, pour reprendre les termes de Xi Jinping, de « raconter l'histoire de la Chine » (Diresta et al. 2020). Pour analyser l'évolution de la propagande sur le Xinjiang destinée à l'opinion internationale, nous avons analysé toutes les vidéos des deux chaînes

Fig. 11.2 : Nombre de vidéos concernant le Xinjiang par catégorie de contenu.

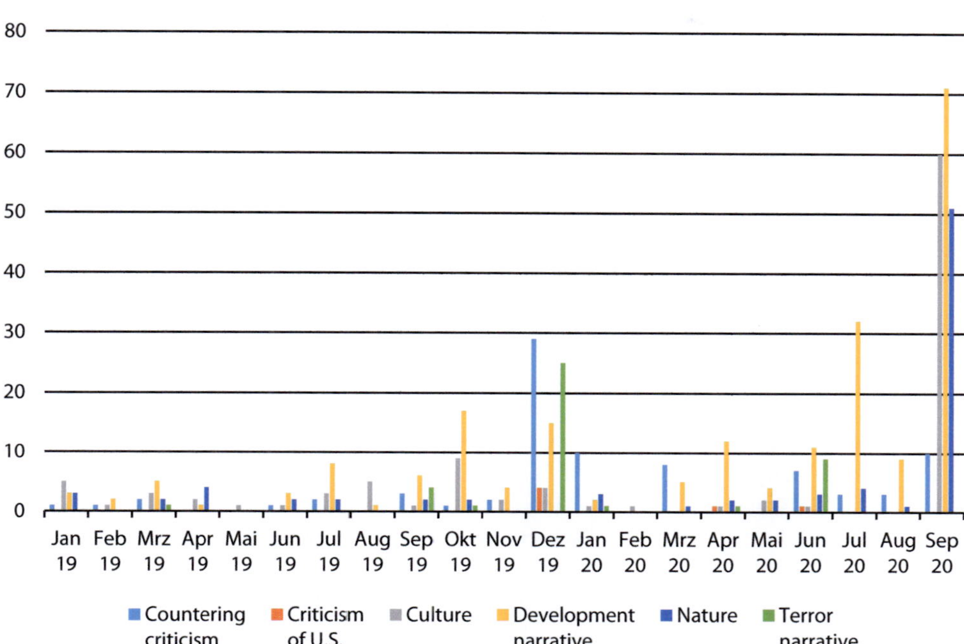

Remarque : vidéos limitées aux principales catégories par contenu (n = 529).
Source : données des auteurs, détails dans le texte.

télévisées CGTN et New China TV (Xinhua) se rapportant au Xinjiang et publiées entre janvier 2018 et septembre 2020 compris sur leurs canaux YouTube en anglais. Il s'agit d'environ 600 clips de longueur très différente et d'une durée totale de plus de 37 heures. Chaque vidéo a été codée individuellement par les deux auteurs de l'étude dans le cadre d'une procédure ouverte, puis les codes comparés et uniformisés afin d'obtenir la plus grande fiabilité possible. Les codes et catégories relatifs au contenu ont été développés de manière inductive à partir du matériel.

Dans une première étape, on peut d'abord constater une très forte augmentation purement quantitative des émissions consacrées au Xinjiang. Tandis qu'en 2018 le sujet ne jouait quasiment aucun rôle, en 2019 la hausse est fulgurante et à la fin de la période considérée on ne compte plus les vidéos abordant cette thématique (voir fig. 11.2).

Ce qui est frappant, c'est que le discours sur le terrorisme, qui occupe une place centrale dans la légitimation de la politique chinoise au Xinjiang (Roberts 2020 ; Tobin 2020), a un impact quantitatif remarquable à deux moments seulement, en décembre 2019 et en juin 2020, c'est-à-dire les mois où le Congrès américain débat des projets de loi déjà évoqués et visant à la protection des Ouïghours. Ce lien de cause à effet est non seulement manifeste, il est explicité par les auteurs chinois (Zhong 2020 : 125). Durant ces mois, la propagande chinoise destinée à l'étranger essaie d'influencer directement l'opinion publique internationale en diffusant de nouveaux documentaires de la chaîne CGTN sur les attentats au Xinjiang, avec pour une part des images très violentes des attaques filmées par des caméras de surveillance. Ces images sont faites pour choquer et inciter les spectateurs à comprendre la nécessité de contre-mesures très dures en vue d'une « déradicalisation ». Mais ces documentaires ont une audience minime à l'Ouest, frustrant beaucoup le camp chinois (Shi 2019). La porte-parole du ministère chinois des Affaires étrangères Hua Chunying utilise sa conférence de presse de décembre 2019 pour ridiculiser les représentants de la presse étrangère en leur demandant s'ils ont vu les documentaires en question. Aucun ne les ayant vus, elle blâme les journalistes comme des écoliers qui auraient oublié de faire leurs devoirs. Pour les chercheurs chinois, il s'agit d'un cas typique montrant à quel point il est difficile pour les médias chinois de briser le « monopole de l'information de l'Occident » (Li 2020). En effet, des commentateurs chinois soulignent que YouTube a commencé par ne pas conseiller les documentaires même à des abonnés du canal de CGTN en anglais. Ensuite, l'un des documentaires a d'abord été brièvement bloqué à cause de problèmes de copyright et dû de nouveau être mis en ligne. Enfin, pour regarder les trois documentaires, les utilisateurs doivent s'inscrire sur YouTube afin de prouver qu'ils sont majeurs. Même si cela peut être judicieux en raison de la brutalité des images, il faut noter que des vidéos non moins choquantes de Tibétains s'immolant par le feu en Chine étaient au même moment accessibles sans limite d'âge sur YouTube. Sur ce point, l'argument habituel « deux poids, deux mesures » doit aussi valoir pour la Chine. Par ailleurs, il est paradoxal de constater que la Chine déplore ici les limites d'accès à une plateforme Internet alors qu'elle l'interdit entièrement à sa propre population. Quoi qu'il en soit, la publication de ces documentaires doit d'abord être considérée comme un échec à cause des difficultés dont nous avons parlé et bien qu'elle ait été accompagnée de débats télévisés, bandes annonces et de beaucoup d'autres mesures publicitaires.[33]

Mais on constate que la couverture médiatique positive sur le Xinjiang est en nette augmentation. Comme dans les livres blancs, ce sont les progrès réalisés pour protéger la culture matérielle et immatérielle des différentes ethnies du Xinjiang qui est mise en avant, de même que la multiethnicité et la multiculturalité de la région, toujours comme contre-argument à l'indigénité revendiquée par les Ouïghours. La multireligiosité présente le même avantage, montrer que l'islam n'est pas une « religion autochtone » du Xinjiang et n'a jamais été non plus le seul système de croyance, mais en comparaison elle est moins accentuée. Les documentaires sur la nature qui proposent des images attrayantes sur le plan esthétique (souvent des vues du ciel colorées), sur fond de musique légère, et sont destinés à créer une ambiance agréable, sont très appréciés. Mais le motif le plus important est de loin le développement (*development narrative*). On trouve dans cette catégorie beaucoup de films, souvent très courts, qui montrent l'achèvement d'un certain projet d'infrastructure, l'extension du commerce transfrontalier ou la suppression de la pauvreté. Par ailleurs, elle comprend aussi beaucoup de récits personnels de développement qui, comme le livre blanc de 2020, sont censés donner un visage aux statistiques et raconter une histoire individuelle pour les illustrer. Cette stratégie a été définie par les experts médias chinois pour rendre la propagande sur le Xinjiang plus efficace (Li F. 2019).

33 La troisième partie, publiée en juin 2020, a apparemment plus de succès que les deux premières (Zhong 2020 : 126).

Dans ces portraits filmés, les spectateurs font la connaissance des membres des groupes ethniques du Xinjiang qui ont profité de la politique chinoise d'aide au développement, donc d'habitants du Sud de la région qui, autrefois pauvres, ont pu non seulement gagner de l'argent grâce au transfert de main-d'œuvre, mais aussi changer de mentalité par rapport au travail. Ils travaillent dur pour leur famille et pour améliorer l'éducation de leurs enfants. Les vidéos montrent beaucoup de chefs de petites entreprises, et ce qui est important, aussi des femmes qui sont par exemple à la tête d'un institut de beauté. Elles assurent ainsi une triple fonction : non seulement elles sont économiquement indépendantes et mènent une vie plus aisée qu'auparavant, mais elles rejettent une image de la femme passéiste car imposée par la religion (voir plus haut le port du voile) et elles jouent un rôle pionnier pour une perception nouvelle, « civilisée » du corps. Certains films présentent aussi sans détours des gens « sauvés » de l'extrémisme par une intervention de l'État (camps de rééducation et « centres de formation professionnelle »). En tout, ces portraits représentent à peu près la moitié de la durée totale des films de la catégorie *development narrative* que nous avons analysés. Ce qui est illustré ici n'est autre que l'objectif visé par l'État-parti, la transformation culturelle : des Ouïghours totalement assimilés au courant dominant, celui des Han, et réalisant à leur petit niveau le « rêve chinois » de Xi Jinping en travaillant dur et en s'intégrant dans la société afin d'améliorer les conditions de vie de leur famille et finalement de faire progresser la nation elle-même. Les seules spécificités culturelles à être encore montrées concernent le domaine culinaire, les chants et les danses. En tout cas, l'islam qui représente un élément aussi central de l'identité ouïghoure est de fait complètement occulté. Ces films montrent très exactement l'image idéale que l'État-parti a des Ouïghours.

Les vidéos que nous avons codées dans la catégorie *countering criticism* constituent une autre catégorie importante. Ce sont soit de courtes vidéos rejetant certaines accusations et venant de sources chinoises officielles, soit des déclarations (*endorsements*) de locuteurs étrangers qui soutiennent la Chine. Parmi les premières se trouvent aussi des attaques personnelles visant directement les promoteurs de la critique internationale à l'encontre de la politique chinoise au Xinjiang comme Adrian Zenz. Les médias étatiques essaient comme pour les témoins oculaires de jeter le discrédit sur les accusations en pratiquant un lynchage médiatique ciblé (Cadell 2021 ; UHRP 2021 : 13ss.). Dans le deuxième cas, les médias officiels ont recours à une méthode appelée « ‹ emprunter des bouches › pour parler » (*'jiezui' shuohua* '借嘴'说话) (Zhang S. 2019). Dans les vidéos que nous avons analysées, ces messages de soutien proviennent surtout de diplomates, chercheurs ou imams internationaux, quelquefois aussi de personnes qui ont voyagé au Xinjiang à titre privé et font part de leurs impressions. Ces derniers temps, cette stratégie intègre aussi davantage de youtubeurs étrangers mais vivant en Chine. Hua Chunying a ainsi montré dans le cadre de sa conférence de presse régulière une vidéo du youtubeur canadien Daniel Dumbrill, où il qualifie les accusations de génocide concernant le Xinjiang de propagande des médias et activistes occidentaux (Ministry of Foreign Affairs 2021). Ces « emprunts de bouches » doivent conférer une plus grande crédibilité aux déclarations officielles faites par la Chine.

Bien que le nombre d'utilisateurs de CGTN et de Xinhua TV sur YouTube soit relativement bas, que CGTN n'ait plus de licence télévisée depuis février 2021 en Grande-Bretagne (Hern 2021) et que ce type de propagande destiné à l'étranger ne trouve un écho en Europe et en Amérique du Nord qu'auprès d'une minorité, il ne faut pas sous-estimer son impact international. Il offre des contenus et des images à tous ceux qui se méfient d'une condamnation uniforme de la politique de la Chine au Xinjiang dans les médias de référence. Leurs raisons sont très diverses : il s'agit aussi bien de gens qui nourrissent un scepticisme général à l'encontre des médias à l'époque des *fake news* et des « faits alternatifs », à une époque où les théories du complot sont en plein essor dans le monde entier, que de citoyens d'États postcoloniaux qui ont une attitude critique vis-à-vis de l'Occident et de sa politique en matière de droits humains. La stratégie de la propagande vise ces groupes ainsi qu'un éditorial du journal d'État Global Times de début mars 2021, résolument nationaliste, le montre clairement (Global Times 2021). La lutte pour le leadership en matière d'interprétation des événements se poursuit avec un quatrième épisode du documentaire sur la lutte anti-terroriste diffusé par CGTN en avril 2021, qui se concentre sur les « soutiens cachés » des extrémistes au sein de l'appareil d'État (« The War in the Shadows : Challenges of Fighting Terrorism in Xinjiang »). Une comédie musicale gaie et romantique, « The Wings of Songs », diffusée fin mars, abonde dans le même sens. C'est l'histoire d'un groupe de garçons du Xinjiang composé d'un Han (le chef du groupe), d'un Kazakh et d'un Ouïghour. Détail significatif, le groupe s'appelle « Graines de grenade » (*Shiliuzi* 石榴籽), une allusion à l'appel de Xi Jinping à la solidarité ethnique évoqué au chapitre 9. Le film aligne l'ensemble des stéréotypes déjà analysés et se sert des ficelles habituelles pour présenter le Xinjiang comme le pays de l'harmonie interethnique, tout en niant tous les aspects religieux. Même les influences de la musique ouïghoure ne se retrouvent qu'à dose homéopathique dans la musique pop du film, laquelle correspond au goût standard. L'ethnicité non-han est surtout symbolisée par la danse et les costumes colorés. Il s'agit donc d'une représentation stérile et hanisée répondant aux attentes de l'État-parti.

Une recherche du New York Times a révélé un autre aspect de la propagande à grande échelle pratiquée par la Chine : de courtes vidéos propagées sur les réseaux sociaux, avec des déclarations rejetant les attaques étrangères contre la politique de la RPC au Xinjiang. Ces vidéos présentent soi-disant des « gens normaux » du Xinjiang qui qualifient de manière étonnamment similaire le concept de génocide et d'autres accusations de l'ancien ministre des Affaires étrangères de « non-sens total ». Les clips sont censés rayonner d'authenticité, mais dans leur uniformité ils rappellent plutôt une production en série commanditée d'en haut. L'analyse de 3 000 vidéos de ce genre montre qu'elles sont entre autres diffusées par une application du nom de « Pomegranate Cloud », qui appartient au groupe du Quotidien du peuple. De là, elles parviennent par le biais de médias sociaux chinois sur des plates-formes internationales comme Twitter et YouTube (Kao et al. 2021). La propagande chinoise à destination de l'étranger emprunte ainsi de nouvelles voies dans sa prise d'influence sur le débat international au sujet du Xinjiang, et s'inspire des « vidéos d'otages » (UHRP 2021).

***

Au moment où nous écrivons, le débat international au sujet du jugement à porter sur la politique de la Chine au Xinjiang et la réaction à avoir bat son plein. Avec les sanctions prises des deux côtés, il s'est encore durci et exacerbé. Le fait que la RPC ait prononcé des sanctions à l'égard non seulement d'hommes et femmes politiques (des parlementaires de l'UE appartenant aux cinq fractions), mais aussi de scientifiques et d'organismes de recherche a tout particulièrement été perçu comme la preuve que la Chine avait une nouvelle fois dépassé les limites. Car cette sanction vise à étouffer le débat critique sur le sujet et à imposer à tous par la force la lecture chinoise. Les contre-réactions ne se sont pas fait attendre et contribueront sans doute de leur côté à accélérer l'escalade de la violence. Eu égard à cette dynamique, un bilan se doit d'être prudent.

Le discours chinois sur le développement et le « deux poids, deux mesures de l'Occident » quant aux droits humains n'a que peu d'écho en Europe et en Amérique du Nord, mais trouve des oreilles attentives dans certaines parties du monde non-occidental. Il est surtout intéressant de noter que beaucoup de pays musulmans – y compris la Turquie, qui prenait autrefois parti pour les Ouïghours – adhèrent entretemps plutôt aux positions chinoises. Les gouvernements et les sociétés civiles des pays occidentaux ne devront donc pas faire comme si leur attitude critique face à la politique chinoise au Xinjiang était universellement partagée. Dans le cas du Xinjiang, comme dans d'autres champs politiques, les signes indiquent plutôt que le conflit avec la Chine s'intensifie ainsi que le combat pour la suprématie de l'un ou l'autre discours dans le monde. Il semble d'autant plus important de pouvoir apporter des preuves empiriques convaincantes des allégations formulées et de les justifier juridiquement. Les accusations exagérées, qui comprennent à mon avis celle de génocide, peuvent facilement provoquer l'effet involontaire d'une solidarisation contre les accusateurs. Les représentants de la thèse du génocide avanceront peut-être l'idée que les résolutions utilisant ce concept bien que des poursuites judiciaires soient de fait exclues, sont plus qu'un avertissement sans lendemain, car au moindre soupçon la communauté internationale se voit obligée d'empêcher ce type de crime. En se fondant sur les différentes analyses d'experts du droit international évoquées plus haut, on peut objecter que les méthodes employées par la Chine relèvent plutôt du crime contre l'humanité et que cette classification paraît plus plausible. L'insistance sur le concept de génocide semble viser davantage à provoquer un choc et à susciter une mobilisation qu'elle ne repose sur des considérations juridiques.

12 Conclusion

La politique de la Chine au Xinjiang fait l'objet de critiques internationales, un jugement définitif serait prématuré. Mon étude part du présupposé que pour porter un jugement il convient aussi de tenir compte du contexte historique. Dans son histoire du Xinjiang, Clarke (2011) analyse les relations entre l'État (chinois) et la région sous l'angle d'une intégration qui a connu plusieurs phases, mais qui a finalement toujours été plus intense et plus radicale. J'ai proposé ici une distinction entre une phase d'association au royaume Qing jusqu'au soulèvement de 1864 et une tentative d'intégration après la reconquête de la région. Le soulèvement est paré par Yakub Beg du qualificatif de « guerre sainte » afin que les peuples et les écoles soufies du Xinjiang oublient leurs divisions et s'unissent contre l'ennemi. C'est seulement en 1885 que le Xinjiang devient une province et remplace en grande partie sa gouvernance indirecte par un alignement sur les structures administratives du cœur de l'empire. Xinjiang connaît là une transformation semblable à celle d'autres régions périphériques de l'empire Qing. Ces réformes sont en même temps une réponse aux tentatives entreprises par des impérialistes européens pour s'assurer le contrôle sur certains pans de ces territoires. Au Xinjiang, cette volonté d'expansion se traduit par l'occupation de la vallée de l'Ili (1871–1881) par la Russie tsariste. Mais le régime qui lui succède, l'Union soviétique, exploite aussi la faiblesse et le morcellement de la République de Chine pour continuer à faire valoir ses intérêts économiques au Xinjiang. Ces expériences de « troubles intérieurs et d'ingérence étrangère » (*neiluan waihuan* 内乱外患), pas seulement en relation avec le Xinjiang, se sont profondément inscrites dans la conscience chinoise et marquent jusqu'à aujourd'hui les schémas d'interprétation des événements se produisant dans la région. Il ne fait toutefois aucun doute qu'à Beijing et Ürümqi les décideurs peuvent utiliser ces interprétations comme une stratégie pour rejeter la responsabilité de toutes les formes de résistance à leur politique sur des forces extérieures.

Toujours est-il que depuis les débuts de la République populaire l'intégration du Xinjiang a développé une dynamique entièrement nouvelle. Il suffit ici de mentionner la transformation démographique d'une région avec une nette majorité ouïghoure en 1949 à une situation à la fin de l'ère de Mao où les Chinois han et les Ouïghours représentent des parts à peu près égales de la population. Avec la politique d'ouverture et de réformes mise en place à partir de la fin des années 1980 le transfert de main-d'œuvre organisé par l'État commence par diminuer alors que l'immigration induite par les forces du marché augmente, si bien que la part des Han dans la population se stabilise plus ou moins. En dépit ou précisément à cause des plus grandes libertés de cette décennie, les tensions s'accroissent dans la région et finissent par se déchaîner à partir de 1990 dans une série de protestations et de soulèvements. Les bouleversements géopolitiques en Asie centrale après la dissolution de l'Union soviétique contribuent aussi à intensifier les craintes du gouvernement central de voir son contrôle sur le Xinjiang ébranlé. Les autorités réagissent avec fermeté (campagnes « Frapper fort ») et réussissent à interrompre les violences au début du XXIe siècle.

La deuxième composante de la politique chinoise consiste en une intégration toujours plus forte et un contrôle toujours plus strict de la région, tant par des investissements de grande envergure dans l'infrastructure (« Programme de développement de l'Ouest ») que par l'introduction progressive de l' « éducation bilingue » (diffusion du chinois comme langue d'enseignement) et une politique religieuse plus stricte. Les disparités socio-économiques de la région continuent malgré ces efforts de s'accentuer, surtout parce que les migrants han et les entreprises publiques aux mains de Han profitent des projets d'investissements publics. Dans les années 2000, beaucoup de Ouïghours se sentent marginalisés. Il arrive que ceux comme les *minkaohan* qui voulaient s'intégrer en augmentant leurs chances sur le marché du travail par l'éducation aillent de désillusion en désillusion. Les changements affectant la situation politique mondiale jouent là aussi un rôle indirect : après les attentats terroristes islamistes de 2001 aux États-Unis (« 9/11 »), la Chine se met à interpréter son « problème de séparatisme » comme un « problème de terrorisme ». Les Ouïghours en général sont de plus en plus suspectés d'être des extrémistes, voire des terroristes, c'est du moins la perception qu'en ont l'opinion publique et les forces de l'ordre. Ceci se manifeste très clairement avant les Jeux olympiques d'été de 2008 à Beijing. Roberts (2020 : 142ss.) voit là un facteur décisif de l'explosion de violence à Ürümqi en juillet 2009. Mais nous y voyons aussi, au sein de la communauté ouïghoure, une lutte intense pour une identité ethnique propre, qui se définit de plus en plus en opposition aux Han tout en mettant en avant des références transnationales.

Les violentes émeutes d'Ürümqi sont un événement qui met fin à la phase de calme relatif dans les relations interethniques au Xinjiang. Elles marquent indéniablement une césure en montrant que le mécontentement n'était qu'étouffé et que les problèmes qui l'avaient provoqué n'étaient nullement résolus. Brièvement interrompue, l'escalade reprend : le gouvernement central réagit à nouveau par une double stratégie, sécurisation (*securitization*) d'une part, vastes investissements d'autre part, ces derniers étant décidés en 2010 lors du premier Forum de travail sur le Xinjiang. Mais les succès se font attendre, surtout en ce qui concerne la stabilité sociale. Au contraire, la répression accrue suscite de nouveaux heurts violents et nourrit manifestement le courant extrémiste. Car à partir de 2013 environ, la résistance à l'État prend des formes très différentes. Des explosifs sont utilisés (comme déjà à la fin des années 1990), tandis que des civils et non des représentants des forces de l'ordre servent de plus en plus souvent de cibles à des attaques à l'arme blanche et que les attaquants sont davantage prêts à perdre la vie afin de faire plus de victimes. La Chine subit au Xinjiang et au-delà une vagues d'attentats terroristes commis par des Ouïghours.

Cette exacerbation des tensions politiques a de plus lieu au moment où le nouveau Secrétaire général du PCC et Président de la RPC Xi Jinping vient de poser un jalon en matière de politique extérieure avec le lancement de la Nouvelle route de la soie. Suivant une logique dialectique, la réalisation de cette vision repose d'un côté sur une intégration encore plus forte du Xinjiang dans la RPC et doit de l'autre servir précisément cet objectif. Le deuxième Forum de travail sur le Xinjiang, organisé par le gouvernement central en 2014, souligne donc le choix du développement de la région et même temps sa *Securitization*. Étant sonné la vague de violence que nous venons d'évoquer, la sécurisation de la région prend des dimensions inédites (Chaudhuri 2021 : chap. 6). Le Xinjiang se transforme en un État policier. Avec la nomination de Chen Quanguo au poste de Secrétaire du PCC au Xinjiang en 2016, c'est un partisan d'une politique dure qui est installé à la tête de la direction régionale ; il se met aussitôt à instaurer un internement massif de Ouïghours et d'autres ethnies musulmanes en vue de leur rééducation, une nouvelle méthode pour briser définitivement les résistances. Même si le nombre de personnes concernées ne peut être fixé avec certitude, ce système de camps montre une extension massive de la campagne de dé-extrémisation à de larges pans de la société – en tout cas à un nombre nettement plus élevé de personnes que celles qui ont pu participer à des activités violentes ou terroristes, comme même les auteurs chinois proches du gouvernement le reconnaissent (rapport de Nankai 2018). En même temps, les camps ne constituent qu'un volet d'une campagne qui comprend en outre une limitation stricte des naissances, une mobilisation des villageois et leur transformation en ouvriers d'usine ainsi qu'une interdiction effective de la pratique régulière de la religion, etc. Certains sont d'avis qu'il faut qualifier cette nouvelle phase de la politique au Xinjiang de génocide culturel.

Ces phénomènes n'ont pu être dévoilés que progressivement puisque la région est pratiquement interdite à tous ceux qui n'y vont qu'à la demande et avec l'aval du PCC. Les réactions internationales reflètent dans une large mesure le point de vue général sur l'État-parti chinois. Tandis que les sociétés démocratiques d'Europe, d'Amérique du Nord et d'Australie réagissent avec effroi et émettent des critiques, la Chine réussit à s'assurer des soutiens dans d'autres parties du monde. Sont particulièrement importants pour la Chine les pays musulmans qui, pour toutes sortes de raisons, ont voté contre « les pays de l'Ouest » et aux côtés de la Chine. Ses soutiens, dont la Russie, l'autre acteur dominant en Asie centrale, adhèrent au discours officiel chinois selon lequel les camps de rééducation sont des établissements de formation professionnelle visant à la déradicalisation de personnes atteintes d'extrémisme islamiste comme s'il s'agissait d'une maladie contagieuse. Toutes les mesures citées sont, dans leur lecture officielle, à la fois « justes » (car elles reposent sur des lois chinoises dont la formulation est extrêmement vague et de grande portée) et bon marché pour lutter contre le terrorisme et l'extrémisme, c'est-à-dire la racine du mal, un danger pour l'humanité civilisée. Cette lutte pour le leadership sur l'opinion publique internationale bat actuellement son plein. Tandis qu'un camp donne dans l'escalade rhétorique avec des accusations de génocide, la Chine essaie par une propagande ciblée à destination de l'étranger de se construire une image positive. Au troisième Forum de travail du le Xinjiang organisé par le gouvernement central en septembre 2020, Xi Jinping appelle en conséquence à « bien raconter l'histoire du Xinjiang en trois dimensions » (*litishi jianghao Xinjiang gushi* 立体式讲好新疆故事). Pour lui, les succès de la politique au Xinjiang sont éloquents et « la *stratégie absolument correcte* du parti *au Xinjiang* dans une Nouvelle Ère » doit « être poursuivie à long terme » (Xi 2020 ; souligné par nous). La Chine ne tolère aucune ingérence dans ses « affaires intérieures » et rejette toute critique de la situation des droits humains dans le pays. Les sanctions réciproques entre les démocraties libérales et la Chine au printemps 2021 ont fait que les fronts se sont encore durcis.

***

Même si les résultats de la présentation que voici peuvent être résumés assez brièvement, la question des conclusions et des recommandations pour une étude à venir du conflit au Xinjiang soulève pour moi des difficultés encore nettement plus grandes. D'une part, il s'agit d'une « cible mobile », car pendant que nous écrivons ces lignes, de nouveaux rapports d'organisations de défense des droits humains, de chercheurs et d'activistes paraissent, qui ne peuvent plus être pris en considération comme il se devrait.[34] La question de la responsabilité morale et peut-même même juridique d'entreprises internationales implantées au Xinjiang ou en relation avec la région par le biais de sous-traitants ou de produits de base comme le coton ne peut pas être débattue ici de manière appropriée. Elle retient actuellement davantage l'attention de l'opinion publique du fait de l'adoption en juin 2021 par le Bundestag de la loi sur les chaînes d'approvisionnement (Wissenschaftliche Dienste 2021b). L'analyse des accusations de travail forcé a montré que par rapport à celles concernant les stérilisations forcées et les camps de rééducation, elles sont moins bien étayées. Les programmes d'éradication de la pauvreté et de la transformation de la population rurale ouïghoure en main-d'œuvre destinée à l'industrie et aux services modernes mélangent, comme cela a été vu, les objectifs de développement régional et de promotion économique avec d'autres relevant d'un mode de civilisation et d'une transformation culturelle imposés d'en haut et strictement appliqués. En ce sens, il convient au moins de parler d'une pression de mobilisation exercée sur les groupes concernés. La contrainte directe ou même l' « esclavage » dont il est question dans certaines présentations sont à mon avis insuffisamment attestés jusqu'à présent. Il n'est donc pas souhaitable de pointer prématurément la responsabilité des entreprises faisant des affaires avec le Xinjiang. Il me semble en revanche justifié de leur demander d'étudier de près leurs propres chaînes d'approvisionnement. Vu les difficultés d'accès déjà mentionnées, cela devrait déjà constituer une exigence suffisante. Mais mettre toute la région en quelque sorte sous embargo va à mon avis trop loin et nuit davantage à la population locale qu'elle ne l'aide. Il serait en revanche souhaitable d'avoir une politique plus claire à différents niveaux afin de montrer aux dirigeants du Parti et de l'État à Beijing quelles sont les lignes rouges à ne pas franchir et que les droits humains ne relèvent pas des affaires intérieures des États quels qu'ils soient, mais les concernent tous.

J'ai conscience que toutes les appréciations et toutes les propositions évoquées plus haut sont discutables et vont certainement susciter la contradiction. J'espère toutefois avec ce livre avoir un peu contribué à mener ce débat avec les informations et la neutralité nécessaires.

[34] Par exemple Amnesty International (2021) ; Zenz (2021b).

Bibliographie

AFP (2019) 'No Space to Mourn' : The Destruction of Uygur Graveyards in Xinjiang. *South China Morning Post*, 12/10/2019. Disponible en ligne : https://www.scmp.com/news/china/politics/article/3032646/no-space-mourn-destruction-uygur-graveyards-xinjiang (dernière consultation : 09/06/2021).

Ahlers, Anna et Gunter Schubert (2009) 'Building a New Socialist Countryside' – Only a Political Slogan ? *Journal of Current Chinese Affairs*, 4, 35–62.

Ahmed, Zahid Shahab (2019) Impact of the China–Pakistan Economic Corridor on Nation-building in Pakistan. *Journal of Contemporary China*, 28(117), 400–414.

Alexis-Martin, Becky (2019) The Nuclear Imperialism–Necropolitics Nexus : Contextualizing Chinese–Uyghur Oppression in Our Nuclear Age. *Eurasian Geography and Economics*, 60(2), 152–176.

Alpermann, Björn (2001) *Der Staat im Dorf : Dörfliche Selbstverwaltung in China*. Hambourg : Institut für Asienkunde.

Alpermann, Björn (2010) *China's Cotton Industry : Economic Transformation and State Capacity*. Londres : Routledge.

Alpermann, Björn (2013) Class, Citizenship, Ethnicity : Categories of Social Distinction and Identification in Contemporary China. Caniela Célleri, Tobias Schwarz et Bea Wittger (éd.) *Interdependencies of Social Categorisations*. Madrid : Vervuert, 237–261.

Alpermann, Björn (2014) Sozialer Wandel und gesellschaftliche Herausforderungen in China. Doris Fischer et Christoph Müller-Hofstede (éd.) *Länderbericht China*. Bonn : Bundeszentrale für politische Bildung, 397–434.

Alpermann, Björn (2016) Prekarisierung am Beispiel der städtischen *dibao*-Empfänger in China : Politik, Diskurs, Subjektivierung. Stephan Köhn et Monika Unkel (éd.) *Prekarisierungsgesellschaften in Ostasien ? Aspekte der sozialen Ungleichheit in China und Japan*. Wiesbaden : Harrassowitz, 177–208.

Alpermann, Björn (2020) China's Rural–Urban Transformation : New Forms of Inclusion and Exclusion. *Journal of Current Chinese Affairs*, 49(3), 259–268.

Alpermann, Björn et Franziska Fröhlich (2020) Doing Discourse Research in Chinese Studies : Methodological Reflections on the Basis of Studying Green Consumption and Population Policy. *Asien*, 154/155, 111–128.

Alpermann, Björn et Michael Malzer (en cours de publication) 'In Other News' : China's International Media Strategy on Xinjiang – CGTN and Xinhua on YouTube. *Modern China*.

Alpermann, Björn et Shaohua Zhan (2019) Population Planning after the One-child Policy : Shifting Modes of Political Steering. *Journal of Contemporary China*, 28(117), 348–366.

Amnesty International (2015) *No End in Sight : Torture and Forced Confessions in China*. Londres : Amnesty International Publications. Disponible en ligne : https://www.amnesty.org/download/Documents/ASA1727302015ENGLISH.PDF (dernière consultation : 04/06/2021).

Amnesty International (2021) *'Like We Were Enemies in a War' : China's Mass Internment, Torture and Persecution of Muslims in Xinjiang*. Londres: Amnesty International Publications. Disponible en ligne : https://www.amnesty.de/sites/default/files/2021-06/Amnesty-Bericht-China-Uiguren-Xinjiang-Internierungslager-Juni-2021.pdf (dernière consultation : 23/06/2021).

Anand, Dibyesh (2019) Colonization with Chinese Characteristics : Politics of (In)Security in Xinjiang and Tibet. *Central Asian Survey*, 38(1), 129–147.

Anderson, Amy et Darren Byler (2019) 'Eating Hanness' : Uyghur Musical Tradition in a Time of Re-education. *China Perspectives*, 3, 17–26.

Anderson, Benedict (1983) *Imagined Communities : Reflections on the Origin and Spread of Nationalism*. Londres : Verso.

Anderson, Elise (2020) The Politics of Pop : The Rise and Repression of Uyghur Music in China. *Los Angeles Review of Books*, 31/05/2020. Disponible en ligne : https://lareviewofbooks.org/article/politics-pop-rise-repression-uyghur-music-china/ (dernière consultation : 16/01/2021).

Bao, Yajun (2020) The Xinjiang Production and Construction Corps : An Insider's Perspective. *China : An International Journal*, 18(2), 161–174.

Baptista, Eduardo (2021) Human Rights in China : Activists Say Sensationalist Reports on Xinjiang Do More Harm Than Good. *South China Morning Post*, 24/05/2021. Disponible en ligne : https://www.scmp.com/news/china/politics/article/3134671/human-rights-china-activists-say-sensationalist-reports (dernière consultation : 01/06/2021).

Barabantseva, Elena V. (2009) Development as Localization : Ethnic Minorities in China's Official Discourse on the Western Development Project. *Critical Asian Studies*, 41(2), 225–254.

Baranovitch, Nimrod (2003) From the Margins to the Centre : The Uyghur Challenge in Beijing. *China Quarterly*, 175, 726–750.

Baranovitch, Nimrod (2007a) Inverted Exile : Uyghur Writers and Artists in Beijing and the Political Implications of Their Work. *Modern China*, 33(4), 462–504.

Baranovitch, Nimrod (2007b) From Resistance to Adaptation : Uyghur Popular Music and Changing Attitudes among Uyghur Youth. *China Journal*, 58, 59–82.

Baranovitch, Nimrod (2019) The Impact of Environmental Pollution on Ethnic Unrest in Xinjiang : A Uyghur Perspective. *Modern China*, 45(5), 504–536.

Baranovitch, Nimrod (2020) The 'Bilingual Education' Policy in Xinjiang Revisited : New Evidence of Open Resistance and Active Support among the Uyghur Elite. *Modern China*. DOI : 10.1177/0097700420969135.

Barbour, Brandon et Reece Jones (2012) Criminals, Terrorists, and Outside Agitators : Representational Tropes of the 'Other' in the 5 July Xinjiang, China Riots. *Geopolitics*, 18(1), 95–114.

Basu, Zachary (2020) Biden Campaign Says China's Treatment of Uighur Muslims is 'Genocide'. *Axios*, 28/08/2020. Disponible en ligne : https://www.axios.com/biden-campaign-china-uighur-genocide-3ad857a7-abfe-4b16-813d-7f074a8a04ba.html (dernière consultation : 12/03/2021).

Batke, Jessica (2017) PRC Religious Policy : Serving the Gods of the CCP. *China Leadership Monitor*, 52.

Batke, Jessica (2018) Central and Regional Leadership for Xinjiang Policy in Xi's Second Term. *China Leadership Monitor*, 56.

Baum, Richard (1994) *Burying Mao : Chinese Politics in the Age of Deng Xiaoping*. Princeton : Princeton University Press.

BBC (2014) China Jails Students of Uighur Scholar Ilham Tohti. *British Broadcasting Company*, 09/12/2014. Disponible en ligne : https://www.bbc.com/news/world-asia-china-30390801 (dernière consultation : 25/01/2021).

BBC (2019a) Abdurehim Heyit Chinese Video 'Disproves Uighur Musician's Death'. *British Broadcasting Company*, 11/02/2019. Disponible en ligne : https://www.bbc.com/news/world-asia-47191952 (dernière consultation : 16/01/2021).

BBC (2019b) Inside China's 'Thought Transformation' Camps. *British Broadcasting Company*, 18/06/2019. Disponible en ligne : https://www.youtube.com/watch?v=WmId2ZP3h0c (dernière consultation : 09/02/2021).

BBC (2020) Xinjiang : Large Numbers of New Detention Camps Uncovered in Report. *British Broadcasting Company*, 24/09/2020. Disponible en ligne : https://www.bbc.com/news/world-asia-china-54277430 (dernière consultation : 19/05/2021).

Becquelin, Nicolas (2000) Xinjiang in the Nineties. *China Journal*, 44, 65–90.

Becquelin, Nicolas (2004) Staged Development in Xinjiang. *China Quarterly*, 178, 358–378.

Beijing Rundschau (1984) Die Beziehungen zwischen den Nationalitäten in Xinjiang – Interview unseres Korrespondenten mit Wang Enmao, erster Sekretär des Uigurischen Autonomen Gebiets Xinjiang. *Beijing Rundschau*, 51 (18/12/1984), 19–22.

Bellér-Hann, Ildikó (2008) *Community Matters in Xinjiang 1880–1949. Towards a Historical Anthropology of the Uyghur*. Leyde : Brill.

Bellér-Hann, Ildikó (2014) The Bulldozer State : Chinese Socialist Development in Xinjiang. Madeleine Reeves, Johan Rasanayagam et Judith Beyer (éd.) *Ethnographies of the State in Central Asia: Performing Politics*. Bloomington : Indiana University Press, 173–197.

Bellér-Hann, Ildikó (2015) *Negotiating Identities : Work, Religion, Gender, and the Mobilisation of Tradition among the Uyghur in the 1990s*. Berlin : LIT.

Bellér-Hann, Ildiko (2020) Uyghur Religion. Stephan Feuchtwang (éd.) *Handbook on Religion in China*. Cheltenham : Edward Elgar, 338–360.

Bellér-Hann, Ildikó et al. (2007) (éd.) *Situating the Uyghurs between China and Central Asia*. Aldershot : Ashgate.

Bitbarova, Assel G. (2018) Unpacking Sino–Central Asian Engagement along the New Silk Road : A Case Study of Kazakhstan. *Journal of Contemporary East Asian Studies*, 7(2), 149–173.

Boehler, Patrick (2013) Beijing Bans Knife Sales after Two Killing Sprees. *South China Morning Post*, 23/07/2013. Disponible en ligne : https://www.scmp.com/news/china-insider/article/1289052/beijing-bans-knife-sales-after-two-killing-sprees (dernière consultation : 25/01/2021).

Bohnet, Armin, Ernst Giese et Zeng Gang (1998) *Die autonome Region Xinjiang (VR China) – Eine ordnungspolitische und regionalökonomische Studie (Band I)*. Münster : LIT.

Bolton, John (2020) *The Room Where It Happened: A White House Memoir*. New York : Simon & Schuster.

Bös, Mathias (2008) Ethnizität. Nina Baur et al. (éd.) *Handbuch Soziologie*. Wiesbaden : VS Verlag für Sozialwissenschaften, 55–76.

Bovingdon, Gardner (2002) The Not-so-silent Majority : Uyghur Resistance to Han Rule in Xinjiang. *Modern China*, 28(1), 39–78.

Bovingdon, Gardner (2004) *Autonomy in Xinjiang: Han Nationalist Imperatives and Uyghur Discontent*. Policy Studies, 11. Washington : East-West Center.

Bovingdon, Gardner (2010) *The Uyghurs : Strangers in Their Own Land*. New York : Columbia University Press (réimpression : 2020).

Bovingdon, Gardner et Nabijan Tursun (2004) Contested Histories. Starr (2004), 353–374.

BPB (Bundeszentrale für politische Bildung) (2016) Terrorismusdefinitionen. Disponible en ligne : https://www.bpb.de/apuz/229101/terrorismus-definitionen (dernière consultation : 20/01/2021).

Brophy, David (2008) The Kings of Xinjiang : Muslim Elites and the Qing Empire. *Études Orientales*, 25(1), 69–90.

Brophy, David (2016) *Uyghur Nation : Reform and Revolution on the Russia–China Frontier*. Cambridge : Harvard University Press.

Brown, Melissa J. (2001) Ethnic Classification and Culture : The Case of the Tujia in Hubei, China. *Asian Ethnicity*, 2(1), 55–72.

Brown, Melissa Shani et David O'Brien (2019) Defining the Right Path : Aligning Islam with Chinese Socialist Core Values at Ningbo's Moon Lake Mosque. *Asian Ethnicity*, 21(2), 269–291.

Brox, Trine et Ildikó Bellér-Hann (2014) (éd.) *On the Fringes of the Harmonious Society : Tibetans and Uyghurs in Socialist China*. Copenhague : NIAS Press.

Brunnstrom, David (2021) U.S. Commission Says China Possibly Committed 'Genocide' against Xinjiang Muslims. *Reuters*, 14/01/2021. Disponible en ligne : https://www.reuters.com/article/us-usa-china-uighurs-idUSKBN29J2GF (dernière consultation : 02/04/2021).

Bureau des statistiques du Bingtuan et Bureau national des statistiques 新疆生产建设兵团统计局, 国家统计局兵团调查总队 (2020) 新疆生产建设兵团2019年国民经济和社会发展统计公报 (Bulletin statistique de la Société de production et de construction du Xinjiang relatif au développement socio-économique en 2019). Disponible en ligne : http://www.xjbt.gov.cn/c/2020-04-26/7346732.shtml (dernière consultation : 17/09/2020).

Bureau des statistiques du Bingtuan et Bureau national des statistiques 新疆生产建设兵团统计局, 国家统计局兵团调查总队 (2021) 新疆生产建设兵团 2020年国民经济和社会发展统计公报 (Bulletin statistique de la Société de production et de construction du Xinjiang relatif au développement socio-économique en 2020). Disponible en ligne : http://epaper.bingtuannet.com/pad/cont/202103/17/c151862.html (dernière consultation : 15/04/2021).

Byler, Darren (2013) Sufi Poetry and Ablajan Awut Ayup. Disponible en ligne : http://livingotherwise.com/2013/06/24/playing-with-serious-space-in-urumqi-sufi-poetry-and-the-uyghur-justin-beiber/ (dernière consultation : 16/01/2021).

Byler, Darren (2014) The Legacy of the Uyghur Rock Icon Exmetjan. Disponible en ligne : https://livingotherwise.com/2014/03/27/the-legacy-of-the-uyghur-rock-icon-exmetjan/ (dernière consultation : 15/01/2021).

Byler, Darren (2017) Ablajan and the Subtle Politics of Uyghur Pop. Disponible en ligne : https://livingotherwise.com/2017/07/14/ablajan-subtle-politics-uyghur-pop/ (dernière consultation : 16/01/2021).

Byler, Darren (2018) Violent Paternalism : On the Banality of Uyghur Unfreedom. *Asia-Pacific Journal*, 16(4), 1–15.

Byler, Darren (2019) Uyghur Love in a Time of Interethnic Marriage. *SupChina*, 07/08/2019. Disponible en ligne : https://supchina.com/2019/08/07/uyghur-love-in-a-time-of-interethnic-marriage/ (dernière consultation : 13/01/2021).

Byler, Darren (2020) Uyghur 'Caretaking' and the Isolation of Reeducation. *SupChina*, 02/09/2020. Disponible en ligne : https://supchina.com/2020/09/02/uyghur-care-taking-and-the-isolation-of-reeducation/ (dernière consultation : 29/12/2020).

Byler, Darren (2022a) *In the Camps : Life in China's High-Tech Penal Colony*. Londres : Atlantic Books.

Byler, Darren (2022b) *Terror Capitalism : Uyghur Dispossession and Masculinity in a Chinese City*. Durham : Duke University Press.

Byler, Darren, Ivan Franceschini et Nicholas Loubere (2022) (éd.) *Xinjiang Year Zero*. Canberra : ANU Press.

Cadell, Cate (2021) China Counters Uighur Criticism with Explicit Attacks on Women Witnesses. *Reuters*, 01/03/2021. Disponible en ligne : https://www.reuters.com/article/us-china-xinjiang-idUSKCN2AT1BA (dernière consultation : 09/07/2021).

Cao, Xun et al. (2018a) Digging the 'Ethnic Violence in China' Database : The Effects of Inter-ethnic Inequality and Natural Resources Exploitation in Xinjiang. *China Review*, 18(1), 121–154.

Cao, Xun et al. (2018b) Local Religious Institutions and the Impact of Interethnic Inequality on Conflict. *International Studies Quarterly*, 62, 765–781.

Cappelletti, Alessandra (2016) Socio-economic Disparities and Development Gap in Xinjiang : The Cases of Kashgar and Shihezi. Hayes et Clarke (2016), 151–182.

Carter, John, Sidney Leng et Orange Wang (2021) China Population : Census Confirms Increase to 1.412 Billion in 2020, But Births Fall Again. *South China Morning Post*, 11/05/2021. Disponible en ligne : https://www.scmp.com/economy/china-economy/article/3132980/china-population-latest-census-confirms-increase-1412-billion (dernière consultation : 09/06/2021).

Cavelius, Alexandra et Sayragul Sauytbay (2021) *China Protokolle : Vernichtungsstrategien der KPCh im größten Überwachungsstaat der Welt*. Munich : Europa Verlag.

Centre de recherche sur le développement du Xinjiang 新疆发展研究中心 (2020) 关于境外炒作新疆人口问题的研究报告 (Rapport d'étude sur la sensationnalisation des questions démographiques portant sur le Xinjiang à l'étranger). 新疆社会科学院 (*Xinjiang Akademie der Sozialwissenschaften*). Disponible en ligne : http://www.xjass.cn/zxdt/content/2020-09/03/content_522100.htm (dernière consultation : 12/02/2021).

Cesàro, M. Cristina (2007) *Polo, Läghmän, So Säy* : Situating Uyghur Food between Central Asia and China. Bellér-Hann et al. (2007), 185–202.

CGTN (2019a) Fighting Terrorism in Xinjiang. Documentaire. *China Global Television Network*, 05/12/2019. Disponible en ligne : https://www.youtube.com/watch?v=u4cYE6E27_g (dernière consultation : 25/01/2021).

CGTN (2019b) The Black Hand — ETIM and Terrorism in Xinjiang. Documentaire. *China Global Television Network*, 11/12/2019. Disponible en ligne : https://www.youtube.com/watch?v=fuj5yUNW7rg (dernière consultation : 25/01/2021).

Chatterjee, Suchandana (2018) Bordered Conscience : Uyghurs of Central Asia. Ercilasun et Ercilasun (2018), 105–120.

Chaudhuri, Debasish (2005) A Survey of the Economic Situation in Xinjiang and Its Role in the Twenty-first Century. *China Report*, 41(1), 1–28.

Chaudhuri, Debasish (2010) Minority Economy in Xinjiang : A Source of Resentment. *China Report*, 46(1), 9–27.

Chaudhuri, Debasish (2018) *Xinjiang and the Chinese State : Violence in the Reform Era*. Londres : Routledge.

Chaudhuri, Debasish (2021) *Countering Internal Security Challenges in Xinjiang : Rise of the Surveillance State?* Delhi : Institute of Chinese Studies, Monograph 7.

Chaziza, Mordechai (2018) China's Counter-terrorism Policy in the Middle East. Clarke (2018a), 141–156.

Chen, Elizabeth (2021) UN Human Rights Clash Strains Credibility of Chinese Diplomacy. *Jamestown Foundation*, 02/07/2021. Disponible en ligne : https://jamestown.org/program/un-human-rights-clash-strains-credibility-of-chinese-diplomacy/ (dernière consultation : 09/07/2021).

Chen, Jian (2001) *Mao's China & the Cold War*. Chapel Hill : University of North Carolina Press.

Chen, Yangbin (2008) *Muslim Uyghur Students in a Chinese Boarding School : Social Recapitalization as a Response to Ethnic Integration*. Lanham : Lexington.

Chen, Yangbin (2015) Young Uyghurs' Perceptions of Han Chinese : From Xinjiang to Inland, from State to Individual. Smith Finley et Zang (2015a), 132–156.

Chen, Yangbin (2016) From Uncle Kurban to Brother Alim : The Politics of Uyghur Representations in Chinese State Media. Hayes et Clarke (2016), 100–121.

Chen, Yangbin (2019) Uyghur Graduates' Ethnicity in Their Dislocated Life Experience : Employment Expectations, Choices and Obstacles. *Asian Studies Review*, 43(1), 75–93.

Chen, Yangbin (2020) From 'Lamb Kebabs' to 'Shared Joy' : Cultural Appropriation, Ignorance and the Constrained Connectivity within the 'One Belt, One Road' Initiative. *Journal of Contemporary China*, 29(121), 1–16.

Chen, Yu-Wen (2014) *The Uyghur Lobby : Global Networks, Coalitions, and Strategies of the World Uyghur Congress*. Londres : Routledge.

China Post (2009) Man Stabs 2 to Death, Wounds 12 in Beijing. *China Post*, 19/09/2009. Disponible en ligne : https://www.asiaone.com/News/Latest+News/Asia/Story/A1Story20090919-168814.html (dernière consultation : 25/01/2021).

ChinaFile (2020) 'This Is Not Forensic Genetics Anymore. This Is Surveillance.' A Q&A with Yves Moreau on DNA Profiling in Xinjiang and Corporate Ethics by Jessica Batke. *ChinaFile*, 18/03/2020. Disponible en ligne : https://www.chinafile.com/reporting-opinion/viewpoint/not-forensic-genetics-anymore-surveillance (dernière consultation : 12/02/2021).

CHRD (2018) Criminal Arrests in Xinjiang Account for 21% of China's Total in 2017. *China Human Rights Defenders*, 25/07/2018. Disponible en ligne : https://www.nchrd.org/2018/07/criminal-arrests-in-xinjiang-account-for-21-of-chinas-total-in-2017/ (dernière consultation : 09/02/2021).

Clarke, Colin P. et Paul Rexton Kan (2017) Uighur Foreign Fighters : An Underexamined Jihadist Challenge. *ICCT Policy Brief*. La Haye : International Center for Counter-Terrorism.

Clarke, Michael E. (2007) The Problematic Progress of 'Integration' in the Chinese State's Approach to Xinjiang, 1759–2005. *Asian Ethnicity*, 8(3), 261–289.

Clarke, Michael E. (2010) China, Xinjiang and the Internationalization of the Uyghur Issue. *Global Change, Peace & Security*, 22(2), 213–229.

Clarke, Michael E. (2011) *Xinjiang and China's Rise in Central Asia – A History*. Londres : Routledge.

Clarke, Michael E. (2018a) (éd.) *Terrorism and Counter-terrorism in China: Domestic and Foreign Policy Dimensions*. Oxford : Oxford University Press.

Clarke, Michael E. (2018b) China's War on Terrorism. Clarke (2018a), 17–38.

Clarke, Michael E. (2018c) Introduction. Clarke (2018a), 1–16.

Clarke, Michael E. (2020) Beijing's Pivot West : The Convergence of *Innenpolitik* and *Aussenpolitik* on China's 'Belt and Road' ? *Journal of Contemporary China*, 29(123), 336–353.

Clarke, Michael (2022) (éd.) *The Xinjiang Emergency: Exploring the Causes and Consequences of China's Mass Detention of Uyghurs*. Manchester : Manchester University Press.

Cliff, Tom (2016) *Oil and Water – Being Han in Xinjiang*. Chicago : University of Chicago Press.

Cliff, Tom (2020) Refugees, Conscripts, and Constructors : Developmental Narratives and Subaltern Han in Xinjiang, China. *Modern China*. DOI : 10.1177/0097700420904020.

Clothey, Rebecca A. (2017) The Internet as a Tool for Informal Education : A Case of Uyghur Language Websites. *Compare : A Journal of Comparative and International Education*, 47(3), 344–358.

Clothey, Rebecca A. et al. (2016) A Voice for the Voiceless : Online Social Activism in Uyghur Language Blogs and State Control of the Internet in China. *Information, Communication & Society*, 19(6), 858–874.

Clothey, Rebecca A. et Emmanuel F. Koku (2017) Oppositional Consciousness, Cultural Preservation, and Everyday Resistance on the Uyghur Internet. *Asian Ethnicity*, 18(3), 351–370.

Conseil des affaires d'État 国务院 (2017) 国家人口发展规划 (2016—2030 年) (Plan national de développement démographique pour la période 2016—2030). Disponible en ligne : http://www.gov.cn/zhengce/content/2017-01/25/content_5163309.htm (dernière consultation : 27/01/2021).

Constitution of the East Turkistan Republic (2019). Disponible en ligne : https://east-turkistan.net/wp-content/uploads/2019/09/THE-Constitution-of-the-East-Turkistan-Republic-1. pdf (dernière consultation : 30/04/2021).

Côté, Isabelle (2011) Political Mobilization of a Regional Minority : Han Chinese Settlers in Xinjiang. *Ethnic and Racial Studies*, 34(11), 1855–1873.

Côté, Isabelle (2015) The Enemy within : Targeting Han Chinese and Hui Minorities in Xinjiang. *Asian Ethnicity*, 16(2), 136–151.

Cour populaire suprême du Xinjiang 新疆维吾尔自治区高级人民法院 (diff. années) 自治区高级人民法院工作报告 (Rapports d'activité de la Cour populaire suprême du Xinjiang). Disponible en ligne : http://www.xjcourt.gov.cn/gzbg/index.jhtml (dernière consultation : 11/02/2021).

Cumming-Bruce, Nick (2018a) 'No Such Thing' : China Denies U.N. Reports of Uighur Detention Camps. *New York Times*, 13/08/2018. Disponible en ligne : https://www.nytimes.com/2018/08/13/world/asia/china-xinjiang-un.html (dernière consultation : 15/10/2020).

Cumming-Bruce, Nick (2018b) China Breaks Silence on Muslim Detention Camps, Calling Them 'Humane'. *New York Times*, 16/10/2018. Disponible en ligne : https://www.nytimes.com/2018/10/16/world/asia/china-muslim-camps-xinjiang-uighurs.html (dernière consultation : 15/10/2020).

Dautcher, Jay (2004) Public Health and Social Pathologies in Xinjiang. Starr (2004), 276–295.

Davarinou, Polyxeni et al. (2019) *China's Image in Kazakhstan*. Athen : Institute of International Economic Relations. Disponible en ligne : https://idos.gr/wp-content/uploads/2019/02/Chinas-Image-in-Kazakhstan-PDF_Feb-2019.pdf (dernière consultation : 30/03/2021).

Dawut, Rahilä (2007) Shrine Pilgrimage and Sustainable Tourism among the Uyghurs : Central Asian Ritual Traditions in the Context of China's Development Policies. Bellér-Hann et al. (2007), 149–163.

Delaney, Robert (2021) US Declares China Has Committed Genocide in Its Treatment of Uygurs in Xinjiang. *South China Morning Post*, 20/01/2021. Disponible en ligne : https://www.scmp.com/news/china/diplomacy/article/3118395/us-declares-chinas-has-committed-genocide-treatment-uygurs (dernière consultation : 21/01/2021).

Demko, Daniela (2017) Die Zerstörungsabsicht bei dem völkerrechtlichen Verbrechen des Genozids. Zugleich eine Anmerkung zur deutschen Rechtsprechung im Verfahren gegen Onesphore R. *Zeitschrift für Internationale Strafrechtsdogmatik*, 12, 766–781.

Deng, Kangchu 邓康处, Aihemaitijiang Maimaiti 艾合买提江 买买提 et Wang Qian 王骞 (2016) 南疆农村富余劳动力转移的制约因素及对策。基于喀什地区疏附县萨依巴格乡的调查 (Facteurs entravant le transfert de main-d'œuvre rurale en surnombre dans le Sud du Xinjiang et contre-mesures. À l'exemple d'une étude de la commune de Sayibage, district de Shufu, préfecture de Kachgar). 新疆农垦经济 (*Xinjiang State Farms Economy*), 12, 82–86.

Département du Front uni au Xinjiang 新疆统一战线部 (2018) 兵团11.2万余名党员干部结对认亲 (Plus de 112 000 membres du Parti et cadres du Bingtuan trouvent des partenaires et forment une famille). 05/11/2018. Disponible en ligne : http://www.xjtzb.gov.cn/system/2019/04/11/035641029.shtml (dernière consultation : 19/05/2021).

Dillon, Michael (2004) *Xinjiang – China's Muslim Far Northwest*. Londres : RoutledgeCurzon.

Ding, Mei (2020) Cultural Intimacy in Ethnicity : Understanding *qingzhen* Food from Chinese Muslims' Views. *Journal of Contemporary China*, 29(121), 17–30.

Diresta, Renée et al. (2020) *Telling China's Story : The Chinese Communist Party's Campaign to Shape Global Narratives*. Stanford Internet Observatory. Stanford : Hoover Institution.

Dirks, Emile et James Leibold (2020) *Genomic Surveillance : Inside China's DNA Dragnet*. Melbourne: Australian Strategic Policy Institute. Disponible en ligne : https://www.aspi.org.au/report/genomic-surveillance (dernière consultation : 12/02/2021).

Duchâtel, Mathieu (2019) Overseas Military Operations in Belt and Road Countries: The Normative Constraints and Legal Framework. Nadège Rolland (éd.) *Securing the Belt and Road Initiative: China's Evolving Military Engagement along the Silk Roads*. NBR Special Report, 80. Seattle: National Bureau of Asian Research, 7–17.

Durneika, Erik (2020) Mechanisms of Ethnic Internationalization : The Uyghurs, Tibetans, and Mongols. *Asian Ethnicity*, 21(2), 186–210.

Dwyer, Arienne M. (2005) *The Xinjiang Conflict: Uyghur Identity, Language Policy and Political Discourse*. Washington : East-West Center.

Economist (2021a) China Rapidly Shifts from a Two-child to a Three-child Policy. *Economist*, 05/06/2021. Disponible en ligne : https://www.economist.com/china/2021/06/03/china-rapidly-shifts-from-a-two-child-to-a-three-child-policy (dernière consultation : 09/06/2021).

Economist (2021b) Uyghur Groups Want to Take China to the International Criminal Court. Lawyers Think They've Found a Way around China's Refusal to Join the ICC. *Economist*, 10/06/2021. Disponible en ligne : https://www.economist.com/china/2021/06/10/uyghur-groups-want-to-take-china-to-the-international-criminal-court (dernière consultation : 14/06/2021).

Economist (2021c) 'Genocide' is the Wrong Word for the Horrors of Xinjiang. *Economist*, 13/02/2021. Disponible en ligne : https://www.economist.com/leaders/2021/02/13/genocide-is-the-wrong-word-for-the-horrors-of-xinjiang (dernière consultation : 12/03/2021).

Ekrem, Erkin (2018) The Uyghur Factor in Turkish–Chinese Relations after the Urumqi Events. Ercilasun et Ercilasun (2018), 153–178.

Elliot, Mark (2012) *Hushuo*. The Northern Other and the Naming of the Han Chinese. Thomas S. Mullaney et al. (éd.) *Critical Han Studies : The History, Representation, and Identity of China's Majority*. Berkeley : University of California Press, 173–190.

Elterish, Ablimit Baki (2015) The Construction of Uyghur Urban Youth Identity through Language Use. Smith Finley et Zang (2015a), 75–94.

Ercilasun, Güljanat K. et Konuralp Ercilasun (2018) (éd.) *The Uyghur Community: Diaspora, Identity and Geopolitics*. New York : Palgrave Macmillan.

Eriksen, Thomas Hylland (2014) *Globalization : The Key Concepts*. 2e éd. Londres : Bloomsbury.

Erkin, Adila (2009) Locally Modern, Globally Uyghur : Geography, Identity and Consumer Culture in Contemporary Xinjiang. *Central Asian Survey*, 28(4), 417–428.

Ernst, Andreas (2021) Das Parlament der Niederlande wertet die Behandlung der Uiguren in China als Genozid. *Neue Zürcher Zeitung*, 27/02/2021. Disponible en ligne : https://www.nzz.ch/international/niederlande-bezichtigt-china-des-genozids-an-uiguren-ld.1603943?reduced=true (dernière consultation : 12/03/2021).

Eroglu Sager, Z. Hale (2020) A Place under the Sun : Chinese Muslim (Hui) Identity and the Constitutional Movement in Republican China. *Modern China*. DOI : 10.1177/0097700420915430.

ETGIE (2019) East Turkistan Government-in-Exile, The High Commission : Statement Concerning Persons Undermining the East Turkistan Government-in-Exile, 16/09/2019. Disponible en ligne : https://east-turkistan.net/wp-content/uploads/2019/09/Statement-Concerning-Persons-Underminging-the-East-Turkistan-Government-in-Exile-English.pdf (dernière consultation : 30/04/2021).

Famularo, Julia (2018) 'Fighting the Enemy with Fists and Daggers' : The Chinese Communist Party's Counter-terrorism Policy in the Xinjiang Uyghur Autonomous Region. Clarke (2018a), 39–74.

Ferris-Rotman, Amie (2019) Abortions, IUDs and Sexual Humiliation : Muslim Women Who Fled China for Kazakhstan Recount Ordeals. *Washington Post*, 05/10/2019. Disponible en ligne: https://www.washingtonpost.com/world/asia_pacific/abortions-iuds-and-sexual-humiliation-muslim-women-who-fled-china-for-kazakhstan-recount-ordeals/2019/10/04/551c2658-cfd2-11e9-a620-0a91656d7db6_story.html (dernière consultation : 03/02/2021).

Feyel, Janina (2015) Representations of Uyghurs in Chinese History Textbooks. Smith Finley et Zang (2015a), 114–131.

Fischer, Andrew M. (2014) Labour Transitions and Social Inequalities in Tibet and Xinjiang : A Comparative Analysis of the Structural Foundations of Discrimination and Protest. Brox et Bellér-Hann (2014), 29–68.

Flora, Liz (2012) The Strange Things Banned before China's Party Congress, Explained. *Asia Society, Asia Blog*, 07/11/2012. Disponible en ligne : https://asiasociety.org/blog/asia/strange-things-banned-chinas-party-congress-explained (dernière consultation : 25/01/2021).

Fromer, Jacob et Finbarr Bermingham (2021) US, EU, UK, Canada Launch Sanctions Blitz against Chinese Officials ; Beijing Hits Back. *South China Morning Post*, 22/03/2021. Disponible en ligne : https://www.scmp.com/news/china/diplomacy/article/3126487/xinjiang-eu-hits-china-first-sanctions-tiananmen-square?utm_medium=email&utm_source=mailchimp&utm_campaign=enlz-breaking_news&utm_content=20210323&tpcc=enlz-breaking_news&MCUID=cd0b815816&MCCampaignID=a431ac1dcb&MCAccountID=3775521f5f542047246d9c827&tc=2 (dernière consultation : 23/03/2021).

Fromer, Jacob, Cissy Zhou et Finbarr Bermingham (2020) US Farm Brand John Deere at Forefront of Surging Cotton Machinery Sales to Xinjiang, as Human Rights Sanctions Loom. *South China Morning Post*, 08/08/2020. Disponible en ligne : https://www.scmp.com/economy/china-economy/article/3096510/us-farm-brand-john-deere-forefront-surging-cotton-machinery (dernière consultation : 09/06/2021).

Fuller, Graham E. et Jonathan N. Lipman (2004) Islam in Xinjiang. Starr (2004), 320–352.

Gan, Nectar (2019) China Releases Video of 'Dead' Uygur Poet Abdurehim Heyit But Fails to Silence Critics. *South China Morning Post*, 11/02/2019. Disponible en ligne : https://www.scmp.com/news/china/politics/article/2185695/china-releases-video-dead-uygur-poet-abdurehim-heyit-fails (dernière consultation : 16/01/2021).

Gladney, Dru C. (2004) *Dislocating China : Muslims, Minorities, and Other Subaltern Subjects*. Chicago : University of Chicago Press.

Gladney, Dru C. (2018) The Party-state's Nationalist Strategy to Control the Uyghur : Silenced Voices. Willy Wo-Lap Lam (éd.) *Routledge Handbook of the Chinese Communist Party*. Londres : Routledge, 312–331.

Global Times (2021) 社评：新疆舆论战，让我们创造性地与美国打 (Éditorial : Guerre médiatique autour du Xinjiang – Soyons créatifs dans notre lutte contre les États-Unis d'Amérique). 环球时报 (*Global Times*), 10/03/2021. Disponible en ligne : https://opinion.huanqiu.com/article/42Fb1mlkjPJ (dernière consultation : 11/03/2021).

Godhole, Aviash et Gunjan Singh (2016) Terrorism and Unrest in Xinjiang : Drivers, Policies and External Linkages. S.D. Muni et Vivek Chadha (éd.) *Asian Strategic Review 2016. Terrorism : Emerging Trends*. New Delhi : Institute of Defence Studies & Analysis, 313–330.

Goldstein, Melvyn C. (1989) *A History of Modern Tibet. Volume 1 : 1913–1951. The Demise of the Lamaist State*. Berkeley : University of California Press.

Gonul, Hacer Z. et Julius M. Rogenhofer (2017) Wahhabism with Chinese Characteristics. *Asia Focus*, 51. Paris : IRIS (Institut de Relations Internationales et Stratégiques).

Gottschlich, Jürgen (2021) Geflüchtete in der Türkei : Uiguren droht Auslieferung. *Tageszeitung*, 03/01/2021. Disponible en ligne : https://taz.de/Gefluechtete-in-der-Tuerkei/!5741160/ (dernière consultation : 01/04/2021).

Grant, Andrew (2020) Crossing Khorgos : Soft Power, Security, and Suspect Loyalties at the Sino–Kazakh Boundary. *Political Geography*, 76. DOI : 10.1016/j.polgeo.2019.102070.

Grauer, Yael (2021) Revealed : Massive Chinese Police Database. Millions of Leaked Police Files Detail Suffocating Surveillance of China's Uyghur Minority. *The Intercept*, 29/01/2021. Disponible en ligne : https://theintercept.com/2021/01/29/china-uyghur-muslim-surveillance-police/ (dernière consultation : 30/01/2021).

Greitens, Sheena Chestnut, Myunghee Lee et Emir Yazici (2020) Counterterrorism and Preventive Repression : China's Changing Strategy in Xinjiang. *International Security*, 44(3), 9–47.

Grewal, Bhajan S. et Abdullahi D. Ahmed (2011) Is China's Western Development Strategy on Track ? An Assessment. *Journal of Contemporary China*, 20(69), 161–181.

Griffiths, Richard T. (2017) *Revitalizing the Silk Road : China's Belt and Road Initiative*. Leyde : HIPE.

Griffiths, Richard T. (2019) *The New Silk Road : Challenges and Response*. Leyde : HIPE.

Grose, Timothy (2015a) Escaping 'Inseparability' : How Uyghur Graduates of the 'Xinjiang Class' Contest Membership in the *Zhonghua minzu*. Smith Finley et Zang (2015a), 157–175.

Grose, Timothy (2015b) (Re)Embracing Islam in *neidi* : The 'Xinjiang Class' and the Dynamics of Uyghur Ethno-national Identity. *Journal of Contemporary China*, 24(91), 101–118.

Grose, Timothy (2016) Protested Homecomings : Xinjiang Class Graduates and Reacclimating to Life in Xinjiang. Hayes et Clarke (2016), 206–224.

Grose, Timothy (2019) Beautifying Uyghur Bodies : Fashion, 'Modernity' and State Power in the Tarim Basin. Disponible en ligne : http://blog.westminster.ac.uk/contemporarychina/beautifying-uyghur-bodies-fashion-modernity-and-state-power-in-the-tarim-basin-2/ (dernière consultation : 13/01/2021).

Grose, Timothy A. (2021) If You Don't Know How, Just Learn : Chinese Housing and the Transformation of Uyghur Domestic Space. *Ethnic and Racial Studies*, 44(11), 2052–2073.

Guardian (2019) Then and Now : China's Destruction of Uighur Burial Grounds. *Guardian*, 09/10/2019. Disponible en ligne : https://www.theguardian.com/world/2019/oct/09/chinas-destruction-of-uighur-burial-grounds-then-and-now (dernière consultation : 09/06/2021).

Gunter, Joel (2021) Uyghur Imams Targeted in China's Xinjiang Crackdown. *British Broadcasting Company*, 13/05/2021. Disponible en ligne : https://www.bbc.com/news/world-asia-china-56986057 (dernière consultation : 01/06/2021).

Guo, Xiaoyan Grace et Mingyue Michelle Gu (2016) Identity Construction through English Language Learning in Intra-national Migration : A Study on Uyghur Students in China. *Journal of Ethnic and Migration Studies*, 42(14), 2430–2447.

Guo, Xiaoyan Grace et Mingyue Michelle Gu (2018) Exploring Uyghur University Students' Identities Constructed through Multilingual Practices in China. *International Journal of Bilingual Education and Bilingualism*, 21(4), 480–495.

Gupta, Sonika et R. Veena (2016) Bilingual Education in Xinjiang in the Post-2009 Period. *China Report*, 52(4), 306–323.

Haitiwaji, Gulbahar et Rozenn Morgat (2021) : Rescapée du goulag chinois. Paris : Équateurs.

Han, Enze (2010) Boundaries, Discrimination, and Interethnic Conflict in Xinjiang, China. *International Journal of Conflict and Violence*, 4(2), 244–256.

Han, Enze (2013) *Contestation and Adaptation : The Politics of National Identity in China*. Oxford : Oxford University Press.

Han, Lianchao et al. (2019) *Cotton : The Fabric Full of Lies. A Report on Forced and Prison Labor in Xinjiang, China, and the Nexus to Global Supply Chains*. S.l. : Citizen Power Institute.

Hann, Chris (2014) Harmonious or Homogenous ? Language, Education and Social Mobility in Rural Uyghur Society. Brox et Bellér-Hann (2014), 183–208.

Hao, Yufan et Weihua Liu (2012) Xinjiang : Increasing Pain in the Heart of China's Borderland. *Journal of Contemporary China*, 21(74), 205–225.

Harlan, Tyler (2009) Private Sector Development in Xinjiang, China : A Comparison between Uyghur and Han. *Espace, Populations, Sociétés*, 3, 407–418.

Harlan, Tyler (2016) Fringe Existence : Uyghur Entrepreneurs and Ethnic Relations in Urban Xinjiang. Ben Hillman et Gray Tuttle (éd.) *Ethnic Conflict and Protest in Tibet and Xinjiang : Unrest in China's West*. New York : Columbia University Press, 179–200.

Harlan, Tyler et Michael Webber (2012) New Corporate Uyghur Entrepreneurs in Urumqi, China. *Central Asian Survey*, 31(2), 175–191.

Harrell, Stevan et Yongxiang Li (2003) The History of the History of the Yi, Part II. *Modern China*, 29(3), 362–396.

Harris, Rachel (2005a) Wang Luobin : Folk Song King of the Northwest or Song Thief ? *Modern China*, 31(3), 381–408.

Harris, Rachel (2005b) Reggae on the Silk Road : The Globalization of Uyghur Pop. *China Quarterly*, 183, 627–643.

Harris, Rachel (2007) Situating the Twelve Muqam : Between the Arab World and the Tang Court. Bellér-Hann et al. (2007), 69–88.

Harris, Rachel (2014) Harmonizing Islam in Xinjiang : Sound and Meaning in Rural Uyghur Religious Practice. Brox et Bellér-Hann (2014), 293–317.

Harris, Rachel (2017) The New Battleground : Song-and-dance in China's Muslim Borderlands. *The World of Music*, 6(2), 35–56.

Harris, Rachel (2019) Repression and Quiet Resistance in Xinjiang. *Current History*, 118(810), 276–281.

Harris, Rachel (2020a) *Soundscapes of Uyghur Islam*. Bloomington : Indiana University Press.

Harris, Rachel (2020b) 'A Weekly Mäshräp to Tackle Extremism' : Music-making in Uyghur Communities and Intangible Cultural Heritage in China. *Ethnomusicology*, 64(1), 23–55.

Harris, Rachel et Aziz Isa (2018) Uyghur Pop Star Detained in China. *Freemuse*, 11/06/2018. Disponible en ligne : https://freemuse.org/news/uyghur-pop-star-detained-in-china/ (dernière consultation : 16/01/2021).

Harris, Rachel et Aziz Isa (2019) Islam by Smartphone : Reading the Uyghur Islamic Revival on WeChat. *Central Asian Survey*, 38(1), 61–80.

Hasmath, Reza (2019) What Explains the Rise of Majority–Minority Tensions and Conflict in Xinjiang ? *Central Asian Survey*, 38(1), 46–60.

Hastings, Justin V. (2019) More Creative, More International : Shifts in Uyghur-related Violence. Teresa Wright (éd.) *Handbook of Protest and Resistance in China*. Cheltenham : Edward Elgar, 432–446.

Hayes, Anna (2012) Uighur Transnationalism in Contemporary Australia : Exile, Sanctuary, Community and Future. Anna Hayes et Robert Mason (éd.) *Cultures in Refuge : Seeking Sanctuary in Modern Australia*. Farnham : Ashgate, 179–193.

Hayes, Anna (2016) Space, Place and Ethnic Identity in the Xinjiang Regional Museum. Hayes et Clarke (2016), 52–72.

Hayes, Anna (2020) Interwoven 'Destinies' : The Significance of Xinjiang to the China Dream, the Belt and Road Initiative, and the Xi Jinping Legacy. *Journal of Contemporary China*, 29(121), 31–45.

Hayes, Anna et Michael Clarke (2016) (éd.) *Inside Xinjiang: Space, Place and Power in China's Muslim Far Northwest*. Londres : Routledge.

He, Xingliang et Guo Hongzhen (2008) *A History of Turks*. Beijing : China Intercontinental Press.

Heilmann, Sebastian (2008) From Local Experiments to National Policy : The Origins of China's Distinctive Policy Process. *China Journal*, 59, 1–30.

Hern, Alex (2021) Chinese State Broadcaster Loses UK Licence after Ofcom Ruling. *Guardian*, 04/02/2021. Disponible en ligne : https://www.theguardian.com/world/2021/feb/04/chinese-news-network-cgtn-loses-uk-licence-after-ofcom-ruling (dernière consultation : 01/04/2021).

Hernández, Javier C. (2020) I.C.C. Won't Investigate China's Detention of Muslims. *New York Times*, 15/12/2020 (mise à jour le 10/05/2021). Disponible en ligne : https://www.nytimes.com/2020/12/15/world/asia/icc-china-uighur-muslim.html (dernière consultation : 14/06/2021).

Hierman, Brent (2007) The Pacification of Xinjiang : Uighur Protest and the Chinese State, 1988–2002. *Problems of Post-Communism*, 54(3), 48–62.

Hill, Matthew, David Campanale et Joel Gunter (2021) 'Their Goal is to Destroy Everyone' : Uighur Camp Detainees Allege Systematic Rape. *British Broadcasting Company*, 03/02/2021. Disponible en ligne : https://www.bbc.com/news/world-asia-china-55794071 (dernière consultation : 03/02/2021).

Holbig, Heike (2004) The Emergence of the Campaign to Open Up the West: Ideological Formation, Central Decision-making and the Role of the Provinces. *China Quarterly*, 178, 335–357.

Holdstock, Nick (2015) *China's Forgotten People : Xinjiang, Terror and the Chinese State*. Londres : Tauris.

Hong, Ji Yeon et Wenhui Yang (2018) Oilfields, Mosques and Violence : Is There a Resource Curse in Xinjiang ? *British Journal of Political Science*, 50, 45–78.

Hopkirk, Peter (1980) *Foreign Devils on the Silk Road : The Search for the Lost Cities and Tresures of Chinese Central Asia*. Londres : John Murray.

Hoppe, Thomas (1998) *Die ethnischen Gruppen Xinjiangs : Kulturunterschiede und interethnische Beziehungen*. Hambourg : Institut für Asienkunde.

Howell, Anthony J. (2013) Chinese Minority Income Disparity in Urumqi : An Analysis of Han-Uyghur Labour Market Outcomes in the Formal and Informal Economies. *China : An International Journal*, 11(3), 1–23.

Howell, Anthony J. et C. Cindy Fan (2011) Migration and Inequality in Xinjiang : A Survey of Han and Uyghur Migrants in Urumqi. *Eurasian Geography and Economics*, 52(1), 119–139.

HRW (2016) 'Special Measures' : Detention and Torture in the Chinese Communist Party's Shuanggui System. *Human Rights Watch*, 06/12/2016. Disponible en ligne : https://www.hrw.org/report/2016/12/06/special-measures/detention-and-torture-chinese-communist-partys-shuanggui-system (dernière consultation : 04/06/2021).

HRW (2017) China : Free Xinjiang 'Political Education' Detainees. Muslim Minorities Held for Months in Unlawful Facilities. *Human Rights Watch*, 10/09/2017. Disponible en ligne : https://www.hrw.org/news/2017/09/10/china-free-xinjiang-political-education-detainees (dernière consultation : 12/03/2021).

HRW et Mills Legal Clinic (2021) 'Break Their Lineage, Break Their Roots'. China's Crimes against Humanity Targeting Uyghurs and Other Turkic Muslims. *Human Rights Watch*. Disponible en ligne : https://www.hrw.org/sites/default/files/media_2021/04/china0421_web_2.pdf (dernière consultation : 14/06/2021).

Hua, Sha (2020) China Irate after U.S. Removes 'Terrorist' Label from Separatist Group. *Wall Street Journal*, 06/11/2020. Disponible en ligne : https://www.wsj.com/articles/china-irate-after-u-s-removes-terrorist-label-from-separatist-group-11604661868 (dernière consultation : 15/06/2020).

Huang, Cary (2014) Leftist Deng Liqun Breaks Silence with Praise for Xinjiang Martyrs. *South China Morning Post*, 30/08/2014. Disponible en ligne : https://www.scmp.com/news/china/article/1581910/leftist-deng-liqun-breaks-silence-praise-xinjiang-martyrs (dernière consultation : 10/04/2021).

Ilham, Jewher (2015) *Jewher Ilham : A Uyghur's Fight to Free Her Father* (edited by Adam Braver and Ashley Barton). La Nouvelle-Orléans : University of New Orleans Press.

IPAC (2019) Explaining Indonesia's Silence on the Uyghur Issue. *IPAC Report*, 57. Institute for Policy Analysis of Conflict.

Jacobs, Justin M. (2016) *Xinjiang and the Modern Chinese State*. Seattle: University of Washington Press.

Jankowiak, William R. (1988) The Last Hurrah? Political Protest in Inner Mongolia. *Australian Journal of Chinese Affairs*, 19/20, 276–288.

Jeßberger, Florian (2021) Schriftliche Stellungnahme zur öffentlichen Anhörung des Ausschusses für Menschenrechte und humanitäre Hilfe am 17. Mai 2021 zu dem Thema : ‚Völkerrechtliche Bewertung der Menschenrechtsverletzungen an den Uiguren'. *Deutscher Bundestag*. Disponible en ligne : https://www.bundestag.de/resource/blob/842368/8c51ddc77a782229314773406826dd3d/Stellungnahme-SV-Jessberger-data.pdf (dernière consultation : 14/06/2021).

Joniak-Lüthi, Agnieszka (2013) Han Migration to Xinjiang Uyghur Autonomous Region : Between State Schemes and Migrants' Strategies. *Zeitschrift für Ethnologie*, 138, 155–174.

Joniak-Lüthi, Agnieszka (2015) Xinjiang's Geographies in Motion. *Asian Ethnicity*, 16(4), 428–445.

Joniak-Lüthi, Agnieszka (2016) Blurring Boundaries and Negotiating Subjectivities : The Uyghurized Han of Southern Xinjiang, China. *Ethnic and Racial Studies*, 39(12), 2187–2204.

Joniak-Lüthi, Agnieszka (2020) A Road, a Disappearing River and Fragile Connectivity in Sino–Inner Asian Borderlands. *Political Geography*, 78. DOI : 10.1016/j.polgeo.2019.102122.

Jörissen, Benjamin (2010) George Herbert Mead : Geist, Identität und Gesellschaft aus der Perspektive des Sozialbehaviorismus. Benjamin Jörissen et Jörg Zirfas (éd.) *Schlüsselwerke der Identitätsforschung*. Wiesbaden : VS Verlag für Sozialwissenschaften, 87–108.

Kadeer, Rebiya et Alexandra Cavelius (2007) *Die Himmelsstürmerin. Chinas Staatsfeindin Nr. 1 erzählt aus ihrem Leben*. Munich : Heyne.

Kamalov, Ablet (2007) The Uyghurs as Part of Central Asian Commonality : Soviet Historiography on the Uyghurs. Bellér-Hann et al. (2007), 31–45.

Kao, Jeff et al. (2021) 'We Are Very Free' How China Spreads Its Propaganda Version of Life in Xinjiang. *New York Times*, 22/06/2021. Disponible en ligne : https://www.nytimes.com/interactive/2021/06/22/technology/xinjiang-uyghurs-china-propaganda.html (dernière consultation : 13/07/2021).

Karluk, Abdürreşit Celil (2018) Uyghur Refugees Living in Turkey and Their Problems. A. Merthan Dündar (éd.) *Exchange of Experiences for the Future: Japanese and Turkish Humanitarian Aid and Support Activities in Conflict Zones*. Ankara : Ankara Üniversitesi Basımevi, 86–98.

Karrar, Hasan H. (2018) Resistance to State-orchestrated Modernization in Xinjiang : The Genesis of Unrest in the Multiethnic Frontier. *China Information*, 32(2), 183–202.

Kayser, Hartmut E. (2021) Schriftliche Stellungnahme in der öffentlichen Anhörung des Deutschen Bundestages zum Thema ‚Völkerrechtliche Bewertung der Menschenrechtsverletzungen an den Uiguren'. *Deutscher Bundestag*. Disponible en ligne : https://www.bundestag.de/resource/blob/842372/0ce42262e1255fe797e58a3a32739708/Stellungnahme-SV-Kayser-data.pdf (dernière consultation : 14/06/2021).

Kim, Hodong (2004) *Holy War in China: The Muslim Rebellion and State in Chinese Central Asia, 1864–1877*. Stanford : Stanford University Press.

Kinzley, Judd C. (2018) *Natural Resources and the New Frontier : Constructing Modern China's Borderland*. Chicago : University of Chicago Press.

Klimeš, Ondřej (2018) Advancing 'Ethnic Unity' and 'De-Extremification' : Ideational Governance in Xinjiang under 'New Circumstances' (2012–2017). *Journal of Chinese Political Science*, 23(3), 413–436.

Kobi, Madlen (2016) Physical and Social Spaces 'under Construction' : Spatial and Ethnic Belonging in New Residential Compounds in Aksu, Southern Xinjiang. *Inner Asia*, 18(1), 58–78.

Kobi, Madlen (2018) Building Transregional and Historical Connections : Uyghur Architecture in Urban Xinjiang. *Central Asian Survey*, 37(2), 208–227.

Kobi, Madlen (2020) Warm Bodies in the Chinese Borderlands : Architecture, Thermal Infrastructure, and Territorialization in the Arid Continental Climate of Ürümchi, Xinjiang. *Eurasian Geography and Economics*, 61(1), 77–99.

Kokaisl, Petr (2020) State-building in the Soviet Union and the Idea of the Uyghurs in Central Asia. *Asian Studies Review*, 44(4), 709–725.

Kowalski, Bartosz (2017) Holding an Empire Together : Army, Colonization and State-building in Qing Xinjiang. *Ming Qing Studies* 2017, 45–70.

Kraus, Charles (2019) Laying Blame for Flight and Fight : Sino–Soviet Relations and the 'Yi-Ta' Incident in Xinjiang, 1962. *China Quarterly*, 238, 504–523.

Kuşçu Bonnenfant, Işık (2018) Constructing the Uyghur Diaspora : Identity Politics and the Transnational Uyghur Community. Ercilasun et Ercilasun (2018), 85–103.

Kuşçu, Işık (2014) The Uyghur Diaspora in Cyberspace : Identity and Homeland Cause. *Bilig*, 69, 143–160.

Kyodo (2002) AIDS Needle Attack Scare Spreads to Beijing. *Kyodo News International*, 31/01/2002. Disponible en ligne : https://www.thefreelibrary.com/AIDS+needle+attack+scare+spreads+to+Beijing-a084235771 (dernière consultation : 21/01/2021).

Laruelle, Marlène et Sébastien Peyrouse (2009) Cross-border Minorities as Cultural and Economic Mediators between China and Central Asia. *China and Eurasia Forum Quarterly*, 7(1), 93–119.

LAT (2018) 中华人民共和国反恐怖主义法 (Loi anti-terroriste de la RPC). Adoptée le 27/12/2015, révisée le 27/04/2018. Disponible en ligne : http://www.npc.gov.cn/zgrdw/npc/xinwen/2018-06/12/content_2055871.htm (dernière consultation : 12/05/2021).

Lau, Mimi (2014) Six Wounded in Knife Rampage at Guangzhou Railway Station. *South China Morning Post*, 06/05/2014. Disponible en ligne : https://www.scmp.com/news/china/article/1505728/four-injured-guangzhou-knife-attack (dernière consultation : 25/01/2021).

Lau, Mimi (2015) Third Knifeman Still at Large after Guangzhou Railway Attack That Left 13 Injured. *South China Morning Post*, 06/03/2015. Disponible en ligne : https://www.scmp.com/news/china/article/1730767/knife-attacker-shot-dead-guangzhou-railway-station-nine-injured (dernière consultation : 25/01/2021).

Lau, Mimi (2019a) Wanted : Chinese Cadres to Hold Beijing's Line in Xinjiang as Han Chinese Head for the Exits. *South China Morning Post*, 04/12/2019. Disponible en ligne : https://www.scmp.com/news/china/politics/article/3040628/wanted-chinese-cadres-hold-beijings-line-xinjiang-han-head (dernière consultation : 14/07/2021).

Lau, Mimi (2019b) From Xinjiang to Ningxia, China's Ethnic Groups Face End to Affirmative Action in Education, Taxes, Policing. *South China Morning Post*, 05/12/2019. Disponible en ligne : https://www.scmp.com/news/china/politics/article/3040577/chinas-ethnic-groups-face-end-affirmative-action-education (dernière consultation : 14/07/2021).

Law of the PRC on Regional National Autonomy (1984). Disponible en ligne : http://www.china.org.cn/english/government/207138.htm (dernière consultation : 06/01/2021).

Law of the PRC on Regional National Autonomy (2001). Disponible en ligne : https://www.ilo.org/dyn/natlex/docs/ELECTRONIC/35194/124676/F2146249224/CHN35194%20ChnEng.pdf (dernière consultation : 14/04/2021).

Lee, Ching Kwan (2018) *The Specter of Global China : Politics, Labor, and Foreign Investment in Africa.* Chicago : Chicago University Press.

Lehr, Amy et Mariefaye Bechrakis (2019) *Connecting the Dots in Xinjiang : Forced Labor, Forced Assimilation, and Western Supply Chains.* Washington : Center for Strategic and International Studies. Disponible en ligne : https://csis-website-prod.s3.amazonaws.com/s3fs-public/publication/Lehr_ConnectingDotsXinjiang_interior_v3_FULL_WEB.pdf (dernière consultation : 09/02/2021).

Leibold, James (2013) *Ethnic Policy in China : Is Reform Inevitable ?* Policy Studies, 68. Honolulu : East-West Center.

Leibold, James (2019) Interior Ethnic Minority Boarding Schools : China's Bold and Unpredictable Educational Experiment. *Asian Studies Review*, 43(1), 3–15.

Leibold, James (2020) Surveillance in China's Xinjiang Region : Ethnic Sorting, Coercion, and Inducement. *Journal of Contemporary China*, 29(121), 46–60.

Leibold, James et Danielle Xiaodan Deng (2016) Segregated Diversity : Uyghur Residential Patterns in Xinjiang, China. Hayes et Clarke (2016), 122–148.

Leibold, James et Timothy Grose (2016) Islamic Veiling in Xinjiang : The Political and Societal Struggle to Define Uyghur Female Adornment. *China Journal*, 76, 78–102.

Leibold, James et Timothy Grose (2019) Cultural and Political Disciplining inside China's Dislocated Minority Schooling System. *Asian Studies Review*, 43(1), 16–35.

Li, Enshen (2019) Fighting the 'Three Evils' : A Structural Analysis of Counter-terrorism Legal Architecture in China. *Emory International Law Review*, 33(3), 311–365.

Li, Fuli 李福利 (2019) 淡化差异，寻找共同：新疆对外传播的重要策略。以纪录片'我从新疆来'为例 (Gommer les différences, chercher les points communs : une stratégie importante pour la propagande externe du Xinjiang. Analysée à l'exemple de ‹ Je viens du Xinjiang ›). 声屏世界 (*World of Radio and Television*), 2, 41–43.

Li, Jianxin 李建新 et Chang Qingling 常庆玲 (2015) 新疆各主要民族人口现状及变化特征 (The Current Status and Dynamic Characteristics of Xinjiang's Population of Major Ethnic Groups). 西北民族研究 (*Northwestern Journal of Ethnology*), 3(86), 21–36, 47.

Li, Weichao 李为超 et Wang Lijuan 王立娟 (2020) 兵团发挥优化人口资源特殊作用问题研究 (A Discussion on Playing the Special Role of the XPCC in Optimizing the Population Resources). 西北人口 (*Northwest Population*), 41(191), 116–126.

Li, Xiaoxia 李晓霞 (2017) 新疆的人口问题及人口政策分析 (Analyse des problèmes et de la politique démographiques du Xinjiang). 中共社会主义学院学报 (*Journal of Central Institute of Socialism*), 2(206), 68–78.

Li, Yinbo et al. (2020) Estimation of Regional Irrigation Water Requirements and Water Balance in Xinjiang, China during 1995–2017. *PeerJ*, 8:e8243. DOI: 10.7717/peerj.8243.

Li, Zengjie 李增杰 (2020) 我国主流媒体'走出去'面临的困境与应对路径。以2019年CGTN新疆反恐系列纪录片对外传播为视角 (Difficultés rencontrées par les médias mainstream chinois dans leur stratégie de communication externe et contre-mesures. Point de vue des documentaires CGTN sur la lutte antiterroriste de 2019). 新闻传播 (*News Dissemination*), 3, 36–37.

Liang, Feifei 梁斐斐 (2019) 边疆地区人口流出问题及对策研究—以新疆为例 (Étude sur l'émigration en provenance des régions frontalières et contre-mesures – à l'exemple du Xinjiang). 江西警察学院学报 (*Journal of Jiangxi Police Institute*), 6(220), 55–63.

Light, Nathan (2007) Cultural Politics and the Pragmatics of Resistance : Reflexive Discourses on Culture and History. Bellér-Hann et al. (2007), 49–68.

Light, Nathan (2008) *Intimate Heritage : Creating Uyghur Muqam Song in Xinjiang*. Berlin : LIT.

Liu, Tianyang et Zhenjie Yuan (2019) Making a Safer Space ? Rethinking Space and Securitization in the Old Town Redevelopment Project of Kashgar, China. *Political Geography*, 69, 30–42.

Liu, Xin et Fan Lingzhi (2019) Xinjiang Residents Debunk CNN Report of 'Cemetery Demolition'. *Global Times*, 06/01/2020. Disponible en ligne : https://www.globaltimes.cn/content/1175886.shtml (dernière consultation : 09/06/2021).

Ma, Rong (2007) A New Perspective in Guiding Ethnic Relations in the Twenty-first Century : 'De-politicization' of Ethnicity in China. *Asian Ethnicity*, 8(3), 199–217.

Macdonald, Alison et al. (2021) International Criminal Responsibility for Crimes against Humanity and Genocide against the Uyghur Population in the Xinjiang Autonomous Region. *Essex Court Chambers*, 26/01/2021. Disponible en ligne : https://14ee1ae3-14ee-4012-91cf-a6a3b7dc3d8b.usrfiles.com/ugd/14ee1a_3f31c56ca64a461592ffc2690c9bb737.pdf (dernière consultation : 14/06/2021).

Mackerras, Colin (2005) Some Issues of Ethnic and Religious Identity among China's Islamic Peoples. *Asian Ethnicity*, 6(1), 3–18.

Mackerras, Colin (2006) Has Affirmative Action for Ethnic Minorities Run Its Course ? *Asian Ethnicity*, 7(3), 303–306.

Mackerras, Colin (2018) Religion and the Uyghurs : A Contemporary Overview. Ercilasun et Ercilasun (2018), 59–84.

Madsen, Richard (2019) The Sinicization of Religions under Xi Jinping. *China Leadership Monitor*, 61.

Mahmut, Dilmurat (2019) Controlling Religious Knowledge and Education for Countering Religious Extremism : Case Study of the Uyghur Muslims in China. *FIRE : Forum for International Research in Education*, 5(1), 22–43.

Malzer, Michael (2020) No More Arabian Nights at the Yellow River : The End of Yinchuan's Image-building Strategy as China's Flagship Muslim City. *Urbanities*, 10(3), 147–164.

Mao, Sheng (2018) More Than a Famine : Mass Exodus of 1962 in Northwest Xinjiang. *China Review*, 18(2), 155–183.

Martina, Michael et Ben Blanchard (2015) China Says 28 Foreign-led 'Terrorists' Killed after Attack on Mine. *Reuters*, 20/11/2015. Disponible en ligne : https://www.reuters.com/article/us-china-security-xinjiang-idUSKCN0T909920151120 (dernière consultation : 25/01/2021).

Mayer, Maximilian et Xin Zhang (2020) Theorizing China–World Integration : Sociospatial Reconfigurations and the Modern Silk Roads. *Review of International Political Economy*. DOI : 10.1080/09692290.2020.1741424.

Mbembe, Achille (2003) Necropolitics. *Public Culture*, 15(1), 11–40.

McMurray, James (2019) The Sinicized Self : Prejudice, Epistemology and Uyghur Perceptions of Their Bodies. *Central Asian Survey*, 38(4), 476–493.

Meloche, Alysha et Rebecca A. Clothey (2020) 'Be Creative in Whatever We Do' : Minority Culture Creativity on the Uyghur Internet. *Journal of Creative Behavior*. DOI : 10.1002/jocb.476.

Meyer, Patrik (2016) China's De-Extremization of Uyghurs in Xinjiang. *New America*. Disponible en ligne : https://d1y8sb8igg2f8e.cloudfront.net/documents/Meyer-Uyghurs.pdf (dernière consultation : 19/01/2021).

Miao, Ying (2019) Sinicisation vs. Arabisation : Online Narratives of Islamophobia in China. *Journal of Contemporary China*, 29(125), 748–762.

Millward, James A. (1998) *Beyond the Pass: Economy, Ethnicity, and Empire in Qing Central Asia, 1759–1864*. Stanford : Stanford University Press.

Millward, James A. (2007) *Eurasian Crossroads : A History of Xinjiang*. New York : Columbia University Press.

Millward, James A. et Nabijan Tursun (2004) Political History and Strategies of Control, 1884–1978. Starr (2004), 63–98.

Millward, James A. et Peter C. Perdue (2004) Political and Cultural History of the Xinjiang Region through the Late Nineteenth Century. Starr (2004), 27–62.

Ministry of Foreign Affairs (2021) Foreign Ministry Spokesperson Hua Chunying's Regular Press Conference on March 26, 2021. *Ministry of Foreign Affairs of the People's Republic of China*, 27/03/2021. Disponible en ligne : https://www.fmprc.gov.cn/mfa_eng/xwfw_665399/s2510_665401/t1864659.shtml (dernière consultation : 15/06/2021).

Mu, Guangzong 穆光宗 et Wang Benxi 王本喜 (2017) 新疆人口发展长久治安关系探析 (Integration or Separation : A Discussion on Relations between the Population and Long-term Stability of Xinjiang Uyghur Autonomous Region. Based on the Differences in Population Growth between Han and Uyghur Ethnic Groups). 中国浦东干部学院学报 (*Journal of China Executive Leadership Academy Pudong*), 11(2), 129–136, 93.

Mu, Shaobo 穆少波 (2020) 兵团人口发展的时空变迁与集聚路径选择 (Changements spatio-temporels dans l'évolution démographique du Bingtuan et options pour des méthodes de concentration). 兵团改革与发展 (*Réforme et développement du Bingtuan*), 4(185), 15–23.

Mullaney, Thomas (2010) *Coming to Terms with the Nation : Ethnic Classification in Modern China*. Berkeley : University of California Press.

Murphy, Laura T. et Nyrola Elimä (2021) *In Broad Daylight : Uyghur Forced Labour and Global Solar Supply Chains*. Sheffield : Sheffield Hallam University. Disponible en ligne : https://documentcloud.adobe.com/link/track?uri=urn:aaid:scds:US:d360ffab-40cc-4d83-8b8b-a8bd503286a3 (dernière consultation : 06/07/2021).

Nankai-Report (2018) 南开大学扶贫调查研究组：新疆和田地区维族劳动力转移就业扶贫工作报告 (Groupe de recherche ‹ Éradication de la pauvreté › de l'université de Nankai : rapport sur l'élimination de la pauvreté par le transfert de main-d'œuvre ouïghoure dans le district d'Hotan, Xinjiang). Disponible en ligne : http://web.archive.org/web/20200507161938/https:/ciwe.nankai.edu.cn/2019/1223/c18571a259225/page.htm (dernière consultation : 02/06/2021).

Nations unies (2015) Aktionsplan zur Verhütung des gewalttätigen Extremismus. *Vereinte Nationen Generalversammlung*, A/70/674, 24/12/2015. Disponible en ligne : https://www.un.org/depts/german/gv-sonst/a70-674.pdf (dernière consultation : 06/07/2021).

NBS (National Bureau of Statistics) (diff. années) *China Statistical Yearbook*. Beijing : China Statistics Press.

NBS (National Bureau of Statistics) 国家统计局 (2020) 国家数据 (National Data). Disponible en ligne : https://data.stats.gov.cn (dernière consultation : 19/12/2020).

Neddermann, Hauke (2010) *Sozialismus in Xinjiang. Das Produktions- und Aufbaukorps in den 1950er Jahren*. Berlin : LIT.

Neressian, David (2019) The Current Status of Cultural Genocide under International Law. *Social Science Research Network*. Disponible en ligne : https://papers.ssrn.com/sol3/papers.cfm?abstract_id=3287134 (dernière consultation : 15/07/2021).

Newby, Laura (2007) 'Us and Them' in Eighteenth and Nineteenth Century Xinjiang. Bellér-Hann et al. (2007), 15–29.

Nilka (2016) 2015年尼勒克县国民经济和社会发展统计公报 (Rapport statistique du district de Nilka au sujet du développement économique et social en 2015). Disponible en ligne : https://baike.baidu.com/reference/8520705/fbddmjKLJ90FyLSeUUcBhmeoB-jlQDGdMrIWsdNQKU4-hqEDy5kZzpF3xWHJ3OY7sxEPIHMPGPfMZyLP6b1zeRLac-TwpNQt7k (dernière consultation : 12/02/2021).

Nilka (2019) 2018年尼勒克县国民经济和社会发展统计公报 (Rapport statistique du district de Nilka au sujet du développement économique et social en 2018). Disponible en ligne : https://www.quyushuju.com/forum.php?mod=viewthread&tid=4996 (dernière consultation : 12/02/2021).

Nilka (2020) 2019年尼勒克县国民经济和社会发展统计公报 (Rapport statistique du district de Nilka au sujet du développement économique et social en 2019). Disponible en ligne : http://www.xjnlk.gov.cn/info/1095/20896.htm (dernière consultation : 12/2/2021).

Ning, Jizhe (2021) Main Data of the Seventh National Population Census : News Release. *National Bureau of Statistics*, 11/05/2021. Disponible en ligne : http://www.stats.gov.cn/english/PressRelease/202105/t20210510_1817185.html (dernière consultation : 09/06/2021).

NISP (2021) *The Uyghur Genocide: An Examination of China's Breaches of the 1948 Genocide Convention*. Washington : Newlines Institute for Strategy and Policy, 08/03/2021. Disponible en ligne : https://newlinesinstitute.org/uyghurs/the-uyghur-genocide-an-examination-of-chinas-breaches-of-the-1948-genocide-convention/ (dernière consultation : 14/07/2021).

Niu, Changzhen 牛长振 (2017) '两面人'对新疆稳定的危害 (Comment les personnes ‹ à double visage › nuisent à la stabilité du Xinjiang). 环球网 (*Global Times Net*), 29/09/2017. Disponible en ligne : https://opinion.huanqiu.com/article/9CaKrnK5onH (dernière consultation : 04/06/2021).

Noakes, Stephen (2018) A Disappearing Act : The Evolution of China's Administrative Detention System. *Journal of Chinese Political Science*, 23, 199–216.

NRW (Rhénanie du Nord-Westphalie) (2019) Gesetzesantrag des Landes Nordrhein-Westfalen: Entwurf eines Strafrechtsänderungsgesetzes – Strafbarkeit des Werbens für terroristische Straftaten. *Bundesrat Drucksache*, 421/19. Disponible en ligne : https://www.bundesrat.de/SharedDocs/drucksachen/2019/0401-0500/421-19.pdf?__blob=publicationFile&v=1 (dernière consultation : 20/01/2021).

NurMuhammad, Rizwangul et al. (2016) Uyghur Transnational Identity on Facebook : On the Development of a Young Diaspora. *Identities: Global Studies in Culture and Power*, 23(4), 485–499.

NZZ (2021) Grossbritanniens Parlament wirft China Völkermord in Xinjiang vor – Peking protestiert scharf. *Neue Zürcher Zeitung*, 23/04/2021. Disponible en ligne : https://www.nzz.ch/international/grossbritannien-parlament-wirft-china-voelkermord-in-xinjiang-vor-ld.1613538 (dernière consultation : 14/06/2021).

O'Brien, David (2016) 'If There Is Harmony in the House There Will Be Order in the Nation' : An Exploration of the Han Chinese as Political Actors in Xinjiang. Hayes et Clarke (2016), 32–51.

O'Brien, Kevin J. et Lianjiang Li (2006) *Rightful Resistance in Rural China*. Cambridge : Cambridge University Press.

Odgaard, Liselotte et Thomas Galasz Nielsen (2014) China's Counterinsurgency Strategy in Tibet and Xinjiang. *Journal of Contemporary China*, 23(87), 535–555.

Olivieri, Chiara (2018) Religious Independence of Chinese Muslim East Turkestan 'Uyghur'. James Dingley et Marcello Mollica (éd.) *Understanding Religious Violence: Radicalism and Terrorism in Religion Explored via Six Case Studies*. Cham : Palgrave Macmillan, 39–72.

Olivieri, Chiara (2019) Islam as Decolonial Re-existence vs. PRC Institutionalized Islamophobia. *Revista de Paz y Conflictos*, 12(2), 35–55.

Paech, Norman (2021) Stellungnahme für die Anhörung des Ausschusses für Menschenrechte und humanitäre Hilfe am 17. Mai 2021. *Deutscher Bundestag*. Disponible en ligne : https://www.bundestag.de/resource/blob/842376/fbf066ba0971f4b7ae1b6ab9b995e6d5/Stellungnahme-SV-Paech-data.pdf (dernière consultation : 14/06/2021).

Pan, Haiying (2016) An Overview of Chinese Language Law and Regulation. *Chinese Law & Government*, 48(4), 271–274.

Pantucci, Raffaello (2018) Uyghur Terrorism in a Fractured Middle East. Clarke (2018a), 157–172.

Pantucci, Raffaello (2019) The Dragon's Cuddle : China's Security Power Projection into Central Asia and Lessons for the Belt and Road Initiative. Nadège Rolland (éd.) *Securing the Belt and Road Initiative : China's Evolving Military Engagement along the Silk Roads*. NBR Special Report, 80. Seattle : National Bureau of Asian Research, 59–69.

Papas, Alexandre (2017) Khojas of Kashgar. *Oxford Research Encyclopedia of Asian History*. DOI : 10.1093/acrefore/9780190277727.013.12.

Parlement européen (2019) Ilham Tohti remporte le Prix Sakharov 2019. *Parlement européen*, 24/10/2019. Disponible en ligne : https://www.europarl.europa.eu/news/fr/headlines/eu-affairs/20191018STO64607/ilham-tohti-remporte-le-prix-sakharov-2019 (dernière consultation : 15/06/2021).

Parquet populaire du Xinjiang 新疆维吾尔自治区人民检察院 (diff. années) 自治区人民检察院工作报告 (Rapports d'activité du Parquet Populaire du Xinjiang). Disponible en ligne : http://www.xj.jcy.gov.cn/jwgk/gzbg/ (dernière consultation : 10/02/2021).

Parquet populaire suprême 最高人民检察院 (2019) 最高人民检察院工作报告 (Rapport d'activité du Parquet populaire suprême pour 2018). Disponible en ligne : https://www.spp.gov.cn/spp/gzbg/201903/t20190319_412293.shtml (dernière consultation : 10/02/2021).

Parquet populaire suprême 最高人民检察院 (2020) 最高人民检察院工作报告 (Rapport d'activité du Parquet populaire suprême pour 2019). Disponible en ligne : https://www.spp.gov.cn/spp/gzbg/202006/t20200601_463798.shtml (dernière consultation : 10/02/2021).

Pau Hana (pseud.) (2017) Expedition nach Absurdistan. Blog. Disponible en ligne : http://pauhana.uniterra.net/2017/10/20/expedition-nach-absurdistan/ (dernière consultation : 30/12/2020).

Pawan, Sawut et Abiguli Niyazi (2016) From *mahalla* to *xiaoqu* : Transformation of the Urban Living Space in Kashgar. *Inner Asia*, 18(1), 121–134.

Perdue, Peter C. (2005) *China Marches West : The Qing Conquest of Central Eurasia*. Cambridge: Harvard University Press.

Petersen, Kristian (2006) Usurping the Nation : Cyber-leadership in the Uighur Nationalist Movement. *Journal of Muslim Minority Affairs*, 26(1), 63–73.

Phillips, Tom (2017) In China's Far West the 'Perfect Police State' Is Emerging. *Guardian*, 23/06/2017. Disponible en ligne : https://www.theguardian.com/world/2017/jun/23/in-chinas-far-west-experts-fear-a-ticking-timebomb-religious (dernière consultation : 27/01/2021).

Pils, Eva (2021) Stellungnahme zur völkerrechtlichen Bewertung der Menschenrechtsverletzungen an den Uiguren für die Sitzung des Menschenrechtsausschusses des Bundestags am 17. Mai 2021. *Deutscher Bundestag*. Disponible en ligne : https://www.bundestag.de/resource/blob/842378/552215d57ef48b6a66db4710ae054202/Stellungnahme-SV-Pils-data.pdf (dernière consultation : 14/06/2021).

Ploberger, Christian (2020) *Political Economic Perspectives of China's Belt and Road Initiative: Reshaping Regional Integration*. Londres : Routledge.

Postiglione, Gerard A., Ben Jiao et Ngawang Tsering (2009) Tibetan Student Perspectives on *neidi* Schools. Minglang Zhou et Ann Maxwell Hill (éd.) *Affirmative Action in China and the U.S. : A Dialogue on Inequality and Minority Education*. New York : Palgrave Macmillan, 127–142.

Przybilla, Olaf (2021) Menschenrechtspreis für chinesische Aktivistin Sayragul Sauytbay. *Süddeutsche Zeitung*, 01/03/2021. Disponible en ligne : https://www.sueddeutsche.de/bayern/nuernberg-menschenrechtspreis-sayragul-sauytbay-china-1.5221037 (dernière consultation : 01/06/2021).

Putz, Catherine (2020) 2020 Edition : Which Countries Are for or against China's Xinjiang Policies ? *Diplomat*, 09/10/2020. Disponible en ligne : https://thediplomat.com/2020/10/2020-edition-which-countries-are-for-or-against-chinas-xinjiang-policies/ (dernière consultation : 12/03/2021).

Qarluq, Abdureşit Jelil et Donald Hugh McMillen (2011) Towards a 'Harmonious Society' ? A Brief Case Study of the Post-liberation Settlement in Beijing of Uyghur Intellectuals and Their Relations with the Majority Society. *Asian Ethnicity*, 12(1), 1–31.

Ramzy, Austin et Chris Buckley (2019) 'Absolutely No Mercy' : Leaked Files Expose How China Organized Mass Detentions of Muslims. *New York Times*, 16/11/2019. Disponible en ligne : https://www.nytimes.com/interactive/2019/11/16/world/asia/china-xinjiang-documents.html (dernière consultation : 25/01/2021).

Rauhala, Emily (2014) It's a Long Way to the Top (if You Wanna Be a Uighur Pop Star). *Time Magazine*, 24/10/2014. Disponible en ligne : https://time.com/3424671/ablajan-awut-ayup-uighur-xinjiang-music-pop-star-china/ (dernière consultation : 16/01/2021).

Ren, Xuefei (2011) *Building Globalization : Transnational Architecture Production in Urban China*. Chicago : University of Chicago Press.

Retraction Watch (2020) Study on China's Ethnic Minorities Retracted as Dozens of Papers Come under Scrutiny for Ethical Violations. *Retraction Watch*, 06/08/2020. Disponible en ligne : https://retractionwatch.com/2020/08/06/study-of-chinas-ethnic-minorities-retracted-as-dozens-of-papers-come-under-scrutiny-for-ethical-violations/ (dernière consultation : 12/02/2021).

Rippa, Alessandro (2014) From Uyghurs to Kashgaris (and back ?) : Migration and Cross-border Interactions between Xinjiang and Pakistan. *Crossroads Asia Working Paper Series*, 23. Bonn.

Rippa, Alessandro (2020) *Borderland Infrastructures: Trade, Development, and Control in Western China*. Amsterdam : Amsterdam University Press.

Rivers, Matt (2020) More Than 100 Uyghur Graveyards Demolished by Chinese Authorities, Satellite Images Show. *CNN*, 03/01/2020. Disponible en ligne : https://edition.cnn.com/2020/01/02/asia/xinjiang-uyghur-graveyards-china-intl-hnk/index.html (dernière consultation : 09/06/2021).

Roberts, Sean R. (2004) A 'Land of Borderlands' : Implications of Xinjiang's Trans-border Interactions. Starr (2004), 216–237.

Roberts, Sean R. (2018a) The Narrative of Uyghur Terrorism and the Self-fulfilling Prophecy of Uyghur Militancy. Clarke (2018a), 99–128.

Roberts, Sean R. (2018b) The Biopolitics of China's 'War on Terror' and the Exclusion of Uyghurs. *Critical Asian Studies*, 50(2), 232–258.

Roberts, Sean R. (2020) *The War on the Uyghurs. China's Internal Campaign against a Muslim Minority*. Princeton : Princeton University Press.

Robertson, Matthew P. (2020) Counterterrorism or Cultural Genocide ? Theory and Normativity in Knowledge Production about China's 'Xinjiang Strategy'. *Made in China Journal* 5(2). DOI : 10.22459/MIC.05.02.2020.06.

Rodríguez, Pablo Adriano (2013) Violent Resistance in Xinjiang (China) : Tracking Militancy, Ethnic Riots and 'Knife-wielding' Terrorists (1978–2012). *Historia Actual Online*, 30, 135–149.

Rodríguez-Merino, Pablo A. (2019) Old 'Counter-revolution', New 'Terrorism' : Historicizing the Framing of Violence in Xinjiang by the Chinese State. *Central Asian Survey*, 38(1), 27–45.

Ross, Anthony (2012) Development in the Xinjiang Uyghur Autonomous Region : Spatial Transformation and the Construction of Difference in Western China. *Discussion Paper*, 3. Center for Chinese Studies, University of Stellenbosch.

Rudelson, Justin J. (1997) *Oasis Identities : Uyghur Nationalism along China's Silk Road*. New York : Columbia University Press.

Rudelson, Justin et William Jankowiak (2004) Acculturation and Resistance : Xinjiang Identities in Flux. Starr (2004), 299–319.

Ruser, Nathan (2020) *Documenting Xinjiang's Detention System*. Melbourne : Australian Strategic Policy Institute. Disponible en ligne : https://xjdp.aspi.org.au (dernière consultation : 27/01/2021).

Ruser, Nathan et al. (2020) *Cultural Erasure : Tracing the Destruction of Uyghur and Islamic Spaces in Xinjiang*. Melbourne : Australian Strategic Policy Institute. Disponible en ligne : https://www.aspi.org.au/report/cultural-erasure (dernière consultation : 27/01/2021).

Ryono, Angel et Matthew Galway (2015) Xinjiang under China : Reflections on the Multiple Dimensions of the 2009 Urumqi Uprising. *Asian Ethnicity*, 16(2), 235–255.

Safferling, Christoph (2021) Anhörung Menschenrechtsausschuss des Deutschen Bundestags am 17/05/2021. *Deutscher Bundestag*. Disponible en ligne : https://www.bundestag.de/resource/blob/842380/64dab14a5f814de4c645064c312f8c14/Stellungnahme-SV-Safferling-data.pdf (dernière consultation : 14/06/2021).

Salimjan, Guldana (2021) Naturalized Violence : Affective Politics of China's 'Ecological Civilization' in Xinjiang. *Human Ecology*, 49, 59–68.

Sautman, Barry (2012) Paved with Good Intentions : Proposals to Curb Minority Rights and Their Consequences for China. *Modern China*, 38(1), 10–39.

Sauytbay, Sayragul et Alexandra Cavelius (2020) *Die Kronzeugin : Eine Staatsbeamtin über ihre Flucht aus der Hölle der Lager und Chinas Griff nach der Weltherrschaft*. Zurich : Europa Verlag.

Scharping, Thomas (2003) *Birth Control in China 1949–2000 : Population Policy and Demographic Development*. Londres : RoutledgeCurzon.

Scharping, Thomas (2019) Abolishing the One-child Policy : Stages, Issues and the Political Process. *Journal of Contemporary China*, 28(117), 327–347.

Schein, Louisa (1997) Gender and Internal Orientalism in China. *Modern China*, 23(1), 69–98.

Schluessel, Eric T. (2007) 'Bilingual' Education and Discontent in Xinjiang. *Central Asian Survey*, 26(2), 251–277.

Schluessel, Eric T. (2014) Thinking beyond Harmony : The 'Nation' and Language in Uyghur Social Thought. Brox et Bellér-Hann (2014), 318–345.

Schluessel, Eric T. (2020) *Land of Strangers : The Civilizing Project in Qing Central Asia*. New York: Columbia University Press.

SCIO (State Council Information Office) (2002) *'East Turkistan' Terrorist Forces Cannot Get away with Impunity*. Disponible en ligne : http://www.china.org.cn/english/2002/Jan/25582.htm (dernière consultation : 31/10/2020).

SCIO (State Council Information Office) (2009a) *White Paper on Development and Progress in Xinjiang*. Disponible en ligne : http://www.china-un.ch/eng/bjzl/t621691.htm (dernière consultation : 31/10/2020).

SCIO (State Council Information Office) (2009b) *China's Ethnic Policy and Common Prosperity and Development of All Ethnic Groups*. Disponible en ligne : http://www.china.org.cn/government/whitepaper/node_7078073.htm (dernière consultation : 15/01/2021).

SCIO (State Council Information Office) (2014) *The History and Development of the Xinjiang Production and Construction Corps*. Disponible en ligne : http://english.www.gov.cn/archive/white_paper/2014/10/05/content_281474992 (dernière consultation : 31/10/2020).

SCIO (State Council Information Office) (2015) *Historical Witness to Ethnic Equality, Unity and Development in Xinjiang*. Disponible en ligne : http://english.www.gov.cn/archive/white_paper/2015/09/24/content_281475197200182.htm(dernière consultation : 31/10/2020).

SCIO (State Council Information Office) (2016) *Freedom of Religious Belief in Xinjiang*. Disponible en ligne : http://english.www.gov.cn/archive/white_paper/2016/06/02/content_281475363031504.htm (dernière consultation : 15.1.2021).

SCIO (State Council Information Office) (2017) *Human Rights in Xinjiang – Development and Progress*. Disponible en ligne : http://english.www.gov.cn/archive/white_paper/2017/06/01/content_281475673512156.htm (dernière consultation : 31/10/2020).

SCIO (State Council Information Office) (2018) *Cultural Protection and Development in Xinjiang*. Disponible en ligne : http://www.china.org.cn/government/whitepaper/node_8008714.htm (dernière consultation : 15/01/2021).

SCIO (State Council Information Office) (2019a) *The Fight against Terrorism and Extremism and Human Rights Protection in Xinjiang*. Disponible en ligne : http://english.www.gov.cn/r/Pub/GOV/ReceivedContent/Other/2019-03-18/WhitePaper.docx (dernière consultation : 13/01/2021).

SCIO (State Council Information Office) (2019b) *Historical Matters Concerning Xinjiang*. Beijing: Foreign Languages Press. Disponible en ligne : http://www.chinadaily.com.cn/specials/fulltextxinjiang2019.pdf (dernière consultation : 23/12/2020).

SCIO (State Council Information Office) (2019c) *Vocational Education and Training in Xinjiang*. Disponible en ligne : http://www.xinhuanet.com/english/download/VocationalEducationandTraininginXinjiang.docx (dernière consultation : 13/01/2021).

SCIO (State Council Information Office) (2020) *Employment and Labor Rights in Xinjiang*. Disponible en ligne : http://www.xinhuanet.com/english/2020-09/17/c_139373591.htm (dernière consultation : 04/06/2021).

SCIO (State Council Information Office) (2021) *Respecting and Protecting the Rights of All Ethnic Groups in Xinjiang*. Disponible en ligne : http://www.xinhuanet.com/english/download/2021-7-14/FULLTEXT.doc (dernière consultation : 23/07/2021).

SCMP (2009) Huge Gas Blast Rips through Busy Beijing Restaurant. *South China Morning Post*, 26/09/2009. Disponible en ligne : https://www.scmp.com/article/693651/huge-gas-blast-rips-through-busy-beijing-restaurant (dernière consultation : 25/01/2021).

Sha, Heila (2017) *Care and Ageing in North-West China*. Berlin : LIT.

Shakya, Tsering (2000) *The Dragon in the Land of Snows : A History of Modern Tibet since 1947*. New York : Penguin.

Share, Michael B. (2010) The Russian Civil War in Chinese Turkestan (Xinjiang), 1918–1921 : A Little Known and Explored Front. *Europe-Asia Studies*, 62(3), 389–420.

Share, Michael B. (2015) The Great Game Revisited : Three Empires Collide in Chinese Turkestan (Xinjiang). *Europe-Asia Studies*, 67(7), 1102–1129.

Sheng, Pengfei et al. (2020) A Military Garrison or Cultural Mixing Pot ? Renewed Investigations at Shichengzi, a Han Dynasty Settlement in Xinjiang. *Antiquity*, 94(373), e5, 1–9.

Shi, Anbin 史安斌 (2019) 西方媒体的'选择性不闻' (La ‹ surdité sélective › des médias occidentaux). 环球时报 (*Global Times*), 10/12/2019. Disponible en ligne : https://opinion.huanqiu.com/article/9CaKrnKof8i (dernière consultation : 14/07/2021).

Shichor, Yitzhak (2004) The Great Wall of Steel : Military and Strategy in Xinjiang. Starr (2004), 120–160.

Shichor, Yitzhak (2006) Fact and Fiction : A Chinese Documentary on Eastern Turkestan Terrorism. *China and Eurasia Forum Quarterly*, 4(2), 89–108.

Shichor, Yitzhak (2015) See No Evil, Hear No Evil, Speak No Evil: Middle Eastern Reactions to Rising China's Uyghur Crackdown. *Griffith Asia Quarterly*, 3(1), 62–85.

Shichor, Yitzhak (2018a) Artificial Resuscitation : Beijing's Manipulation to Pan-Turkism. *Asian Ethnicity*, 19(3), 301–318.

Shichor, Yitzhak (2018b) Net Nationalism : The Digitalization of the Uyghur Diaspora. Andoni Alonso et Pedro J. Oiarabal (éd.) *Diasporas in the New Media Age : Identity, Politics, and Community*. Reno : University of Nevada Press, 291–316.

Shichor, Yitzhak (2018c) Dialogue of the Deaf : The Role of Uyghur Diaspora Organizations versus Beijing. Ercilasun et Ercilasun (2018), 121–136.

Shichor, Yitzhak (2019) Handling China's Internal Security : Division of Labor among Armed Forces in Xinjiang. *Journal of Contemporary China*, 28(119), 813–830.

Simayi, Zuliyati 祖力亚提 司马义, Chen Renyuan 陈稔源 et Chen Yanping 陈艳平 (2018) 新疆喀什地区农村少数民族富余劳动力就业调查研究—以叶城县为例 (A Study on the Employment of Ethnic Rural Surplus Labor in Kashgar Region of Xinjiang : Taking Yecheng County as an Example). 西北民族研究 (*Northwestern Journal of Ethnology*), 3(98), 14–25.

Small, Andrew (2018) China and Counter-terrorism. Clarke (2018a), 129–140.

Smith Finley, Joanne (2007) 'Ethnic Anomaly' or Modern Uyghur Survivor ? A Case Study of the *minkaohan* Hybrid Identity in Xinjiang. Bellér-Hann et al. (2007), 219–237.

Smith Finley, Joanne (2013) *The Art of Symbolic Resistance : Uyghur Identities and Uyghur–Han Relations in Contemporary China*. Leyde : Brill.

Smith Finley, Joanne (2014) Contesting Harmony through TV Drama : Ethnic Intermarriage in *Xinjiang Girls*. Brox et Bellér-Hann (2014), 263–292.

Smith Finley, Joanne (2015) Education, Religion and Identity among Uyghur Hostesses in Ürümchi. Smith Finley et Zang (2015a), 176–193.

Smith Finley, Joanne (2016) Whose Xinjiang ? Space, Place and Power in the Rock Fusion of *xin Xinjiangren*, Dao Lang. Hayes et Clarke (2016), 75–99.

Smith Finley, Joanne (2018) The Wang Lixiong Prophecy : 'Palestinization' in Xinjiang and the Consequences of Chinese State Securitization of Religion. *Central Asian Survey*, 38(1), 81–101.

Smith Finley, Joanne (2019) Securitization, Insecurity and Conflict in Contemporary Xinjiang : Has PRC Counter-terrorism Evolved into State Terror ? *Central Asian Survey*, 38(1), 1–26.

Smith Finley, Joanne (2020) Why Scholars and Activists Increasingly Fear a Uyghur Genocide in Xinjiang. *Journal of Genocide Research*. DOI : 10.1080/14623528.2020.1848109.

Smith Finley, Joanne et Xiaowei Zang (2015a) (éd.) *Language, Education and Uyghur Identity in Urban Xinjiang*. Londres : Routledge.

Smith Finley, Joanne et Xiaowei Zang (2015b) Language, Education and Uyghur Identity : An Introductory Essay. Smith Finley et Zang (2015a), 1–33.

Smith, Joanne (2000) Four Generations of Uyghurs : The Shift towards Ethno-political Ideologies among Xinjiang's Youth. *Inner Asia*, 2, 195–224.

Spence, Jonathan D. (1990) *The Search for Modern China.* New York : W.W. Norton.

Starr, S. Frederick (2004) (éd.) *Xinjiang : China's Muslim Borderland.* New York : M.E. Sharpe (réimpression : Londres : Routledge 2015).

Starr, S. Frederick (2019) China's Brutality Can't Destroy Uighur Culture. The Turkic People Has an Ancient Language and Traditions. Even Mao Didn't Expect to Erase It. *Wall Street Journal*, 26/07/2019. Disponible en ligne : https://www.wsj.com/articles/chinas-brutality-cant-destroy-uighur-culture-11564175809 (dernière consultation : 16/01/2021).

Steel, Lisa et Raymond Kuo (2007) Terrorism in Xinjiang ? *Ethnopolitics*, 6(1), 1–19.

Steenberg, Rune (2018) Accumulating Trust : Uyghur Traders in the Sino–Kyrgyz Border Trade after 1991. Alexander Horstmann, Martin Saxer et Alessandro Rippa (éd.) *Routledge Handbook on Asian Borderlands.* Londres : Routledge, 294–303.

Steenberg, Rune (2020) The Formal Side of Informality : Non-state Trading Practices and Local Uyghur Ethnography. *Central Asian Survey*, 39(1), 46–62.

Steenberg, Rune et Alessandro Rippa (2019) Development for All ? State Schemes, Security, and Marginalization in Kashgar, Xinjiang. *Critical Asian Studies*, 51(2), 274–295.

Stubley, Peter (2019) Muslim Women 'Sterilised' in China Detention Camps, Say Former Detainees. *Independent*, 12/08/2019. Disponible en ligne : https://www.independent.co.uk/news/world/asia/uighur-muslim-china-sterilisation-women-internment-camps-xinjiang-a9054641.html (dernière consultation : 12/02/2021).

Sun, Yan (2019) Debating Ethnic Governance in China. *Journal of Contemporary China*, 28(115), 118–132.

Svanberg, Ingvar (1996) Ethnic Categorizations and Cultural Diversity in Xinjiang : The Dolans along Yarkand River. *Central Asiatic Journal*, 40(2), 260–282.

Svensson, Marina et Christina Maags (2018) Mapping the Chinese Heritage Regime. Christina Maags et Marina Svensson (éd.) *Chinese Heritage in the Making: Experiences, Negotiations and Contestations.* Amsterdam : Amsterdam University Press, 11–38.

Swanson, Ana (2020) U.S. Restricts Chinese Apparel and Tech Products, Citing Forced Labor. *New York Times*, 14/09/2020. Disponible en ligne : https://www.nytimes.com/2020/09/14/business/economy/us-china-forced-labor-imports.html (dernière consultation : 15/10/2020).

Swanson, Ana (2021) U.S. Bans All Cotton and Tomatoes from Xinjiang Region of China. *New York Times*, 13/01/2021. Disponible en ligne : https://www.nytimes.com/2021/01/13/business/economy/xinjiang-cotton-tomato-ban.html (dernière consultation : 12/03/2021).

Sytas, Andrius (2021) Lithuanian Parliament Latest to Call China's Treatment of Uyghurs 'Genocide'. *Reuters*, 20/05/2021. Disponible en ligne : https://www.reuters.com/world/china/lithuanian-parliament-latest-call-chinas-treatment-uyghurs-genocide-2021-05-20/ (dernière consultation : 14/06/2021).

SZ (2019) China Cables. *Süddeutsche Zeitung – Online Dossier.* Disponible en ligne : https://projekte.sueddeutsche.de/artikel/politik/das-sind-die-china-cables-e185468/ (dernière consultation : 28/01/2021).

SZ (2021) EU verhängt Sanktionen gegen China. *Süddeutsche Zeitung*, 22/03/2021. Disponible en ligne : https://www.sueddeutsche.de/politik/china-eu-sanktionen-menschenrechtsverletzungen-1.5242785 (dernière consultation : 14/05/2021).

Szadziewski, Hendryk (2014) The Open Up the West Campaign among Uyghurs in Xinjiang : Exploring a Rights-based Approach. Brox et Bellér-Hann (2014), 69–97.

Szadziewski, Hendryk (2020) The Push for a Uyghur Human Rights Policy Act in the United States : Recent Developments in Uyghur Activism. *Asian Ethnicity*, 21(2), 211–222.

Thevs, Niels et al. (2015) Water Allocation and Water Consumption of Irrigated Agriculture and Natural Vegetation in the Aksu–Tarim River Basin, Xinjiang, China. *Journal of Arid Environments*, 112, 87–97.

Thum, Rian (2012) Modular History : Identity Maintenance before Uyghur Nationalism. *Journal of Asian Studies*, 71(3), 627–653.

Thum, Rian (2014) *The Sacred Routes of Uyghur History*. Cambridge : Harvard University Press.

Thum, Rian (2016) The Uyghurs in Modern China. *Oxford Research Encyclopedia of Asian History*. DOI : 10.1093/acrefore/9780190277727.013.160.

Thum, Rian (2020) The Spatial Cleansing of Xinjiang : *Mazar* Desecration in Context. *Made in China Journal*, 2. Disponible en ligne : https://madeinchinajournal.com/2020/08/24/the-spatial-cleansing-of-xinjiang-mazar-desecration-in-context/ (dernière consultation : 09/06/2021).

Tiezzi, Shannon (2014) Is the Kunming Knife Attack China's 9-11? *Diplomat*, 04/03/2014. Disponible en ligne : https://thediplomat.com/2014/03/is-the-kunming-knife-attack-chinas-9-11/ (dernière consultation : 25/01/2021).

Tobin, David (2015) Between *minkaohan* and *minkaomin* : Discourses on 'Assimilation' amongst Bilingual Urban Uyghurs. Smith Finley et Zang (2015a), 55–74.

Tobin, David (2020) *Securing China's Northwest Frontier : Identity and Insecurity in Xinjiang*. Cambridge : Cambridge University Press.

Toops, Stanley (2004a) The Ecology of Xinjiang. A Focus on Water. Starr (2004), 264–275.

Toops, Stanley (2004b) The Demography of Xinjiang. Starr (2004), 241–263.

Topgyal, Tsering (2016) *China and Tibet : The Perils of Insecurity*. Londres : Hurst & Company.

Torigian, Joseph (2019) What Xi Jinping Learned – and Didn't Learn – from His Father about Xinjiang. *Diplomat*, 26/11/2019. Disponible en ligne : https://thediplomat.com/2019/11/what-xi-jinping-learned-and-didnt-learn-from-his-father-about-xinjiang/ (dernière consultation : 11/04/2021).

Trédaniel Marie et Pak K. Lee (2018) Explaining the Chinese Framing of the 'Terrorist' Violence in Xinjiang : Insights from Securitization Theory. *Nationalities Papers*, 46(1), 177–195.

Tschantret, Joshua (2018) Repression, Opportunity, and Innovation : The Evolution of Terrorism in Xinjiang, China. *Terrorism and Political Violence*, 30(4), 569–588.

Tursun, Mihrigul et Andrea C. Hoffmann (2022) *Ort ohne Wiederkehr : Wie ich als Uigurin Chinas Lager überlebte*. Munich : Heyne.

Tursun, Nabijan (2008) The Formation of Modern Uyghur Historiography and Competing Perspectives toward Uyghur History. *China and Eurasia Forum Quarterly*, 6(3), 87–100.

Tursun, Nabijan (2018) Factors and Challenges of Uyghur Nationalism in the Early Twentieth Century. Ercilasun et Ercilasun (2018), 27–58.

Tynen, Sarah (2019) Belonging between Inclusion and Exclusion : Dimensions of Ethno-cultural Identity for Uyghur Women in Xinjiang, China. *Geopolitics*. DOI : 10.1080/14650045.2019.1686360.

Tynen, Sarah (2020a) Dispossession and Displacement of Migrant Workers : The Impact of State Terror and Economic Development on Uyghurs in Urban Xinjiang. *Central Asian Survey*, 39(3), 303–323.

Tynen, Sarah (2020b) State Territorialization through *shequ* Community Centres : Bureaucratic Confusion in Xinjiang, China. *Territory, Politics, Governance*, 8(1), 7–22.

UHRP (2010) *Can Anyone Hear Us ? Voices from the 2009 Unrest in Urumchi*. Washington : Uyghur Human Rights Project. Disponible en ligne : http://docs.uyghuramerican.org/Can-Anyone-Hear-Us.pdf (dernière consultation : 20/01/2021).

UHRP (2011) *A City Ruled by Fear and Silence : Urumchi, Two Years on*. Washington: Uyghur Human Rights Project. Disponible en ligne : https://docs.uyghuramerican.org/July5-report.pdf (dernière consultation : 20/01/2021).

UHRP (2012) *Living on the Margins : The Chinese State's Demolition of Uyghur Communities*. Washington : Uyghur Human Rights Project. Disponible en ligne : https://docs.uhrp.org/3-30-Living-on-the-Margins.pdf (dernière consultation : 29/12/2020).

UHRP (2015a) *Uyghur Voices on Education : China's Assimilative 'Bilingual Education' Policy in East Turkestan*. Washington : Uyghur Human Rights Project. Disponible en ligne : https://docs.uhrp.org/pdf/Uyghur-Voices-on-Education.pdf (dernière consultation : 06/01/2021).

UHRP (2015b) *Legitimizing Repression : China's 'War on Terror' under Xi Jinping and State Policy in East Turkestan*. Washington : Uyghur Human Rights Project. Disponible en ligne : https://docs.uhrp.org/pdf/Legitimizing-Repression.pdf (dernière consultation : 25/01/2021).

UHRP (2016) *Without Land, There Is No Life : Chinese State Suppression of Uyghur Environmental Activism*. Washington : Uyghur Human Rights Project. Disponible en ligne : https://docs.uyghuramerican.org/pdf/Without-land-there-is-no-life.pdf (dernière consultation : 29/12/2020).

UHRP (2017a) *Discrimination, Mistreatment and Coercion : Severe Labor Rights Abuses Faced by Uyghurs in China and East Turkestan*. Washington : Uyghur Human Rights Project. Disponible en ligne : http://uhrp.org/docs/Discrimination_Mistreatment_Coercion.pdf (dernière consultation : 23/12/2020).

UHRP (2017b) *End of the Road : One Belt, One Road and the Cumulative Economic Marginalization of the Uyghurs*. Washington : Uyghur Human Rights Project. Disponible en ligne : https://uhrp.org/docs/End-of-the-Road.pdf (dernière consultation : 30/12/2020).

UHRP (2018) *The bingtuan : China's Paramilitary Colonizing Force in East Turkestan*. Washington : Uyghur Human Rights Project. Disponible en ligne : https://docs.uhrp.org/pdf/bingtuan.pdf (dernière consultation : 17/12/2020).

UHRP (2019a) *Demolishing Faith : Desecration of Uyghur Mosques and Shrines*. Washington : Uyghur Human Rights Project. Disponible en ligne : https://docs.uhrp.org/pdf/UHRP_report_Demolishing_Faith.pdf (dernière consultation : 27/01/2021).

UHRP (2019b) *Repression across Borders : The CCP's Illegal Harassment and Coercion of Uyghur Americans.* Washington : Uyghur Human Rights Project. Disponible en ligne : https://docs.uhrp.org/pdf/UHRP_RepressionAcrossBorders.pdf (dernière consultation : 14/06/2021).

UHRP (2020) *'The Happiest Muslims in the World'. Disinformation, Propaganda, and the Uyghur Crisis.* Washington : Uyghur Human Rights Project. Disponible en ligne : https://uhrp.org/wp-content/uploads/2021/05/Disinformation_Propaganda_and_the_Uyghur_Crisis.pdf (dernière consultation : 31/05/2021).

UHRP (2021) *'The Government Never Oppresses Us'. China's Proof-of-life Videos as Intimidation and a Violation of Uyghur Family Unity.* Washington : Uyghur Human Rights Project. Disponible en ligne : https://docs.uhrp.org/pdf/POLVReportFinal_2021-01-29.pdf (dernière consultation : 12/07/2021).

Üngör, Çağdaş (2019) Heading towards the East ? Sino–Turkish Relations after the July 15 Coup Attempt. Emre Erşen et Seçkin Köstem (éd.) *Turkey's Pivot to Eurasia: Geopolitics and Foreign Policy in a Changing World Order.* Londres : Routledge, 64–78.

United Nations (1948) Convention on the Prevention and Punishment of the Crime of Genocide. *Vereinte Nationen,* 09/12/1948. Disponible en ligne : http://www.un-documents.net/a3r260.htm (dernière consultation : 12/02/2021).

Uyghur Tribunal (2021) About. Disponible en ligne : https://uyghurtribunal.com/about/ (dernière consultation : 14/06/2021).

Van Ess, Hans (2017) Der Name der Uiguren. Shing Müller et Armin Selbitschka (éd.) *Über den Alltag hinaus. Festschrift für Thomas O. Höllmann zum 65. Geburtstag.* Wiesbaden: Harrassowitz, 253–266.

Van Shaik, Sam (2011) *Tibet : A History.* New Haven : Yale University Press.

Vergani, Matteo et Dennis Zuev (2011) Analysis of YouTube Videos Used by Activists in the Uyghur Nationalist Movement : Combining Quantitative and Qualitative Methods. *Journal of Contemporary China,* 20(69), 205–229.

Vergani, Matteo et Dennis Zuev (2015) Neojihadist Visual Politics : Comparing YouTube Videos of North Caucasus and Uyghur Militants. *Asian Studies Review,* 39(1), 1–22.

Verma, Pranshu et Edward Wong (2020) U.S. Imposes Sanctions on Chinese Officials over Mass Detention of Muslims. *New York Times,* 09/07/2020 (mise à jour 07/08/2020). Disponible en ligne : https://www.nytimes.com/2020/07/09/world/asia/trump-china-sanctions-uighurs.html (dernière consultation : 15/10/2020).

Vice News (2019) China's Vanishing Muslims : Undercover in the Most Dystopian Place in the World. *HBO.* Disponible en ligne https://video.vice.com/en_us/video/chinas-vanishing-muslims-undercover-in-the-most-dystopian-place-in-the-world/5d151050be4077106e412141 (dernière consultation : 01/06/2021).

Völkermordkonvention (2021) Völkermord – eine Begriffsbestimmung. Disponible en ligne : https://www.voelkermordkonvention.de/voelkermord-eine-begriffsbestimmung-9308/ (dernière consultation : 06/07/2021).

Wacker, Gudrun (1995) *Xinjiang und die VR China : Zentrifugale und zentripetale Tendenzen in Chinas Nordwest-Region.* (Berichte / BIOst, 3-1995). Cologne : Bundesinstitut für ostwissenschaftliche und internationale Studien.

Waite, Edmund (2007) The Emergence of Muslim Reformism in Contemporary Xinjiang : Implications for the Uyghurs' Positioning between a Central Asian and Chinese Context. Bellér-Hann et al. (2007), 165–181.

Wang, Penggang 王朋岗 (2018) 新疆人口生育水平的变化及影响因素分析 (Analyse de l'évolution du taux de natalité dans la population du Xinjiang et des facteurs l'impactant). Disponible en ligne : http://www.shehui.pku.edu.cn/upload/editor/file/20180714/20180714124351_4614.pdf (dernière consultation : 12/02/2021).

Wang, Xiaonan et Wang Zeyu (2020) CGTN Exclusive : Tracking down Relocated Uygur Graves in China's Xinjiang. *China Global Television Network*, 14/01/2020. Disponible en ligne : https://news.cgtn.com/news/2020-01-11/CGTN-Exclusive-Tracking-down-relocated-Uygur-graves-in-NW-China-Nak37jfg1G/index.html (dernière consultation : 09/06/2021).

Wayne, Martin I. (2009) Inside China's War on Terrorism. *Journal of Contemporary China*, 18(59), 249–261.

Weaver, Matthew (2021) Science Journal Editor Says He Quit over China Boycott Article. *Guardian*, 30/06/2021. Disponible en ligne : https://www.theguardian.com/education/2021/jun/30/science-journal-editor-says-he-quit-over-china-boycott-article (dernière consultation : 13/07/2021).

Wen, Philip (2017) Terror Threats Transform China's Uighur Heartland into Security State. *Reuters*, 31/03/2017. Disponible en ligne : https://www.reuters.com/article/us-china-xinjiang-security-insight-idUSKBN1713AS (dernière consultation : 27/01/2021).

Werle, Gerhard et Florian Jeßberger (2020) *Völkerstrafrecht*. 5e éd. Tübingen : Mohr Siebeck.

White, Lynn T. III (1979) The Road to Urumchi : Approved Institutions in Search of Attainable Goals during pre-1968 Rustication from Shanghai. *China Quarterly*, 79, 481–510.

White, Tyrene (2006) *China's Longest Campaign: Birth Planning in the People's Republic, 1949–2005*. Ithaca : Cornell University Press.

Widiarto, Ingrid (2018) *Uigurische Geschichten*. Berlin : graphiti-Verlag.

Wiemer, Calla (2004) The Economy of Xinjiang. Starr (2004), 163–189.

Wissenschaftliche Dienste (2021a) Die Uiguren in Xinjiang im Lichte der Völkermordkonvention. *Wissenschaftliche Dienste, Deutscher Bundestag*. Ausarbeitung WD 2 – 3000 – 027/21. Disponible en ligne : https://www.bundestag.de/resource/blob/842080/36cc70595f4d20a03e609de00eabce4d/WD-2-027-21-pdf-data.pdf (dernière consultation : 14/06/2021).

Wissenschaftliche Dienste (2021b) Das Gesetz über die unternehmerischen Sorgfaltspflichten in Lieferketten und die VN-Leitprinzipien für Wirtschaft und Menschenrechte. *Wissenschaftliche Dienste, Deutscher Bundestag*. Sachstand WD 2 – 3000 – 022/21. Disponible en ligne : https://www.bundestag.de/resource/blob/839528/7b4e6a1a751fd9c9395ec0e63f598637/WD-2-022-21-pdf-data.pdf (dernière consultation : 23/06/2021).

WKU (2009) Kurze Geschichte. Weltkongress der Uiguren. Disponible en ligne : https://www.uyghurcongress.org/de/kurze-geschichte/ (dernière consultation : 07/04/2021).

Wolson, Sam (2021) Reeducated : A *New Yorker* Documentary in Virtual Reality. *New Yorker*, 18/03/2021. Disponible en ligne : https://www.newyorker.com/news/video-dept/reeducated-film-xinjiang-prisoners-china-virtual-reality (dernière consultation : 06/07/2021).

Wong, Chuen-Fung (2013) Singing Muqam in Uyghur Pop : Minority Modernity and Popular Music in China. *Popular Music and Society*, 36(1), 98–118.

World Bank (2019) *Belt and Road Economics : Opportunities and Risks of Transport Corridors*. Washington : World Bank.

Wu, Xiaogang et Guangye He (2018) Ethnic Autonomy and Ethnic Inequality: An Empirical Assessment of Ethnic Policy in Urban China. *China Review*, 18(2), 185–215.

Wu, Xiaogang et Xi Song (2014) Ethnic Stratification amid China's Economic Transition : Evidence from the Xinjiang Autonomous Region. *Social Science Research*, 44, 158–172.

Xi, Jinping 习近平 (2020) 习近平在第三次中央新疆工作座谈会上发表重要讲话 (Xi Jinping prononce un discours important au sujet du Xinjiang dans le cadre du Troisième Forum de travail du Comité central). Disponible en ligne : http://www.gov.cn/xinwen/2020-09/26/content_5547383.htm (dernière consultation : 09/03/2021).

Xie, Guiping et Tianyang Liu (2019) Navigating Securities : Rethinking (Counter-)Terrorism, Stability Maintenance, and Non-violent Responses in the Chinese Province of Xinjiang. *Terrorism and Political Violence*. DOI : 10.1080/09546553.2019.1598386.

Xinhua 新华 (2017) '卫星工厂'俏南疆 (Les ‹ usines satellites › sont très demandées dans le Sud du Xinjiang). *Xinhua Net*, 12/07/2017. Disponible en ligne : http://www.xinhuanet.com//local/2017-07/12/c_1121309468.htm (dernière consultation : 09/02/2021).

Xinhua (2019a) Trainees in Xinjiang Education, Training Program Have All Graduated : Official. *Xinhua Net*, 09/12/2019. Disponible en ligne : http://www.xinhuanet.com/english/2019-12/09/c_138617314.htm (dernière consultation : 03/02/2021).

Xinhua 新华 (2019b) '卫星工厂 '带来家门口的幸福 (Les ‹ usines satellites › apportent le bonheur à votre porte). *Xinhua Net*, 12/07/2017. Disponible en ligne : http://www.xinhuanet.com/politics/2019-02/03/c_1124083072.htm (dernière consultation : 09/02/2021).

Xinjiang Documentation Project (2021) 'Hundred Questions and Hundred Examples' : Cadre Handbooks in the *fanghuiju* Campaign. *University of British Columbia*. Disponible en ligne : https://xinjiang.sppga.ubc.ca/chinese-sources/cadre-materials/cadre-handbooks/ (dernière consultation : 26/06/2021).

Xinjiang Victims Database (2021). Disponible en ligne : https://shahit.biz/eng/#home (dernière consultation : 01/06/2021).

XJTJNJ (Xinjiang Tongji Nianjian) (diff. années) 新疆统计年鉴 (*Annuaire statistique de la Région du Xinjiang*). Beijing : China Statistics Press.

Xu, Bin (2021) Historically Remaining Issues : The Shanghai–Xinjiang zhiqing Migration Program and the Tangled Legacies of the Mao Era in China, 1980–2017. *Modern China*. DOI : 10.1177/0097700421103280.

Xu, Kaihong 许开红 (2016) 政治认同 ： 内地新疆班'三史'课程的价值向 (Political Identity and Value Orientation of History Course for Inland Xinjiang Class). 教学探索 (*Explorations in Education*), 1A, 77–79.

Xu, Keyue (2021) Mideast States Back China's Xinjiang Stance. West's Human Rights Concerns Hypocritical : Experts. *Global Times*, 25/03/2021. Disponible en ligne : https://www.globaltimes.cn/page/202103/1219498.shtml (dernière consultation : 30/03/2021).

Xu, Vicky Xiuzhong et al. (2020) *Uyghurs for Sale: 'Re-education', Forced Labour and Surveillance beyond Xinjiang*. Melbourne : Australian Strategic Policy Institute, Policy Report, 26. Disponible en ligne : https://s3-ap-southeast-2.amazonaws.com/ad-aspi/2021-04/Uyghurs%20for%20sale%2019%20April%202021.pdf?VersionId=CifExOIYXRwRJRTR.kMqSgL9cx7nKia8 (dernière consultation : 06/07/2021).

XUAR新疆维吾尔自治区 (2010) 新疆维吾尔自治区人口与计划生育条例 (Dispositions de 2002 en matière de démographie et de planification des naissances au Xinjiang), dernière mise à jour le 03/06/2010. Disponible en ligne : http://law.51labour.com/lawshow-99738-1.html (dernière consultation : 12/02/2021).

XUAR新疆维吾尔自治区 (2017a) 新疆维吾尔自治区去极端化条例 (Dispositions de la Région autonome du Xinjiang à propos de la dé-extrémisation). Disponible en ligne : http://xj.people.com.cn/n2/2017/0330/c186332-29942874.html (dernière consultation : 19/12/2020).

XUAR 新疆维吾尔自治区 (2017b) 新疆维吾尔自治区人民代表大会常务委员会关于修改'新疆维吾尔自治区人口与计划生育条例'的决定 (Décision du Congrès du peuple du Xinjiang quant à la révision des dispositions en matière de démographie et de planification des naissances), 28/07/2017. Disponible en ligne : http://wjw.xinjiang.gov.cn/hfpc/zcwj1/201905/ab39b45654db43879a1ce8782d117624.shtml (dernière consultation : 12/02/2021).

XUAR 新疆维吾尔自治区 (2020) 新疆维吾尔族自治区2019年国民经济和社会发展统计公报 (Bulletin statistique relatif au développement socio-économique du Xinjiang en 2019). Disponible en ligne : http://www.xinjiang.gov.cn/xinjiang/xjyw/202004/a53b44a4bc84461a8e4c87a3ceaa10b0.shtml (dernière consultation : 19/12/2020).

XUAR 新疆维吾尔自治区 (2021) 新疆维吾尔族自治区2020年国民经济和社会发展统计公报 (Bulletin statistique relatif au développement socio-économique du Xinjiang en 2020). Disponible en ligne : https://www.163.com/dy/article/G51JVPS405388AFN.html (dernière consultation : 16/04/2021).

Yang, Bin (2009) Central State, Local Governments, Ethnic Groups and the Minzu Identification in Yunnan (1950s–1980s). *Modern Asian Studies*, 43(3), 741–775.

Yang, Yi Edward (2021) China's Strategic Narratives in Global Governance Reform under Xi Jinping. *Journal of Contemporary China*, 30(128), 299–313.

Yasin, Nurmuhemmet (2013) *Caged : The Writings of Nurmuhemmet Yasin*. Trad. : Dolkun Kamberi. Washington : Radio Free Asia.

Yee, Herbert S. (2005) Ethnic Consciousness and Identity : A Research Report on Uyghur–Han Relations in Xinjiang. *Asian Ethnicity*, 6(1), 35–50.

Yee, Stefanie Kam Li (2018) Uyghur Cross-border Movement into South East Asia. Clarke (2018a), 173–186.

Yeh, Emily T. (2013) *Taming Tibet: Landscape Transformation and the Gift of Chinese Development*. Ithaca : Cornell University Press.

Yellinek, Roie (2019) Islamic Countries Engage with China against the Background of Repression in Xinjiang. *Jamestown Foundation China Brief*, 19(5). Disponible en ligne : https://jamestown.org/program/islamic-countries-engage-with-china-against-the-background-of-repression-in-xinjiang/ (dernière consultation : 30/03/2021).

Yellinek, Roie et Elizabeth Chen (2019) The '22 vs. 50' Diplomatic Split between the West and China over Xinjiang and Human Rights. *Jamestown Foundation China Brief*, 19(22). Disponible en ligne : https://jamestown.org/program/the-22-vs-50-diplomatic-split-between-the-west-and-china-over-xinjiang-and-human-rights/ (dernière consultation : 23/10/2020).

Yi, Lin (2007) Ethnicization through Schooling : The Mainstream Discursive Repertoires of Ethnic Minoritites. *China Quarterly*, 192, 933–948.

Yi, Lin (2016) A Failure in 'Designed Citizenship': A Case Study in a Minority–Han Merger School in Xinjiang Uyghur Autonomous Region. *Japanese Journal of Political Science*, 17(1), 22–43.

Yi, Lin et Lili Wang (2012) Cultivating Self-worth among Dislocated Tibetan Undergraduate Students in a Chinese-Han-dominated National Key University. *British Journal of Sociology of Education*, 33(1), 63–80.

Yuan, Tongcheng 袁同成 (2017) 族群分层与国家认同：内地新疆班政策体系建构及内容优化探析 (Stratification ethnique et conscience nationale : analyse du système des classes *neidiban* et amélioration de leur contenu). 教育学术月刊 (*Education Research Monthly*), 7, 38–46.

Yuan, Zhenjie (2016) The Daily Politics of Inter-ethnic Mingling in the *Xinjiangban*. *Asian Studies Review*, 43(1), 36–55.

Yuan, Zhenjie et Hong Zhu (2021) Uyghur Educational Elites in China : Mobility and Subjectivity Uncertainty on a Life-transforming Journey. *Journal of Ethnic and Migration Studies*, 47(3), 536–556.

Yuan, Zhenjie, Junxi Qian et Hong Zhu (2017) The Xinjiang Class : Multi-ethnic Encounters in an Eastern Coastal City. *China Quarterly*, 232, 1094–1115.

Zang, Xiaowei (2010) Affirmative Action, Economic Reforms, and Han–Uyghur Variation in Job Attainment in the State Sector in Urumqi. *China Quarterly*, 202, 344–361.

Zang, Xiaowei (2012a) Scaling the Socioeconomic Ladder : Uyghur Perceptions of Class Status. *Journal of Contemporary China*, 21(78), 1029–1043.

Zang, Xiaowei (2012b) *Islam, Family Life, and Gender Inequality in Urban China*. Londres : Routledge.

Zang, Xiaowei (2012c) Uyghur Islamic Piety in Ürümchi, Xinjiang. *Chinese Sociological Review*, 44(4), 82–100.

Zang, Xiaowei (2015) Major Determinants of Uyghur Ethnic Consciousness in Ürümchi. Smith Finley et Zang (2015a), 34–54.

Zang, Xiaowei (2016) Socioeconomic Attainment, Cultural Tastes, and Ethnic Identity : Class Subjectivities among Uyghurs in Ürümchi. *Ethnic and Racial Studies*, 39(12), 2169–2186.

Zang, Xinheng 藏新恒et Lu Xinran 陆欣然 (2019) 利用短视频做好对外传播。基于CGTN和 RT 优兔英文主帐号的探索 (Utiliser de courtes vidéos pour produire de bonnes émissions à destination de l'étranger. Analyse des chaînes en anglais de CGTN et RT sur YouTube). 新闻知识 (*News Research*), 2, 43–48.

Zeit Online (2021) Menschenrechte : EU bremst Ratifizierung von Investitionsabkommen mit China. *Zeit Online*, 04/05/2021. Disponible en ligne : https://www.zeit.de/politik/ausland/2021-05/menschenrechte-china-eu-investitionsabkommen-stopp-ratifizierung?utm_referrer=https%3A%2F%2Fwww.google.com%2F (dernière consultation : 15/06/2021).

Zenz, Adrian (2013) *'Tibetanness' under Threat ? Neo-integrationism, Minority Education and Career Strategies in Qinghai, P.R. China*. Leyde : Global Oriental.

Zenz, Adrian (2019a) 'Thoroughly Reforming Them towards a Healthy Heart Attitude' : China's Political Re-education Campaign in Xinjiang. *Central Asian Survey*, 38(1), 102–128.

Zenz, Adrian (2019b) Brainwashing, Police Guards and Coercive Internment : Evidence from Chinese Government Documents about the Nature and Extent of Xinjiang's 'Vocational Training Internment Camps'. *Journal of Political Risk*, 7(7). Disponible en ligne : https://www.jpolrisk.com/brainwashing-police-guards-and-coercive-internment-evidence-from-chinese-government-documents-about-the-nature-and-extent-of-xinjiangs-vocational-training-internment-camps/ (dernière consultation : 27/01/2021).

Zenz, Adrian (2019c) Beyond the Camps : Beijing's Grand Scheme of Forced Labor, Poverty Alleviation and Social Control in Xinjiang. *Journal of Political Risk*, 7(12). Disponible en ligne : https://www.jpolrisk.com/beyond-the-camps-beijings-long-term-scheme-of-coercive-labor-poverty-alleviation-and-social-control-in-xinjiang/ (dernière consultation : 03/02/2021).

Zenz, Adrian (2019d) Xinjiang's New Slavery : Coerced Uighur Labor Touches Almost Every Part of the Supply Chain. *Foreign Policy*, 11/12/2019. Disponible en ligne : https://foreignpolicy.com/2019/12/11/cotton-china-uighur-labor-xinjiang-new-slavery/ (dernière consultation : 09/02/2021).

Zenz, Adrian (2019e) Break Their Roots : Evidence for China's Parent–Child Separation Campaign in Xinjiang. *Journal of Political Risk*, 7(7). Disponible en ligne : https://www.jpolrisk.com/break-their-roots-evidence-for-chinas-parent-child-separation-campaign-in-xinjiang/ (dernière consultation : 12/02/2021).

Zenz, Adrian (2020a) The Karakax List : Dissecting the Anatomy of Beijing's Internment Drive in Xinjiang. *Journal of Political Risk*, 8(2). Disponible en ligne : https://www.jpolrisk.com/karakax/ (dernière consultation : 27/01/2021).

Zenz, Adrian (2020b) *Sterilizations, IUDs, and Mandatory Birth Control : The CCP's Campaign to Suppress Uyghur Birthrates in Xinjiang*. Washington : Jamestown Foundation (mise à jour le 21/07/2020). Disponible en ligne : https://jamestown.org/wp-content/uploads/2020/06/Zenz-Internment-Sterilizations-and-IUDs-UPDATED-July-21-Rev2.pdf?x36466 (dernière consultation : 12/02/2021)

Zenz, Adrian (2020c) Coercive Labor in Xinjiang : Labor Transfer and the Mobilization of Ethnic Minorities to Pick Cotton. Washington : Newlines Institute for Strategy and Policy, Décembre 2020. Disponible en ligne : http://newlinesinstitute.org/wp-content/uploads/20201214-PB-China-Cotton-NISAP-2.pdf (dernière consultation : 09/02/2021).

Zenz, Adrian (2021a) *Coercive Labor and Forced Displacement in Xinjiang's Cross-regional Labor Transfer Program : A Process-oriented Evaluation*. Washington: Jamestown Foundation, mars 2021. Disponible en ligne : https://jamestown.org/wp-content/uploads/2021/03/Coercive-Labor-and-Forced-Displacement-in-Xinjiangs-Cross-Regional-Labor-Transfers-A-Process-Oriented-Evaluation.pdf?x32949 (dernière consultation : 02/06/2021).

Zenz, Adrian (2021b) 'End the Dominance of the Uyghur Ethnic Group' : An Analysis of Beijing's Population Optimization Strategy in Southern Xinjiang. *Central Asian Survey*, 40(3), 291-312.

Zenz, Adrian (2021c) The Xinjiang Papers : An Introduction. *Politico*, 27/11/2021. Disponible en ligne : https://www.politico.com/f/?id=0000017d-6dff-dac5-abff-edffb18d0000 (dernière consultation : 05/07/2022).

Zenz, Adrian (2022) The Xinjiang Police Files : Re-Education Camp Security and Political Paranoia in the Xinjiang Uyghur Autonomous Region. *Journal of the European Association for Chinese Studies*, 3. DOI : 10.25365/jeacs.2022.3.zenz.

Zenz, Adrian et James Leibold (2017) Chen Quanguo : The Strongman behind Beijing's Securitization Strategy in Tibet and Xinjiang. *Jamestown Foundation China Brief*, 17(12). Disponible en ligne : https://jamestown.org/program/chen-quanguo-the-strongman-behind-beijings-securitization-strategy-in-tibet-and-xinjiang/ (dernière consultation : 27/01/2021).

Zenz, Adrian et James Leibold (2020) Securitizing Xinjiang : Police Recruitment, Informal Policing and Ethnic Minority Co-optation. *China Quarterly*, 242, 324–348.

Zhang, Chi (2019) The Double-track System of Terrorism Proscription in China. *Terrorism and Political Violence*, 33(3), 505–526.

Zhang, Chunxia 张春霞 et Wang Wenxuan 王文煊 (2020) 新疆反恐去极端化的中国优势与经验 (Atouts de la Chine et expériences de déradicalisation antiterroriste au Xinjiang). 科学与无神论 (*Science et athéisme*), 2, 41–45.

Zhang, Shilei 张施磊 (2019) 融媒体催化模式升级，新技术引领报道创新。以2019年CGTN新媒体两会对外传播为例 (Blend Media to Catalyze Upgrading. Let New Technologies Guide Innovation in Broadcasting. Taking CGTN's New Media Outside Reporting on the Two Sessions of 2019 as Example). 电视研究 (*TV Research*), 5, 22–24.

Zhang, Xiaoling, Melissa Shani Brown et David O'Brien (2018) 'No CCP, No New China' : Pastoral Power in Official Narratives in China. *China Quarterly*, 235, 784–803.

Zhao, Gary (2006) Reinventing China : Imperial Qing Ideology and the Rise of Modern Chinese National Identity in the Early Twentieth Century. *Modern China*, 32(1), 3–30.

Zhong, Leijiao 钟雷娇 (2020) 中国国际电视台涉疆"反恐"报道及其对国际传播的启示 (CGTN's 'Anti-Terror' Documentaries on Xinjiang and Insights into International Propaganda). 中国记者 (*Chinese Journalist*), 9, 125–127.

Zhou, Zunyou (2018) 'Fighting Terrorism According to Law'. Clarke (2018a), 75–98.

Zhou, Zunyou (2019) Chinese Strategy for De-radicalization. *Terrorism and Political Violence*, 31(6), 1187–1209.

Zhu, Di (2017) Hero and Villain on a Foreign Land : A Textual Analysis on U.S. Newspaper Coverage of China's Uighur Unrest. *SHS Web of Conferences*, 33. DOI : 10.1051/shsconf/20173300017.

Zhu, Yuchao et Dongyan Blachford (2016) 'Old Bottle, New Wine' ? Xinjiang *bingtuan* and China's Ethnic Frontier Governance. *Journal of Contemporary China*, 25(97), 25–40.

Zhu, Zhibing 朱智宾 et Jiang Yunai将玉鼐 (2018) 今日俄罗斯YouTube报道策略及启示 (Stratégie de Russia Today à propos des contributions destinées à YouTube et conclusions à en tirer). 中国记者 (*Chinese Journalist*), 4, 118–121.

Zimmermann, Frank (2009) Tendenzen der Strafrechtsangleichung in der EU – dargestellt anhand der Bestrebungen zur Bekämpfung von Terrorismus, Rassismus und illegaler Beschäftigung. *Zeitschrift für Internationale Strafrechtsdogmatik*, 1. Disponible en ligne : http://www.zis-online.com/dat/artikel/2009_1_286.pdf (dernière consultation : 20/01/2021).

Zirfas, Jörg (2010) Identität in der Moderne : Eine Einführung. Benjamin Jörissen et Jörg Zirfas (éd.) *Schlüsselwerke der Identitätsforschung*. Wiesbaden : VS Verlag für Sozialwissenschaften, 9–17.

Zukovsky, Michael L. (2012) Quality, Development Discourse and Minority Subjectivity in Contemporary Xinjiang. *Modern China*, 38(2), 233–264.

ZWJTN (Zhongguo Weisheng Jiangkang Tongji Nianjian) (diff. années) 中国卫生健康统计年鉴 (*China Hygiene and Health Statistical Yearbook*). Beijing : China Statistics Press.